섹슈얼리티와 위험 연구

조 병 희

서울대학교 사회학과 졸업
미국 스탠퍼드대학 석사
미국 위스컨신대학(Madison) 사회학 박사
현재 서울대학교 보건대학원 교수

· 주요 저서
《한국의사의 위기와 생존전략》, 《의료문제의 사회학》
《의료개혁과 의료권력》, 《질병의 사회심리학》(공역)
《질병과 의료의 사회학》 등

e-mail: chob@snu.ac.kr

나남신서 1370
섹슈얼리티와 위험 연구

2008년 12월 31일 발행
2008년 12월 31일 1쇄

저자_ 조병희
발행자_ 趙相浩
발행처_ (주) 나남
주소_ 413-756 경기도 파주시 교하읍
        출판도시 518-4
전화_ (031) 955-4600 (代), FAX : (031) 955-4555
등록_ 제 1-71호(79.5.12)
홈페이지_ http://www.nanam.net
전자우편_ post@nanam.net

ISBN 978-89-300-8370-6
ISBN 978-89-300-8001-9(세트)
책값은 뒤표지에 있습니다.

나남신서 1370

섹슈얼리티와 위험 연구

조 병 희

Sexuality, Risk, & HIV/AIDS

by

Byong Hee Cho

nanam

　지난 초여름 광우병 공포가 한국사회를 뒤흔들어 놓았다. 질병에 대한 공포 때문에 수만 명의 사람들이 수십 일 동안 광장에 모여 집회를 한 것은 역사상 유례가 없는 일이었다. 그때까지 광장은 부당한 권력을 규탄하거나, 신을 찬양하거나, 축구 응원을 하러 모이는 장소였는데 광우병은 광장집회의 성격을 순식간에 바꾸어버렸다. 그런데 쇠고기와 광우병 공포를 둘러싼 다양한 주장과 해석이 있었음에도 불구하고 왜 사람들이 순식간에 엄청난 공포를 표출하게 되었는지에 대한 설명은 명쾌하지 않다. 누적된 식품 불안감, 미숙한 정부정책, 뿌리 깊은 사회적 불신, 그리고 인터넷의 위력 같은 상황조건들이 광우병 공포를 부채질했을 수 있다. 그런데 기억을 돌이켜 보면 질병에 대한 공포감의 표출은 과거에도 있었다. 다만 방식이 달랐을 뿐이다. 2003년 전후로 SARS와 조류독감이 유행했고 우리들은 수백만 마리의 닭과 오리를 도살처분했고 전국의 '치킨집'들은 문을 닫아야 했었다. 더 거슬러 올라가면 1990년대 내내 에이즈 공포가 존재했다.

　한국에서 광우병, 조류독감, 에이즈가 갖는 공통점은 발생확률은 낮지만 사람들이 갖는 거부감과 공포감은 매우 크다는 점이다. 사실 위험도로 따지면 결핵이 더 무서운 병이다. 최근 결핵은 한해 약 3만 5천 명이 새로 감염되고, 관리가 쉽지 않아 매년 약 3천 명이 죽는다. 그렇지만 결핵을 무서워하는 사람은 많지 않다. 반면 광우병과 조류독감은 아직 한국인에게서 발생되지 않았고 에이즈의 경우도 연 발생이 800명이 안 되고 그로 인한 사망도 약 100여 명 정도일 뿐이다. 그럼에도 불구하고 에이즈에 대한 공포감은 결핵보다 훨씬 크고 매우 깊다. 다른 나라의 경우에도 신종 전염병에 대한 공포감이 있지만 우리의 경우처럼 극단적이지는 않다. 왜 우리는 질병을 그렇게 무서워하는가?

이 책은 에이즈라는 질병을 대상으로 질병인식의 사회적 구성 문제를 다루었다. 여기서 사회적 구성이란 질병을 바라보는 기본 틀(framing)이 사회적으로 만들어진다는 것을 의미한다. 사회가 다르면 질병인식의 기본 틀도 다르다. 서구인들의 경우에도 에이즈 발생 초기에는 상당한 공포감을 가졌다. 그들은 에이즈를 '게이의 병'으로 인식하였다. 게이가 에이즈를 옮긴다고 여겨지면서 게이에 대한 폭력과 차별이 만연했다. 이러한 인식의 배경에는 가부장제 가족을 신성시했던 남성우월주의가 도사리고 있었다. 남녀의 성적 결합으로 가족을 이루는 것을 중요시했던 보수주의자들은 동성끼리의 성 관계를 용인하기 어려웠다. 성의 자유를 추구하던 게이들과 이를 규제하려는 보수주의자들 사이에 심각한 갈등이 전개되고 있던 시점에 HIV 바이러스가 나타났다. 보수주의자들은 HIV를 '게이의 병'(천형)으로 바라보았다. 그런데 게이는 사회적 소수자였기 때문에 정부나 언론은 에이즈 환자를 구호하는 일에 관심을 두지 않았고, 그러는 사이에 에이즈는 크게 확산되었다. 그렇지만 시간이 지나면서 에이즈는 '누구나' 걸릴 수 있는 병이라는 것이 밝혀지고 또 치료제가 개발되면서 게이에 대한 차별도 누그러졌다.

한국에서 에이즈는 전혀 다르게 그 사회적 성격이 만들어졌다. 한국에서 에이즈는 게이의 병이 아니라 '외국인'(미국인)의 병으로 형상화되었다. 보수 언론은 에이즈에 대한 원초적 공포를 대대적으로 보도하였고, 사회운동권에서는 '타락한' 미국문화에 의한 병으로 인식하면서 미군에 대한 검역, 외국인에 대한 검역을 주장하고 나섰다. 보수언론과 사회운동권은 정치이념은 완전히 다르지만 "외국(인)에게서 유래되는 질병"에 대한 공포는 비슷했다. 그러다 보니 에이즈는 처음부터 정치적 사회적 관심사가 되었고 정부는 아주 일찍부터 에이즈 방역에 나섰다. 그 방식도 보균자(바이러스)를 대대적으로 색출하고 그 일거수일투족을 감시하는 매우 극단적인 것이었다.

에이즈 문제에 직면하여 서구인들은 실제로는 게이에 대한 공포(*gay phobia*)에 시달리면서 게이들과 싸웠다고 할 수 있다. 반면 우리나라에서는 '외국인'에게서 유래된 '괴질'과 싸웠다. 그런데 서구에서는 싸움의 상대였던 게이들이 압박에 굴하지 않고 맞서 싸우면서 싸움이 커졌지만 싸움의 상대가 분명했고 또 시간이 지나면서 이들의 인권보호가 방역에도 중요하다는 것을 이해하게 되면서 방역의 효과도 분명해졌고 사회적 소수자의 지위도 신장됨으로써 사회적 성숙을 이루게 되었다. 반면 한국에서는 정부와 언론 및 사회운동권이 합심하여 바이러스(감염인)와 싸우는 형국이 조성되었다. 그러나 싸움의 상대가 조직화된 사회집단이 아니었기 때문에 방역전쟁은 열전이 아닌 냉전으로 구성되었고, 또 일단 전쟁이 시작된 후에 종식하기도 어려웠고 결국 20년 동안 계속되었다.

냉전의 결과로 감염인의 인권은 '공익'을 위하여 억압되었고, 그들이 주변화되어 숨어살게 되면서 우리는 주변에서 에이즈 감염인은 찾아볼 수 없었다. 그렇지만 에이즈는 항시 우리 곁에서 공포로 존재했다. 공포감을 느낄수록 사람들은 정부로 하여금 더 철저한 감염 색출을 요구하였다. 지금도 우리는 조류독감으로 죽어가는 닭과 오리를 보면 그것이 당장 나에게 옮기지 않는다고 하여도 불안감을 가지게 된다. 에이즈의 경우에도 감염 색출과 감시를 노골적으로 실행하면 할수록 우리는 에이즈 불안감에서 자유로울 수 없게 된다. HIV 바이러스와의 20년 전쟁은 공포를 계속 재생산하였고, 질병공포에 대응할 수 있는 사회적 역량은 위축된 것처럼 보인다. 소수자를 배려하는 사회적 성숙은 더더욱 기대하기 어려웠다.

우리의 에이즈 인식이 서구와 달랐던 배경에는 성에 대한 담론이 빈약했던 점도 크게 작용했다. 에이즈는 성병의 일종이고 따라서 에이즈 예방은 성 문제에 대한 인식을 필요로 한다. 서구에서는 에이즈가 확산되자 정부는 국민들의 성 행동과 성 문화에 대한 대대적인 조사연구를 진행하였고 어떻게 하면 국민들이 안전한 성 행동을 할지 전략개발에 몰두하였다. 이 때문에 관련학계에서는 성에 대한 연구와 담론이 활발하게 개진되었고 이것은 다시 성에 대한 인식수준을 높이고 나아가 에이즈 예방정책의 수준을 높였다. 반면 우리나라에서는 처음부터 에이즈는 괴질(질병)로만 간주되었고 의학적 접근만이 주목받았을 뿐 인문사회과학적 연구는 거의 배제되었다.

에이즈 공포의 이면에는 광범위하게 만연되어 있는 성적 일탈에 대한 불안감이 작용한다. 성적 일탈이 만연한 상태에서 그로 인한 결과로 볼 수 있는 성병과 에이즈의 발생에 대하여 사람들이 극도의 거부감을 보이는 것은 감염인을 거부하고 차별하고 타자화함으로써 나와 연결되어 있을지도 모르는 에이즈라는 '더러움'(impurity)의 꼬리를 자르고 자신은 안전하다고 인식하고 위안받고자 하는 심리가 작동하는 것으로 생각된다. 이런 상황에서는 에이즈 괴담과 공포가 만연할 수밖에 없다. 이를 제어하기 위해서는 사회 전반의 신뢰 수준을 높이고, 소수자의 인권과 삶을 보호해 줄 조직화된 세력에 의한 반차별 저항운동이 필요하고, 감염인과 감염취약집단의 적극적인 자조활동이 있어야 하며, 이를 지원해줄 법제도적 장치가 필요하다. 이러한 노력들이 결집되어 공포와 낙인으로 응축된 에이즈 인식의 기본 틀을 바꾸어내지 않는 한 지금과 같은 질병공포는 계속될 수밖에 없다.

에이즈 공포는 에이즈에 한정되지 않는다. 에이즈 공포에서 만들어진 질병인식의 기본 틀은 조류독감과 광우병의 경우에도 그대로 전이되고 있다. 더욱이 현재처럼 식품생산과 유통의 복잡성이 증대되고 그에 따라 식품이 유발하는 건강의 불확실성이 커질수록 질병공포는 확대 재생산되는 경향까지 보인다. 질병공포는 바이러스와 싸워 이김으로써 해소되는 것이 아니다. 예를 들어 한센병의 경우 이제는 의학적으로 거의 완벽하게 치료할 수 있게 되었지만 한센병에 대한 공포와 거부감은 아직도 상당히 높다. 에이즈의 경우에도 이미 효과적인 치료약들이 개발 보급되고 있음에도 불구하고 에이즈 공포가 지속되고 있다. 질병공포는 기본적으로 우리 삶의 불안에서 유래되기 때문에 삶을 안정시키는 것이 근본적 해결책이라 할 수 있다.

이 책을 준비하는 과정에서 도움을 준 한국에이즈퇴치연맹 권관우 사무총장과 직원들, 서울대 보건대학원 변진옥 선생과 정성혜 선생께 감사드린다. 연구자료 수집에 도움을 준 익명의 여러 참가자들께도 감사드린다. 이미 수년 전에 출판계약을 하고도 집필이 끝나기까지 오랜 시간 기다렸다 기꺼이 출판을 해준 나남출판 조상호 사장님의 도움이 컸음을 밝혀둔다.

2008년 11월
연건동 연구실에서
조 병 희

나남신서 1370

섹슈얼리티와 위험 연구

차
례

• 머리말 5

1장 **성과 위험**

1. 연구의 필요성 15
2. 사회적 위험으로서의 성 18
3. 에이즈의 사회적 성격 24
4. 연구가설과 연구방법 30

2장 **서구사회의 성 해방**

1. 성 해방의 개념 34
2. 성 해방의 시작:
   여성에 대한 이중 기준의 소멸 41
3. 성 도덕과 담론의 변화 45
4. 성 표현과 포르노그래피 56
5. 여성운동 61
6. 요약 66

3장 게이 해방운동과 에이즈

1. 동성애의 개념 68
2. 게이의 형성 74
3. 게이 커뮤니티와 게이의 일상생활 81
4. 게이의 정체성 85
5. 반동성애의 조직화 94
6. 에이즈의 발생 98
7. 안전한 섹스 대 공중보건 방책 103
8. 호주의 성공적 예방정책 109
9. 게이 인권운동(gay activism) 113
10. 에이즈의 탈게이화 116
11. 요약 122

4장 에이즈와 사회적 반응

1. 에이즈 발생과 대응의 사회적 맥락 127
2. 국가의 초기 대응 132
3. 에이즈에 대한 초기 사회적 반응 139
4. 위험군 획정의 어려움 151
5. 감염자 관리의 어려움 157
6. 1990년대 시민사회의 반응 163
7. 소결 170

5장 일반인의 성 행동과 위험인식

1. 성과 위험 174
2. 첫 성경험 190
3. 외도 194
4. 성 행태 197
5. 콘돔사용 200
6. 외도의 위험인자 207

6장 에이즈 낙인과 감염인 차별

1. 에이즈 낙인 213
2. 에이즈에 대한 지식과 태도 229
3. 에이즈 낙인과 차별의 실태 239
4. 에이즈 감염자의 삶 244
5. 소결 258

7장 남성 동성애자의 위험인식

1. 게이 커뮤니티의 성장과 사회적 관심 263
2. 게이의 정체성 267
3. 사회적 특성과 파트너의 선택 281
4. 성관계와 안전한 성 300
5. 에이즈와 감염 317
6. 소결 321

14

8장 이주노동자의 성 행동과 위험인식

1. 에이즈 지식과 태도 326
2. 성 행동 335
3. 에이즈 감염인 345

9장 에이즈 인식과 대응의 변화

1. 질병 패러다임과 인권 패러다임 351
2. 감염인 인권문제 367
3. 예방홍보교육의 개선 378

10장 결론: 질병관리에서 성과 인권으로

· 참고문헌 397
· 찾아보기 415

성과 위험 1장

1. 연구의 필요성[1]

한국사회는 성과 관련하여 상당한 혼란과 일탈상태에 있다. 성 산업이 크게 번창하여 많은 사람들에게 성적 일탈의 기회를 제공하고 있고, 일반인들의 혼외정사나 외도의 빈도 역시 외국과 비교할 때 상대적으로 매우 높은 수치를 보여준다. '성의 자유'는 진행되고 있지만 그것이 서구의 경우처럼 성 정체성(*sexual identity*)의 진화와 발전을 통하여 성 의식과 행동의 실천이 일치되는 것도 아니다. 즉 남성성 중심의 가부장 질서가 온존(溫存)된 상태에서 '성의 자유'는 외도와 같은 일탈적 행위로 표출되는 모순된 구조를 보인다. 반면 동성애와 같은 새로운 성 정체성에 대한 거부감이나 차별이 심하다. 또한 콘돔착용 같은 안전한 성에 대한 의식과 실천은 매우 낮다. 사적 영역에서는 일탈적 성을 즐기면서도 공적 영역에서는 성을 언급하기가 쉽지 않다. 성 담론의 빈약은 성교육의 취약성으로 이어지고, 사람들은 성의 다양성이나 성에 내재된 위험을 깊이 있게 이해하기

1) 이 연구는 2006~2007년 서울대학교 교수연구년 기금지원을 받았다.

어려운 상황에 놓여 있다.

보건학 측면에서 볼 때 한국은 상당한 성 위험상태에 있다. 사람들이 다수의 성 파트너를 갖고 있고, 성 위험과 성 안전에 대한 의식이 제대로 형성되어 있지 않으며, 파트너의 성 위험을 인지하고 안전에 대한 협상을 시도하는 등의 성 각본이 만들어져 있지 못하다. 출생아 수보다 더 많은 빈도의 낙태가 이루어졌던 우리의 현실이 성 안전에 대처하는 개인의 무능력을 잘 보여준다. 성 위험에 대응하는 국가의 정책 또한 취약하기는 마찬가지이다.

이 책의 연구주제인 에이즈는 성과 깊게 관련되는 질병이다. 그런데 국가는 에이즈 문제에 대응하면서 성의 측면은 거의 도외시하고 질병관리의 측면에서만 접근하였다. 그러다 보니 감염이 우려되는 집단에 대한 강제적 검사, 의무적 신고와 리스트 작성, 사실상의 격리와 감시로 에이즈 전파 확산을 방지하려 하였다. 사회에 만연된 성적 일탈에 대해서는 거의 방치하면서 그 일탈의 결과로 나타난 에이즈에 대해서는 과도하게 물리적인 대응을 한 것인데 이것은 '희생자 탓하기'(victim blaming)와 다르지 않다. '희생자'에 대한 강력한 규제정책은 오히려 에이즈에 대한 공포와 감염인 차별을 불러왔고, 감염인들은 사회적 차별을 피하여 지하로 숨어들게 됨으로써 에이즈에 대한 효과적인 관리를 어렵게 만드는 결과를 가져왔다.

이러한 한국의 에이즈 정책은 서구사회에서 에이즈'희생자가 사회적 약자라는 인식하에 이들의 인권을 보호하고 이들이 스스로 나서서 에이즈 문제에 적극 대응할 수 있도록 관심과 보살핌(caring)을 제공하며, 이들이 집단적으로 안전한 성을 실천할 수 있게 역량을 배양함으로써 에이즈 위기를 극복해 나갔던 것과는 크게 대비된다.

최근에 에이즈 감염자가 급격히 증가하고 있다. 1980년대에는 매년 수십 명 정도 발생하다가 1990년대에는 매년 백여 명씩 발생하였고, 2006년에는 751명이 발생하였다(질병관리본부, 2007). 이것은 감

시와 규제 위주의 에이즈 정책이 에이즈 발생을 억제하지 못하고 실
패하고 있음을 말해준다. 또한 한국의 에이즈 발생 추세는 서구사회
에서 신규감염의 발생이 하락하는 추세와는 명백하게 대비된다. 가
까운 미래에 에이즈는 한국사회에 상당한 경제적 사회적 보건학적
부담을 주게 될 가능성이 크다.

　이러한 사정에도 불구하고 지금까지 한국사회에서는 에이즈에 대
한 사회학적 연구가 거의 이루어지지 않았다. 에이즈, 젠더(gender),
성(sexuality) 및 권력구조 간의 밀접한 상관관계에도 불구하고 에이즈
에 대한 사회적 학문적 관심은 저조하였다. 성 문제와 에이즈 문제는
동전의 양면과도 같고 가족구조, 남녀관계, 성 행태, 국가권력 등도
매우 밀접하게 서로 연관되어 있다. 이 연구에서는 이러한 측면에 대
한 분석을 통하여 에이즈의 사회적 성격을 밝히고 사회적 관심의 증
대와 에이즈 정책의 전환을 촉구하기 위한 목적에서 시도되었다.

2. 사회적 위험으로서의 성

성에 대한 관심은 누구한테나 있지만 '성이 무엇인가?'를 규정하는 것은 쉽지 않다. 그것은 일차적으로 성이 다양한 모습을 갖고 있기 때문이다. 성은 쾌락적이고 관능적인 것이지만 동시에 권력적이거나 폭력적이기도 하고 때로는 위험하고 고통스러운 것이기도 하다. 따라서 성을 쾌락적 도구로 생각하는 사람이 있는 반면 성을 은밀하게 감추어야 할 것, 도덕적으로 엄격히 규제되어야 할 것으로 생각하는 사람도 있다. 한 시대에도 성에 대한 서로 다른 관점이 대립되기도 하지만 역사적으로 보면 시대적 상황에 따라 어느 한 관점이 보다 지배적인 것이 보통이다.

예를 들어 1950년대에는 소설가 정비석이 〈자유부인〉이란 신문소설을 연재하면서 유부녀들의 춤바람을 묘사한 것이 사회적으로 대단한 비난을 받았다. 성행위를 직접적으로 묘사하지 않더라도 춤바람 속에 은유적으로 담겨있는 (성적) 타락까지도 용납하지 못하는 도덕주의가 지배하던 상황이었다고 할 수 있다.

반면 1960~1970년대에는 '산아제한'이라는 국가의 새로운 인구정책이 실시되었는데 임신, 피임, 낙태 등 '생식보건'이란 형태로 성이 '공공연하게' 논의되고 홍보되었다. 방방곡곡 보건요원들이 집으로 찾아가 부인들에게 부부관계에 대하여 묻고 피임을 권유하는 등, 성을 적나라하게 드러내는 것이었지만 가부장적이고 권위주의적인 국가에 의하여 강력하게 추진된 정책이었기 때문에 산아제한에서는 에로틱한 상상을 하기 어려웠다.

1980년대에는 '여성학'이라는 형태로 여성주의(feminism)가 도입되어 남성지배적 권력구조에 도전하고 변화를 유발하는 계기가 되었고, 1990년대에는 동성애 운동이 시작되어 남성성을 해체하고 성 정체성을 다양화하려는 시도가 나타났다. 여성주의나 동성애 운동은 남성지배적 권력에 도전한다는 점에서 '성의 정치학'이라 할 만하다. 이와 같이 성은 도덕이나 정치, 경제, 권력 등 사회의 다양한 측면과 깊게 연결되어 있다.

　이 책에서 다루려는 주제는 '위험'(risk)으로서의 성이란 영역이다. 사실 성과 관련된 위험은 과거에도 존재하였지만 그것이 사회적 관심사로 등장하는 경우는 드물었다. 예를 들어 산아제한 정책으로 광범위하게 허용되기 시작한 인공 임신중절수술은 그것이 윤리적으로 타당한지 논란이 있을 수 있으며 동시에 산모에게 미치는 건강의 위험이 높은 시술이었다. 그렇지만 산아제한 정책이 시작되었던 당시에는 물론 한 세대가 지날 때까지 건강위험은 사회적으로 주목받지 못하였다. 어쩌면 임신중절에 뒤따르는 윤리문제와 건강위험을 도외시하고 강력하게 시술을 종용하고 실천함으로써 경제성장에 이바지하고 저출산 국가로 진입할 수 있었을지도 모른다. 당시에는 건강을 위하여 출산을 조절하자는 생각보다는 오로지 '아들·딸 구별 말고 둘만 낳아 잘 기르자(잘 살자!)'는 구호에 대한 국민적 공감이 울려 퍼졌을 뿐이었다.

　성 안전이나 성 위험은 포괄적 개념이지만 이 책에서는 건강 또는 질병 측면에서 성 안전과 성 위험을 개념화하려고 한다. 성에 내재된 건강(질병) 위험은 다양하다. 성폭력이 초래하는 정신적 신체적 상해, 스트레스와 영양결핍 상태에서의 임신으로 초래되는 유산, 출산과정에서의 모성 사망, 성병, 과잉성욕 등 성과 관련된 신체적 정신적 위험이 보고되고 있고, 성행위와 관련되어 발생하는 여러 사회적 갈등이 폭력과 상해를 유발하기도 하고, 콘돔착용과 같은 성 안전 행위를 차단하기도 한다(Doyal, 1995: 59~92). 또한 사람들 사이에 외도관계나 중첩적 파트너관계가 만들어지는 점도 잠재적으로 질병 위험을 높인다. 안전한 성 행동이 결합되지 않을 경우 중첩적 파트너 관계는 성병감염과 확산위험을 높일 수 있다. 이 책의 관심은 주로 질병(에이즈) 위험에 대응하는 성 행동의 문제이다.

세계적으로도 성과 위험의 관계가 주목받기 시작한 것은 1980년대 이후의 일이다. 1981년에 처음 확인된 HIV 바이러스와 AIDS라는 병은 동성애자 및 마약중독자 집단에서 많이 발견되었다. 동성애자는 항문성교를 즐기는 집단이라는 고정관념이 있었는데 항문성교가 HIV 바이러스 감염의 주요 통로라는 사실이 알려지면서 에이즈가 게이의 질병으로 의심받게 되었다. HIV 감염 이후 일정기간이 지나면 면역 기능이 떨어져 질병에 무방비로 노출되고 신체의 변형도 일어나며 결국에는 죽게 된다. 의학이 고도로 발전된 상황이지만 에이즈는 의학적으로 치료하지 못하는 질병이었기 때문에 에이즈의 발생은 사회 전반에 큰 공포를 야기하였다. 특히 에이즈 감염과 연관이 깊은 것으로 인식된 동성애자들에 대한 차별은 증폭될 수밖에 없었다.

과학적으로는 에이즈가 일상적 접촉으로는 전염되지 않는다는 사실이 이미 1980년대 초반에 밝혀졌다. 그럼에도 불구하고 감염자 및 동성애자들이 '보통사람'들에게 에이즈를 감염시킬지 모른다는 우려가 지속되었고 그에 따라 이들에 대한 차별과 따돌림이 상당기간 동안 지속되었다.

에이즈가 '게이들의 병'이라는 인식의 배경에는 남성성(*masculinity*)을 둘러싼 전쟁과도 같은 집단간 갈등이 도사리고 있었다. 20세기 중반 이후 서구사회는 노동자들의 계급투쟁 위력이 약화되고 환경운동, 여성운동, 게이인권운동 같은 새로운 형태의 사회운동이 등장하였다. 동성애 운동이 미약한 우리 실정에서는 그 실상을 이해하기에 어려움이 있지만 서구사회에서는 일상의 삶의 방식이나 사회질서를 바꾸는 큰 흐름의 하나가 동성애 운동이었다. 페미니즘이 사회를 남성과 여성의 권력관계 측면에서 바라보기 전까지 성은 사실상 '남성' 하나로만 존재했다고 하여도 과언이 아니다. 즉, 세상은 '남성적인 것'과 비남성적인 것으로 양분되어 있었다.

이에 대하여 페미니즘은 '여성성'(feminity)이라는 독자적인 새로운 가치와 삶의 방식을 창출하려 하였다. 이전까지 여성은 성적 측면에서 남성에 의해서만 성적 만족과 쾌락을 얻을 수 있는 대상적 존재였다. 그런데 페미니즘은 이 관계를 역전시켜 남성에 의존하지 않고 여성 독자적으로 성적 만족과 쾌락을 얻을 수 있는 것으로 담론을 구성해 나갔다. 여기서 성은 좁은 의미의 섹스이면서 동시에 넓은 의미에서 삶의 방식을 뜻한다.

페미니즘이 남성성과 남성권력을 상대화시키는 것은 분명하지만 남성성에 대한 보다 본격적인 도전은 남성동성애 운동으로부터 나왔다. 동성애 운동은 남성성을 해체시키고 다원화하는 작업이었기 때문이다. 기존의 관념에서 남자는 남성성을 갖추고 비남성적인 대상을 (성적으로) 지배할 때 그 위상이 확고해진다. 남성성을 갖추지 못한 경우, 예를 들어 행동이나 모습이 '계집애 같다'는 식의 비판은 그 남자의 정체성에 심각한 위협이 된다. 그런데 남성 게이들은 같은 남성을 성적 대상으로 삼을 뿐만 아니라 성 역할에서도 남성적인 역할(삽입적 penetrating)과 여성적인 역할(수용적 penetrated)을 수시로 바꾸는 등 남성성을 직접적으로 위협하고 훼손시켰다. 성이 다른 여성들이 페미니즘을 주장하는 것보다 동성인 남자들이 남자를 상대로 남성성을 훼손시키는 일은 더 큰 도전일 수밖에 없다.

서구의 보수주의자들은 가족의 신성성을 매우 중요하게 생각하고 보호하려 한다. 그렇기 때문에 그들은 낙태의 자유를 주장하는 여성주의자들과 수십 년에 걸친 격렬한 갈등을 빚어왔다. 낙태는 남자들의 핏줄에 대한 거부이며 훼손인 것으로 생각하였기 때문이다. 마찬가지로 보수주의자들은 동성애가 곧 남성성에 대한 근본적인 부정이기 때문에 허용하기 어려웠다. 게이들의 득세가 자신들의 삶의 가치와 토대를 근본에서부터 허무는 위협적인 것으로 생각되기 때문에 이들은 게이에 대한 공포(*homophobia*)를 갖게 되었다.

그럼에도 불구하고 사회적으로는 게이 운동이 득세하였고 게이들이 스스로 게이임을 공표하고(*coming out*) 게이 학자, 게이 문필가임을 공공연하게 외치는 상황이 도래하였다. 즉 서구사회에서는 지배적인 보수주의자들의 탄압에도 불구하고 성에 대한 기본인식이 바뀌고 있었던 것이다. 과거의 사회를 남성(n=1, 여성을 포함한 비남성=0) 중심의 사회라면 1970년대 전후의 사회는 남성과 여성이 공존하기 시작한 사회였고(남성 =1, 여성 =2), 게이에 대한 시민적 권리(*citizenship*)가 용인되는 사회에서의 성 정체성은 n=1, 2, 3 … n으로 다원화되는 사회라고 표현할 수 있다.

그렇지만 성 정체성이 다원화되는 과정이 결코 순조롭지는 않았다. 보수주의자와 게이들의 갈등이 고조된 상황에서 에이즈가 출현하였고 에이즈는 일순간에 상황을 반전시켰다. 게이에 대한 공포가 존재하던 상황에서 에이즈는 게이를 공격하여 무력화시킬 수 있는 좋은 소재가 되었다. 게이 생활을 하면 에이즈에 걸려 죽게 된다는 인식은 게이들에게는 생존의 위기로 다가왔고 이를 바라보는 사회지배층 보수주의자들에게는 게이가 흔들어 놓은 정체성 위기를 되돌릴 수 있는 기회가 되었다.

에이즈를 둘러싼 게이와 보수주의자들의 대립은 1990년대까지 이어졌다. 에이즈에 대한 사회적 공포감에 대응하여 국가는 에이즈 예방을 강조하게 되었고 효과적 예방을 위한 전략을 개발하는 과정에서 성에 대한 많은 연구가 진행되었다. 그런데 역설적이게도 게이에 대한 공포와 게이들의 질병이 '무고한' 일반시민(*heterosexuals*)에게 병을 전염시킬 것이라는 우려가 클수록 에이즈와 성에 대한 연구에 막대한 재원이 투자되었고 그 덕에 서구사회는 전 국민을 대상으로 한 성 행태 연구 같은 것이 가능해졌다. 성에 대한 연구가 활성화되면서 오히려 질병관리 중심적인 에이즈 정책이 효과가 낮다는 것이 밝혀졌고 게이에 대한 인권보호 필요성에 대한 인식도 커지게 되었다.

에이즈가 감염되는 경로는 다양하다. HIV 감염인과의 항문성교, 질 삽입성교, 마약 혈관주사 시 주사기 공동사용, 수혈, 감염산모에 의한 출산 시 수직감염 등 여러 형태로 감염된다. 따라서 에이즈가 게이들만의 질병이 아닌 것은 분명하다. 그렇지만 에이즈 출현 초기에 게이에게서 집중발생되었던 점은 사실이고 이것이 게이와 보수주의자들 모두에게 성과 관련된 위험을 인식하게 만들었다. 게이에게 에이즈는 생존의 위험으로 다가왔지만 보수주의자들에게는 에이즈와 함께 게이가 위험으로 인식되었다.

사회적으로 증폭된 위험인식은 게이에 대한 사회통제를 정당화시켰다. 국가는 게이들에게 에이즈 검사를 강요하고 리스트를 작성하는 등 규제와 감시를 시도하였다. 또한 에이즈 연구가 진행될수록 게이들의 성생활의 실상이 적나라하게 드러났고 이것은 다시 게이들에 대한 편견으로 작용하였다. 그렇지만 서구사회에서 게이는 이미 1970년대부터 인권운동을 전개하면서 사회적으로 조직화된 세력이었고 자신들의 정체성을 이론화 담론화할 수 있는 역량을 갖추고 있었기 때문에 에이즈가 초래한 위험은 물론 국가와 보수주의자들의 공세에 적극적으로 대응할 수 있었다. 이러한 노력은 결과적으로 게이의 정체성과 공동체성을 한 단계 높이는 기회로 작용하였다. 또한 에이즈 확산에 대비하고자 실시된 성에 대한 연구와 예방전략 개발은 사회적으로 성 행동에 대한 인식수준을 높이는 데 크게 기여하였다.

3. 에이즈의 사회적 성격

여기서 우리는 에이즈라는 질병의 사회적 속성을 생각해 볼 필요가 있다. 에이즈는 바이러스로 인해 발생하는 생물학적 현상이기도 하지만 동시에 우리의 삶과 생활방식의 변화에 어떤 식으로든지 연관되면서 발생한 사회적 위험의 한 형태라고 볼 수 있다. 사회학자들은 현대사회를 '위험사회'(risk society)로 묘사한다. 산업화 이후 사회는 매우 복잡해졌고 그러한 복잡성은 그 자체로 위험을 간직하게 된다는 것이다. 과거의 자연재난과 달리 현대의 위험은 우리 삶의 방식 그 자체에 내재되어 있다.

예를 들어 자동차가 필수적 생활도구가 됨에 따라 교통사고의 위험은 물론 배기가스 분출로 궁극적으로는 지구온난화에 기여하고 이것이 다시 기상이변과 곡물생산 감소로 이어지게 된다. 그렇지만 자동차로부터 곡물생산 감소까지 단선적으로 인과관계를 설정하기는 어렵다. 그 중간 매듭마다 여러 다른 요인들이 개입되기 마련이라 자동차가 곡물생산 감소의 원인이라고 단정하는 것은 거의 불가능하다.

에이즈 역시 마찬가지이다. 에이즈가 HIV 바이러스에 의한 감염이란 점은 밝혀졌지만 HIV의 기원이나 그것이 인간에게 병원성으로 전환된 과정은 확실하지 않다. 아마도 우리 삶의 방식이 변화한 것 그리고 환경조건이 변화한 것이 원인일지 모른다. 에이즈의 감염경로로 가장 대표적인 것이 안전조치를 취하지 않은 채 실행하는 항문성교(sodomy)가 꼽힌다. 그런데 남성들의 항문성교 또는 비역이나 남색(男色)은 아주 오래전 과거부터 존재하였다. 그렇지만 과거에는 '에이즈'라는 현상은 존재하지 않았다.

보건학적으로 볼 때 질병은 병원체와 숙주(宿主) 및 이 양자에 영향을 미치는 환경조건의 변화로 인해 발생한다. 결국 에이즈는 현대사회의 생활방식, 특히 성 행동방식이 과거와 달라진 것이 근본원인의 하나이다. 그것은 게이들만의 변화는 아니고 사회구성원의 성 행동의 전반적인 변화라고 보는 것이 합리적이다. 이런 점을 이해한다면 에이즈 문제를 게이들만의 문제로 보거나 항문성교에만 초점을 맞추어 그 탓을 돌리는 것은 거의 마녀사냥이나 다름없다.

에이즈는 우리 삶의 방식과 연관된 현대사회가 직면한 위험의 한 형태이다. 그런데 그 위험을 인식하고 대응하는 방식이나 역량은 사회마다 같지 않다. 이 책은 한국사회가 에이즈를 인식하고 대응하는 방식을 밝히는 데 목적이 있다. 서구사회의 대응양식은 일반인의 게이에 대한 공포와 게이들의 에이즈 대응운동(AIDS *activism*)이란 두 요소로 요약된다. 서로 다른 두 세력과 관점이 대립하고 교차하면서 갈등도 빚어내지만 동시에 그 갈등을 극복하면서 더 발전되고 역량이 강화된 사회로 나아가고 있다. 즉, 사회의 변화가 에이즈라는 위험을 배태하였고 그 위험이 일시적 공포와 차별 및 집단간 갈등을 초래하였지만 결국에는 갈등이 해소되면서 집단과 사회가 위험을 관리할 수 있는 역량은 더욱 강화된 것으로 볼 수 있다.

그런데 한국사회의 경우에는 에이즈에 대한 공포는 존재하지만 이에 대응하는 사회운동은 거의 존재하지 않았다. 즉, 게이들의 조직화된 저항이나 자조가 거의 없거나 매우 미약하였다. 여기에는 여러 가지 원인이 있을 것으로 추측되지만 서구사회와 비교했을 때 성 정체성의 분화와 게이의 성장이 더디게 진행되었을 가능성과 그에 따라 게이가 사회세력으로 조직화되기 어려웠던 반면 보수세력은 서구사회 못지않게 에이즈로 인한 위기감을 느낌으로써 에이즈와 게이에 대한 강력한 통제정책을 실시했던 것으로 생각된다. 게이의 성장은 진공 속에서 우연하게 이루어지는 현상은 아니다. 사회구성원의 성 인식이 전반적으로 변화하고 다양한 성, 전위적인 성적 판타지가 어느 정도 사회적으로 수용 가능할 때 게이도 등장할 수 있다. 에이즈 문제가 제기되었을 때에 우리는 아직 그런 사회가 아니었다.

　불과 10여 년 전인 1993년에 교수이자 소설가인 마광수는 성적 판타지를 담아 《즐거운 사라》를 펴냈다가 '음란작가'로 유죄판결을 받았고 교수직을 물러남은 물론 사회적으로 거의 매장될 지경까지 갔었다. 비슷한 시기에 시골학교 미술교사가 자신과 부인의 누드를 자신의 인터넷 홈페이지에 올렸다가 역시 마 교수와 비슷한 지경에 처하였다. 40대 남녀 삶의 상흔이 역력하게 표출된 신체의 모습을 보면 누드를 공개한 목적이 음란성을 유발하기 위한 것이 아니었음은 분명하다. 그렇지만 누드라는 사실 하나만으로 그는 음란교사가 될 수밖에 없었다. 또 다른 음란 논쟁을 일으켰던 장정일의 소설들 역시 비슷한 경우이다. 그의 소설 속 주인공들은 통상적 기준이나 방식을 뛰어넘으면서 '성을 실천'한다. 예를 들어 하루 종일 섹스만 해대는 식이다. 그런데 이 소설들을 잘 읽어보면 주인공들의 행동이 말초적 음란성을 유발하기보다는 성으로 치장된 사회적 권력에 도전함을 금방 눈치 챌 수 있다.

　음란물을 사법적으로 심판한다고 해서 한국사회가 성적으로 정숙한 사회는 전혀 아니다. 성을 매개로 장사하거나 성을 직접 판매하는 온갖 형태의 술집과 유흥접객업소를 우리는 너무나 쉽게 접할 수 있다. '보통사람'이 사적으로 암암리에 행하는 성적 일탈은 거의 방치되고 있다.

　이 이중적인 성 인식을 잘 살펴보면 재미있는 사실을 발견할 수 있다. 성적 쾌락의 극한을 실험적으로 추구해 보는 소설이나 우리의 몸에서 음란함을 제거해 버린 미술학도의 실험은 법적으로 규제되는 반면, 일반인들의 가부장제 틀에 기초한 성적 일탈은 대충 눈감아주고 넘어가는 것 아닌가? 사실 통상적인 음란함을 보여주는 데 치중하는 많은 소설이나 영화는 사회적으로 별반 물의를 일으키지 않는다. 신문소설에서 주인공이 여성을 유혹하여 성관계를 갖는 데 발군의 실력을 발휘하는 식의 성 묘사는 비난은 들을지라도 법적 제재까지 받지는 않는다. 그러나 보통사람들이 하지 않는 방식으로 성적 쾌락을 추구하거나 성에 결부된 권력에 도전하면 이것이야말로 음란함으로 규정되고 사법적 제재를 받을 가능성이 높다. 그것이 처벌받는 이유는 성관계를 묘사했기 때문이 아니라 성관계가 발생하는 사회적 맥락을 통상적이지 않게 설정했기 때문인 것으로 볼 수 있다.

이것은 한국사회에서 성 정체성의 분화가 크게 진전되지 못했음을 암시하는 것으로 볼 수 있다. 통상적 성, 가부장적 성, 남성성이 강조되는 성의 범주를 벗어나는 성적 표현을 용납하지 못하는 것은 역으로 새로운 성 정체성의 등장에 대한 두려움이나 거부감에서 비롯되는 것으로 볼 수 있다. 이것은 미국의 보수주의자들이 게이들에게 품었던 거부감을 고려하면 어렵지 않게 이해할 수 있을 것이다. 성 문화에서 미국(서구)과 한국의 차이점을 단순화시켜 보면 미국에서는 전통적 성 규범을 준수하는 보수주의자부터 자유주의자, 독신자, 게이와 레즈비언까지 성 정체성과 성 실천방식이 다양하게 존재하고 자신의 가치에 따른 선택이 가능한 상황이지만 한국에서는 그런 다양성이 없기 때문에 오로지 외도라는 다분히 시대착오적인 일탈적 행동을 통하여 기존 성 규범과 혼인제도에 대한 불만이 표출되는 것으로 해석할 수도 있다. 만일 자신의 성적 욕구를 자유롭게 선택하고 실천할 수 있다면 굳이 외도와 같은 탈규범적인 경로를 밟을 필요가 없게 된다.

이러한 논의의 연장선에서 우리는 한국사회에서 '게이 되기'가 얼마나 어려운 것일까를 짐작해 볼 수 있다. 20여 년 전 에이즈가 처음 출현하던 당시에는 지금보다 더 어려웠을 것이다. 사실 한국에서 성 정체성이라는 이론적 담론을 인식하면서 게이 운동이 일어난 것이 1990년대 중반의 일이기 때문에 1980년대 중반에는 동성애를 하는 사람들은 있었지만 이들이 게이라는 사회적 범주로 존재했었는지는 의문이다. 당시 동성애자들이 에이즈를 빌미로 자신들을 규제하려는 정부에 맞서 자신들을 조직화하거나 여론을 선도해낼 역량은 거의 부재했던 것으로 보인다.

이런 상황에서 언론에서는 서구의 말기 에이즈환자의 흉측한 모습을 담아 방송하는 등 에이즈 공포를 전파하는 데 큰 역할을 하였다. 정작 1980년대 말까지 한국에서 HIV 감염자의 수는 극히 적었지만 정부는 에이즈 예방법을 제정하고 감염인에 대한 감시와 규제를 강력히 실시하였고 이를 통해 에이즈가 확산되는 것을 예방하려 하였다. 규제 일변도의 에이즈 예방법에 대한 저항은 이로부터 20년이 지난 2000년대에 들어와 일어나게 된다.

그러면 한국사회에서 에이즈의 사회적 성격은 어떻게 개념 규정할 수 있을까? 분명한 것은 미국이나 호주처럼 게이에 대한 공포와 게이들의 저항운동으로 에이즈 문제의 성격을 규정하기는 어렵다는 점이다. 사회적 범주로서 게이가 존재했는지 불분명한 상황에서 에이즈를 게이들의 병으로 규정하기도 어렵고, 동성애 혐오도 존재하지 않았으며, 동성애자들의 조직적 저항도 존재하지 않았다. 그렇지만 에이즈에 대한 과도한 공포는 실재했고 감염인을 극단적으로 차별한 것도 사실이다. 여기서 정부와 의료계, 일반인들이 에이즈를 어떻게 인식하고 받아들였는지, 에이즈가 한국인의 성 행동의 변화에 영향을 주었는지, 일반인들은 왜 감염인들을 차별하는지, 그리고 게이들은 에이즈 문제를 어떻게 생각하는지, 서구처럼 에이즈가 자신들의 정체성과 생활방식을 향상시키는 계기가 된 것인지, 아니면 게이들조차 에이즈와의 연관성을 거부하고 감염인을 차별하는지, 게이들은 어떤 정체성과 삶의 방식을 갖고 있고 이것은 일반인들의 그것과 얼마나 구별되는 것인지 등의 연구과제가 제기된다. 즉, 일반인과 게이들은 어떤 성 정체성을 갖고 있고 각기 에이즈라는 현존하는 위험에 어떻게 반응하였는지, 그리고 에이즈에 대한 정책적 대응을 둘러

싸고 어떤 갈등이나 저항이 발생하였는지, 그리고 그러한 갈등이 위험관리능력의 강화나 성 이해증진과 같은 긍정적 결실을 맺었는지 등을 밝혀보고자 한다.

4. 연구가설과 연구방법

이러한 과제에 대하여 다음과 같은 가설을 제시하고자 한다.

첫째, 한국에서 에이즈라는 질병이 사회적으로 구성되는 방식은 서구나 미국사회와는 다를 것이다. 성 정체성이 분화되지 않았고 게이들의 사회적 조직적 역량이 미약한 상황에서 에이즈가 출현하였기 때문에 에이즈는 게이들의 질병으로 규정되기보다는 '일반적 의미에서의' 성적 타락과 연결되어 규정되었을 것이다.

둘째, 에이즈가 처음 발생하던 당시에 시민사회는 성숙되지 않은 반면 국가와 의료계는 과잉 성장되어 있었다. 이런 상황에서 에이즈는 '게이들의 병'과 같은 '사회적으로 구성되는 질병'이 아닌 의학적 관점에서 성병의 일종으로 다루어졌을 가능성이 크다. 국가가 주도하는 에이즈 예방과 관리의 의료화로 인하여 게이의 주체적 참여에 의한 자조와 '안전한 섹스'(safer sex) 실천운동은 도입되기 어려웠고 대신 감염인을 공중보건상의 위험요인으로 간주하여 강력하게 규제하는 방식의 정책이 도입되었을 것이다.

셋째, 감염인의 발견과 이들에 대한 감시 및 규제 중심의 에이즈 정책은 일반인은 물론 게이들로부터도 감염인을 분리시키는 결과를 초래하였을 것이다. 감염인에 대한 사실상의 격리정책은 일반인들로 하여금 에이즈에 대한 공포를 증폭시키고 그들을 차별하고 따돌림으로써 자신들은 안전할 것이라는 생각을 갖게 만들었고, 게이들 또한 감염된 게이와의 분리를 통하여 자신들의 정체성을 보호하게 만들었을 것이다. 이런 상황에서 감염인들은 극단적 소외를 경험할 것이고 감염사실을 철저히 감추거나 규제로부터 도피하거나 기존의 모든 사회적 교류를 거부하면서 생존을 추구할 것이다.

넷째, 사회구조적으로 유발된 외도와 성매매의 만연으로 일반인의 에이즈 감염 가능성은 높아졌지만 감염인 분리규제 정책 때문에 일반인들은 에이즈 환자를 접할 기회가 없었고 차별을 통하여 자신의 안전을 보호받는 차별의 사회심리가 매우 강하였기 때문에 에이즈 발생이 지속적으로 증가하고 있음에도 불구하고 그것이 일반인의 성행태를 개선하는 데 별다른 영향을 주지 못하고 있을 것이다.

　다섯째, 게이들 또한 서구의 경우처럼 성 정체성이 충분히 성장하고 조직역량이 배양된 상태가 아니기 때문에 에이즈 문제에 정면으로 대응하고 주체적으로 성 건강증진에 나서지 못하는 것으로 예측된다. 특히 감염인들이 게이사회로부터 분리될수록 안전한 성을 새로운 성 정체성의 실현으로 담론화하는 것이 지체될 것이고 그럴수록 위험 성 행동의 추구가 지속될 것이다. '안전한 섹스'나 위험 성 행동은 단순히 콘돔 착용만을 의미하는 것은 아니고 이를 뒷받침해주는 '자기 효능감'(selfefficacy)이나 성 정체성에 대한 확고한 의식을 포괄하는 개념이다.

　여섯째, 감염인은 병원 등 치료현장이나 취업 등과 관련하여 국가 및 의료계와 갈등을 겪게 될 것이지만 사회적으로 무기력한 감염인 개인차원의 갈등에 머물고 소극적으로 대응하거나 이를 감수할 것이다. 따라서 에이즈 정책의 변화는 감염인보다는 인권단체나 여타 사회조직의 관심과 연대와 같은 외부적 지원이 있을 경우에 가능할 것이다. 감염인의 절대수가 증가할 경우에 감염인의 영향력이 점차 커질 것이다. 그렇지만 성 정체성 담론과 분리된 채 진행되는 대정부 갈등은 치료기회의 확보나 생활보장과 같은 자구적 차원에 제한될 가능성이 크다. 결국 한국사회에서 에이즈를 둘러싼 집단간 역학과 갈등은 사회전반적인 성 인식과 성 문화의 발전이나 성 위험에 대한 관리역량 향상과 같은 거시적 차원의 긍정적 변화를 가져오지 못할 것으로 생각된다.

이 연구는 문헌연구와 실증연구를 모두 사용하였다. 실증적 자료
는 연구자가 한국에이즈퇴치연맹과 질병관리본부의 지원으로 2002,
2003, 2005년에 실시한 전국민 대상 에이즈 인식조사와 2006년 이주
노동자 대상 에이즈 인식조사결과를 사용하였다. 여기에는 국민들의
성인식과 성 행동, 성적 일탈, 에이즈 및 감염인에 대한 인식 등의
자료가 포함되어 있다. 또한 에이즈퇴치연맹은 정기적으로 게이들의
성 행태와 관련된 소규모 서베이(survey)를 실시하기 때문에 이 자료
또한 이 연구에 중요한 근거가 될 것이다.

그런데 이 자료들은 성 행동 및 예방행동 실천에 대한 자료만을 담
고 있고 성 정체성에 대한 인식, 게이로서의 삶의 방식, 게이 공동
체에 대한 인식, 에이즈와 감염인에 대한 인식 등은 담고 있지 못하
다. 따라서 연구자는 일부 게이 및 감염인들을 대상으로 심층면접을
통하여 이 부분을 보완하였다.

문헌연구는 정부의 에이즈 정책에 대한 문헌자료들과 언론에 보도
된 에이즈 관련기사들이 에이즈에 대한 사회적 반응을 나타내주는
자료가 되었다. 아울러 외국에서 진행된 게이들의 저항운동에 대한
연구문헌들과 에이즈 차별에 대한 많은 연구문헌들을 이용하여 한국
의 경우와 비교하면서 한국 사례를 분석하였다.

서구사회의 성 해방 $2_\text{장}$

　한 세대 전과 비교할 때 현재 한국인의 성 의식이나 행동은 많이
자유로워진 것을 알 수 있다. 1970년대만 해도 '순결'을 잃었다고 하
여 미혼의 젊은 여성이 자살하는 일이 드물지 않았다. 그러나 이제
사랑한다면 혼인과 관계없이 성관계를 가질 수 있다는 것이 젊은 미
혼 여성들의 생각이다. 이와 같이 성 해방이란 성에 대한 인식, 태
도 및 행동이 급격하게 변화하여 새로운 방식으로 구조화되는 것을
의미한다. 서구사회는 이미 1960년대부터 결혼 및 가족제도에 배타
적으로 귀속되던 성이 혼인여부와 관계없이 이루어졌고, 사랑이 성
관계를 맺게 하는 중요한 요인으로 부각되고, 생식보다는 친밀감이
나 쾌락을 목적으로 성관계가 행해지며, 성관계 파트너 선택의 범위
나 기준도 변화하고 성행위의 방식까지도 변화하게 되었다. 이것을
성 해방 또는 성 혁명이라고 부른다.

1. 성 해방의 개념

논리적으로 생각할 때 성 해방이 진행된다는 것은 과거의 성이 억압되어 있었음을 의미한다. 산업화 이전 또는 산업화 초기까지는 한국사회는 물론 서구에서도 성관계를 할 수 있는 시기, 대상자, 행위 양식 등에서 상당한 억압과 규제가 존재했다. 합법적인 성관계는 부부간에만 인정되었기 때문에 성관계를 가질 수 있는 대상이 지극히 제한되었다. 어린이나 청소년의 성은 규제되었고, 또한 여성들에게도 많은 제한이 가해졌다. 혼전 관계와 혼외 관계 또한 금기시되었다. 행위 양식에서도 성의 쾌락적 요소는 감추어지기 일쑤였고 그 과정도 성교에 집중되는 단순한 형태를 띠고 있어 성교는 생식을 위한 수단 정도로 간주되었다.

물론 여기서 성 억압의 의미 해석에는 주의가 필요하다. 성이 억압되었다는 것이 당시 사람들이 성에 대한 본능적 욕구를 모두 끊고 수도승처럼 살았다는 의미는 아니다. 성 억압이 쾌락적 성이 아예 존재하지 않았다는 의미가 아니라 오히려 성이 매우 강력하게 쾌락적이고 충동적인 것으로 인식하였음을 의미하고, 그 때문에 이를 순치(馴致)하려했던 것이다. 즉, 성 억압은 성에 대한 강한 열망을 전제하는 개념이다. 예를 들어 포르노가 별 것 아니라면 포르노 규제론이 강하게 대두하지는 않는다. 또 포르노의 유해성을 입증하려면 포르노를 더 열심히 보고 분석하고 느껴야만 하는 역설이 존재한다 (Horrocks, 1997: 89∼97).

당시 사회에서 성적 본능이 순치될 필요가 있는 것으로 생각되었고 순치된 성이 일종의 미덕(virtue)으로 받아들여졌다. 그것은 근검 절약, 자기희생, 자조, 근면, 책임, 정직 등과 같은 반열의 미덕으로서 그것을 준수하면 신사(gentleman)로 존경받았다. 역으로 성적 일탈을 하게 되면 사회적 오명과 비난에 직면하였다. 이들은 성을 비방했다기보다는 특유의 방식으로 보호하려 했다고 볼 수 있다 (White, 2000: 3~14).

예를 들어 여성들은 성에 대하여 무지한 것이 미덕으로 간주되었다. 이것을 흔히 빅토리아 성 규범이라고 한다. 19세기에 가장 선진국이었던 영국의 빅토리아 여왕(1819~1901) 통치시절에 모든 성적 자극이나 표현을 없애기 위하여 옷을 몇 겹으로 입었고, 성에 대해서는 무지해야 했으며, 생식의 차원을 넘어선 쾌락의 추구는 억제되었다. 신혼 첫날 밤 엄마는 딸에게 "무슨 일이 벌어지더라도 그저 누워서 눈을 감고 영국만을 생각하도록"(lie down and think of England) 타일렀다고 한다. 성교 이외의 다른 성행위, 예를 들어 수음행위는 엄격하게 규제되었다. 수음(masturbation)을 종교적 차원의 죄로 규정하거나, 정조대와 유사한 기구들을 채우거나, 수음이 수많은 질병의 원인이 된다고 학술적으로 규정하는 등 수음을 막기 위한 총체적인 노력들이 진행되었다(Stengers and Neck, 2001).

이와 비교하여 현재의 성 행태는 거의 혁명적인 변화라고 할 수 있다. 서구사회에서 성경험은 평균적으로 16세에서 18세에 이루어진다 (Hubert 1998, 42~43; Laumann, 2000: 322~327). 즉 절반의 서구인들은 고등학교에 다닐 무렵에 성을 경험하게 된다. 남녀 간의 차이도 크게 나지 않는다. 과거에 남성들은 혼전 청소년기에 매춘부와의 관계를 통하여 첫 성경험을 하는 경우가 적지 않았다. 성의 사회학 선구자인 아이라 라이스(Ira Reiss, 2006: 3)는 회고록에서 자신이 고등학생 때 매춘부들의 고객이 되었음을 담담하게 고백한다. 여성들에게 배타적으로 강요되던 혼전순결의 규범도 무너졌다. 성관계 대상자의 선택 또한 자유롭게 이루어진다. 더 이상 성관계가 혼인과 결부되지 않게 되었다. 혼인관계가 애정에 기초하여 이루어지면서 부부간의 성의 부조화는 이혼으로 귀결되고, 이후 재혼에 의한 가족의 재구성이 이루어지면서 생물학적 부모와 사회적으로 취득한 부모역할이 다른 경우가 빈번하게 발생하고 있다.

더 중요한 변화는 이성 간에는 물론 동성 간 성관계도 용인하게 된 점이다. 즉 성관계가 용인되는 사회적 범주가 혁명적으로 변화하였다. 성(sexuality)이라는 것이 개인의 신분 또는 정체성(self-identity)을 나타내는 요소가 된 것이다. 우리는 다른 사람에게 자신을 소개할 때 직업, 출신학교, 출신지역 등을 말하는 것이 보통이다. 즉, 직업, 출신학교, 지역은 자신의 정체성을 구성하는 기준이 된다. 그런데 이와 유사하게 동성 간의 사랑과 성을 추구하는 게이들에게는 그것이 자신들 삶의 중요한 가치이자 행동지표가 된다. 직업이나 출신학교 또는 출신지역 등은 다분히 전통적인 신분지표이다. 전통적인 신분지표를 추구하는 사람들에게서 성은 이에 견줄 만큼 중요한 것이 아니었고 그저 생산적 기능(즉 생식)을 수행하는 데 불과했다.

반면 현대사회는 소비사회이고 무엇을 소비하는가가 그 사람의 신분과 정체성을 나타내는 중요한 지표가 된다. 어떤 옷을 입는지, 또는 어떤 술을 마시고 어떤 운동을 하는지가 그의 신분을 상징하는 지표가 된다. 여기서 성도 소비되는 것으로 재구성되었다. 누구와 어떤 방식의 성을 실천하는가는 그의 새로운 신분이 된다. 성을 잘 실천하는 것은 갈수록 중요해진다. 성의 실천이 중요해지는 만큼 성관계의 부조화는 중요한 갈등사유가 되고, 성을 과소비하는 강박증 환자도 증가한다. 그에 따라 성 문제를 겪는 사람을 대상으로 실시하는 성 치료(sexual therapy)는 새로운 전문 직종으로 부상하고 있다.

이와 같이 성관계의 시기, 대상자 선택, 행위양식, 인식과 태도 등이 급격하게 변화하여 재구조화된 것을 성 해방이라고 한다. 성 해방은 성에 부여되는 사회적 의미가 달라지는 과정이라고 할 수 있다. 과거의 성이 결혼과 가족제도의 틀에 결부되어 있었다는 것은 임신과 출산이라는 생식기능에 초점이 맞추어져 있었다는 것을 의미한다. 가족제도에서는 혈연관계의 재생산이 중요한데 누가 누구의 핏줄인지를 가리는 일이 중요하였기 때문에 혼인관계에 있는 부부간의 성만을 합법적인 것으로 간주하였다. 이 시기는 또한 농경시대였고, 농경을 위하여 많은 노동력이 필요했기 때문에 혼인을 통한 출산은 새로운 노동력을 확보하는 중요한 사회적 장치였다. 그래서 성은 생식을 위한 도구로서의 의미가 강했다.

이런 상황에서 벗어나 성이 쾌락적인 것으로 재규정되고 성을 즐기는 것이 목적이 되면서 성관계 대상자와 성행위 양식이 선택 가능한 다양성을 갖는 차원으로 발전하였다. Paul Robinson(1989)은 이러한 변화를 '성의 근대화'(modernization of sex)라고 명명하였다. 이 개념은 빅토리아 시대의 '억압된 성'으로부터 해방이라는 의미가 강하다. 반면 Jeffrey Weeks(1986)는 이 변화에서 이전 시기와는 다른 차원의 성이 새롭게 만들어졌다는 점을 강조하면서 '성의 발명'(invention of sexuality)이라고 명명하였다.

성 해방, 성 혁명, 성의 발명 모두 자연적 성을 넘어서는 사회적 성이라는 의미를 내포한다. 자연계 동물들은 대부분 생식을 위한 수단으로 성행위를 할 뿐 성 그 자체를 목적으로 추구하지는 않는다. 반면 인간은 성의 근대화를 통하여 성에 새로운 사회적 의미를 부여하고 또 이를 목적처럼 추구하게 되었다.

사회학자 앤서니 기든스(Anthony Giddens, 1992)는 인간 사이에 친밀성(intimacy)의 결과로 또는 친밀성을 실현하는 수단으로 성이 사용되기 시작하였다고 설명한다. 근대 초기에는 낭만적 사랑이란 형태로 친밀성이 표현되었다. 여기서 사랑은 곧 결혼이었고 또 성관계의 실천을 의미하였다. 낭만적 사랑 자체도 혁명적 변화의 산물이라 할 수 있다. 근대 이전까지 혼인은 대부분 중매로 이루어졌고 혼인 당사자가 아닌 부모의 의사가 중요하였다. 낭만적 사랑은 혼인 당사자들이 자기정체성을 인식하고 결혼의 주체로 나서게 되었다는 점에서

뿐만 아니라, 생식을 통한 가문의 계승이나 노동력 확보와는 차원이 다른 친밀감을 사랑(성)과 결부시켰다는 점에서 이전 시기와는 완전히 다른 모습이었다. 그러나 가부장적 성별 분업이 남아 있던 근대의 가족 구조 하에서 낭만적 사랑은 장기적으로 구현되기는 어려웠다. '연애는 낭만적이지만 결혼은 현실'이라는 말이 이 상황을 잘 대변해 준다. 결혼 이후 생활을 꾸려가는 과정에서 남편이 바깥일에만 몰두한다든가 경제적 어려움 등 여러 조건들이 부부간의 낭만적 사랑의 입지를 좁히는 결과를 가져오게 된다.

기든스는 낭만적 사랑이 점차 '합류적 사랑'(confluent love)으로 대체되고 있다고 주장한다. 낭만적 사랑이 여러 제약이나 조건을 초월하여 오직 사랑만으로 당사자를 맺어주는 공동체(gemeinschaft) 성격의 것이라고 한다면, 합류적 사랑은 상호평등에 기초하고 계약에 의거해서 제한된 목적을 실현하는 이익사회(gesellschaft) 성격의 것이라고 할 수 있다. 낭만적 사랑이 거의 무조건의 헌신과 몰입이었다면, 합류적 사랑은 정서적 '주고받기'(give-and-take)이며 사랑도 친밀성에 비례해서 이루어지는 가변적인 것이 되며, 파트너가 관심을 보여줄 태세가 되어 있는 만큼만 사랑도 발전하게 된다.

낭만적 사랑은 불평등 사회의 사랑이다. 로미오와 줄리엣처럼 가문의 제약을 뛰어넘어 사랑으로 맺어지는 것이 낭만적 사랑이다. 그러나 중요한 것은 두 사람이 같은 신분이라는 점이다. 이것은 사회적으로 반려자가 될 만큼 가치 있는 여성과 그렇지 못한 여성이 암암리에 구분되어 있음을 의미한다. 또한 결혼 이후 부부간에는 위계적 성 역할 분화가 존재하게 되고, 지배적인 남성성과 종속적인 여성성이 결합되어 '완전한 하나'가 되는 것을 지향한다. 또한 낭만적 사랑은 성이 부부에게만 독점되는 일부일처제를 지향하고 남녀 간의 결합만을 지향하는 사회이다. 이런 사회에서는 성의 불평등이 심화될 수밖에 없다.

반면 합류적 사랑에서는 모든 사람이 성적으로 성취할 준비가 되어 있는 사회이고 서로 맺어질 수 있는 사회를 배경으로 한다. 반려자가 될 만큼 가치 있는 여성과 그렇지 못한 여성의 구분이 없다. 혼인은 일부일처제를 지향하지도 않으며, 어느 일방이 관계 중단을 선언하지 않는 한 그들 간의 '순수한 관계'는 지속된다. 관계가 유지되는 동안 양자는 각기 이득을 얻게 된다. 더욱이 합류적 사랑은 이성애(heterosexuality)만을 지향하지도 않는다. 친밀성은 이제 남녀노소를 막론하고 누구에게나 적용가능하게 변화되었다. 여기서 누가 누구와 맺어지는가는 단지 상황의 결과일 뿐이다. 낭만적 사랑은 '영원히 당신만을'이라는 모토를 갖고 있다. 반면 합류적 사랑에서는 '지금 당신을' 사랑하는 것이 중요할 뿐이다(Giddens, 1992: 57~64).

기든스의 개념을 따른다면 우리 사회의 경우는 낭만적 사랑의 단계이거나 아니면 그 이전의 단계가 섞여 있는 정도로 생각된다. 중매와 연애 반반에 의한 결혼이 대세이기 때문이다. 연애로 성사되었다고 해도 막상 혼인단계에서는 중매와 다름없는 격식을 차리는 것이 보통이다. 중매가 혼인을 매개로 어떤 경제적 사회적 보상을 기대하는 형태의 사랑이라고 한다면 낭만적 사랑은 무조건적이라고 할 수 있다. 반면 합류적 사랑은 철저하게 사랑 자체의 이득을 기대한다. 중매는 가시적 보상을 전제로 하기 때문에 서로 맺어지는 것이 쉽지 않다. 따라서 양측의 조건을 객관적으로 파악하고 조정하는 중매꾼이 필수적으로 요청된다.

낭만적 사랑의 시대에는 양자가 맺어질 수 있는 기회는 확대되지만 사랑에 빠지려면(falling-in-love) 상당한 정서적 소양이나 훈련이 필요하다. 낭만적 사랑은 기본적으로 자기정체성 또는 주체성을 필요로 한다. 그러한 소양이 미숙할 경우에는 사랑에 실패할 수밖에 없다. 따라서 사회적으로 사랑의 기회는 확대되지만 그것이 성공적으로 이루어지기는 쉽지 않다. 이 틈을 비집고 들어오는 것이 '카사노바'와 같은 유혹의 전문가들이다(Giddens, 1992: 81~85). 카사노바는 여러 명의 부인을 거느리면서 자신의 사회적 위세를 과시하는 일 따위에는 관심이 없다. 그는 친밀감에 의한 사랑에 목말라 하는 여성들의 잠재된 욕구를 잘 파악하여 충족시키는 '여자들의 남자'(ladies' man)였다.

그러나 합류적 사랑의 시대에는 더 이상 카사노바가 존재하지 않게 된다. 남자와 여자 모두 '준비된 선수'들이기 때문이다. 이 시기에는 오히려 사랑의 과잉이 문제가 된다. 즉 애정중독이나 섹스중독자들이 나타난다. 사랑과 성이 얼마든지 가용(可用)하고, 또 그것이 자아정체성 구성의 중요한 부분을 차지하면서 사랑과 성을 잠시라도 실행하지 않으면 못 견디는 강박적 행태가 나타나게 된 것이다.

2. 성 해방의 시작: 여성에 대한 이중 기준의 소멸

헬렌 걸리 브라운(Helen Gurley Brown)은 1962년에《성과 미혼 여성》(Sex and the Single Girl)이란 책을 출판하여 1년 동안 15만 부가 팔리는 일약 베스트셀러가 되었다(Allyn, 2000: 11). 제목이 말해주는 것처럼 이 책은 미혼여성도 섹스를 즐길 수 있다는 메시지를 담고 있다. 이 책이 그와 같이 선풍적인 인기를 모을 수 있었던 것은 당시 미국 사회가 내면적으로는 성이 자유화되는 추세에 있었지만 공식적으로는 미혼 여성의 섹스를 금기시 하는 이중 기준이 지배하고 있었기 때문이다.

앨프리드 킨제이(Alfred Kinsey)는 방대한 인터뷰 자료에 근거하여 미국인들이 상당한 성의 자유를 누리고 있음을 밝혔다. 1948년에 출간된 남성 성 행태 보고서와 1953년에 출간된 여성 성 행태 보고서는 당시 미국인들이 믿고 있던 것과는 달리 미혼자의 성경험이나 기혼자의 외도 등이 널리 행해지고 있음을 밝혔다. 그렇지만 당시의 지배적 성 규범은 이러한 변화와 괴리된 채 빅토리아 시대의 성 규범이 남아 있었다.

성 문제 연구의 선구자인 아이라 라이스(Ira Reiss, 2006)는 1950년대에 박사 학위 취득 후 교수가 되어 처음 맡았던 가족관계론 강의를 준비하면서 교과서들이 모두 '반섹스 편향성'이 있음을 발견하였다. 그 교과서들은 다음과 같이 언급하였다고 한다. 당신이 만일 결혼 전에 성관계를 갖게 되면 ① 성병에 걸릴 수 있고, ② 여성들의 경우에는 임신할 수 있고, ③ 사회적으로 비난받게 되며, ④ 오랫동안 죄책감을 느끼고 후회할 것이다. 혼전관계는 음탕하고, 비인격적이며, 신중하지 못하고, 이기적인 것으로 묘사되었다.

표면적으로는 남성이나 여성 모두 혼전관계가 나쁜 것으로 언급되고 있지만 남성들의 혼전관계는 암암리에 용인되었기 때문에 혼전관계 금기의 규범은 실제로는 여성들을 얽매는 것이었다. 19세기 빅토리아 성 도덕은 여성의 성적 순결을 마치 재산이나 상품과도 같이 간주하였다. 여성들은 혼전에 성경험이 있어서도 안 되고, 혼인 이후에도 성적 욕구나 성적 감흥을 완전히 배제할 것이 요구되었다. 강간은 그것을 행한 남자보다 당한 여자의 행실이 문제시되었다. 만일 혼전의 여성이 강간에 의해 순결을 잃었을 경우 그녀는 결혼할 자격을 상실하게 되었고, 그 부모는 강간범과 결혼할 것을 강요하였다고 한다. 결혼한 여성에게 성은 임신출산의 수단으로만 허용되었고, 남성들에게도 임신 이외의 성적 욕구의 충족을 위해서는 부인과 관계하지 말고 '홍등가'를 갈 것을 권유했다고 한다.

성의 이중기준은 피임이나 인공유산에까지 영향을 미쳤다. 피임과 인공유산이 허용되면 여성들이 성적으로 문란해진다는 이유로 미국 정부는 1873년에 이를 금지시키고 위반 시 범죄로 다스렸다(Allyn, 2000: 13).

이러한 빅토리아 성 도덕이 남아있던 1950년대에 킨제이(Kinsey)는 5,940명의 백인여성을 대상으로 서베이한 후에 이들 중 약 50%가 혼전관계를 가졌으며 또한 25%는 혼외정사를 가졌다는 사실을 밝혀냈다. 킨제이 보고서의 파장은 매우 컸다. 몰래 혼자서 죄를 짓듯이 성 도덕을 위반하던 미국인들이 보고서 발표 이후에는 자신들의 행위가 남들과 크게 다르지 않다는 것을 알게 되었다. 그동안 존재했던 성 도덕과 현실 행동 간의 괴리가 분명하게 드러났으며 빅토리아 성 도덕은 더 이상은 유지되기 어려웠다. 이러한 시대적 배경을 두고서 브라운(Brown)의 책이 출간되었던 것이고 이 책은 여성들의 성 해방의 기폭제와도 같은 것이었다.

물론 킨제이 보고서나 브라운의 책만으로 성 해방이 달성되지는 않았다. 여성에 대한 성적 억압은 여러 사회적 장치들에 의하여 구조화되어 있던 것이기 때문에 이러한 사회적 조건들이 변화하는 것이 필요했다. 첫째로 성과 혼인을 일체화시키는 가족구조가 변화하는 것이 필요했고, 둘째로 성 도덕과 성 담론이 변화하여 성 행동의 자유를 의식하게 만들어야 했다.

성 해방의 시작은 미혼 성인들 사이에 성적 접촉에 대한 수용도가 높아지는 것이었는데 이것은 가족구조의 변화와 맞물려 진행되었다. 산업화 도시화가 진행되면서 가족은 더 이상 생산을 위한 사회조직이 아니게 되었다. 과거에는 농경을 위하여 많은 노동력이 필요했고 혼인과 출산을 통하여 새로운 노동력을 지속적으로 공급하는 것이 가족의 중요한 기능이 되었다. 반면 산업사회에서는 생산은 기업의 몫이 되었고 가족은 기업에 노동력을 제공하고 받은 대가인 임금을 소비하는 곳으로 그 성격이 변화하였다. 가족제도에서 친족의 중요성이 사라졌고 부부 중심의 핵가족화가 진행되었다. 즉 농경시대의 다산과 같은 생식기능의 중요성이 산업사회에서는 많이 축소된 점이 결과적으로 여성들의 임신과 출산 및 육아의 부담을 줄여주었다.

또한 성별분업 구조의 변화도 중요한 요인이었다. 초기 산업사회에서는 남성들이 기업에서 일하고 여성들이 가정을 꾸려나가는 성별분업이 이루어졌지만 20세기 중반부터 여성들 스스로 취업하여 경제력을 갖게 되었다. 특히 2차 세계대전으로 남성들이 군인으로 징집되자 가정에 있던 여성들이 취업하여 그 공백을 메우게 되었다. 전후에 일시적으로 여성은 가정으로 돌아가야 한다는 정치적 캠페인이 있었지만 여성 취업률은 지속적으로 상승하였다. 산업구조가 변화하여 서비스 산업에 일자리가 많아지면서 여성취업은 시대적 대세가 되었다.

여성들이 독자적 경제능력을 가질 수 있게 되면서 생존을 위하여 혼인해야 하거나 이혼을 망설일 필연성이 줄어들었다. 여성의 경제 활동 증가는 동시에 최초 결혼연령을 늦추게 하였다. 혼인연령이 늦어지면서 이것은 혼전 성관계를 추동하는 요인이 되었다. 또한 이혼율이 높아지면서 이혼에 대한 사회적 낙인이 완화되었고 이 또한 혼인과 관계없이 성적 접촉을 갖게 만드는 요인이 되었다(Escoffier, 2004).

  많은 성적 경험을 한 채 결혼에 진입한 여성들은 부부간의 성관계에서의 높은 만족을 기대하게 되었고 그것이 제대로 충족되지 못할 경우 혼외 관계나 이혼으로 귀결될 가능성을 높였다. 즉 성적 자유의 증대는 성적 만족의 증대는 물론 동시에 성적 좌절이라는 새로운 문제도 야기하였다(Escoffier, 2003a: xiii).

3. 성 도덕과 담론의 변화

　성 해방과 같은 사회변화는 사회적 조건의 형성과 함께 변화를 선
도하는 새로운 이론과 담론, 그러고 그에 의한 태도의 변화가 결부
될 때 가능해진다. 성 해방을 위한 이론은 프로이트(Freud) 좌파 학
자들에 의하여 제공되었다(Robinson, 1969).

　서구사회에는 자연과 문화를 대립적으로 보는 경향이 짙다. 자연
은 매우 강력하고 위험한 힘을 내재한 것으로 파악하면서 인간사회
를 위해서는 이러한 원시적 힘이 순치되어야 한다는 관념이 있다.
성과 관련해서도 서구사회에서는 이미 19세기에 성에 관한 연구들이
폭넓게 진행되었고 성을 매우 위험할 정도로 충동적인 힘으로 파악
하면서 이를 다스리고 '문명화'시켜야 한다는 생각들이 있었다.

　프로이트는 그의 사회화 이론을 통하여 성 에너지(libido)가 순치되
는 과정에 대한 이론을 제시하였다. 인간은 어린 시절 적절한 훈육
을 통하여 리비도를 통제할 수 있는 사회적 규범(초자아)을 내면화시
켜 성적 본능과 사회적 규범의 균형을 유지할 수 있는 자아를 발전
시키게 되는데, 만일 이 과정이 잘못되었을 경우 성인이 되어 신경
증(neurosis) 같은 비정상적 행동을 하게 된다는 것이다. 즉 프로이트
는 성을 사회심리적 차원에서 접근함으로써 성 연구의 신기원을 만
들었지만 이론적으로는 성 욕구는 억제되어야한다는 논리를 만들었
다(Horrocks, 1997).

　그런데 일단(一團)의 프로이트 제자들은 억압논리를 완전히 뒤바
꾼다. 빌헬름 라이히(Wilhelm Reich)는 그 대표적 학자이다. 프로이
트가 순전히 정신분석 영역에만 몰두한 것과는 달리 라이히는 사회
주의자로서 성과 정치의 연관성에 주목하였다. 그는 성 억압이 전체
주의 사회의 대표적 특징이라고 생각하였고 정치적 해방을 위해서는

우선 성 해방이 필요하다고 보았다. 그는 공산당에서도 축출되고, 나치의 압박을 피해 미국으로 망명한 학자였다. 그는 성 억압이 균형잡힌 자아를 만들기보다는 심각한 심리적 손상을 초래한다고 주장하였다. 라이히가 프로이트와 정반대의 결론을 내리게 된 것은 성적 쾌락에 대한 인식이 달랐기 때문이다. 프로이트가 성 본능을 파괴적인 것으로 파악하면서 이를 억제시켜야 한다고 생각한 반면 라이히는 성적 쾌락(orgasm)은 자연스러운 것이고 이를 억압하는 가족제도와 성 도덕 또는 국가가 오히려 사람들의 정신을 파괴시키며 나아가 파시즘과 같은 권위주의적 행동을 유발한다고 생각하였다. 따라서 그는 성 해방이 필요하다고 역설한 것이다(Robinson, 1969).

허버트 마르쿠제(Herbert Marcuse)는 보다 직접적으로 1960년대 성 해방의 복음서를 제공하였다(Allyn, 2000: 196~205). 라이히와 마찬가지로 마르쿠제도 나치의 압박을 피하여 미국으로 망명한 프랑크푸르트학파의 일원이다. 그의 이론도 프로이트를 뒤집는 데서 출발한다. 프로이트는 어린아이 시절에는 성기뿐만 아니라 입과 항문 등 온몸이 성적 감흥의 대상이 되어 통제가 안 되는 다형도착적(poly-morphously perverse) 상태라고 생각하였다. 그런데 사회화 과정을 통하여 이러한 다원적 욕망들이 감추어지고 승화되어 성인기에는 성교에 의한 만족만을 느낄 수 있게 된다는 것이다. 만일 이러한 다원적 욕망들이 적절히 통제되고 승화되지 않으면 사람들이 제대로 일도 할 수 없게 되고 궁극적으로 사회가 유지되기 어렵다고 본 것이다.

마르쿠제도 근대사회에서 성이 중요하고 성 억압이 나타날 수 있음을 인정한다. 그러나 그는 자본주의 사회의 성 억압은 초과적 억압(surplus repression)이라고 파악했다. 즉 프로이트의 성 억압이론이 어느 시대에나 동일하게 적용되는 것은 아니고 사회경제체제에 따라 달라질 수 있는 것으로 생각했다(Robinson, 1969). 프로이트의 이론이 만들어졌던 경제 대공황 시기와 같이 자원이 부족한 시기에는 노동자 개인도 먹고살기 위해 일하는 것이 무엇보다 중요하기 때문에 성적 욕구의 추구는 우선적 과제가 아니게 된다. 또한 기업도 생산 효율성 증대를 위해 업무시간을 규정하고 노동과정을 과학적으로 통제하는 등 노동 이외의 모든 비효율적 요소를 제거하는 방법을 발전시키게 된다. 이 과정에서 원래 다원적 성욕추구가 가능했던 우리의 몸이 탈성욕구화(desexualization)하게 된다는 것이다.

　이러한 마르쿠제의 이론은 마르크스가 자본주의 사회에서는 초과이윤을 얻기 위한 착취구조가 만들어져 있기 때문에 노동자들은 소외된다고 보는 것과 매우 유사한 논리구조를 엿볼 수 있다. 소외를 극복하기 위하여 착취구조를 없애야 하는 것처럼 우리 몸을 다시 성욕구화(resexualization) 시켜 인간해방을 할 필요가 있게 된다. 20세기 중반 미국은 고도의 경제적 번영을 누리고 있는 점도 인간의 성 욕구를 억제시키기 어려운 조건이 된다고 볼 수 있다.

　성적 쾌락의 추구가 자연스러운 것임에도 사회적으로 권력에 의하여 부당하게 억압되어왔다는 것, 그리고 출산을 위한 성교, 성기 중심의 성관계에서 벗어나 다양한 형태로 성적 쾌락을 추구할 수 있다는 이론은 1960년대 젊은이들에게는 복음서와도 같은 것이었다. 이들은 이미 당시 사회의 권위주의에 대한 저항의 문화에 익숙해져 있었다. 흑인 인권운동이나 반전운동과 같은 정치적 저항에 열성이던 당시 젊은이들은 문화적으로도 '청년문화'라는 새로운 장르를 창조하였다. 엘비스 프레슬리(Elvis Presley)의 록 음악(rock and roll)에 도취되었던 미국 젊은이들은 그 속에서 답답한 일상을 탈출하고 행복한 미래를 꿈꾸었다. 엘비스의 현란한 몸놀림과 성적 은유가 담긴 연주 모습은 부모들의 걱정을 불러일으켰다. 그러나 전통의 속박을 거부하는 젊은이들은 혼전 관계의 금기에 도전하게 되었다(Escoffier, 2003a: xiii; 2003b: 195).

　라이히와 마르쿠제가 성 해방에 대한 철학적 사회이론적 담론을 제시한 것이라면 킨제이와 매스터스와 존슨(Masters & Johnson)은 실증적 근거를 제시해주었다.

킨제이는 1894년생으로 하버드 대학에서 생물학 박사를 취득하고 인디애나 대학 교수가 되었다. 그는 1938년에 '결혼'이란 강좌의 책임을 맡게 되면서부터 인간의 성 행동에 관심을 갖게 되었다. 관련 자료가 부족한 것을 알고 그는 인터뷰를 통하여 자료를 획득하고자 하였다. 그는 평생 동안 약 10만 건의 개인의 성 역사(sex histories)를 모았다고 한다. 이를 바탕으로 그는 1948년에 《남성의 성 행동》을 펴냈고, 1953년에 《여성의 성 행동》을 펴냈다. 1947년에 인디애나 대학에 '성 연구소'(킨제이 연구소)를 설립하였다. 그는 말년에 매카시즘의 피해를 입었다. 성 연구가 미국인의 도덕심을 무너뜨리는 데 기여하며 미국을 약화시켜 공산주의 침략에 노출시킨다는 이유였다. 그는 1956년에 62세로 죽었다(Hyde and DeLamater, 2006: 54).

킨제이는 인터뷰를 통하여 자료를 수집하였다. 현재는 인터뷰 또는 면접조사가 일반화된 조사도구이지만 1930년대에는 이러한 조사방법 자체가 확실하게 정립되지 않았던 시기였다. 조사를 전문으로 하던 사회과학자도 아닌 킨제이가 성 연구를 위하여 개발하고 사용한 방법들은 매우 정교하고 사려 깊은 것이었다. 그는 《남성의 성 행동》 연구에 5,300명의 남자를 면접했고, 《여성의 성 행동》 연구에 5,940명의 여자를 면접했다. 면접조사에서 1차적으로 중요한 것은 전체의 속성을 보편적으로 대변할 수 있는 대표성 있는 표본을 뽑는 일이다. 킨제이는 처음에는 표본선정에 대하여 큰 관심을 두지 않았으나 곧 이의 중요성을 깨달았다. 그가 선택한 방법은 대상집단과 접촉하여 그들의 동의를 이끌어내고 집단전체를 면접하는 방식이었다. 예를 들어 특정 직업군에 속한 사람 전체, 어떤 동기동창 전체 이런 식이다. 그러다보니 접촉이 용이하고 조사의 취지를 이해하고 참여할 여유가 있는 사람들이 주로 표본에 포함되었다. 교육수준이 높고 신교를 믿으며 인디애나에 사는 사람들이 많이 포함되었고, 교육수준이 낮고 가난하고 가톨릭을 믿으며 유색인종이며 외지에 사는 사람들은 과소표집되었다. 따라서 표본의 대표성은 문제가 있다.

그렇지만 그가 면접에 사용한 방법들은 지금도 매우 신뢰도가 높은 방식들이었다. 성 문제는 프라이버시에 관련되는 매우 민감한 주제이다. 이런 주제에 대한 질문을 받으면 사람들은 답변을 거부하거나, 과소응답하거나 과대응답하는 경향이 있다. 예를 들어 기혼여성들에게 외도경험을 질문하면 답변을 거부할 가능성이 높다. 반면 남성들에게 성행위의 역량을 질문하면 과대응답할 가능성이 높다.

이런 문제점에 대비하여 킨제이는 무슨 답변을 하더라도 그 비밀이 지켜질 것이라는 점과 성 행동에 대한 도덕적 판단을 배제한다는 점을 주지시켜 응답자들의 불안감을 해소시키려 하였다. 즉 연구자와 응답자 간에 신뢰가 조성되지 않으면 제대로 된 면접이 이루어지기 어렵기 때문에 신뢰조성을 위하여 비밀 준수와 가치중립의 원칙을 만들어낸 것이다. 동시에 그는 이 면접이 성에 대한 과학적 연구를 위한 것임을 설명하여 응답자들이 연구참여에 대한 의미를 갖도록 동기화하였다(Robinson, 1989: 48).

지금도 많은 사람들이 학술연구 목적의 면접에는 비교적 쉽게 응하고 정직하게 답변하는 편이다. 응답자들의 답변을 들으면서 동시에 코딩(coding)하는 방법도 개발되었고, 그것은 IBM Card에 기록되어 보관되었다. 응답자의 신원을 파악할 수 있는 단서는 일체 포함되지 않았고 또 개인별 기록을 적어서 보관하지도 않았다. 오직 소수의 연구자들의 기억 속에만 남아 있었다. 이런 방식이 응답자들로 하여금 안심하고 응답할 수 있도록 한 것은 분명하다.

설문지 자체의 신뢰도를 높이는 방법 또한 개발되었다. 예를 들어 '당신은 수음한 적이 있습니까?'라는 질문보다는 '당신은 몇 살 때 수음을 시작하였습니까?'라는 질문을 사용하였다. 뒤 질문이 보다 정확한 사실에 기초한 응답을 하게 한다. 비슷한 내용의 질문을 위치를 바꾸어 반복 질문함으로써 응답의 신뢰도를 체크하는 방법 또한 개발되었다(Hyde and DeLamater, 2006: 54). 이와 같이 킨제이가 사용한 질문법은 지금도 타당성이 높은 방법들이었다.

다음은 킨제이 연구의 주요 결과이다. 이 자료가 얼마나 정확하게 당시 미국인들의 성 행태를 반영하고 있는지는 알기 어렵다. 그의 표본선정에 문제가 있기 때문이다. 특히 동성애 경험자가 37%에 이른다는 것은 납득하기 어려운 수치이다. 그러나 킨제이 보고서가 1940년 전후한 시기 미국인들의 성 행동의 단면을 수치적으로 나타내는 자료임은 분명하다. 킨제이의 의미는 바로 여기에 있다. 아직 청교도적인 성 도덕이 사회의 공식부문을 지배하던 상황에서 킨제이의 수치화된 성 행태 보고서는 상당한 충격일 수밖에 없다. 그렇지만 많은 사람들은 자신만이 아닌 남들도 성 도덕의 표준에서 벗어난 행위를 즐긴다는 사실에 위안을 받게 되었다. 혼전 성관계나 혼외정사가 '남들도 다 하는' 것임을 알게 되었을 때 이를 규제하는 성 도덕은 더 이상 유지되기가 어렵다. 킨제이 자신이 성 해방을 의도하여 이런 연구를 하지는 않았지만 그것을 받아들이는 미국인들에게 수치화된 성 행태 보고서는 새로운 성 규범과도 같은 역할을 하게 된다.

킨제이 연구의 내용적 한계는 오직 성 행동만을 다루었다는 점이다. 지식, 인식, 가치, 태도 등이 행동에 영향을 미친다는 점은 사회과학의 정설이다. 생물학자였던 킨제이는 동물을 관찰하듯이 인간의 성 행동을 면밀하게 관찰하였다. 그러나 그는 동물과는 달리 인간의 행동을 이해하기 위한 변수로서 태도가 중요하다는 점에는 큰 관심을 두지 않았다.

〈표 2-1〉 킨제이 보고서에 나타난 미국인들의 성 행태

첫 성경험(남성, %)	16세까지	20. 9
	19세까지	53. 9
첫 성경험(여성, %)	16세까지	6
	19세까지	31. 2
부부 성교 횟수(여성, 회)	10대 후반 주당	2. 8
	30세까지 주당	2. 2
	50세까지 주당	1
외도 경험(%)	남 성	50
	여 성	26
동성과의 성경험(%)	남 성	37
	여 성	13
수음 경험(%)	남 성	92
	여 성	62
항문성교 경험(%)	남 성	11
혼전 성관계(%)	남 성	67~98
	여 성	50

자료: Kinsey Institute (1996)

성에 대한 태도의 연구는 아이라 라이스(Ira Reiss)에 의하여 시도되었다. 그는 1950년대에 혼전 성관계에 대한 태도척도를 개발하여 서베이를 실시하였다. 흔히 혼전 성관계에 대한 태도를 알기 위하여 "혼전에 사랑한다면 성관계를 해도 되는가?"를 질문하는데 이것이 라이스에 의하여 만들어진 척도이다. 실제질문은 강도의 차이를 고려하여 다음과 같은 4단계 척도를 사용하였다(Reiss, 2006: 19~20).

  (1) 금욕: 남녀 모두에게 혼전에 금욕하는 것이 마땅하다.
  (2) 이중 기준: 남자들은 혼전 성경험을 허용할 수 있지만 여자들은 안 된다.
  (3) 사랑한다면 허용: 남녀 모두에게 서로 사랑한다면 혼전 성관계를 할 수 있다.
  (4) 사랑과 관계없이 허용: 남녀 모두 사랑과 관계없이 혼전 성관계를 할 수 있다.

이 척도를 기본으로 하여 키스, 페팅(애무), 성교의 허용여부를 묻는 12개 문항을 만들 수 있고 남자와 여자에게 각각 허용될 수 있는지를 묻는 문항을 별도로 구성하면 모두 24개의 질문 척도가 만들어진다. 이 설문을 고등학생과 대학생들을 대상으로 적용한 결과 '사랑한다면 성관계를 할 수 있다'는 태도가 분명하게 나타났다. 즉 당시 젊은이들의 성에 대한 생각과 태도는 부모세대의 그것과는 완전히 다른 양상으로 가고 있었고 라이스(Reiss)와 같은 사회학자들은 그러한 추세를 밝혀내기 위한 수단으로 척도를 개발했던 것이다.

이후 1960년대 미국여론조사연구소(National Opinion Research Center)가 전국표본으로 이 척도를 적용해본 결과 '사랑하면 성관계 할 수 있다'는 태도가 1963년에는 20%, 1965년 28%, 1970년 52%, 1972년 63%, 1975년 69%, 1978년 71%로 가파르게 상승하였고 이후에는 70%대를 유지하였다고 한다(Reiss, 2006: 43). 즉 1960년대와 1970년대 초, 성 인식과 태도에 급격한 변화가 있었음을 알 수 있다.

킨제이가 미국인의 성 행동 양상을 있는 그대로 드러냄으로써 낡은 성 도덕을 무너뜨리는 데 기여했다면 매스터스와 존슨은 실험을 통하여 여성도 오르가즘을 느낄 수 있음을 밝혀냈다(Masters and Johnson, 1966). 매스터스는 1915년 출생하였고 로체스터(Rochester) 의과대학을 졸업하고 산부인과에서 훈련받은 임상가였다. 그는 1954년에 매춘부들을 상대로 성적 흥분 시 생리적 반응에 대한 실험적 연구를 실시하였다. 그리고 연구를 도와줄 조수로 버지니아 존슨(Virginia Johnson)을 받아들였다.

1959년에 이들은 '성 치료'(sex therapy)도 시작하였다. 성 반응을 임상적으로 연구한 것은 이들이 처음이다. 실험실에서 성관계를 하도록 하면서 이를 카메라, 테이프 리코더 및 각종 전자장비로 성기와 신체 여러 부분의 성 반응을 측정하고 경과를 기록하였다. 예를 들어 질 분비 윤활액의 원천과 중요성을 밝혀냈고, 성적 흥분 시 혈압의 상승을 측정하였다. 여성들이 남성보다 다양하고 깊이 있는 오르가즘을 얻을 수 있는 능력이 있다는 것과 남성들의 페니스 길이가 성 만족과는 아무런 관계가 없다는 사실도 이들이 발견하였다.

그들은 또한 과로와 정신적 피로가 건강한 성 생활에 최대의 적임을 밝혔다. 또한 포르노그래피는 성 초보자들에게 교육적 효과를 주기보다는 비현실적 기대만을 주는 것으로 별 도움이 되지 않는다고 하였다. 여성들이 오르가즘을 느끼는 것은 포르노보다는 자위에 의한 것임을 밝혔다. 또한 지난 10년간 400쌍의 부부를 치료한 결과 80%에서 즉각적 효과가 있었고 이들을 5년간 추적연구한 결과 소수를 제외하고는 성 기능의 문제가 재발하지 않았음을 확인하였다. 이들은 성 장애를 겪는 여성들에게 자신의 몸에 좀 더 친밀해지도록 권유하였고 서로 마사지하거나 클리토리스를 자극하는 기법을 교육하였다. 남성들의 조루와 발기부전은 대부분 과음과 피로에 의한 것으로 밝혀졌고 그에 따른 처방이 효과가 있었다고 한다.

이들이 발견한 가장 중요한 사실은 여성이 질에서 쾌감을 얻는다는(*vaginal orgasm*) 프로이트의 가설이 틀렸음을 밝힌 것이다. 이들은 질 내의 오르가즘은 존재하지 않으며 오직 클리토리스(*clitoris*)에 대한 자극으로 오르가즘을 얻을 수 있음을 실험적으로 밝혔다. 이들이 애당초 기대한 것은 아니었지만 이 사실은 대단히 중요한 정치적 함의를 갖고 있었다. 프로이트의 가설은 여성이 남성과의 성교에 의해서만 성 만족을 얻을 수 있음을 의미하는 것이었다. 그런데 질 오르가즘은 존재하지 않고 그 외부에 있는 클리토리스 자극에 의해서 오르가즘을 얻을 수 있다는 사실은 남성에 의존하지 않고서도 성 만족을 얻을 수 있다는 것으로 해석되기 때문에 당시 새롭게 부상하던 여성주의자들에게 대단한 환영을 받았다.

그러나 연구 책임자인 매스터스 자신은 여성주의나 성 혁명에 그다지 관심을 두지 않았고 정치적 성향은 보수적이었다(Allyn, 2000: 168~169). 그는 자신의 연구결과를 정치적으로 활용하기보다는 연구를 통해 밝혀진 사실들에 기초하여 성 부조화로 고민하는 사람들을 임상적으로 치료하는 '성 치료'에 관심이 많았을 뿐이다.

이들의 연구는 1966년에 《인간의 성 반응》(*human sexual response*)이란 책으로 출간되었고 이 책은 곧 베스트셀러가 되어 30만 부 이상 팔렸으며 이들은 유명인사가 되었다. 그러나 이들에 대한 비판도 적지 않았다. 유명한 인류학자 마가렛 미드는 이들의 연구가 실험실에서 인위적 조건에서 진행된 것이기 때문에 여기서 얻은 성적 흥분 또한 인공적 흥분일 뿐이라고 비판하였다. 또한 역사학자 폴 로빈슨(Paul Robinson)은 이 책이 영어로 쓰인 책 중에서 최악의 책이라고 혹평하였다. 글이 부정확하고 무식하게 쓰였고 그것은 이들의 인지적 역량 부족 때문이라고 비판하였다.

매스터스와 존슨의 저서에서 발견되는 설명의 부적합은 그들이 사회심리적 환경요인을 배제한 채 성 기능만을 관찰하는 데서 비롯한 문제로 생각된다. 예를 들어 오르가즘과 성 만족을 느끼지 못하는 사람이 생활의 다른 영역에서는 행복한데 오직 성만 문제인지 아니면 다른 생활에서도 문제가 있는 것인지는 이들의 목표인 치료적 처방의 효과를 높이는 데도 중요하게 고려해야 할 사안일 것이다. 그러나 이들은 이러한 부분을 철저히 배격하였다(Heidenry, 1997: 32~35; Robinson, 1989: 123~126; Allyn, 2000: 170~171).

　매스터스와 존슨은 찬사와 비판을 동시에 받았다. 그런데 이러한 논란과는 별도로 이 연구는 성 해방에 중요한 함의를 갖는다. 라이히, 마르쿠제, 킨제이 등의 업적이 성을 즐기는 것이 자연스러운 것이고 성이 규제에서 해방될 필요가 있음을 역설한 것이었다면 매스터스와 존슨의 연구는 성적 쾌락의 수치적 표준을 제시하였고 거기에 미달되거나 넘치는 사람들, 즉 성을 즐기는 데 장애가 있는 사람들을 치료하고 교육하는 구체적 방법을 제시해 주었다는 점이다. 즉 이들의 연구는 성을 즐기지 못하는 것이 오히려 문제가 된다는 새로운 담론을 만든 것이다.

4. 성 표현과 포르노그래피

자유로운 성 표현은 성 해방의 중요한 한 부분이다. 성을 자연스럽게 인식하고 자유롭게 표현할 수 있을 때 성의 평등과 해방도 가능해진다. 왜곡된 성은 억제된 성보다 더 위험할 수도 있다. 성 표현의 자유는 성 해방의 역사라고 할 수도 있다. 지금은 문학사적으로 위대한 작품이라고 칭송받는 로렌스(D. H. Lawrence)의 《채털리 부인의 사랑》(Lady Chattery's Lover, 1928)이나 제임스 조이스(James Joyce)의 《율리시즈》(Ulysses, 1922), 헨리 밀러(Henry Miller)의 《북회귀선》(Tropic of Cancer, 1934) 등은 모두 1950년대까지 외설을 이유로 영미권에서는 판매가 금지되었던 작품들이다. 상세한 성 묘사로 성적 흥분을 자아내게 하는 글은 외설이라는 딱지가 붙었고 유통이 금지되었다.

성을 묘사하고 표현하는 것은 어느 시대에나 존재했지만 이를 외설로 단정하고 규제하고 처벌하는 것은 빅토리아 도덕관의 산물이라고 볼 수 있다. 성행위나 성기 모습을 적나라하게 표현한 고대의 유물은 세계 곳곳에서 찾아볼 수 있다. 헨리 밀러는 이를 두고 다른 시대 다른 문화권의 사람들은 다른 방식으로 살았구나 하고 이를 용인하면서도 우리 시대의 성 표현은 용인하지 못한다고 비난하였다. 밀러는 외설이 무엇인지 말하는 것은 마치 신(God)이 무엇인지 말하는 것과도 같다고 하였다. 그만큼 규정하기 어렵고 관점에 따라 정의가 다르다는 말이다. 밀러의 입장에서는 본래 외설적인 책이나 영상물은 없고 그것을 보고 읽는 마음의 수준에 따라 외설이 되기도 하고 예술품이 되기도 한다고 생각한다(Miller, 1947). 행위에서 본래적 의미를 찾고 궁극적 성취를 얻기보다는 말초적 쾌락을 지향하는 것이 외설이라면 강대국들이 죽기 살기로 벌이는 전쟁이야말로 외설

적인 것이 아닌가 하고 밀러는 반문한다. 의미나 희망도 없는 전쟁
에서 아무런 죄의식도 없이 적군을 죽이며 열정적으로 죽일수록 상
을 주는 행위야말로 말초적 쾌락을 추구하는 자위와 다를 바가 없다
는 것이다. 그러나 시대를 앞서 가는 작가의 항변은 사회적으로는
큰 반향이 없었다.

　20세기 초 프로이트의 성 이론이 제시된 이후 문학에서는 성을 주
제로 다루는 것이 전위적인 경향이었다. 그렇지만 검열을 우려한 출
판사들은 자기검열을 하면서 성과 관련된 책의 출판을 꺼렸고, 책이
출판되어도 경찰이 이를 즉각 압수할 태세가 되어 있었다. 1962년에
윌리엄 버로(William Burrough)가 성 묘사가 많은 *Naked Lunch*란 책
을 출판하였다. 당시 사람들은 경찰이 서점주인을 체포하는 것에 놀
라지 않았고, 출판사가 1966년에 매사추세츠 법원에 외설죄 적용이
부당하다고 제소하였을 때 법원이 당연히 이를 기각할 것이라고 생
각하였다. SM(*sadism-masochism*) 등 여러 가지 전위적 성행위를 묘사
하고 있었기 때문에 문단에서는 물론 *Playboy* 편집자조차 이 책에 비
판적이었다. 그렇지만 법원은 이 책의 출판을 허용하였다. 법원도
이 책의 내용에 대하여 공감하는 것은 아니었지만 그보다는 당시 미
국 최고법원이 언론출판의 자유를 폭넓게 허용하고 검열을 엄격하게
제한하는 추세에 있었기 때문에 이러한 경향에 맞추어 책의 출판 판
매를 허용한 것이었다(Allyn, 2000: 55).

　1956년에 미국 최고법원은 외설의 기준으로 보통 사람들에게, 현
재의 지역사회 표준을 적용할 때, 문제된 책 또는 영상물의 전체적
주제가 최소한의 사회적 가치도 없고 오로지 음란한 마음을 들게 만
들면 외설이라고 판시하였다. 얼핏 보면 이 기준은 합리적인 것처럼
생각된다. 섹스를 다룬다고 하여 모두 금지시키는 것이 아니고, 사
회적으로 고상한 가치추구는 전혀 없이 성적 흥분을 유발할 목적으
로 섹스행위만을 다루는 것이 외설이라는 얘기다.

　그렇지만 개개의 출판물을 놓고 따질 때 이 기준이 명백하게 외설 여부를 가려주지는 못한다.　우선 '보통 사람'의 기준이 문제가 될 수 있다.　동일한 소설도 가정주부들에게는 야릇한 상상을 불러일으키지만 나이든 남자들에게는 졸음만 오게 만들 수도 있다.　'사회적 가치'에 대한 개념규정 역시 쉽지 않다.　지독하게 섹스만을 탐닉하도록 만든 포르노일지라도 어떤 사람들에게는 교육적 치료적 효과가 있을 수 있다.　외설물을 규제하는 것은 그것이 선량한 미풍양속에 큰 해를 끼칠 수 있다고 보기 때문이다.　그러면 전쟁이나 폭력행위 또는 인종차별을 다룬 소설이나 영화와 비교할 때 외설물이 특별히 더 해로운 것이라고 말할 수 있는지도 의문시될 수 있다.　이런 여러 가지 복잡한 문제점들이 있기 때문에 1960년대 중반까지 유사한 사안에 대해서도 법원마다 다른 판결이 나오기도 하였다.　그러나 1966년 *Naked Lunch*에 대한 합법판결을 고비로 외설물은 자유롭게 출판 판매될 수 있었다.

　외설 논쟁은 한편으로는 언론의 자유와 성 해방에 기여하는 것이었지만 동시에 성을 상품화하여 이윤을 취하려는 자본주의의 한 양상이기도 하였다.　외설 영화들은 이미 20세기 초반부터 만들어지기 시작하였다.　초기에는 남미에서 제작되어 영사시설을 보유한 소수의 부유층과 매춘업소에 제공되었다.　그들이 다루었던 주제는 짧은 시간의 유혹 후에 곧 남녀 간에 섹스를 하게 되는데 주인공 여성들은 섹스에 적극적인 모습을 보여주는 것으로 설정되었다.　또한 질 삽입 성교뿐만 아니라 오럴 섹스 장면이나 레즈비언 섹스 장면들을 보여주었다고 한다(Heidenry, 1997: 40~64).　이러한 주제 설정은 킨제이 보고서가 나오기 수십 년 전에 이미 이루어진 것으로 성 해방의 전주곡 같은 것이었다.

　1960년대가 되면 유럽 등지에서 제작된 포르노 영화들도 수입되어 상영되면서 문학작품의 경우와 마찬가지로 법적 규제와 외설 논쟁을 야기하였다. 1970년 전후하여 유럽 각국이 실제 성교과정을 적나라하게 보여주는 이른바 *hard-core porno*에 대한 합법화 조치를 하게되었고 미국 또한 그 영향을 받아 포르노의 제작과 상영이 자유로워지게 되었다. 물론 영상물은 등급제가 실시되어 포르노는 X등급(성인에 한하여 허용)의 규제를 받게 되었다. 같은 시기 *Playboy*나 *Penthouse* 같은 포르노 잡지들이 번성하였다. 단순히 잡지발간에 그치지 않고 종합적인 성 엔터테인먼트 산업으로 성장하면서 성이 이윤을 창출하는 영역으로 발전하였고 대중들은 넘쳐나는 포르노그래피에 직면하게 되었다.

법적으로는 외설물에 대한 검열과 규제를 자유화하는 방향으로 정리가 되었지만 이에 반발하여 미국의 정치권에서는 새로운 규제를 시도하게 된다. 새로운 입법을 위해서는 외설물이 유해하다는 명확한 증거가 필요했고 이를 밝혀내기 위해서 당시 존슨(Johnson) 대통령은 대통령 직속으로 '외설과 포르노 위원회'를 설치하고 목사와 신부, 법률가, 정신과 전문의, 사회학자, 아동심리학자 등을 위원들로 임명하였다. 이들은 광범위하게 관련문헌을 조사하였고 독자적인 서베이를 통하여 포르노물의 유통규모, 독자층, 포르노에 대한 미국인들의 인식 등을 연구하였다.

그런데 이들의 연구결과는 포르노 규제론자들의 기대와는 다른 것이었다. 예를 들어 미국인들의 대다수는 포르노에 대한 규제에 반대하였다. 성인물을 취급하는 서점들을 참여 관찰한 결과 이곳의 이용자는 청소년이 아니라 백인 남성 중산층 중년들로 기혼의 전문직 종사자들이었다. 또한 성 범죄자들과 일반인의 외설물 노출도를 비교해본 결과 성 범죄자들보다 일반인들이 외설물을 더 많이 보고 있었다. 이런 연구결과를 근거로 이 위원회는 외설물과 포르노가 유해하다는 근거가 없다고 결론을 내렸다. 또한 성에 대하여 침묵하고 부끄러워하는 것이 포르노보다 더 유해하다고 주장하였다. 성에 대하여 침묵할수록 성을 과장하게 되고 마술적이고 부자연스런 힘을 부여하며, 그럴수록 성에 더 이끌리게 된다는 것이다(Allyn, 2000: 184 ~189).

외설물과 포르노 위원회의 이 결론은 포르노의 유해성을 확신하던 의회 의원들의 반발을 불렀다. 이들은 위원회 보고서를 '포르노를 위한 대헌장'이라고 폄하하면서 포르노와 범죄행위의 인과관계는 명백한 것인데 이를 입증하겠다는 것 자체가 불필요한 것이라고 주장하였다. 포르노 위원회가 제시한 현실적 처방은 청소년들에게 광범위하고 사실적인 성교육을 실시함으로서 성에 대한 과잉된 관심을 낮추어야 한다는 것이었다. 그러나 보수적 정치가들은 학교에서의 성교육 자체에 대하여 부정적 태도를 갖고 있었다. 존슨의 뒤를 이은 닉슨(Nixon) 대통령은 자신이 백악관에 있는 한 포르노를 근절하기 위한 노력을 멈추지 않을 것이라고 천명하였다(Allyn, 2000: 192~194). 이러한 정치권의 압력 때문에 이후 미국 학교에서는 성교육보다는 금욕을 권고하는 '순결교육'이 실시되었다.

5. 여성운동

성 해방에 동력을 제공한 중요한 요인의 하나가 여성운동이다. 기존의 제도화된 성은 가부장제라는 남성 지배체제의 틀 안에서 구축된 것이기 때문에 가부장제를 비판하고 극복하고자 했던 여성운동은 성 해방에도 큰 영향을 미치게 된다. 언론인으로 활동하던 베티 프리단(Betty Friedan)은 1962년에 *Feminist Mystique*를 발표한다. 이 책은 중년이 된 그녀의 대학 동창여성들의 육아와 가사 일에 관한 설문조사 결과를 담고 있었다. 프리단은 중년여성들이 육아와 가사 일에서 의미를 찾지 못하고 있음을 밝히고 남편과 아이들에게서 자신의 정체성과 삶의 의미를 찾도록 강요한 잘못된 신념체계의 희생자들이라고 주장하였다. 이것은 가부장 틀 내에서 분업화된 남성과 여성의 역할에 근본적인 의문을 제기하는 것이었다.

이어서 컬럼비아 대학 대학원생이던 케이트 밀렛(Kate Millet)이 자신의 학위논문인 '성 정치학'(*sexual politics*)을 발표하였다. 밀렛은 프로이트, 로렌스, 밀러 등과 같은 위대한 사상가와 작가들의 작품이 남성지배와 여성의 복종에 맞추어져 있다고 주장하였다. 프로이트는 여성의 성적 욕망을 질병인 것처럼 파악했고 로렌스와 밀러는 강간을 에로틱하게 미화시켰다고 비판하였다. 즉 프로이트, 로렌스, 밀러 등이 20세기 전반부에 성에 대한 사회적 금기를 깨는 데는 공헌하였지만 그들이 그려낸 성은 여성의 성을 비하하고 종속적인 것으로 만들었다는 것이다(Allyn, 2000: 104~106).

이후 수많은 여성주의자들이 나타났고 이들은 조직화되어 여성 억압과 불평등에 저항하였다. 유산할 수 있는 권리, 성희롱과 성폭력에 대한 개념화와 법제화, 기회의 평등을 주장하였고 조직화된 힘을 바탕으로 투쟁하여 이를 쟁취해 나갔다. 앞에 제시했던 성 해방의 여러 조건들이 주로 선구적인 개인들의 업적에 기인하고 그것이 서서히 사회적 인식과 흐름을 바꾸어나간 데 비하여, 여성운동은 의식적으로 조직화된 실천운동이었다는 점에서 차이가 있다. 이들의 사회운동 방법론은 이후 게이들의 동성애 권리운동에 큰 영향을 미치게 된다.

여성운동이 여성을 성적 대상으로만 파악하는 남성주의적 고정관념을 타파하고 성 자율권과 자유를 주장하기는 하였지만 1960년대와 70년대 여성운동은 '성의 자유'에 대하여 매우 조심스러워 하는 입장이었다. 남성들의 지배와 횡포에 맞서서 성 자율권을 주장하기는 하였지만 그것이 성 일탈과 방종으로 비추어지는 것에 대해서는 부담스러워 하였다.

초창기 여성운동 지도자 중 하나인 글로리아 스타이넘(Gloria Steinem)은 레즈비언 운동에 대하여 거부감을 표시하였다. 남성과의 성관계 또는 남성에 의존하지 않고 독자적으로 또는 여성들끼리 성행위를 통하여 성 만족을 얻지 않는 한 진정한 여성해방은 이루어지지 못한다고 레즈비언들은 생각하였다. 즉 레즈비언들은 성을 정치적으로 해석하면서 그 정치적 실천의 일환으로 레즈비언이 되었지만 일반 여성주의자들은 이들만큼 급진적이지 못했고 그러한 행위가 여성운동의 순수성을 왜곡시킬 가능성을 두려워하였다. 따라서 레즈비언들은 여성운동 주류와 합류하지 못하고 따로 활동하게 되었다 (Murphy, 2006).

일부 여성주의자들은 여기서 한 걸음 더 나아가 포르노 반대운동을 펼치기도 하였다. 안드레아 드워킨(Andrea Dworkin)과 캐서린 매키넌(Catherine Mackinnon)이 그들이다(Allyn, 2000: 286~289). 이들은 포르노가 여성들을 성적 대상화 상품화한다는 명목으로 비판하였고 포르노에 대한 규제와 철폐를 주장하였다.

성에 대한 이론은 크게 근본주의(essentialism)와 사회구성주의(social

constructionism)로 나뉜다(DeLamater and Hyde, 1998). 근본주의는 성 또는 성차가 자연적인 것이고 불가피하며 생물학적으로 결정된다고 보는 입장이고 사회구성주의는 성이 시대와 장소에 따라 다르게 사회적으로 구성되는 것이라고 보는 입장이다.

드워킨과 매키넌의 주장은 남성지배 체제는 자본주의와 결합된 매우 공고한 것이고 체제가 변화하지 않는 한 남성들의 여성들에 대한 편향적 시각은 변화하기 어렵다고 판단한다. 따라서 끊임없이 남성들의 행동을 감시하고 규제해야 하는 것으로 생각한다. 포르노 규제론도 이러한 주장의 연장선에서 나온 것이었다. 포르노는 오로지 남성의 발기를 부추기고, 그럼으로써 여성을 공격하고 복종시키는 데 기여한다는 것이다. 그것이 어떤 사람에게는 포르노이지만 다른 사람에게는 에로티카(*erotica*)일 수 있다는 생각은 허용되지 않는다.

포르노는 젠더 불평등의 상징과도 같기 때문에 문제시될 수도 있지만 만일 게이나 레즈비언처럼 성 평등을 실천하는 경우라면 이들의 포르노는 전혀 다른 의미를 가질 수밖에 없다(Hardy, 2000). 에콜스(Echols, 2002: 97~102)의 지적처럼 이들은 "포르노가 남자를 만든다"(*Porno makes the man*)는 식으로 상황을 단순화시킴으로써 포르노에 담긴 정치적 비전을 정치적 순결로 바꾸고, 과학적 분석을 도덕주의로 바꾸며, 희망을 절망으로 바꾸어버렸다. 남성지배주의는 변화가 어려운 것으로 생각한다는 점에서 이들의 논리는 근본주의에 가깝다.

남성들의 시각이나 가부장 체제가 변화하기 어려운 것인지에 대해서는 이론의 여지가 있다. 예를 들어 가부장 체제의 핵심요소의 하나로 생각되었던 일부일처제(*monogamy*)가 무너지는 것이 그 징표이다. 1960년대 이후 미국사회는 미혼자의 증가와 이혼의 증가는 물론 계약결혼, 집단혼(*group marriage*), 부부교환(*swinging*) 등 가부장의 토대가 되었던 일부일처에 기초한 '정실부인'의 개념은 찾아보기 어려워졌다.

보다 큰 문제는 포르노 규제라는 '작은 문제'에서 성공하기 위하여 사회의 보수주의자 집단과 연대하였다는 사실이다. 1970년대 후반이 되면 성 해방에 맞서서 종교계 등 보수주의자들이 결집하여 '성 평등법', 인공유산 합법화, 게이 인권운동, 포르노 합법화 등에 반대하는 운동을 조직적으로 전개하였다. 이들의 가치지향은 크게 보아 반여성주의에 가깝다. 그럼에도 불구하고 포르노 문제에 집착하여 이들과 연대한 것은 아이러니한 현상이다. 남성들의 성 행동에 대한 감시에 집착하다가 보다 거대한 권력(*big brother*)에 의한 감시를 합법화하는 결과를 빚어낼 수 있는 것이다.

지금까지 설명한 요인 이외에 일부 학자들은 피임법의 보급을 성 해방의 중요한 한 요인으로 다룬다. 보건학적인 여러 상황조건들을 고려하면 피임법과 성 해방 간에 일정한 관계가 있음을 부인하기는 어렵다. 과거에는 성에 대한 도덕적이고 이념적인 구속 이외에도 성 자체가 여성들에게는 쾌락이기보다는 공포와 고통에 가까웠다. 산업화 이전 사회에서 만성적인 식량(영양) 부족과 비위생적인 주거환경은 임신과 출산 그 자체를 고도로 위험한 상태로 만들었다. 따라서 임신출산 중에 산모가 사망하는 경우가 비일비재하였다. 피임법이 보급되지 않은 상황이었기 때문에 성관계는 임신으로 이어질 확률이 높았고 또 임신출산에 따른 사망의 위험을 감수해야 했다. 굳이 사회적으로 여성들에게 성의 쾌락을 알지 못하도록 강요하지 않는다고 하더라도 매우 높은 건강위험에 직면하여 여성들이 성을 마음 놓고 즐기기는 어려운 실정이었다.

20세기 들어와 산모의 영양상태가 개선되고 위생적인 출산개조가 이루어졌고, 또 효과적인 피임법이 보급되면서 비로소 여성들은 섹스와 결부된 위험과 공포로부터 벗어날 수 있게 되었고 성을 즐기는 것이 가능하게 되었다. 콘돔은 이미 19세기부터 보급되기 시작하였지만 그 효과가 그다지 높지는 않았다. 콘돔사용에는 수많은 장애요소들이 있는 것이 보통이다. 법적 종교적으로 피임과 산아제한을 규제하기도 하였고, 콘돔을 착용해야 하는 남자들이 불편함 등 여러 이유로 이를 거부할 경우 권력관계에서 종속적 위치에 있는 여자들이 이를 강제할만한 수단이 없었다. 피임법이 실제로 효과를 발휘하게 된 것은 1960년대에 먹는 피임약이 판매되기 시작하면서이다. 피임약으로 인하여 여성들은 매우 간편하고 효과적으로 임신을 예방할 수 있게 되었기 때문에 비로소 성의 자유를 추구할 수 있게 되었다 (Allyn, 2000: 30~40).

그런데 과연 피임법이 성 해방의 핵심요인이었는가에 대하여 사회학자들은 일반적으로 동의하지 않는다. 과거에 혼전관계를 갖지 않았던 것은 사회규범에 의하여 그렇게 하지 않도록 프로그램화되었기 때문이지 콘돔이나 피임법이 없었기 때문은 아니라는 것이다. 현재에도 첫 성관계를 갖는 청소년들이 피임하지 않은 채 관계를 갖는 경우가 흔하다(Reiss, 2006: 44~46). 사회학적으로 말하자면 성 해방을 이끈 주요인은 의식변화와 그 변화를 추동한 가족구조의 변화, 새로운 담론 및 사회운동이고 피임법은 성의 자유를 위한 보조적 도구에 불과하였다.

6. 요약

1950년대까지 서구사회에서 성은 사회적으로 억제되었다. 성이 생식 위주로 개념화되면서 쾌락적 측면은 원죄나 부끄러운 것으로 인식되었다. 그러다보니 성을 말하고 표현하는 것은 상스러운 짓으로 간주되고 성 표현물은 법적 처벌의 대상이 되었다. 성은 혼인관계에서만 정당성을 갖게 되면서 혼전, 혼외, 혼후 성관계는 극도로 억제되거나 사회적 낙인이 부여되었다. 또한 성관계를 가질 수 있는 대상범주도 규제되어 동성이나 다른 인종과의 성관계는 사회적으로 터부시되었다. 동시에 성이 지극히 사적인 것으로 규정되면서 그 행위가 타인에게 노출되어서는 안 되는 은밀한 행위로 존재하였다.

그러나 1960년대 이후 성 해방이 진행되면서 성과 관련된 규범과 규제가 완화되거나 해체되었다. 성적 쾌락의 추구가 점차 목적이 되었고, 성 표현의 자유도 법적으로 용인되었다. 성 인식이 바뀌면서 과거에는 성을 억제하지 못하는 것이 병이었는데 이제는 성을 즐기지 못하는 것이 문제로 대두하였다. 혼인관계에 배타적으로 귀속되던 성이 혼전, 혼외, 혼후 관계가 자유로워지거나 폭넓게 발생하였다. 성관계의 대상범주도 크게 확대되었다. 동성 및 인종 간 성관계가 보다 자유로워졌다. 성의 은밀성의 장벽도 낮아져서 집단적 성관계, 개방형 결혼, 부부교환 등 과거에 금기시되던 성행위들이 폭넓게 나타났다. 부부관계를 유지하면서도 다른 상대방과 개별적으로 또는 부부가 함께 또는 집단으로 성관계하는 모습도 등장하였다.

이와 같이 사회 일반의 성에 대한 인식과 태도 및 실천방식에서 주체성이 중요시되고 성관계에 대한 규제가 완화되고 성행위 양식이 다양화되는 일련의 변화를 성 해방이라고 한다. 일반인들의 성 해방 조류는 동성애자들에게도 영향을 주었고 동성애자들 또한 성 해방 대열에 합류하게 된다.

게이 해방운동과 에이즈 3_장

지금까지 우리는 이성애자(*heterosexuals*)를 중심으로 성 해방의 과정을 살펴보았다. 그런데 역사적으로 성 해방 과정에서 동성애자(*homo-sexuals*)라는 새롭게 의식화된 집단이 나타나게 되었다. 동성애는 어느 시대에나 존재했던 현상이다. 성경에 동성애에 대한 언급이 나오고, 우리의 조선왕조실록에서도 나온다.

그렇지만 1969년 스톤월(Stonewall) 봉기 이후 뚜렷하게 형성된 미국의 게이들은 이전의 동성애자들과는 달랐다. 이들이 남성이나 여성과는 다른 제3의 성으로서 정체성을 갖고 당당하게 자신이 게이임을 밝히고 살아가는 모습은 예전에는 보기 어려운 것이었다. 미국의 게이들은 자신들에 대한 사회적 차별에 맞서서 싸우면서 성 정체성을 굳건하게 구축해 나갔다. 그러다가 에이즈 유행병이 발발하면서 생존의 위협과 함께 살기 위해서는 게이로서의 삶을 포기하라는 권고를 받게 된다. 여기서 게이들은 신체적 위험과 정체성의 위기를 모두 극복하기 위한 정치적 사회적 집단투쟁에 나섰다.

이 장에서는 게이해방운동이 진행되는 사회적 상황에서 에이즈라는 새로운 질병이 발생하면서 에이즈의 사회적 성격이 만들어지는 과정을 살펴보도록 하겠다.

1. 동성애의 개념

　동성애는 어느 사회에나 존재할 수 있지만 동성애에 대한 사회적 반응은 같지 않다. 동성애에 대하여 관용적인 사회도 있지만 동성애를 금기시하는 사회도 있다. 한 사회에서도 시기에 따라 동성애에 대한 규정은 달라질 수 있다. 동성애는 동성 간 성관계를 의미하는 '형용사적' 용어(*homosexual*)이지만 한편에서는 특정한 집단에 한정된 행위로 규정하기도 하고 다른 한편으로는 인구집단의 성행위의 한 양식으로 보기도 한다. 동성애를 규제하려는 입장에서는 이것을 특정한 집단의 행위로 생각하는 경향이 있다.

　서양에서 동성애라는 용어는 19세기 후반에 처음 사용되었다고 한다. 당시 심리학자, 정신분석학자, 의사들은 동성애자를 성 도착(*sexual inversion*)으로 규정하면서 치료받아야 할 질병으로 생각하기 시작하였다(Weeks, 1981). 푸코(Foucault) 식으로 해석하면 당시의 사회(권력)는 성을 통제할 필요성이 있었고 따라서 정상적인 성과 일탈적 성을 구분하는 과정에서 동성애라는 범주가 개념화되었다. 동성애를 별종의 것으로 구분해내고 차별함으로써 '정상적인 성'의 질서를 강화하려는 의도였다고 볼 수 있다.

　비슷한 현상들이 얼마든지 있다. 정신적으로 취약한 사람들은 어느 시대에나 있었지만 19세기 들어와 정신병이라는 범주를 새롭게 구분하게 되면서 이 범주에 속하는 사람들은 사회로부터 격리되었다. 정신병자가 격리되기 시작하면 정상인들은 이들에 대한 차별을 가하면서 자신이 정상인이라는 위안을 얻는 것과 동시에 정신병 범주에 들어가지 않도록 생각과 행동을 사회적 표준에 맞추려고 하기 때문에 사회 전체적으로는 사회통제 효과가 나타나게 된다. 따라서 19세기 이래로 서양사회에 존재해 왔던 동성애 혐오는 단순히 게이들에 대한 차별과 규제만을 의미하는 것은 아니었다. 동성애(同性愛)를 규제하는 것은 결과적으로 이성애(異性愛)의 정당성을 확보하려는 것이고 사람들이 성 다양성을 추구하지 못하도록 규제를 가하는 것이 된다.

그런데 동성애를 하는 것이 곧 동성애자로 분류될 수 있는가에 대해서는 상당한 논란이 있다. 동성애를 하더라도 본인이 동성애자라고 생각하지 않을 수도 있고 역으로 동성애자라고 인식하면서도 동성애를 하지 않을 수도 있기 때문이다. 즉 동성 간 성관계가 동성애자로 구분하기 위한 필요충분조건인지 아니면 더 이상의 다른 조건이나 속성들이 관련되는 것인지의 문제가 있다. 더불어 동성애가 생물학적 기원을 갖는 것인지 아니면 후천적으로 만들어지는 것인지의 문제도 있고, 동성애자를 사회적 소수자로 구분하는 것이 타당한지에 대한 논쟁도 있다. 이러한 논쟁들을 살펴보는 것이 이 장의 목적은 아니다. 다만 대립되는 두 관점만을 간략히 소개하기로 한다.

19세기부터 존재했던 동성애 규제론의 관점은 동성애를 소수 집단의 특성으로 규정하고 이를 사회일반의 이성애자와 구분하려 했다. 반면 유명한 정신분석학자인 프로이트(Freud)는 동성애를 인간의 보편적 속성의 하나로 생각하였다. 즉 인간은 태어날 때 이성애는 물론 동성애도 할 수 있는 성향을 갖고 있었지만 이후 사회화 과정에서 동성애 성향은 억제된다는 것이다. 즉 정상적으로 사회화되지 않은 소수만이 동성애 성향을 유지하게 된다는 것이다. 앞장에서 소개했던 킨제이도 인간의 성 행태를 구분하면서 이성애부터 동성애까지를 하나의 척도로 측정하여 동성애를 '정도의 문제'로 간주하였다.

동성애 규제론에 반대하는 입장에 선 학자나 운동가들은 프로이트의 가설에 모두 동의하지는 않지만 동성애가 인간의 보편적 성향일 수 있다는 점에 대해서는 동의하는 것으로 보인다(Altman, 1982: 39~78). 이러한 관점에서 보면 동성애자를 따로 구분하여 치료대상으로 삼는다든가 법적으로 처벌하는 것은 부당한 일이 된다.

그런데 동성애가 인간의 보편적 성향인가 하는 점보다 더 중요한 것은 사회적 범주로서의 동성애자는 단순히 동성 간 성관계를 갖는 것 이상의 의미가 있다는 점이다. 즉 동성애자가 된다는 것은 이성애적 삶의 방식을 거부한다는 보다 적극적인 의미가 있다.

예를 들어 올트먼(Altman, 1982:61~62)은 동성애자의 특징으로 이성애자들의 남성적 유대(male bonding)에 대한 거부감을 든다. 남성적 유대는 축구와 같은 남성들로만 구성된 스포츠를 들 수 있는데 동성애자들은 남성주의의 산물인 경쟁지상주의적 스포츠에 대하여 별 관심이 없다는 것이다. 서구사회의 성 억압은 동성 간 성애를 억압하는 남성주의 문화로 만들어지는데 남성들로만 구성된 스포츠 팀은 그들 간에 격렬한 신체적 접촉을 하지만 오로지 승리를 위해 경쟁하도록 함으로써 성애를 제거시킬 수 있는 것이다. 따라서 동성애자들은 단지 동성 간의 성관계만을 추구하는 것이 아니라 남성지배주의적 문화까지 거부하는 의미가 있다. 즉 이성애자와는 다른 생활방식을 적극적으로 추구한다는 의미가 있는데, 따라서 단순히 동성 간 성관계 차원을 넘어서 이성애자와는 다른 성 정체성을 추구하는 것이 동성애자라고 볼 수 있다. 이러한 점을 보다 분명하게 하기 위하여 의식화된 동성애자를 게이라고 구분하기도 한다.

그런데 게이라는 용어는 이성애자와 대립되는 성 정체성을 가진 집단이란 의미를 갖게 되기 때문에 이성애자와 동성애자를 질적으로 구분하고 대립시키는 모순이 있을 수 있다. 게이들이 이성애자와 대립하고 그들의 독자성을 성취하는 것이 중간적인 목표일 수는 있겠지만 궁극적으로 이성애와 동성애의 질적 구분을 하기보다는 구분을 없애는 것일 수 있기 때문이다. 이 때문에 푸코는 1975년의 한 강의에서 "게이가 되는 것은 자신을 동성애와 일치시키는 것이 아니라 새로운 생활방식을 발전시키는 데 있으며, 그것은 관계 지향적이고 정서적 본질을 추구하는 것"이라고 주장하였다(Davis, 2004). 그는 게이(gay)라는 집단에 대해서는 비판적이었고, 게이적 성향(gayness)의 새로운 생활방식을 실천하려 했던 것이다.

성 해방은 성에 대한 가부장적 지배구조에 대한 저항과 변화라고 할 수 있다. 남성지배 체제를 무너뜨리는 데에는 남자와 여자의 젠더관계에서의 평등을 주장하는 여성운동과 함께 남성주의 유대를 거부하는 동성애 운동이 큰 영향을 미쳤다. 역으로 이성애자(영어로는 straight라고 한다)의 남성성(heterosexual masculinity)은 성역할의 구분을 주장하는 성차별주의와 동성애 혐오라는 두 방식을 축으로 실천되는 양상이다(Dean, 2006). 물론 성차별주의나 동성애 혐오는 점차 공개적으로 표출하기 어렵게 되고 있다.

서구사회가 동성애에 대하여 엄격한 규제를 한 것과는 달리 비서구사회에서는 이를 용인하는 경우들도 많지만 일반인과 다른 사회적 지위를 갖는 것이 보통이다. 예를 들어 남성적이지 않은 모습을 여성적인 것으로 간주해 버리는 경향이 있다. 인도네시아에서는 '반시'(banci)라고 불리는 사람들이 있는데 이들은 여성적인 옷차림을 하거나 여성적 외모를 갖고 있고 여성처럼 행동하는 남자를 말한다. 남자 아이가 인형을 갖고 놀거나 여자 아이가 나무에 올라가는 것도 모두 반시와 같은 행동으로 간주된다. 이와 유사한 용어로 '워리어'(waria)가 있는데 성 무능력자이거나 성기가 아주 작은 사람을 지칭한다.

반시와 워리어는 성 정체성을 의미하지는 않고 성별 기대행동에 부합되지 않는 경우에 붙는 호칭이다. 보통의 남자가 이들과 성관계를 갖는 것은 간통으로 간주되지도 않는다고 한다. 이들이 현대판 게이와 다른 점은 게이들은 자신을 남자로 간주하는 반면 워리어는 "남성의 몸에 갇힌 여성"으로 생각한다는 점이다(Oetomo, 2000). 이와 유사한 구분은 필리핀에서도 발견된다. 중하층 동성애자는 발카

(*balka*)라 부르고 중산층 동성애자는 게이라고 부른다(Tan, 1995).

이 사례에서 알 수 있는 것은 전통사회에서 남성과 여성이 아닌 중간 범주의 성을 가진 사람들이 존재했었다는 점과 함께 이들의 행위가 서구처럼 강력하게 규제되기보다는 사회적으로 허용되고 있으며, 또한 이들이 현대의 동성애자와 외모나 성 행태는 유사하지만 자신의 성 정체성에 대한 의식은 차이가 있음을 알 수 있다. 과거에는 동성애자는 동성과 성관계를 하는 자일 뿐만 아니라 여성적인 성향을 가진 자로 간주하였다. 동성애자는 여성화된 남자로 간주되었고 여성화되었기 때문에 다른 남성과 성관계를 하게 된다고 생각하는 것이다.

그럼 여성화된 남자와 성관계를 하는 상대방 남성은 어떤 사람일까? 여성화된 남자는 사실상 여성으로 취급되기 때문에 그와 관계하는 남자는 남성이란 정체성을 갖는다. 여성화된 남자는 바텀(*bottom*)의 위치에서 파트너 남성의 성기를 삽입 당하게(*penetrated*) 되고 탑(*top*)의 위치에서 삽입하는 남성은 남성적인 모습을 모두 갖춘 완전한 남자로 인식되는 것이다. 이것은 성기 중심적 남성지배 문화의 자연스런 귀결이다. 달리 말하자면 주체적으로 인식하는 성 정체성이란 최근의 산물이고 과거로 거슬러 올라갈수록 계급이 성 행태에 더 큰 영향을 미쳤다. 예를 들어 그리스 로마시대에는 자유민과 노예로 이분되었는데 자유민은 남자나 여자 모두를 삽입할 수 있는 사람이었다. 여자나 노예 남자는 삽입당하는 사람이었다(Foucault, 1988, vol. 3). 인도네시아의 워리어나 필리핀의 발카는 모두 피지배 계급이었고 남성이지만 삽입당하는 위치에 있는 사람들이었다.

그런데 지난 백년 사이에 이러한 전통적인 여성화된 남성으로서의 동성애가 동성과 관계를 갖되 그 역할은 선택에 의하여 결정되는 것으로 변화하였다. 현대의 동성애는 성기에 집중된 성관계 양상에서 벗어나 다양한 형태의 성적 쾌락을 추구하고, 필요시에 성 역할을 바꿀 수 있으며, 역할에 관계없이 모두 자신을 게이로 인식한다는 점에서 과거의 동성애자와 크게 다르다. 즉 게이 해방은 과거의 동성애자가 단순히 자신의 정체성을 공개적으로 밝히는 데(*coming-out*) 있는 것이 아니고 새로운 의식, 새로운 사회적 관계, 새로운 생활 방식을 갖추고 새롭게 만들어졌다고 할 수 있다.

2. 게이의 형성

　게이의 출현은 20세기의 사회적 상황의 영향을 받으면서 만들어진 산물이다. 도시의 익명성이나 공사(公私) 분리, 자본주의적 소비생활의 전개 등은 게이 공동체 형성과 밀접한 관계가 있다(Altman, 1982: 79~107; Escoffier, 1998: 65~78).

　첫째로 게이는 익명성이 보장되는 사회에서 가능하다. 동성애 성향을 갖는 사람은 사회에서 소수이다. 이성애자의 경우에는 일상생활을 하면서 마음에 드는 이성을 찾거나 만나는 것이 수월하다. 반면 동성애자의 경우에는 다른 동성애자를 일상생활에서 만날 가능성이 매우 낮다. 따라서 이들은 생태학적으로 한 곳으로 모이는 경향이 있다. 동성애자들이 한 지역으로 집중하기 위해서는 도시화라는 전제조건이 필요하다. 농촌이나 소도시에서는 자신의 신원이 쉽게 드러나기 때문에 자신이 게이임을 밝히기 어렵다. 따라서 도시화가 충분히 진전되고 익명성이 보장되어야 게이들의 생태적 집중도 가능해진다.

　둘째, 동성애는 성이라는 지극히 사적인 일이 중요한 삶의 방식이 됨을 의미한다. 근대 이전에 공사가 분리되지 않은 채 오로지 노동이 삶의 전부이고 직업과 신분이 그의 정체성을 지배하던 시기에 성은 그의 삶에서 중요한 위치를 차지하지 못하였다. 근대 이후에 공과 사가 분리되면서 사적 영역이 삶에서 중요한 위치를 차지하게 되었다. 게이들의 경우에 낮에는 회사에 출근하여 이성애자나 마찬가지로 공적인 생활을 하고 퇴근 후에는 다른 게이와 만난다. 이들의 삶에서 공적 영역에서 수행하는 사회적 역할이나 직업이 갖는 의미 못지않게, 어쩌면 그 이상으로 사적 영역에서의 게이로서의 삶이 중요하다. 이들에게 성은 자기정체성의 실현이기 때문이다.

셋째, 게이의 등장은 소비사회의 전개와 맞물려 있다. 게이들의
상징과도 같았던 게이 바(gay bar)나 목욕탕(bath house)은 게이문화의
상업화와 밀접하게 관련된다. 일반인 또는 이성애자들에게도 상품의
소비가 기본욕구의 충족 차원을 넘어서 자신의 신분을 상징하게 된
것처럼 게이들에게도 성의 실천은 소비주의와 결합되어 나타난다.
예를 들어 가난한 게이는 공원이나 공중 화장실로 가고, 약간의 여
유가 있으면 극장에 가며, 중산층 게이라면 게이 바에 가게 된다.
이와 같이 동성애 방식의 성의 실천이 가능한 물질적 기반이 만들어
지면서 게이 커뮤니티나 네트워크도 형성되었고, 또 이러한 게이들
의 사회조직을 기반으로 게이들의 권리운동도 가능해졌다. 따라서
게이의 출현은 아주 전형적인 근대적 현상으로 볼 수 있다.

　1950년대가 되면 이러한 구조적 조건들이 성숙되면서 게이사회가
형성된다. 1951년에 미국의 로스앤젤레스에서 게이들의 최초 결사체
인 'The Mattachine Society'가 결성된다. 이 단체의 리더들은 공산당
과 좌익운동의 경험자들이 많았다. 그들은 게이를 억압받는 '문화적
소수자'로 개념화하였다. 이들은 사회의 고착화된 성별 고정관념이
사람들로 하여금 남성적 역할과 여성적 역할을 무의식적으로 받아들
이게 만든다고 생각하였다. 이런 고정관념 때문에 동성애자의 존재
는 인정받기 어렵고 따라서 동성애자는 사회와 문화의 희생자라고
보았다. 동성애자 스스로도 자신들이 주류사회와 구분되는 문화적
소수자라는 것을 제대로 인지하지 못할 뿐만 아니라 주류사회의 인
식을 그대로 받아들여 자신에 대한 자책과 자기억압을 행한다는 것
이다. 따라서 게이 해방은 주류사회와 구분되는 동성애자 고유의 새
로운 가치, 관계, 문화적 행위양식을 개발하는 것으로 생각하였다
(Escoffier, 1998: 41~42).

　그러나 이 단체의 다른 그룹은 킨제이 보고서에 의존하면서 동성
애에 대한 개념규정을 다르게 한다. 킨제이 보고서에서는 동성애와

이성애를 질적으로 다른 것으로 보지 않고 하나의 연속체 상의 두 지점 정도로 파악하였다. 즉 성 정체성을 묻는 질문에서 한쪽 끝은 완전한 이성애, 다른 끝은 완전한 동성애로 설정하고 그 중간 단계를 두어 이성애적 성향이 점차 동성애적 성향으로 바뀌어 나가는 하나의 연속 척도로 측정하였다. 이 척도가 의미하는 것은 매우 중요하다. 즉 기존의 관념에서는 동성애는 이성애와는 질적으로 구분되는 일탈적 상태로 파악하였는데 킨제이는 이를 부정하고 이성애나 동성애는 정도의 문제라고 생각했던 것이다. 즉 누구나 동성애적 기질이 조금씩은 있을 수 있다는 것이다. 그런데 이 척도로 측정한 결과 미국인 남성의 37%가 동성애 경험이 있었던 것으로 나타났다. 이 수치는 과장된 것이 거의 틀림없기 때문에 이후 많은 비판을 받았다. 그러나 이성애와 동성애를 정도와 경험의 문제로 파악한 것은 획기적인 발상임에 분명하다.

킨제이를 따르는 동성애자들은 동성애자들이 갖는 여러 특성들은 본질적인 것이 아니라 사회적 차별을 피해 비밀스럽게 살거나 고립되거나 자책하는 등 사회적 억압을 받는 바람에 만들어진 결과로 생각하였다. 따라서 게이 해방은 사회적으로 수용가능하고, 가정, 교회, 국가와 양립할 수 있는 행동유형을 채택하는 데 있다고 보았다. 만일 주류사회와 구분되는 가치와 행태를 지속시킨다면 게이에 대한 사회의 적대감은 지속될 수밖에 없을 것이라고 보았다. 두 집단은 논쟁을 벌였지만 사회적으로 반공의 분위기가 팽배하면서 기존 사회에 동화되자는 주장이 득세하여 이후 게이해방운동의 이론적 근거가 되었다.

물론 킨제이 자신은 성 행태 연구를 하면서 성의 정치경제적 역사문화적 맥락에 대한 고찰을 하지 않았다. 그러나 그것을 받아들이는 동성애자들에게 킨제이 연구는 자신들의 정체성과 사회적 지위를 개선할 수 있는 중요한 근거가 된 것이다(Escoffier, 1998: 42).

　이러한 게이 집단 내부의 논란이 있기는 했지만 당시 대부분의 게이들은 사회적으로 눈에 잘 띠지 않는 집단이었다. 사회적 차별을 피하여 게이라는 신분을 감추고 지하에서 게이 생활을 유지하였다. 그들은 주류사회의 차별적 시선을 피하기 위하여 후미진 곳이나 홍등가에 위치한 술집이나 목욕탕, 거리 모퉁이, 공원 같은 곳에 모였다. 또한 그들만이 의미를 이해할 수 있는 복장을 하거나 독특한 언어(slang)를 구사하여 이성애자로부터 안전을 담보하려 하였다. 미국이나 영국에서 동성애는 법적으로 처벌할 수 있는 범죄행위였지만 그 수가 많아지고 집단화되면서 게이 바에 한정하여 있을 때에는 경찰도 개입하지 않는 것이 보통이었다. 즉 게이 지역을 벗어나서 동성애를 추구하는 것은 철저한 규제의 대상이 되지만 게이 지역 경계를 벗어나지 않으면 대충 눈감아 주는 식의 관행이 존재했다. 대로변과 같이 이성애자들과 공간적으로 중복되는 경우에도 시간대를 달리하여 그 공간을 사용함으로써 그로 인한 이성애자들과의 갈등을 예방하였다(Lee, 1979).

　그렇지만 게이 바는 법적으로는 불법이기 때문에 게이 바가 마피아와 관련되는 경우가 많았고 경찰 또한 이러한 사정을 잘 알고 있었다. 경찰과 업주와 마피아 사이에는 일종의 먹이사슬 같은 것이 형성되어 있었다. 경찰은 주기적으로 이들 업소를 단속하였지만 사전에 단속정보가 전해졌고 단속은 형식적으로 이루어졌다. 그러다가 1969년 뉴욕에 위치한 스톤월(Stonewall) 게이 바에서 문제가 생겼다. 단속 나온 경찰을 향해 게이 한 명이 돌을 던진 것이다. 이에 대응하여 경찰의 '과잉진압'이 시작되자 게이들 또한 이에 맞서 저항하였다. 이 소식은 주변의 게이들에게 전해졌고 이들이 대대적으로 시위를 조직하여 사흘 동안 진행되었다. 이 날의 사건 자체는 우발적으로 시작된 것이지만 그 배경에는 대도시를 중심으로 적지 않은 수의 게이들이 밀집되어 생활하고 있었고, 또한 게이에 대한 사회적 차별

의 부당성에 대한 인식이 퍼져 있었다. '스톤월 항쟁'은 게이들에게
는 기념비적 사건이었고 이 날을 기념하여 뉴욕에서 매년 대규모의
게이 퍼레이드가 열린다.

이 사건을 계기로 '게이 해방전선'(*Gay Liberation Front*)이라는 조직
이 결성되었다. 이들은 1960년대 학생운동과 반전운동을 경험했고
신좌익(*New Left*)의 이념으로 무장된 집단이었다. 그러나 내부 이견
으로 '게이 행동연대'(*Gay Activist Alliance*)가 갈라져 나왔다. 1970년
봄에 뉴욕의 센트럴 파크와 전국의 주요 도시에서는 '게이의 힘'(*gay
power*)을 외치는 수많은 게이들로 넘쳐났다. 게이 집회와 퍼레이드는
게이들이 집단적으로 정체성을 공개(*coming-out*)하게 되었음을 의미
한다. 또한 1970년 6월에는 스톤월 투쟁을 기념하는 게이들의 집회
가 전국에서 벌어졌다. 게이들은 학생운동에서 사용된 각종의 동원
전략과 투쟁전략을 구사함으로써 조직적이고 효과적으로 힘을 결집
하였다(Escoffier, 1998: 33~64).

이들은 1950년대 게이 지도자들과는 생활방식이나 이념이 매우 달
랐다. 이들은 벽장 속에 숨지 않고 당당히 자신이 게이임을 밝히고,
24시간을 게이로서 생활하려 하였고, 게이에 대한 차별에 맞서 적극
적인 저항을 하고 권리를 쟁취하려 하였다. 당시의 많은 게이들은
시민적 권리 같은 것보다는 그냥 성의 자유만을 원했고 이를 억압하
는 공권력에 대하여 우발적 봉기를 한 것이었다. 그러나 게이사회의
새로운 지도부는 이러한 소극적이고 제한적인 자유가 아니라 기존
사회의 이성애자들과는 다른 가치와 정체성을 갖는 게이의 사회적
지위를 정당화하려 하였다.

이들은 게이의 정체성을 중요시하였고 이를 부정하거나 인정하지
않으려는 사회집단들과 전투적인 투쟁을 전개하였다. 흑인들이 인권
운동을 하면서 정체성 재구성이 필요해지자 "신은 검다"(*God is black*)
고 외쳤던 것처럼 게이들도 "게이는 좋은 것"(*Gay is good*)을 구호로

삼았다. 수치의 대상이었던 동성애 정체성의 문화적 전복을 시도함으로써 인권운동에 나서는 계기로 삼았다. 이들은 "어느 누구와 언제 어떤 식으로든지 사랑할 수 있는 권리"와 "우리의 몸을 우리가 원하는 대로 꾸미고 표현할 수 있는 권리"를 요구하였다(Allyn, 2000: 156). 신문사와 방송사 앞에서의 조직화된 시위가 이루어지곤 하였는데 이것은 당시 언론이 게이와 관련된 사건을 보도하지 않거나 동성애라는 표현 자체를 사용하지 않으려했기 때문이다.

　1980년대에 에이즈 문제가 심각해진 상황에서도 레이건 대통령이 에이즈라는 말을 언급조차 하지 않은 것이 게이 운동가들한테는 게이에 대한 차별의 상징처럼 간주된 적이 있다. 즉 미국사회의 주류세력들은 경찰에 의한 게이 바 단속과 같은 명시적 억압 이외에도 가시화되고 있는 게이사회와 게이문화에 대하여 의도적으로 무시하는 또 다른 대응책을 구사하였던 것이다.

　그렇지만 게이 인권운동이 지속적으로 전개되면서 그 성과도 조금씩 가시화되었다. 1974년에는 미국정신의학회가 그동안 정신장애로 분류되었던 동성애를 그 리스트에서 삭제하였다. 이렇게 되기까지에는 그동안 축적된 성에 대한 과학적 연구와 함께 스톤월 사건 이후 조직화된 게이들의 적극적인 이슈화 전략의 영향이 크다. 1970년에 샌프란시스코에서 미국정신의학회 정기학회가 열렸을 때 게이들은 "게이는 자랑스럽고 건강하다"는 선전전을 펼치는 한편 분과회의장에 진입하여 참석한 의사들을 상대로 "(게이를 치료하는 행동요법에 대하여) 함께 얘기해보자"고 도전하기도 하였다. 동성애 문제는 정신의학회 내부에서 과학적으로 다시 검토되었고 그 결과 동성애는 "극심한 정신적 고통(distress)을 야기하지도 않고 당사자의 사회적 역할 수행에 어려움을 초래하지도 않기 때문에 정신질환으로 보기 어렵다"는 결정을 내렸다.

　그리고 이 결정은 이사회의 승인과 전체 정신과 의사들의 투표

(58% 찬성)로 승인되었다(Andriote, 1999: 27~34; McFarlane, 2002). 즉 동성애가 최소한 의학적으로는 정상으로 규정된 것이다. 동성애를 정신질환으로 보던 당시의 보편적 관념에 대응하여 전투적 게이들은 사람들이 기본적으로 양성애 성향이 있지만 그것이 사회적으로 억압되고 있을 뿐이라고 생각하였다. 이러한 억압에 맞서기 위해서는 성 정체성을 분명히 하고 그것을 공유하는 게이들이 조직화하여 권리를 확보해야 한다고 생각한 것이다.

이들의 조직적 운동은 1970년대 내내 미국 전역으로 확산되면서 게이 인권법 제정을 목표로 활동하였다. 게이들은 전국적으로 연대하여 지지집회를 열면서 법 제정을 추구하였고 1978년에 캘리포니아 주에서 처음으로 법의 통과를 얻어낼 수 있었다. 게이들의 노력으로 여러 주에서 게이 인권법 제정이 추진되지만 보수세력의 반대로 대부분 실패한다.

3. 게이 커뮤니티와 게이의 일상생활

그런데 이 시기에 게이사회는 내부적으로도 질적 변화를 하고 있었다. 게이들의 커밍아웃이 증가하면서 이들을 대상으로 하는 비즈니스가 성업을 이루게 되었다. 커밍아웃 이전에는 이성애로 위장한 채 상점을 드나들었지만 이제 공개적으로 이들을 대상으로 각종의 비즈니스가 생겨났다. 게이 바나 목욕탕은 물론이고 서점, 부동산 중개업, 여행사, 커뮤니티 센터, 체육관, 카운슬링 센터 등 게이로서 생활하는데 필요한 거의 모든 업종이 게이 공동체에 들어오게 되었다. 예를 들어 서점은 일반서점과 달리 게이취향의 도서를 전문적으로 제공해 주었고, 부동산 중개업소는 다른 사람 눈치 보지 않고 게이들끼리 편하게 살 수 있는 공간을 소개해 주었다. 주택거래는 게이 변호사가 주관하여 진행하고 게이 보험대리점에서 보험에 가입한다. 이들 업소들은 게이를 위한 각종 정보가 모아지고 유통되는 곳이기도 했다.

게이 공동체의 제도적 기반이 강화되자 그것은 다른 한편으로 정치적 영향력을 증대시키는 효과가 있었다. 게이 공동체가 커지자 지역의 정치가들도 이들의 표를 의식하게 되었고 그 결과 게이들의 정치적 요구가 법적 행정적으로 반영될 수 있게 되었다(Escoffier, 1998: 65~78; Levine, 1979).

게토화된 게이 공동체는 이성애자와의 갈등 속에서 주류사회가 밀어내는 힘과 게이들이 함께 모임으로써 보다 수월하게 성 접촉기회를 가질 수 있고 신분노출 위험으로부터 벗어날 수 있는 끌어당기는 힘이 작용함으로써 만들어진 것으로 볼 수 있다(Lee, 1979). 벽장 속에서 살던 게이들은 개방된 게이 공동체에 거주하게 되면서 자신의 정체성을 숨기지 않고 마음 편하게 살 수 있게 된 것은 물론 경제적

82

으로도 이득이 되었다. 벽장 속에 숨어 살 때에는 낮에는 스트레이
트로 살고 밤에는 게이로 살아야 했기 때문에 이중생활에서 오는 경
제적 부담도 컸다. 그러나 이제 게이임을 감추지 않아도 되었기 때
문에, 많은 게이들이 24시간을 게이로 살 수 있게 되었고 그것이 주
는 심리적 효과는 물론 경제적 효과도 컸다. 그렇지만 이와 같이 게
이의 정체성을 누리면서 '우아하게' 살 수 있는 게이들은 대부분 백
인 중산층 고학력자들이었다. 유색인종이나 저소득층은 급격하게 상
업화된 게이 지역에서 살기 어려웠기 때문에 이 지역을 빠져나가게
되었다. 대도시에는 이와 같이 게토화된 게이 공동체가 발전하였지
만 그렇지 못한 중소도시에서나 아니면 다른 많은 게이들은 과거와
같이 정체성을 숨기면서 살아갔다.

대도시에서 고학력의 백인 중산층을 중심으로 게이 공동체가 구성
되면서 게이사회는 게이 운동을 전개할 수 있는 물적 기반을 갖추게
된다. 이들은 사회운동에 필요한 3대 요소, 즉 자원동원에 필요한
경제력과 자발적 참여정신을 갖고 있었고 그리고 운동을 지도하고
조직화할 수 있는 지적 역량이 갖추어진 것이다. 1970년대 게이 인
권운동은 1969년의 스톤월 항쟁에서 우연하게 시작되었지만 그것은
하나의 계기였을 뿐 내부적으로는 집단적 지위향상을 위한 물적 기
반이 만들어져 있었던 것으로 볼 수 있다.

게이들이 스스로 정체성을 내세우며 커밍아웃하게 되었지만 과연
그 정체성의 구체적 내용이 어떻게 될지는 분명하지 않았다. 단순히
동성과 성관계를 갖는다는 것은 게이로서의 삶의 필수조건일 뿐 충분
조건은 아니기 때문이다. 1970년대에 많은 남자 게이들은 남성적인
모습을 연출하는 데 골몰하였다. 이들은 꽉 끼는 검은 티셔츠에 리바
이스(Levis) 청바지를 입고 작업용 부츠를 신었으며 오토바이 용 가죽
재킷을 걸쳤다. 근육질 몸매에 짧은 머리를 하고 구레나룻을 길렀으
며, 반지와 귀고리, 키 체인과 손수건을 액세서리로 달았다(Levine,

1979). 여기에 커다란 오토바이를 타는 모습은 전형적인 마초(*macho*)
의 풍모를 연출한 것이다. 가죽점퍼는 이들의 상징과도 같은 것으로
가죽에 대한 애착이 깊다(Rubin, 1998).

이들이 마초 성향을 드러내는 것은 동성애를 여성화된 것으로 폄하
하는 사회에 대한 반작용인 것으로 보인다. 사회가 이들을 여성화된
남자로 폄하할수록 이들은 스스로의 모습을 보다 강한 남성적인 풍모
가 나타나게 꾸밈으로써 그러한 차별적 시선을 벗어나려 한 것이다.
마초 성향의 또 다른 측면은 여성에 대한 거부감이다. 애초에 남자
게이들은 여성에 대하여 성적 호기심을 갖지 않는 것이 일반적이지만
그런 차원을 넘어서 여성에게 노골적으로 싫어하는 언행을 함으로써
스스로를 마초화하는 경향이 있었다고 한다.

블래치퍼드(Blachford, 1981)의 분석에 의하면 게이사회는 한편으
로는 주류사회의 남성지배 문화를 받아들여 활용하기도 하지만 동시
에 그것을 자신들에게 독특한 문화로 바꾸기도 한다. 남성지배 문화
가 게이사회에 재생산되는 것은 언어사용, 파트너 물색, 스타일에서
찾아 볼 수 있다. 언어사용에서 가장 특징적으로 드러나는 것은 여
성에 대한 비하이다.

남성 중심적 관념을 가진 남자일수록 여성을 성관계 대상이나 육
아를 하는 사람 정도로 폄하하는 경향이 있다. 남자 게이들은 여성
과 성관계를 하지도 않고 육아에 대한 관심도 없기 때문에 더욱 노
골적으로 여성 비하적 언어를 사용하였다. 여성을 부를 때 여성의
성기를 지칭한다든가, ‘*fish*’, ‘*cunt*’, ‘*cow*’, ‘*tart*’, ‘*cheap*’, ‘*scrubber*’와
같은 용어를 사용하였다. 이러한 용어들은 이성애 남성들의 용어 사
용과 거의 유사한 것이다. 게이 내부에서도 보다 여성화된 게이를
‘퀴어’(*queer*)라고 지칭하였다. 일반 남성이 게이를 통칭하여 ‘퀴어’라
고 한다면 게이 내부에서는 보다 ‘정상적인’ 게이가 여성화된 게이에
대하여 ‘퀴어’라고 하대하는 것이다. 또 남성지배 문화에서 일시적

성 상대자(*casual partner*)를 구할 때 여성의 외모만을 눈여겨보는 것처럼 게이들은 거리와 공원, 극장과 지하철 등에서 파트너를 구할 때 말은 전혀 하지 않고 상대방의 외모를 보고 마음에 들면 몸짓을 주고받으면서 물색을 한다고 한다.

그러나 게이문화는 스트레이트 문화와는 다른 의미를 동시에 갖고 있다. 게이언어의 여성화는 한편으로는 여성을 비하하기 때문이기도 하지만 동시에 남성지배적 언어에 대한 '비틀기'이기도 하다. 예를 들어 게이들은 다른 게이에 대하여 '퀸'(*queen*)이란 용어를 많이 쓴다. '*drag queen*'(여성 복장을 한 게이)이나 '*size queen*'(성기가 큰 파트너를 좋아하는 게이) 같은 식이다.

같은 말도 필요 이상으로 과장하거나 강조하게 되면 그 의미가 달라진다. 게이들의 언행의 특징이 바로 '과장'(*camp*)인데 이들의 '퀸'(*queen*)이란 용어사용은 과장 또는 비틀기를 통하여 지배문화를 비판하고 자신들의 정체성을 담아내는 적극적 행위로 볼 수 있다. 또한 길거리에서 몸짓을 통해 파트너를 구하고 곧바로 성행위로 들어가는 것이 지배문화의 관점에서는 음란과 변태 행위로 보이겠지만 게이들은 이를 통하여 매우 협소하게 규정된 합법적인 성 규범에 도전하는 것이기도 하다. 이들은 성을 거의 오락적인 것으로 생각하기 때문에 아주 쉽게 만나서 즐길 수 있는 것이다. 그리고 마초 스타일의 복장도 게이들에게는 섹시함을 나타내주는 새로운 의미가 있다고 한다 (Blachford, 1981).

4. 게이의 정체성

정체성(*self-identity*)의 사전적 의미는 남과 다른 고유한 존재로서의 자기 자신에 대한 인식을 의미한다. 정체성은 흔히 순수하게 개인적인 차원의 자기규정이기보다는 특정 부류의 사람들과는 다른 자기 존재에 대한 인식을 지칭한다. 사회학에서는 정체성을 보다 구체적으로 특정 집단에 대한 소속감을 말할 때 사용한다. 그런데 여기서 정체성이란 그냥 자연적으로 또는 당위적으로 주어지는 것이기보다는 스스로 부여하는(*labeling*) '적극적인' 것으로 볼 수 있다.

우리는 평소에는 자신이 한국인임을 별로 의식하지 않고 살아간다. 그러나 외국을 여행하거나 외국문화를 접하면서 어떤 이질성을 느낄 때 그들과는 다른 모습으로 살아 온 한국인으로서의 정체성을 느끼게 된다. 인종(백인과 흑인), 성(남성과 여성), 계급(중산층과 서민층) 등도 우리가 그것에 정체성을 가질 수도 있고 아닐 수도 있다. 정체성은 흔히 자신이 억압 또는 차별받고 있음을 인지하고 그에 저항하는 과정에서 만들어지는 사회적 구성물로 볼 수 있다. 흑인은 과거에도 생물학적으로는 흑인이었지만 흑백갈등 속에서 자신의 처지에 대한 인식을 새롭게 하면서 흑인이란 정체성을 새롭게 갖추게 된다. 여성 또한 남성지배 구조에 대한 인식을 하면서 여성으로서의 정체성을 새롭게 깨달을 수 있다. 즉 정체성은 자기 자신의 특수성에 대한 깨달음이면서 동시에 자기와 비슷한 처지에 있는 동류의 인간집단에 소속감을 느끼는 상태를 말하며, 나아가 집단의 지위향상을 위한 사회적 투쟁의 원동력이 된다. 이러한 종류의 사회운동을 '정체성 정치'(*identity politics*)라고 한다(Escoffier, 2003b; 1998: 142~157). 게이로서의 정체성을 인식하는 것이 게이 인권운동의 시작이고 운동을 통하여 정체성은 재생산된다.

　게이 정체성 문제는 간략히 말하자면 남과 다른 성적 성향의 문제다.　남성이지만 일반 남성들과 다른 성적 성향을 갖고,　여성이지만 일반 여성들과 다른 성적 성향을 가진 사람들을 흔히 '호모'(homo-sexual) 또는 게이라고 부른다.　사람들은 외모, 성격, 능력 등에서 크고 작은 차이가 있다.　그렇지만 보통 때에는 남들과 다른 자신의 모습을 크게 의식하지 않는 경우가 대부분이다.　그렇지만 어떤 계기에 의하여 '차이'가 큰 의미를 갖게 된다.　과거에는 동성애를 특별히 분류할 필요가 없는,　즉 이성애와 동성애가 큰 의미가 없는 사소한 차이에 불과하였지만 동성애가 사회적으로 '분류'되기 시작하면서 차별과 억압도 시작되었다.

　신체적 특성의 차이를 차별화하고 이것을 정당화하는 데 사용하는 방법의 하나가 생물학적 열등성과 등치시키는 것이다.　히틀러가 유대인을 차별할 때도 유대인들이 생물학적으로 열등하다는 우생학적 지식을 사용하였고,　백인이 흑인을 차별할 때도 흑인들의 지능지수(IQ)는 백인보다 낮기 때문에 사회적 성취를 못하고 지위가 낮을 수밖에 없다고 생각하였다.　동성애 역시 생물학적인 남성과 여성에게 각각 걸맞은 사회적 성 역할이 있는 것인데 호모들이 이를 거슬리려 한다는 생각이 근저에 있다.　전문용어로는 '생물학적 본질주의'(biological essentialism)라고 한다.

　남성에게는 남성다운 성격과 역할을 규정하고 여성에게는 여성다운 성격과 역할을 규정하는 서로 다른 유전적 특성이 있다는 식이다.　예를 들어 남성은 독립적이고 경쟁적이고 여성은 관계 지향적이고 감성적이라는 식이다.　따라서 남성은 가족부양자 역할을 하게 되고 여성은 양육하고 가족을 보살피는 역할을 맡는 것이 적합하다는 것이다.　인간 군집이 남성과 여성으로 나뉘고 둘이 성적으로 결합하고 동시에 사회적으로 분업화된 역할을 나누어 수행할 때 그 사회는 안정된 질서를 가지게 된다.　그렇다면 게이는 이러한 인간 군집의 생물학적 질서를 무너뜨리는 돌연변이에 해당되고 자연적 질서유지를 위하여 규제되어야 할 대상이 된다.

이러한 사회생물학적 관점에 대하여 제프리 위크스(Jeffrey Weeks, 1986: 45~54)는 세 가지 측면에서 비판을 제기한다.

첫째, 야생동물을 관찰하면 인간세계에 적용할 수 있는 코드(code)를 발견해낼 수 있다는 생각은 잘못이라는 것이다. 사회생물학자들은 동물의 세계에서 수컷의 지배가 보편적인 것처럼 인간세계도 남성지배가 자연스러운 것이라는 관념을 갖고 있는데 위크스는 이에 대하여 이것은 사회생물학자들이 인간세계의 질서 코드를 동물세계에 적용한 결과라고 주장하였다. 물개들은 암컷들이 군집을 이루고 살면서 수컷은 오직 한 마리만 존재하는데 이를 사회생물학자들은 한 마리 수컷이 수많은 암컷을 거느리고 사는 것으로 생각하지만 다른 각도에서 살펴보면 암컷들이 거추장스러운 수컷들을 물리치고 번식을 위해 필요한 최소한의 수컷만 데리고 암컷끼리 공동체를 이루며 산다고 볼 수도 있다.

둘째, 위크스는 '생물학적 평균의 횡포'를 비판한다. 평균적으로 남성이 여성보다 성적으로 적극적일 수는 있다. 그렇지만 평균이란 각기 다른 여러 값의 중간이고 따라서 각 개인의 성적 적극성의 정도는 상당한 편차를 가질 수 있다. 성에 소극적인 남성이나 적극적인 여성도 많을 수 있다. 그러나 남성 지배체제가 강화될수록 이런 개인적 편차는 무시되고 남성과 여성의 평균점의 차이가 고정관념화되면서 (모든) 남성은 (모든) 여성보다 성적으로 적극적이라는 가설이 진실이 되어버린다. 여기서 성적으로 소극적인 남성이나 적극적인 여성은 일탈의 범주로 간주되어 사회적 규제를 받을 수도 있다.

셋째, 위크스는 생물학적 본질주의는 일종의 '블랙 홀'(black hole) 가설이라고 비판한다. 블랙홀은 우주에서 중력이 매우 강한 곳을 지칭하는데 그 때문에 주변의 모든 것이 빨려 들어가게 된다. 킨제이가 동성애를 설명할 때 동성애는 어느 한 요인으로 완전히 설명되지 않는 다원인적 현상이라고 했는데 이 말의 실제적 의미는 사회학적 설명이나 심리학적 설명이 모두 불충분하기 때문에 생물학적 근거를 찾아야한다는 것이다. 즉 생물학은 인간 사이의 성적 행동에서의 차이를 근본적으로 설명할 수 있다는(즉 차이를 빨아들일 수 있는) 것이다. 이에 대하여 위크스는 남성과 여성의 생물학적 차이가 양자를 구분하는 절대적 기준(marker)이 되지 못한다고 주장한다. 성 호르몬인 테스토스테론(testosterone)이 남성에게 더 많이 분비되고 에스트로겐(estrogen)이 여성에게서 더 많이 분비되지만 이것은 양자 간의 절대적 차이가 아니라 상대적 비율의 차이일 뿐이라고 한다. 즉 생물학적으로도 성이 고정된 것으로 보기 어렵다는 것이다. 그런데 이러한 상대적 차이를 절대적 차이인 것처럼 간주하면서 사회적 차이까지 이에 근거하는 것으로 설명하는 것은 납득하기 어렵다는 것이다. 즉 해부학적 차이가 곧바로 사회적 차이를 만들어내지는 못한다는 것이다.

인간 사이의 어떤 신체적 차이는 양자간에 '열등함과 우월함' 같은 사회적 가치가 담긴 의미를 부여한 이후에야 사회적 차별이 정당화된다. 예를 들어 프로이트 정신분석학에서는 남아와 여아가 자신에게 자지(penis)가 있고 없음을 인지하고 그 위기에 대응하는 오이디푸스 콤플렉스 시기가 남성성과 여성성이라는 성 정체성 획득에 결정적인 것으로 보고 있다. 남성의 자지를 성 에너지의 원천으로 파악하는 것은 생물학적으로 이루어진 것이 아니라 사회문화적으로 규정한 것이다. 즉 인간 사이의 생물학적 차이에 어떤 의미를 부여하는 것은 차이˙ 자체가 아니라 인간의 사회문화적 행위와 구조에 의한 것이다. 동성애의 경우에도 그것이 어떤 생물학적 원인에 의하여 나타나는 현상이라고 할 때에 동성애에 가해지는 사회적 차별은 동성애와 이성애의 생물학적 차이 때문이 아니라 그 차이에 부여되는 사회문화적 의미 때문에 발생하게 된다. 그 차이를 별 것 아니라고 생각하면 차별도 없지만 그 차이에 종교적 차원의 죄악 같은 의미를 부여하게 되면 동성애자는 처벌받는 것이 마땅한 존재가 된다.

그러면 게이들의 어떤 측면이 남들과 다른 '차별적' 모습인가? 그것은 게이의 성 행태가 일반인들의 그것과 달라 '변태적'(perversive)인 것으로 보인다는 점이다. 동성끼리의 성관계 자체가 그렇고 남성 게이들이 목욕탕, 공원, 극장에서 즉석에서 파트너를 구해 공개적으로 성행위를 하는 것이 변태적이라는 것이다. 변태라는 개념은 어떤 도덕적 기준을 전제하는 개념이다. 즉 게이들의 이런 성 행태는 일반인의 (성) 도덕적 기준에서 많이 벗어난 것이기 때문에 도착적이고 변태적인 것이 된다.

여기서 기준이 되는 성 도덕의 전형은 섹스가 곧 생식을 의미했고 남녀의 혼인관계에서만 합당한 행위로 간주했던 빅토리아 시대 성 도덕이다. 생식을 위한 섹스는 쾌락만을 위한 섹스를 배제하였고, 특히 여성들은 성에 대하여 무지할 것이 기대되었으며, 외설물은 아이들을 보호한다는 명분으로 그 제작과 배포가 금지되었다.

인류학자 메리 더글러스(Mary Douglas, 1966)는 문화현상에서 '정결'(purity)과 '부정'(不淨, impurity)의 구분을 시도하였다. 즉 사람들은 무질서하고 무의미하다고 생각하는 현상을 더럽고, 오염되고, 위험하며, 터부시한다고 한다. 질서가 잡히고 의미가 있는 것은 깨끗하고, 순수하고, 안전한 것으로 파악한다고 한다. 이러한 구분은 단지 깨끗하고 더러운 것을 구분하는 데 그치지 않고 더러운 것을 적극적으로 구분해내고 규제하여 없애려는 시도를 하게 만든다. 이른바 '썩은 사과' 이론에 따라 한 명의 도덕적으로 타락한 자가 주위 사람을 오염시키는 위험한 존재이기 때문에 이를 제거해야 한다는 논리이다. 빅토리아 성 도덕관을 가진 사람이 볼 때 동성애자는 썩은 사과에 해당하는 것이고 이렇게 더러운 존재를 가려내어 규제할 필요가 있게 된다(Fischer, 2006).

　서구 여러 나라에서 19세기에 동성애를 금지하는 법률을 제정하였고, 또 각종 외설물을 금지시키는 법률도 만들었던 것은 바로 이런 문화적 인식의 바탕 위에서 이루어진 것이다. 그런데 이러한 법적인 규제보다 문화적 규제는 당사자의 정체성에 훨씬 심오한 영향을 미친다. 도덕적 규제가 강할수록 동성애자들은 사회적으로 터부시되는 성 정체성을 갖고 있다는 사실에 대하여 수치심과 죄의식을 느끼게 된다. 그렇지만 그것을 드러낼 수도 없기 때문에 외부적으로 자신의 정체성을 감추고 가족에게조차 숨기면서 '비밀과 침묵'의 세월을 살게 된다. 동성애자들이 비밀과 침묵에 들어가게 되면 성관계를 하기 위해 다른 동성애자를 찾기가 더 어려워진다. 따라서 동성애에 대한 법적 문화적 규제는 사회적으로 동성애자들이 드러나지 않게 만드는 효과가 있다.

　그렇지만 이러한 제재가 동성애를 완전히 없애기는 어렵다. 기존의 사회문화체계가 이성애자 중심의 훈육과 교육체계를 갖고 있고 대부분의 어린이와 청소년은 그 속에서 이성애자로 길러진다. 그럼에도 불구하고 어떤 계기에 성경험을 하면서 자신의 성적 성향이 남과 다르다는 것을 인지함으로써 자신의 정체성에 대하여 의문을 갖고 정체성을 찾으려는 노력은 불가피하게 나타난다고 한다(Plumer, 1984). 즉 법적 문화적 억압으로 동성애가 외부적으로 드러나는 것은 억제되지만 사회의 저변에서 동성애가 지속적으로 재생산되는 것 자체를 없애지는 못한다.

　그런데 성은 원래 '정결한' 성과 '부정한' 성으로 나눌 수 있는 것일까? 프로이트는 인간의 성이 원래 다형적인 것으로 파악한다(Horrocks, 1997: 39~40). 즉 쾌락의 위치가 성기에 한정되는 것이 아니라 입이나 항문 등 다양한 신체부위가 사용된다는 것이다. 성 에너지가 제한 없이 여러 형태로 표출되다가 오이디푸스시기에 이르러 이를 억제시키는 사회적 규범(즉 초자아)을 받아들이면서 인격적으로 안정된다. 프로이트의 논리를 빌리자면 빅토리아 시대의 성 도덕은 성 에너지의 무분별한 분출 가능성과 그로 인한 사회질서의 파괴를 과도하게 인식하였고 그 결과 성의 목적에서 쾌락을 제거시키고, 성 관계의 대상을 혼인한 부부로 한정시켰으며, 성행위 양식 또한 남녀 성기의 결합으로 제한시키는 등 성을 극소화시키려고 시도했던 것으로 볼 수 있다. 그리고 이렇게 극소화된 성을 문화적으로 정결한 것으로 규정하고 여기서 벗어난 성을 부정한 것으로 생각하게 만듦으로써 성의 극소화 전략이 안정적으로 유지될 수 있도록 한 것이다.

빅토리아 성 도덕에 근거할 때 동성애는 생식을 목적으로 하지 않고 오로지 성적 쾌락을 추구하는 것임이 분명하고, 혼외관계이며, 성기가 아닌 다른 신체부위를 사용한 성관계를 하기 때문에 성 도덕의 경계를 벗어나 가장 극단적으로 대립되는 지점에 있게 된다. 즉 일반인들의 성을 극소화하는 방향으로 규정하면서 동성애는 자동적으로 그 대립지점에 있는 것으로 재규정된 것이다. 물론 일반인들의 실제 성관계에서도 신체 여러 부위를 애무할 수 있다. 그렇지만 이러한 행위들은 성교(coitus)를 위한 소품에 해당된다. 만일 그러한 행위들이 그 자체 목적이 된다면 이를 변태라고 한다(Weeks, 1986: 71).

게이에 대한 규제는 일반인의 성에 대한 규제와 맞물려 있다는 점은 역으로 게이들의 성 해방 또한 일반인들의 성 해방과 긴밀하게 연결되어 이루어질 수 있음을 말해 준다. 일반인들의 성이 보다 개방적으로 변화되면 이성애와 동성애의 거리도 상대적으로 축소될 수 있고 동성애에 대한 편견도 완화될 수 있을 것이다. 실제로 1960년대에 진행된 일반인들의 성 해방으로 빅토리아 성 도덕은 거의 무너지게 되었다. 성은 생식이 아닌 쾌락을 위해서 추구되기 시작하였고, 혼인관계와 관계없이 성관계가 이루어지게 되었으며, 보다 다양한 형태의 성행위가 보편화되었다. 즉 일반인의 성 행태나 게이의 성 행태가 동성이란 점을 제외하고는 특별히 구분하기 어려워졌다. 페미니즘의 등장과 함께 그동안 당연시되던 남성 지배체제에 대한 의문이 제기되고 남성의 지위가 상대화된 점도 동성애가 용인되는 데 중요한 기여를 하였다. 특히 레즈비언들은 이성애를 남성지배적인 성관계의 구조로 파악하면서 이성애로부터 해방되어 여성 독자적으로 성 만족을 추구하는 것이 (여)성 해방에 중요하다는 인식을 하였다.

이렇게 문화적으로 규정되던 성이 새롭게 정치적으로 규정되기 시작하면서 성 정체성은 새로운 의미를 갖게 되었다. 지금까지 수치와 죄의식으로 구성되었던 게이의 성 정체성이 집단적으로 거부되고 '제3의 성'으로 재규정되게 된 것이다. 즉 세상에는 남성과 여성만이 아니라 그 중간에 또는 그 외부에 여러 가지 다른 성이 있을 수 있다는 것이다. 우리가 제3의 성이란 개념을 받아들인다는 것은 지금까지 변태적이라고 규정했던 것들이 그냥 나오는 다른 또 다른 성임을 인정한다는 것이다. 즉 변태(perversity)가 아닌 다양성(diversity)으로 보게 되는 것이다(Weeks, 1986: 69~88).

다양성이란 개념은 이성애와 동성애의 경계가 사실상 모호해지는 것을 의미한다. 우리는 기호에 따라 양식을 선호하는 사람도 있고 한식을 선호하는 사람도 있지만 어떤 음식을 특정한 집단의 사람들만 먹는 음식으로 생각하지는 않는다. 이런 상황에서 음식의 종류가 많아지는 것이 다양성을 의미한다.

현재 덴마크의 경우 동성애라는 범주가 사라지고 있다고 한다(Bech, 2006: 151~156). 이성애자들이 더 이상 결혼을 의무로 생각하지 않게 되었고, 동성애자들이나 마찬가지로 다양한 성경험을 하게 되면서 전통적 의미의 이성애가 사라지고 있다는 것이다. 이념형적인 이성애의 소멸은 동시에 동성애를 별도로 구분해야 할 필요가 없게 만들었고 결국 19세기와 20세기에 걸쳐 만들어졌던 동성애라는 범주가 소멸하게 되었다는 것이다. 물론 이것이 덴마크 사회에서 동성애를 싫어하고 차별하는 사람이 모두 없어졌다는 것을 의미하지는 않는다. 동성애 혐오와 이성애 중심주의는 아직 남아있다. 그렇지만 이제 그러한 생각을 가진 사람들이 소수로 남게 되었다.

5. 반동성애의 조직화

성 정체성이라는 다소 어려운 개념으로 포장되기는 했지만 게이들이 원했던 것은 한마디로 성의 자유였다. 모르는 타인과의 성관계, 친밀해지기 위한 여러 과정들이 생략된 즉각적인 섹스는 한편으로는 자유의 실천이었지만 다른 한편으로는 사회로부터 게이들이 공격받는 지점이기도 했다. 게이들이 추구한 성의 자유 이면에는 사회적 지위나 위계서열 같이 인간관계의 교류를 제약하는 요소를 뛰어 넘어 '형제애'로서 타인을 알고 신뢰하려 하는 동기가 깔려 있기도 하였다. 굳이 표현하자면 '성 민주주의'라고 할 수 있다.

이러한 게이들의 행태는 기존 사회 지배층들의 성 도덕이나 가족관하고 정면으로 대립될 수밖에 없다. 남녀 두 당사자만의 배타적이고 독점적인 애정관계에 기초하여 성립되는 혼인과 장기적으로 지속되는 가족관계를 중요하게 생각하는 사회의 보수층들에게 게이는 가장 극단적으로 대립되는 성 행태를 보여주었기 때문이다.

이렇게 게이가 추구한 생활방식과 사회일반의 기득권층 보수층이 추구하는 생활방식이 크게 대립되는 상황에서 게이 운동이 추구한 전략은 크게 두 가지로 나눠진다.

하나는 '게이 해방전선'의 전략으로 이들은 대중운동과 로비를 통한 권리획득 같은 미국식 정치운동을 지향하는 방법이다. 이들은 게이 대중을 조직하고 동원하여 정치권에 압력을 가하고 영향력을 증대시켜 게이의 권리를 얻어내고자 하였다. 민주당을 지지하고 모금행사에 참여하며 이를 통해 정치적 영향력을 키워나가는 것도 이들의 중요한 운동방식이었다. 1977년에 게이인 하비 밀크(Harvey Milk)가 미국 역사상 처음으로 샌프란시스코시의 선출직 공직인 'Board of Supervisor'에 당선되었다. 그렇지만 1978년 11월에 정치적 견해의 차이로 갈등을 빚다가 동료인 댄 화이트(Dan White)에 의하여 당시 시장인 조지 모스콘(George Moscone)과 함께 피격당해 사망하였다 (Turner, 1978). 당시 캘리포니아에서는 한편에서는 게이의 공직 진출을 금지시키는 법안이 추진되기도 했었고, 동시에 진보적 시장이었던 모스콘이 여성, 유색인종, 게이와 레즈비언을 대거 자문위원으로 임명하기도 했었다. 밀크의 공직진출과 피격사망은 게이들의 점증하는 정치적 영향력과 함께 그러한 변화에 저항하는 보수세력의 모습을 잘 보여준다(Andriote, 1999: 10~11).

반면 '게이 운동가연대'는 '해방전선'이 취한 대중적 접근은 동성애 혐오를 만들어낸 미국사회의 구조를 건드리지 못하는 표피적인 문제 해결 방식에 불과한 것으로 생각한다. 이들은 전면적인 구조개혁을 통한 진정한 해방을 추구한다. 이들은 대중운동보다 엘리트의 조직을 중시하고 다른 급진운동가들과 함께 레이건 퇴진과 같은 구조적 차원의 운동에 주력하였다. 그런데 게이의 생활방식이 사회적으로 완전히 수용되는 것은 단순히 레이건 퇴진으로 이루어질 수 있는 것은 아니고 장기적 사회변화를 통하여 문화 자체가 변화되어야 가능할 수 있다. 게이 운동이 단기간에 현실적으로 얻어낼 수 있는 것은 동성애를 금지하는 법률을 철폐한다든가 공적 고용에서 차별을 금지하는 것 같은 시민적 권리를 확보하는 것이었다. 주류의 게이 운동은 이러한 시민적 권리의 확보에 주력하였다. 그렇지만 게이들이 얻어낸 더욱 중요한 성과는 게이 대중이 스스로에 대한 낙인에서 벗어나 게이 정체성을 새롭게 인식하게 되었고 억압과 차별에 맞서 싸울 수 있는 의지를 갖추게 된 점이었다.

게이 운동이 지속적으로 전개되기는 하였지만 그 운동은 대체로 느슨하게 연계된 것들이었다. 흑인운동의 마틴 루터 킹과 같은 걸출한 국가적 지도자를 갖지 못한 게이들은 지역별로 활동할 뿐이었고 지역 간 연대는 느슨하였다. 1973년에 처음으로 전국적 차원의 정치적 결사체를 지향하는 '전국 게이특별위원회'(National Gay Task Force)가 만들어진다. 그리고 그 결과 미국 의회에 게이에 대한 차별을 금지하는 법안이 의원 입법으로 제출된다. 1978년에는 워싱턴 DC(Washington DC)에서 입법활동 지원을 목적으로 하는 '동성애자 권익신장추진위원회'(Gay Rights National Lobby)가 만들어졌다. 정치적 연대가 강화되면서 1979년 10월에는 약 10만 명의 게이와 레즈비언들이 수도인 워싱턴 DC에 모여 집회를 개최하기도 하였다. 게이들은 이제 국가차원에서 체계적 입법로비와 대중적 집회를 통한 세력과시를 할 수 있게 되었다. 아직도 게이에 대하여 비판적이던 언론매체에 대응하여 독자적인 신문이나 소식지를 발간하면서 대응하였다.

정치적으로나 사회적으로 게이가 가시화될수록 게이에 대한 차별과 혐오감의 표현도 확산되었다(Andriote, 1999: 12~14).

1980년 전후의 시점에 게이들은 두 가지 어려움에 직면하게 된다. 하나는 종교계를 중심으로 게이에 반대하는 세력이 조직화되기 시작하였다는 점이다. 1960년대부터 진행되었던 급진적인 사회개혁운동에 의한 사회변화에 대하여 보수층들은 두려움이 있었고 이를 되돌리려는 시도를 하게 되는데 포르노와 함께 게이들이 그 타깃(target)이 되었다. 1970년대 오일쇼크 이후 경제불황이 지속되면서 1960년대와는 달리 사회개혁에 대해 관용적이던 분위기가 바뀌고 사회가 점차 보수화된 점이 종교 근본주의가 득세하는 데 중요한 영향을 미쳤다. 종교근본주의자들은 성경에 대한 교조적 해석을 통하여 동성애가 성경이 지향하는 가족주의 가치를 파괴하고 특히 청소년들에게 악영향을 미쳐 행동통제를 어렵게 만든다고 주장하였다. 이들은 동성애가 도덕적으로 잘못된 선택이며 사악한 것으로 규정한다. 동성애와 함께 포르노 금지도 이들의 주요 관심사였다. 일부 여성운동가들도 '포르노가 여성을 비하하고 상품화 한다'는 이유로 반포르노 대열에 합류하였다. 종교근본주의자들의 주장은 적지 않은 지지를 획득하였고 여러 주에서 게이 인권법을 저지시키는 데 성공하였다 (Allyn, 2000: 270~294).

　게이사회에 다가 온 또 다른 문제는 게이들의 건강상태의 악화였다. 게이에 대한 억압이 느슨해지면서 게이들의 성의 자유 추구는 거의 무제한으로 진행되었다. 그런데 1970년대 말에 게이들에게서 성병 감염이 크게 증가하였다. 대부분의 성병은 항생제 치료를 통하여 곧 회복되었기 때문에 게이들은 이를 두려워하지는 않았다. 그렇지만 반복된 성병 감염으로 보다 고단위의 항생제 처방이 필요해지고 항생제에 대한 내성이 생기며 면역력이 저하되는 등의 문제가 발생하였다. 당시에는 이미 많은 게이 의사들이 활동하고 있었지만 이들은 대부분 게이환자들에게 이에 대한 경각심을 주지 않았다. 소수의 의사들이 이 문제에 관심을 갖고 연구를 진행하였고, 또 '전국게이건강연대' (National Gay Health Coalition) 같은 협의체를 구성하기도 하였다. 그러나 게이들은 대부분 젊었기 때문에 이러한 문제에 큰 관심을 갖지는 않았다(Andriote, 1999: 35~45).

　이렇게 1970년대 말에는 게이가 성의 자유를 만끽하는 가운데 다른 한편에서는 게이 반대운동이 조직화되고 있었고 또 한편 게이의 건강상태가 점차로 악화되고 있었다. 1980년대 들어와 이 두 요소가 교묘하게 결합되어 순식간에 게이들에게 생존의 위기로 작용하게 될 줄은 아무도 몰랐다.

6. 에이즈의 발생

1981년 6월 5일 미국 질병통제센터(CDC: Center for Disease Control)가 발행하는 '이환 및 사망 주보'에는 LA에서 'Pneumocystis pneumonia' (면역계가 손상된 사람에게서 나타나는 폐렴) 사례가 보고되었음을 밝혔다. 그 즈음 게이 소식지들은 게이들 사이에서 새로운 병이 나돌고 있다는 루머를 보도하였다. 곧이어 '카포시 육종'(Kaposi sarcoma)의 발생도 보고되었다. 이 병 역시 면역체계의 이상으로 발생되는 희귀한 질병이었다. 의료계에서는 이 병들의 원인은 모르지만 초기 희생자들이 대부분 게이들이란 점과 면역결핍과 관련이 있다는 점 때문에 '게이와 관련된 면역결핍 병'(gay-related-immune-deficiency)으로 우선 명명하였다. 이 이름은 여러 번 바뀌다가 1년 뒤에 '후천성 면역결핍증'(acquired immune deficiency syndrome)으로 정해졌다. 환자 수는 급격히 증가하여 첫 환자가 발생한지 1년 후인 1982년 6월까지 472명이 보고되었다. 매일 1~2명씩 신환이 보고된 셈이다.

이때까지 CDC는 역학조사를 통하여 이 병이 성 접촉을 통하여 전염되고, 단일 감염원에 의해 발병하며, 장기간의 잠복기를 갖는다는 것을 알아냈다(Andriote, 1999: 47~58).

새로운 질병이 발생했기 때문에 방역당국은 역학조사를 하는 등 관심을 갖고 있었지만 일반사회에서는 거의 무관심하였다. 반면 게이사회에서는 상당한 공포를 자아냈다. 평소 건강하던 게이 친구가 갑자기 아파하다가 죽어버리고 마땅한 치료법도 없었기 때문이었다. 게이들은 대도시의 한구석에 밀집하여 살고 있었고 그들 사이에는 일상적으로 접촉하는 네트워크가 만들어져 있었기 때문에 몇 명의 게이가 갑자기 괴질로 죽는 것은 게이사회 전체에 적지 않은 공포를 만들어내었다. 그렇지만 갑작스럽게 닥친 질병 공포에 대하여 게이

들 이외에는 정부나 언론, 지역사회에서 대부분 무관심하였다. 1970
년대 말까지 게이와 외부세력들 간에는 적대적인 대립이 계속되었고
상호 교류나 이해가 거의 없었기 때문이다. 이러한 상황은 게이들로
하여금 자발적으로 돕도록 나서게 했다.

래리 크래머(Larry Kramer)는 극작가로 활동하던 게이였다. 그렇지
만 그는 1970년대 게이 운동에 참여하지도 않았고 게이 공동체와는
거리를 두고 살아가던 사람이었다. 그런데 1981년 여름 그의 친구 3
명이 갑자기 의문의 질병으로 죽자 자신도 공포를 갖게 된다. 그는
몇몇 의료 전문가들과 이 문제를 상의하는데 이것이 유행병(epidemic)
의 발발일 것 같다는 견해를 듣게 된다. 문제의 심각성을 짐작한 그
는 몇몇 지인들과 모여 의론하고 GMHC(Gay Men's Health Crisis)라
는 조직을 결성한다. 이 조직은 모금을 하여 병을 앓는 게이를 돌보
고, 관련 연구를 지원하며, 새로운 질병에 대한 정보를 수집하고 이
를 널리 알리는 사업을 수행하였다. 새로운 질병의 원인을 파악하기
위해서는 임상적 연구가 시급하게 필요했지만 이를 위한 연구기금이
절대적으로 부족한 상태였다. 또한 병에 걸린 게이 중에는 의료보험
이 없는 경우가 많았다. 즉 그들을 치료하기 위한 비용이 많이 소요
되었다. 크래머와 동료들은 열심히 모금을 하였지만 부족했고 그래
서 뉴욕시장에게 도움을 청하지만 전혀 반응이 없었다. 주요 언론사
들도 이 문제에 무관심한 것은 마찬가지였다.

그런데 정작 큰 문제는 게이사회 내부에서 크래머의 접근방식을 비
판적으로 생각하는 사람들이 상당수 있었다는 점이다. 크래머는 질
병문제 해결을 위하여 정부나 사회 각계에 이를 알리고 도움을 요청
하였는데 비판자들은 이것이 오히려 새로운 질병이 게이들의 병이란
인식을 심어주어 게이에 대한 혐오감을 더 키울 수 있다고 생각하였
다. 크래머 자신은 에이즈 문제를 순수하게 건강문제로 생각하고 접
근하고자 하였지만 게이 자체가 정치적 이슈가 된 상황에서 크래머의

의도대로 정치와 분리되어 건강문제로만 접근하기 어려웠던 점도 사실이다. 게이사회는 1970년대에 어렵게 투쟁하여 얻은 성의 자유를 다시 뺏길지도 모른다는 불안감이 있었고 그 때문에 질병으로 인한 위기에 직면했으면서도 선뜻 대사회적인 구호요청에 소극적일 수밖에 없었다(Kramer, 1994: 8~23).

일부 게이들은 심지어 이들의 활동을 정부와 협력하여 성의 자유를 뺏으려는 '반역자'라는 비판까지 제기하면서 에이즈 유행병의 존재 자체를 부정하기도 하였다(Andriote, 1999: 75~76).

이러한 내부적 불화에도 불구하고 크래머는 소신껏 자신의 활동을 펼쳐나갔다. GMHC는 1년 사이에 15만 달러를 모금하였고 이중 5만 달러를 질병연구 지원에 사용하였다. 2만 5천부의 뉴스레터를 발행하였고 30만 부의 건강 권고사항을 담은 브로슈어를 발행하였다. 상시 상담전화를 개설하였고, 환자이송과 입원을 도와주는 구급반을 조직하여 운영하였다. 정서적 지지 서비스를 제공하였고, 환자별로 도우미 네트워크도 만들었다. 환자들에게 법적 재정적 도움을 주기 위한 복지시스템도 개발하였다. 에이즈 관련 포럼을 개최하여 각계의 의견을 모았고, 의회 의원 및 시장과 접촉하는 통로를 만들었다. 또 환자들로부터 부적절한 치료나 대우에 대한 불만도 수집하였고, 의사와 임상심리학자, 사회사업가 등 의료분야 전문가들을 상대로 에이즈 치료에 관한 세미나도 개최하였다. 친구나 동료 또는 배우자가 에이즈에 걸려서 이 문제에 관심을 갖게 된 일반인들을 위한 포럼도 개최하였다. 이러한 과업을 직접 수행하는 자원봉사자들을 모집하고 훈련하고 일을 조직하는 것 또한 GMHC의 중요한 과업이었다.

간략한 기술이지만 GMHC가 에이즈 문제에 대응하면서 환자발견과 이송, 환자지원과 복지서비스 제공, 의료전문가 교육, 일반인 홍보, 관련 연구 지원 등 다방면에 걸쳐 체계적 대응체계를 구축하였음을 알 수 있다. 이것은 게이 지도부가 백인 중산층으로서 상당한 지

적 역량과 사회적 자본을 갖추고 있었기 때문에 가능했던 일로 생각
된다(Kramer, 1994: 8~30).

또 다른 주목할 만한 점은 게이 리더뿐만 아니라 일반 게이들도 다
른 게이를 돕는 일에 적극적으로 나섰다는 점이다. 덜 아픈 게이가
더 아픈 게이를 돕는 것이 수없이 발견되었다. 이들에게는 '아픈 치
료사'(wounded healers)라는 이름이 붙여졌다(Andriote, 1999: 119). 더
욱이 에이즈 발발 이전에 게이들은 이성애자들과 연대하여 일을 해본
적이 없었다. 그러나 에이즈 발생 이후 이들을 돕고자하는 일반인들
과의 유대관계도 증진되었다(ibid., 121).

크래머는 재정문제 이외에도 에이즈를 연구하고 원인을 밝히며 치
료법을 찾아내는 데 있어서 게이 전문가 그룹이 만들어질 필요성을
절감하였다. 일반 과학자나 의사사회와 게이들 간에는 교류가 없었
고 관심을 이끌어 낼만한 유인책도 없었기 때문에 게이 스스로 전문
가를 발굴하고 대책을 찾아내야 함을 역설하였다. 이 문제는 '게이와
레즈비언 의사회'(Gay and Lesbian Medical Association)를 중심으로 추
진되었다. 게이사회에 이미 1970년대 말에 성병 및 B형 간염 유병자
가 많다는 것이 알려 졌고 그래서 게이 의사들과 제약회사들이 협력
하여 수천 명의 게이들로부터 혈액표본을 받아서 연구를 진행한 적
이 있었다. 이때의 조사경험은 에이즈가 발발한 이후 CDC와 함께
게이 지역사회에서 역학조사를 하는 데 유용하게 활용되었다.

이들의 노력으로 HIV 바이러스는 아직 발견되지 않았지만 에이즈
가 바이러스에 의해 감염되는 것으로 추정되었고, 혈액과 정액을 통
해서 전염된다는 것이 확실해졌다. 이 점이 알려지면서 일반 의사들
과 방역당국은 게이들의 문란한 성 행동이 원인이기 때문에 에이즈
를 예방하려면 파트너 수를 줄이고 고정 파트너와만 성관계를 가지
라고 권고하였다. 이러한 권고는 게이들에게 게이로서의 정체성을
버리라는 것이나 다름없었다. 게이 의사들은 이러한 권고에 반발하

였다. 바이러스가 게이와 스트레이트를 가려가면서 감염시키지는 않는다는 것이었다. 에이즈가 바이러스로 인해 감염되는 것이면 콘돔 사용만으로도 충분히 그 통로를 차단하며 전염도 막고 예방도 할 수 있을 것이라는 생각을 하였다. 게이들에게 그들의 성 관행을 일거에 포기하라는 것은 설득력도 없고 동성애 혐오에 바탕을 둔 권고일 뿐이라고 비판하였다(Epstein, 1996: 45~66; Andriote, 1999: 127~138).

3章 게이 해방운동과 에이즈 103

7. 안전한 섹스 대 공중보건 방책

여기서 '안전한 섹스'(*safer sex*)의 개념이 만들어졌다. 게이의 정체
성을 유지하면서 에이즈를 예방할 수 있는 대안은 성관계를 하지 않
는 것이 아니라 성관계 시 콘돔을 사용하여 안전을 도모하는 것이었
다. 다만 문제는 콘돔을 거추장스럽게 생각하거나 파트너와의 신뢰
관계를 해치는 것으로 생각하는 관념을 바꾸어 콘돔착용을 자연스러
운 것으로 만드는 일이었다. 게이 지도부는 콘돔착용이 자신의 안전
과 동료 게이의 안전을 지키는 일이고 게이의 정체성을 지키는 길이
라는 것을 교육하고 계몽하기 시작하였다(Escoffier, 1999).

그런데 상황은 게이들의 기대와는 달리 에이즈로 인하여 게이에 대
한 대대적인 억압이 초래되는 방향으로 전개되었다. 에이즈가 혈액
을 통하여 감염될 수 있다는 사실이 알려지면서 1983년에 신문과 방
송이 이를 대대적으로 보도하기 시작하였다. 게이가 헌혈한 '나쁜 피'
가 유통되어 일반인들도 얼마든지 에이즈에 걸릴 수 있다는 식으로
대중적인 공포가 유발되었다. 언론의 과장된 보도는 에이즈의 성격
을 왜곡하고 게이에 대한 고정관념을 강화시켰다. 에이즈는 게이들
에게서 나타난 병이고, 잠복기가 긴 병이기 때문에 많은 게이들이 에
이즈 보균자일 수 있으며, 결국 게이들이 일반인에게 에이즈를 전파
시킬 수 있을 것이라는 식이었다.

앞서 일반 의사들도 게이들이 수시로 파트너를 바꾸는 것을 문제
삼았던 것처럼 언론 역시 성행위의 질적 측면, 즉 안전조치를 취한
성관계인지 아니면 위험한 방식의 관계인지의 여부보다는 성 파트너
수가 많은 점에만 의혹의 눈길을 보냈다.

1970년대에 반 게이운동을 벌였던 종교근본주의자들이 게이의 성
행태를 성 도덕의 터부를 무너뜨리는 사악한 행위로 간주했던 관념이

이제는 일반인들에게도 그대로 퍼져 게이는 곧 성적으로 난잡하고, 그래서 에이즈에 걸렸다는 도식이 만들어졌다. 일반인은 건강하고 결백한데 게이는 병에 걸렸고 죄를 졌다는 식의 양분법이 만들어졌다. 나아가 헌혈을 통하여 게이가 일반들에게 에이즈를 퍼트릴 수 있는 주체로 간주되면서 일반인들은 에이즈 공포와 게이에 대한 혐오감에 사로잡혔고 게이를 상대로 폭력을 행사하는 일이 빈번하게 발생하였다(Shilts, 1987; Crimp, 1988).

에이즈가 게이의 질병으로 인식된 것은 게이에 대한 뿌리 깊은 차별과 혐오감이 근원을 이루고 이를 언론이 확대재생산한 데 일차적으로 기인한다. 그러나 동시에 게이 스스로 에이즈를 이슈화시킨 점도 어느 정도 작용하였다. 시간이 지나면서 감염자가 증가하였고 그에 따라 에이즈가 게이들만 걸리는 병이 아니라는 것은 분명해졌다. 흔히 4H로 지칭되는 동성애자(homosexual), 아이티 사람(haitian), 마약 사용자(heroin), 히스패닉(hispanic)과 흑인들이 에이즈의 주 감염자들이었고 시간이 지날수록 동성애자보다는 다른 세 그룹의 감염이 더 크게 증가하였다. 혈우병(hemophilia) 환자도 또 다른 주요 그룹이었다. 그러나 에이즈 문제를 제기하고, 연구하고, 도움을 요청하는 등 에이즈를 이슈화시킨 것은 게이들뿐이었다. 또한 에이즈에 맞서 싸우려고 했던 것도 게이들이었다(Andriote, 1999: 58).

이런 점이 사회적으로는 에이즈는 곧 게이들이 관련된 문제로 보게 만들었고 여기에 게이에 대한 고정관념이 부가되면서 에이즈의 사회적 성격이 고착화된 것이다.

1984년까지는 프랑스와 미국의 과학자들이 AIDS의 원인으로 추정되는 HIV 바이러스를 발견하였고 감염여부를 검사할 수 있는 방법도 개발되었다. 1985년부터는 정부의 공중보건 캠페인이 본격적으로 실시되었다. 그러나 방역과 교육홍보를 중심으로 하는 공중보건 캠페인은 그다지 효과적이지 못하였다. 방역을 위해 추진되었던 방법의 하나가 게이 사우나에 대한 폐쇄정책이었다. 에이즈가 성 접촉을 통하여 전파되는 질병이고 게이들이 사우나에 모여 집단으로 성행위를 하기 때문에 게이 사우나가 에이즈를 전파시키는 주요 통로로 간주되어 이를 폐쇄하려 했던 것이다. 게이 사우나는 남자 게이들이 모여 즉석에서 파트너를 물색하고 성관계도 갖는 장소였던 것은 사실이다. 섹스를 사적인 비밀이 보호되는 장소에서 당사자끼리만 하는 것으로 생각하던 보수층들에게 게이 사우나에서 많은 게이들이 거의 공개적이고 집단적으로 섹스를 갖는 것은 용납하기 어려운 장면이었다. 게이의 '난잡한' 섹스 관행이 에이즈를 불렀다고 생각하던 당시 상황에서 그 '온상'으로 지목되던 게이 사우나의 폐쇄는 어쩌면 당연한 결과일 수도 있다.

그러나 게이들의 관점에서 보면 자신들은 보수층들처럼 암암리에 성을 매매하거나 또는 여성(파트너)을 종속시키지도 않고, 성에 결부된 온갖 사회적 제약을 거둬내고 또 위선을 거부하면서 평등하고 자유로운 성을 추구할 뿐이었다. 더욱이 사우나는 홍등가처럼 낡고 더러운 장소가 아니고 품격 높게 단장된 안락한 분위기의 장소이기 때문에 섹스의 이미지 자체가 다를 수도 있었다. 더 중요한 문제점은 사우나가 게이들이 모이는 장소이기 때문에 이곳이 안전한 섹스를 교육홍보하고 실천을 감시하는 데 최적의 장소였다는 점이다. 사우나가 폐쇄될 경우 게이들은 사방으로 흩어질 것이고 그러면 게이를 찾아내어 교육 홍보하는 것은 어렵게 되고 그들이 안전한 섹스를 실천하는지 관찰하고 감시하기는 거의 불가능해진다. 그러나 정부 당국자들은 게이들의 주장에 귀를 기울이지 않았고 게이 사우나를 폐쇄하기 시작하였다(Andriote, 1999: 79~80).

비슷한 문제가 교육홍보에서도 나타났다. 미국 보건당국이 정한 에이즈 예방지침은 금욕주의에 기초한 것이었다. 모르는 사람, 처음 본 사람과는 섹스하지 말 것, 가능한 한 파트너의 수를 줄이고 고정 파트너하고만 관계할 것, 콘돔을 사용할 것 등이다. 물론 이러한 지침이 성관계를 통한 에이즈 감염의 위험을 낮추고 안전을 도모하는 효과가 있는 것은 분명하다. 문제는 이것이 그 대상자들에게 사회문화적으로 적합한 방법인가 하는 점이다. 게이들에게는 이러한 지침이 더 이상 동성애를 하지 말라는 것과도 같다. 이 때문에 게이 운동가들은 '안전한 섹스'라는 담론을 만들어 내면서 금욕주의적 요소는 제거하고 콘돔사용을 권고하는 담론을 에로틱하게 포장하는 데 많은 노력을 기울였다.

　게이들은 성기뿐만 아니라 신체의 오감을 개발하여 새로운 성적 쾌락을 만들어 온 전통이 있기 때문에 '안전한 성'이란 새로운 성 판타지와 결부시켜 게이들로 하여금 쉽게 수용할 수 있도록 하였다. 그 구체적 방법의 하나가 이러한 내용을 형상화한 게이 포르노나 포스터를 제작 배포하는 것이었다. 이러한 비디오의 목적은 성행위를 부추기는 데 있는 것이 아니라 게이들이 안전한 성의 필요성을 느끼고 설득되고 실천하도록 하는 데 있는 것이었다(Patton, 1996).

　그렇지만 게이들의 성 행태 자체에 거부감이 있는 정부로서는 이러한 게이들의 시도를 용인하기 어려웠다. 1988년에 제정된 '헬름즈 수정법률안'(Helms Amendment)에서는 연방정부의 자금이 동성애를 부추길 수 있는 프로그램이나 내용물에 사용될 수 없도록 엄격하게 규제를 가하였다. 따라서 게이들이 만들어 낸 '안전한 섹스' 담론 중에서 핵심 부분은 빠지고 그 대신 금욕주의가 그 자리에 위치하게 된 것이다(Andriote, 1999: 138~145). 게이나 미국 정부 모두 '안전한 성'을 추구하였지만 '안전'에 대한 인식이 서로 달랐고 따라서 구체적인 실천방법 또한 크게 달랐다.

　금욕주의적 캠페인에서는 "에이즈가 무서우면 콘돔을 사용하라"는 식으로 공포심을 조장하고 성 관습의 변화를 강제한다. 이러한 강압적 방식은 대상집단의 정체성과 생활방식에 동화되지 못하기 때문에 일시적 효과밖에 거두기 어렵다. 공중보건은 오랫동안 의학적 모형에 입각하여 그 방법론이 만들어져 왔다. 에이즈 예방캠페인은 에이즈에 대하여 과학연구를 통하여 밝혀진 사실들을 전달하고 그것이 사람들의 생각과 행동을 바꾸도록 동기화시킬 것으로 가정한다. 에이즈가 성 접촉을 통하여 감염되기 때문에 콘돔을 사용하여 정액 교환을 차단하면 에이즈 예방이 가능하다는 것은 과학적 사실에 해당한다. 문제는 성관계가 수많은 사회문화적 정서적 요인들의 영향을 받으면서 이루어지는 것이기 때문에 과학적 사실의 제시만으로 그 모든 영향요인을 압도할 수 있을 것으로 기대하기 어렵다는 점이다.

에이즈 예방 캠페인의 또 다른 주요 측면은 정기적인 에이즈 검사를 강조하는 점이었다. 패튼(Patton, 1990: 25~50)에 의하면 미국 정부의 예방 캠페인은 일반대중과 '위험군'으로 이원화되어 있었다. 일반 대중에게는 에이즈로부터 자신을 보호할 수 있는 권리를 알도록 하는 데 초점이 있었고 '위험군'으로 분류된 게이들에게는 대중을 보호해야 할 의무가 있음을 알리는 데 초점이 있었다. 이러한 이원적 예방 캠페인은 문제가 되는 위험한 행위에 주목하기보다는 집단 전체를 위험한 것으로 간주하기 때문에 결과적으로 게이에 대한 대중의 혐오를 더욱 강화시키는 결과를 낳게 되었다.

또한 게이들에게는 에이즈 검사의 필요성을 주지시키는 데 주력하였다. 게이들은 에이즈 전파방지의 의무를 갖기 때문에 자신들이 HIV 바이러스에 감염되었는지 항시 체크해야 하고, 콘돔사용을 통하여 감염을 예방해야 하고, 감염이 확인되면 성관계를 억제함으로써 그 의무를 수행하도록 기대되는 것이다. 그런데 정부 입장에서는 에이즈 검사를 통하여 감염자를 파악하면 이후 에이즈 문제를 행정적으로 관리하기가 용이해질 것이다. 그러나 감염자의 입장에서는 검사를 통하여 감염이 확인되면 즉시 낙인이 붙고 차별이 가해지는 상황에서 검사에 응하기는 쉽지 않다. 따라서 공중에 대한 개인의 도덕적 의무를 강조하여 자발적 검사참여를 유도하게 되는데 이러한 방식은 교육받은 백인 중산층 게이들에게는 일정한 효과를 발휘하였지만 그러한 문화적 규범에 익숙하지 않은 유색인종이나 마약 복용자에게는 도덕적 의무 이외에 다른 메시지가 더 필요하였다.

8. 호주의 성공적 예방정책

이와 같이 금욕주의적이고 반동성애적 가치를 근거로 만들어진 미국의 에이즈 예방 캠페인은 정작 '위험군' 당사자들의 이해와 참여가 부진하여 에이즈 감염과 전파의 방지에 큰 효과를 발휘하지 못하였다. 반면 비슷한 시기에 호주에서는 정부가 동성애 친화적인 에이즈 예방 캠페인을 전개하여 상당한 효과를 거두어 에이즈 확산을 조기에 차단할 수 있었다. 호주의 사례는 서구 다른 나라들과 다른 아주 예외적인 사례로 생각된다(Edwards, 1997).

호주에서의 에이즈 발생은 미국보다 1~2년 늦게 시차를 두고 일어났다. 에이즈 발생 초기에 호주인들은 미국인이나 마찬가지로 게이에 대한 혐오를 표출하였다. 전화회사 기술자들이 게이들이 많이 근무하는 지역의 전화수리를 거부한다든가 항공사가 HIV 감염자의 탑승을 거부하는 사건이 나타났다. 호주 정부 또한 미국처럼 통제 중심의 전통적인 공중보건 수단들을 사용하라는 압력을 받았다. 당시의 여론은 전 국민을 대상으로 HIV 항체검사를 실시하여 감염자를 가려내는 방안이 과반수에 육박하는 지지를 얻고 있었다. 게이와 마약 주사 사용자 및 성 노동자에 대한 강제검진에 대해서는 국민 대다수가 찬성하였다. 미국처럼 게이 사우나도 폐쇄하여 전파를 차단해야 한다는 요구도 많았다. 전통적 공중보건 전략은 결국 '썩은 사과'를 골라내어 격리시켜 나머지를 보호하자는 것과 같았다.

호주 정부는 이 방식을 적용한 미국의 상황을 면밀하게 관찰하였다. 그런데 공중보건 주창자들의 기대와는 달리 미국은 에이즈 확산이 통제될 기미가 보이지 않았다. 여기서 호주 정부가 선택한 길은 '지역사회 건강증진'의 방식이었다. 감염위험이 높은 집단의 구성원을 사업의 대상으로 규정하고 강제적 검사와 감시를 하기보다는 이들과 동반관계를 구축하고 이들에게 자발적으로 위험행동을 개선하고 건강증진에 나서도록 한 것이다.

에이즈 관련 정책수립의 첫 단계부터 게이들을 참여시켰고 게이들에게 교육과 홍보, 상담의 주요 프로그램을 개발하고 보급하도록 위임하였다. 미국 게이들이 발명한 '안전한 섹스' 담론은 그대로 수입되어 호주 게이들의 손을 거쳐 가공되어 별다른 제한 없이 호주 전국의 게이들에게 보급되었다. 미국에서는 금기시되던 에로틱한 광고물이 TV에서 방영되었고 (안전조치가 취해진) 게이 섹스의 모습이 고급광택 인화지에 인쇄되어 배포되었다. 정부는 게이들이 자발적으로 위험행동을 바꿀 것이라고 신뢰하였고 구체적인 방법은 그들에게 전적으로 맡겼다. 신뢰관계가 조성되면서 게이들 또한 '안전한 성' 담론을 적극적으로 수용하기 시작하였고 에이즈 검사를 기피하지도 않게 되었다(Sendziuk, 2003: 81~135).

이러한 정책기조는 마약 복용자에게도 똑같이 적용되었다. 전통적 공중보건은 마약복용자들에게 마약의 해악을 교육하고 이를 중단할 수 있도록 개별적으로 동기화하는 데 주력하였다. 그러나 에이즈 정책에서 추진한 새로운 방식은 굳이 마약복용을 중단할 것을 강요하지 않고 단지 위생적인 주사바늘을 사용하도록 충분히 공급해 주는 것이었다. 이러한 방식이 마약복용을 부추긴다는 비판도 가능하지만 임박한 에이즈 위기로부터의 탈출이 더 시급한 과제이고 이들에게 자발적으로 자신의 건강을 통제할 수 있도록 신뢰와 역량을 강화(empowerment)시키는 것이 궁극적으로 더 큰 효과를 가져 올 수도 있는 것이었다(ibid., 159~176).

성 노동자의 경우도 비슷하다. 전통방식을 선호하던 사람들은 매춘을 금지시키거나 불가피하게 용인해야 할 경우라면 이들에게 정기적인 검사를 의무화하고 만일 HIV 감염이 확인되면 병원에 격리시켜야 한다고 주장하였다. 매춘행위에 종사하지 못하게 하고 전자 팔찌

같은 것을 채워서 집에 연금 격리시켜야 한다는 식의 주장까지 나왔
다. 이러한 고전적 방역조치는 개인의 자유를 지나치게 억압하기 때
문에 많은 지지를 받지 못했지만 에이즈 검사의 의무화는 자유의 제
한이 크지 않았기 때문에 폭넓게 지지를 받았다.

이에 대하여 호주 빅토리아 주 성 노동자 조직은 이를 반대하면서
만일 강제검진이 실시되면 고객들이 성 노동자들이 모두 건강하다고
생각하고 콘돔을 사용하지 않아도 되겠다고 생각할 것이기 때문에
문제가 된다고 주장하였다. 또한 모든 성 노동자를 실명으로 등록
관리하게 되면 그들이 집창촌(brothel)을 벗어나 개별적으로 거리에서
매춘을 하게 되어 실효성도 없고 건강위험은 더 커질 것이라고 주장
하였다. 이러한 주장은 매우 현실적인 진단이었다.

호주 정부는 앞서 게이나 마약복용자에게 적용했던 것과 유사한
방식을 성 노동자들에게도 적용하였다. 성 노동자와의 교감을 통하
여 이들이 자발적으로 안전한 성을 실천하도록 하는 것이었다. 정부
는 성 노동자 조직과 함께 성매매와 에이즈 문제를 논의하는 세미나
를 개최하고 게이 운동가들처럼 성 노동 운동가들이 안전한 성을 주
도적으로 실천해 나갈 수 있도록 지원하였다. 게이와 마찬가지로 성
노동자가 동료를 교육하고 설득하고 동기화하는 동료교육 기법은 매
우 성공적이었다. 그런데 게이의 경우와 차이점은 성 노동자들에게
는 고객이 존재한다는 점이다. 고객이 스스로 원하고 동의하지 않는
한 성 노동자의 의지만으로 콘돔착용이 정착되기는 어렵다. 여기서
성 노동자들이 취한 전략은 "호주의 성매매 업소가 HIV로부터 완전
히 자유로운 것은 아니다"는 것을 강조하는 것이었다. 자신들이
100% 깨끗한 것은 아니라고 함으로써 고객들이 자발적으로 콘돔을
사용하도록 만든다는 것이었다. 그리고 이 전략은 적중하여 성매매
를 통한 HIV 전파를 극소화시키는 데 성공하였다(ibid., 177~188).

미국과 호주의 차이는 일차적으로 정부의 선택에 있었다. 미국 정

부는 에이즈를 전염병으로 간주했고 따라서 고전적인 방역과 검사 및 감시체계 구축과 같은 방식으로 에이즈 확산을 저지하려 하였다. 반면 호주는 위험군 성원의 자발적 참여와 동료교육, 사회적 규범과 터부를 넘어서는 교육홍보 방식의 적극적 도입을 추진하였다. 미국은 에이즈가 지속적으로 확산 증가한 반면 호주는 1984년을 고비로 HIV 감염자의 신규발생이 급격하게 감소하였다.

물론 호주의 성공사례가 무한정하게 확대 적용되기는 어렵다. 호주가 지역사회 건강증진과 같은 새로운 방식을 도입한 것은 1980년대에는 에이즈에 대한 효과적인 치료제가 개발되지 못했다는 점도 크게 작용했다. 치료제도 없는 상황에서 에이즈 검사를 강요하는 것은 낙인과 사회적 고립을 초래할 뿐이었고 행동개선의 효과도 불확실했기 때문에 이를 선택하기 어려웠다. 의학적 권위가 공고한 상황에서 치료제가 조기에 개발되었다면 보건당국은 검사를 통하여 감염을 확인하고 곧바로 치료에 들어가는 의학적 모형을 적용했을 가능성도 크다. 다른 한 가지 요인은 미국과 달리 호주는 인종문제나 빈부격차가 상대적으로 적었다는 점을 들 수 있다. 미국의 경우 에이즈가 게이의 질병으로 간주되면서 정작 에이즈의 주된 희생자들인 저소득 유색인종들은 뒷전으로 밀려 관심을 받지 못하였기 때문에 에이즈 문제는 심화될 수밖에 없었다. 호주의 경우는 이런 측면에서 상대적으로 유리한 점이 있었다.

9. 게이 인권운동(*gay activism*)

에이즈 문제에 대하여 미국 정부는 CDC를 중심으로 연구활동을 지원하거나 공중보건 당국을 통하여 교육홍보를 하는 것 이외에 에이즈 감염자에 대한 직접적 지원은 하지 않았다. 건강은 개인의 책임으로 보는 것이 미국사회이기 때문에 에이즈라고 해서 정부가 특별히 더 관심을 가질 이유는 없었다. 정부의 무관심 속에서 게이들은 스스로 자조에 나섰다. 그러나 에이즈 감염자가 폭발적으로 증가하면서 게이 운동가들의 노력만으로 감당할 수 있는 수준을 넘게 되었다.

여기서 게이들은 1987년에 새로운 정치적 결사체인 ACT UP(AIDS Coalition to Unleash Power)을 결성하여 정부를 상대로 투쟁을 벌이게 된다. 앞서 GMHC 결성을 주도했던 래리 크래머(Larry Kramer)가 이번에도 핵심 역할을 수행하였다(Kramer, 1994: 127~139). ACT UP의 초기목표는 ‘치료약’이었다. 게이들은 치료약이 저기 어딘가에 있는데 게이를 혐오하는 정치가들과 이윤추구에만 몰두하는 제약기업, 그리고 고답적인 정부 관료들이 약의 접근을 방해한다는 인식을 하고 있었다. 그래서 이들은 1987년 봄에 월 스트리트(Wall Street)에서 FDA와 제약사를 비판하는 거리시위를 전개하였다. 이들은 FDA에 대하여는 당시 개발중인 기회감염 억제약을 조기에 승인하도록 요구하였다. 또한 제약사에는 약값을 인하하여 가난한 게이들도 약을 구입할 수 있게 할 것을 요구하였다. 아울러 국립보건원(NIH)에는 에이즈 연구를 더 많이 할 것을 요구하였다.

이들의 운동방식은 외형적으로는 매우 전투적이었다. 거리를 점거하여 드러눕거나 목표 건물의 진입을 시도하는 등 보통의 미국 시위와는 다른 모습을 연출하였다. 이들은 ‘FDA 점령’을 목표로 삼았고 의도적으로 법을 위반하여 체포되는 전략을 구사하였다. 또한 언론을 최대한 활용하여 체포 장면의 효과를 극대화하였다(Epstein, 1996: 216~234).

그런데 외적으로는 매우 전투적인 모습을 보였지만 ACT UP의 실제적 목표는 급진적이기보다는 개량주의적(*reformist*)이었다. ACT UP은 에이즈 문제의 근본적 해결을 위하여 FDA의 해체를 요구하지도 않았고 제약사의 자본주의적 방식의 신약개발을 저지하지도 않았다. 그들은 신약 인증과정을 단축시켜달라는 것, 임상시험의 어려움이 신약 인증을 지체시킨다는 것을 알고 나서는 자신들을 임상시험에 활용해달라는 등 충분히 대화와 타협이 가능한 요구를 하였다. 또한 정부 과학자들이 임상시험을 잘못 운영하고 있음을 비판하였다. 이들은 "국립보건원(NIH)을 쳐부수자"는 구호를 외치면서 10년 동안 10억 달러의 연구비를 사용하고서 단 하나의 치료약을 개발해 낸 것은 문제가 많다는 주장을 하였다. 그나마 그 약(AZT)은 독성이 매우 강한 부작용이 있었다.

이들의 시위로 NIH는 즉각적으로 임상시험 과정의 개선에 나섰다. ACT UP은 또한 CDC를 상대로 에이즈의 개념규정을 바꾸도록 요구하였다. 기존의 에이즈 정의는 전체 에이즈 감염자 중 소수 그룹인 게이를 대상으로 한 것이기 때문에 여성의 기회감염이 포함되지 않았다. CDC가 제시하는 질병 가이드라인은 곧바로 일선 의사들에게 배포되어 진단의 기준으로 사용되는데 여기에 에이즈와 관련된 여성의 기회감염에 대한 항목이 포함되어 있지 않기 때문에 여성들은 진료를 받고서도 에이즈로 진단되지 못하는 문제들이 생겼었다. ACT UP은 CDC에 압력을 가하여 에이즈의 정의를 확대할 것을 요구하여 1991년에 실현하였다(Cohen, 1998: 29~32). 이전의 GMHC가 게이들에게 서비스를 제공하는 것을 목표로 한 데 비하여 ACT UP은 제도개선을 위한 정책투쟁을 전개한 것이다.

다른 많은 시민운동과 비교할 때 ACT UP은 비교적 짧은 시간에 아주 효과적으로 자신들의 목표를 달성해 나갔다. 이것은 ACT UP 구성원들이 백인 중산층 출신들이라는 것과 긴밀하게 연결된다. 그들의 집회방식은 한편으로는 매우 전투적이었지만 또한 동시에 매우 전문적이었다. 그들은 모금능력이 뛰어났고 이를 바탕으로 자체적으로 전문적인 기획, 수준 높은 디자인과 인쇄 역량을 갖추고 포스터나 선전책자를 제작하였고 언론홍보를 하였다. 또한 이들 중에는 전문적 과학지식을 갖춘 경우가 많아 CDC나 NIH를 상대로 전문적 수준의 기술논쟁을 벌이고 정부 과학자들의 태만과 부조리를 정확하게 짚어낼 수도 있었다. 이러한 역량은 다른 시민운동이 갖추기 어려운 것들이었다. 이들의 역량과 문제의식이 확인되면서 정부당국도 이들과의 관계를 재조정한다. 이들을 정부의 에이즈 관련 각종기구와 프로그램 및 연구에 참여시키게 된 것이다. ACT UP 역시 내부에서 감시하고 개선하는 것도 좋은 방안이라는 전략적 결정을 내리고 정부 기구에 합류하게 된다(ibid., 36~48).

시민운동 조직도 시간이 흐를수록 행동가보다는 전문가들이 득세하는 경향이 있고 이들이 정부 위원회에 참여하는 것은 자연스러운 결과가 된다. 정부 관료나 정부 과학자들은 이들과 기본적으로 계급적 성분이 같기 때문에 정치적 견해에는 일정한 차이가 있을 수 있지만 문제를 인식하고 해결해 나가는 문화적 관행은 거의 유사하기 때문에 이들 간에는 큰 분란이 없이 새로운 정책형성 구조를 유지해 나가게 된다.

10. 에이즈의 탈게이화

1990년 전후 에이즈 운동이 당면한 또 다른 문제는 '에이즈의 탈게이화'였다. 백인 중산층 출신 게이들의 에이즈 감염은 감소하거나 정체되던 반면 여성, 흑인, 히스패닉 등 다른 집단들의 에이즈 감염은 지속적으로 증가하였고 이들이 에이즈 희생자의 대부분을 차지하게 되었다. 10여 년간의 에이즈 운동이 백인 게이를 중심으로 이루어지면서 흑인과 히스패닉, 빈민층과 여성 에이즈 감염자와 환자들은 제대로 사회적 관심을 받지 못하는 실정이었다. 즉, 에이즈는 게이의 병으로부터 빈곤의 병으로 그 성격이 변화하였다(Gillies, 1996; Wilton, 1997; Hallet, 1997).

ACT UP 내부에서는 이 문제를 두고 논의가 이루어졌고 때로는 에이즈 운동을 다변화하는 것에 대한 내부비판도 제기되었지만 ACT UP의 여러 지부에서는 흑인과 여성 출신 운동가를 영입하여 그들의 투쟁영역을 넓혀 나갔다. 이 과정에서 에이즈는 게이혐오의 모순뿐만 아니라 인종주의, 성차별주의 및 계급모순 등 여러 차원의 사회적 모순과 억압이 중첩되어 나타나는 현상으로 재규정되었다. 예를 들어 흑인 여성 레즈비언이 에이즈에 감염되었지만 제대로 치료받지 못하는 것은 에이즈에 대한 의학적 진단기준에 여성건강 부분이 빠져 있기 때문이며, 또한 진단이 된다 하여도 빈곤 때문에 병원에 지속적으로 가기 어렵다. 또한 흑인사회는 백인사회보다 더 심한 동성애 혐오현상이 있기 때문에 자신의 처지를 노출시키고 주변의 도움을 얻기도 어렵다.

이와 같이 에이즈는 1980년대 초반에는 백인남성 게이라는 단일적 속성의 집단에 동성애 혐오라는 단일적 모순에 의하여 만들어진 질병이었지만 1980년대 후반이 되면 다층적이고 다차원적인 사회모순이 집약되는 형태로 그 질적 변화가 일어난다. 따라서 에이즈에 대한 대응운동 역시 여러 분야 사회운동이 연대하여 추진할 필요성이 생겨난 것이다(Stockdill, 2003: 25~55).

이러한 새로운 운동환경에 대응하여 추진된 새로운 운동의 대표적 사례가 'ACT UP 시카고 지부'에서 교도소 수감자들을 위하여 시작한 '콘돔 보내기' 운동이다. 재소자들 중에도 적지 않은 감염자가 있었지만 에이즈 관리는 거의 방치되었다. 에이즈 발생 초기에 일반인과 게이를 엄격하게 구분하는 인식이 에이즈 관리의 어려움을 초래했던 것처럼 재소자를 일반인과는 다른 특별한 존재로 생각하는 사회적 인식 때문에 재소자를 대상으로 에이즈 서비스를 제공해야한다는 주장이 설득력을 갖지 못하였다. 에이즈 운동가나 게이 운동가들 또한 재소자에 대한 편향된 인식이 있었다. 따라서 ACT UP 시카고 지부는 재소자들이 다양한 사람들로 구성되어 있고 그들은 머지않아 지역사회로 다시 돌아올 사람들이며, 가족과 친구가 있는 '보통 사람'이고 따라서 밖에 있는 에이즈 환자들과 마찬가지로 필요한 서비스를 제공받을 권리가 있다는 새로운 인식을 시도하였다.

먼저 ACT UP 내부에서 인식전환을 위한 과정이 진행되었고 이후 대사회적인 인식전환을 위하여 각종 언론매체에 편지를 쓰거나 라디오 방송국에 전화를 하고 거리에 포스터를 부착하며 재소자들을 '인간화'(humanization)하는 데 주력하였다. 이렇게 재소자에 대한 인식을 변화시키는 작업과 함께 교도소 행정당국에 재소자에 대한 에이즈 교육과 콘돔 제공을 요구하였다. 이러한 요구가 수용되지 않자 ACT UP은 시위, 연좌농성, 주지사 공관 점거 등 그들 특유의 전투적 '실력행사'도 실행하였다. ACT UP 시카고 지부의 노력으로 교도소 내에는 동료교육을 담당하는 직원이 채용되었고, 에이즈 관련 의료서비스도 개선되었다. 또한 ACT UP이 제공하는 각종 팸플릿과 교육책자가 재소자들에게 제공되었고 이를 통한 교육효과도 밝혀졌다(ibid., 83~120).

사실 1980년대에 에이즈 운동을 촉발시키고 주도적으로 이끌어 온 게이들은 계급적 지위는 지배계층에 가깝고 에이즈 운동은 어느 정도는 미국사회에서 특권적 위치에 있었다(ibid., 44). ACT UP 성원들이 의도적으로 시민불복종을 실행하여 자발적으로 경찰에 잡혀가서 구금되었는데 이러한 행위를 할 수 있는 시간적 여유도 있고, 해고를 당하지도 않으며, 그로 인한 수입의 감소를 감당할 수 있었기 때문에 가능한 일이었다. 그러나 에이즈가 지속적으로 확산되면서 백인 게이들이 에이즈 이슈를 더 이상 독점할 수 없게 되었다. 흑인과 히스패닉 및 여성 감염자를 보호하고 구제하기 위해서는 연방정부의 자금이 투입되어야만 했는데 에이즈는 곧 게이들의 질병이라는 기존 관념 때문에 의회를 상대로 한 로비는 성공하기 어려웠다.

여기서 수도인 워싱턴 DC를 중심으로 활동하던 AIDS Council과 같은 조직들은 탈게이 전략을 추구하였다. 이들은 외양부터 게이의 모습을 버리고 다른 로비스트들과 동일한 모양으로 정장을 하고 활동하였으며, 에이즈 문제를 제기할 때도 여성과 어린이 희생자를 강조하는 등 정치적으로 설득력이 있는 방식으로 문제에 접근하기 시작하였다. 이러한 탈게이 전략에 대하여 크래머 같은 정통 게이 운동가들은 비판적 태도를 고수하였지만 대세는 에이즈의 탈게이화로 흘러갔다.

이 때 지지부진하던 에이즈 지원법(AIDS Care Act) 논의의 흐름을 바꾼 사건이 발생하였다. 라이언 화이트(Ryan White)라는 백인 중산층 출신 에이즈 감염자가 언론의 집중적인 조명을 받게 된 것이다. 그는 청소년 혈우병 환자였는데 오염된 혈액제재로 인하여 에이즈에 감염되었다. 이 사실이 알려지자 그가 다니던 학교의 학부모와 교사들이 다른 학생의 에이즈 감염우려를 이유로 등교를 금지시켰다. 법정투쟁 끝에 화이트는 학교를 다시 다닐 수 있게 되었지만 감염을 우려한 다른 학부모들이 이를 물리적으로 저지하였다. 결국 화이트는 집에서 학교 교실에 전화를 연결하여 전화로 수업을 받게 되었다. 다행히 타 지역의 학교에서 그를 입학시키겠다는 제의를 하여 그곳으로 이사하여 정식으로 학교를 다닐 수 있게 되었다. 이 학교는 일찍부터 에이즈에 대한 과학적 사실들을 교육하였고 부모나 학생 모두 그를 이해하고 받아주었다.

이즈음에 그에 관한 뉴스가 보도되었고 그를 돕겠다는 지원이 쇄도하였다. 유명가수인 엘턴 존(Elton John)이 이 가족을 위해 집을 구입해 주기도 하였다. 이후 그는 여러 학교를 다니면서 에이즈에 대한 강연을 하기도 하였고 의회에서 진술도 하였다. 그가 유명해진 것은 그가 동성애와는 아무 관계없이 에이즈에 걸렸기 때문이었다. 이것은 에이즈를 게이들의 병으로 생각하던 사람들에게 '죄 없는 희생자'(innocent victim)가 상당수 있음을 인지하게 만들었다. 또한 그의 부모는 중산층이었지만 화이트의 치료에 주력하다 거의 파산상태에 빠지게 되었다. 그의 이러한 실정이 언론보도를 통하여 널리 알려졌고 에이즈 감염자를 도와야 한다는 여론이 형성되었다. 그 결과 연방의회가 1990년에 에이즈 지원법을 통과시키게 되었다. 화이트 자신은 이 법이 통과되기 직전에 병세가 악화되어 사망하였다(White, 1992). 의회는 그를 기념하여 이 법안의 명칭을 'Ryan White Care Act'로 명명하였다. 미국에서 질병 관련 지원법 중에서 Medicare와 Medicaid를 제외하고는 가장 많은 예산을 배정받게 된 것이 에이즈 지원법이다.

1990년대부터 막대한 연방자금이 지원되면서 에이즈 서비스는 산업화되기 시작하였다. 전국 각지에는 정부자금을 지원받아 감염자와 환자들에게 보건의료 서비스와 사회서비스를 제공하는 기관들이 넘쳐나게 되었다. 이와 함께 에이즈의 탈게이화는 빠르게 진행되었다. 에이즈 서비스 기관들은 이전의 게이 중심의 운동단체들과는 달리

하나의 기업으로서 외양을 갖추기 시작하였고 미국사회 주류의 병원
이나 기업들처럼 근사한 빌딩에 자리잡고 세련된 복장을 갖춘 직원
을 고용하여 전문화된 직업으로서 서비스를 제공하였다. 이들에게
에이즈를 게이와 연관시키는 것은 기관운영에 도움이 안 되기 때문
에 빠르게 게이의 흔적을 탈색시켜 나갔다(Andriote, 1999: 289).

  에이즈 지원 법안이 만들어지던 1990년까지 에이즈 문제를 제기하
고, 무관심하던 미국 정부로 하여금 지원에 나서게 만드는 데 주도
적 역할을 수행했던 것은 백인 게이들이었다. 그들의 단결력과 함께
그들이 갖고 있는 백인 중산층으로서의 지적 역량과 사회적 경제적
자본 덕분에 정부를 상대로 투쟁하여 미국 역사상 드문 의료분야에
서의 무상 서비스 지원이라는 중요한 성취를 얻어내었다. 그렇지만
게이라는 차원을 넘어서 생각할 때 이것은 미국복지체계의 성공이기
보다는 모순을 드러낸 것이기도 하다.

  잘 알려져 있는 것처럼 미국은 65세 이상 노인들과 사회 최하층
빈민들에게만 공공 의료보험이 제공된다. 이런 상황에서 에이즈라는
질병에 대해서만 무상의 서비스를 제공한다는 것은 특혜나 다름없
다. 에이즈 이외에 다른 많은 심각한 질병들도 이와 비슷한 혜택을
받을 권리가 있을 것이다. 그러나 다른 질병의 경우에는 에이즈처럼
성공적으로 정치화되기는 어렵다. 에이즈가 게이들의 질병으로 시작
되었다는 사실에서 미국사회의 에이즈는 처음부터 정치적 성격을 갖
고 탄생되었음을 알 수 있다. 미국사회에서 게이가 차지하는 독특한
지위 때문에 에이즈는 아주 성공적으로 미국사회의 복지시스템 속에
안착할 수 있었다. 그러나 일단 주류의 사회제도에 편입된 이후 에
이즈는 게이와의 연관성이 소멸되었고 의료자본을 추동해주는 자원
으로 그 사회적 성격이 변화되었다.

  에이즈의 탈게이화와 함께 게이들의 에이즈 운동 또한 소멸되었
다. 1990년대 중반까지 대부분의 ACT UP 지부들은 폐쇄되거나 활

동을 정지하였다. 이렇게 된 데에는 핵심 멤버들이 에이즈로 죽었고, 에이즈에 대한 지원이 제도화되었다는 점이 중요하게 작용하였다. 또한 경찰과 FBI 등 공안기관들이 게이 활동가들을 추적 감시하고, 체포 구금하며, 재판과 실형을 살게 만든 점도 영향을 주었다 (Stockdill, 2003: 121~146). 게이 지도부가 탄압을 받게 되자 이들과 연대하여 에이즈 운동을 활성화시켰던 유색인종과 여성 등 다른 집단들과의 유대관계도 약화되었다. 또한 1990년대에는 '칵테일 요법' 등 보다 효과적인 치료법이 개발되면서 HIV 감염 이후 면역력 약화를 억제할 수 있게 되면서 에이즈 단계로 발전하는 기간이 10년 이상으로 매우 길어졌다.

미국과 서구사회에서 이제 에이즈는 당뇨나 고혈압 같은 만성병이나 다름없게 되었다. 즉 꾸준한 의학적 관리와 자발적인 건강증진을 통하여 발병을 억제하고 정상적 삶을 누릴 수 있게 된 것이다. 치료약의 발명은 에이즈를 사회적 문제에서 의학적 문제로 사회적 관심의 프레임을 바꾸어 버렸다. 이러한 점도 에이즈 운동의 사회적 기반을 약화시킨 중요한 변화 요인 중의 하나이다.

11. 요약

　서구사회에서 동성애자들은 자신들에 대한 차별에 맞서 인권운동을 전개했다. 이들은 이성애자와는 다른 성 정체성을 확고히 하면서 자신의 삶의 방식을 지켜내려 하였다. 사회에서는 게이의 성 행태를 두고 이것이 변태적인지 아니면 다양성인지에 대하여 치열한 논쟁과 갈등을 빚어냈다. 새로운 질병인 에이즈는 이 와중에 발생하였다. 에이즈에 대한 성격 규정이나 예방정책은 게이의 성 행태에 대한 관념이 중첩되면서 견해의 차이를 유발하였다. 의학계와 미국 정부는 게이의 변태적 성 행태와 HIV 감염을 관련 지우려 했고 에이즈 예방을 위해서 금욕적인 생활을 요구하였다. 반면 게이들은 콘돔 착용과 같은 성 안전을 취하는 것으로 에이즈를 예방할 수 있다고 맞섰다. 양측은 게이 사우나 폐쇄, 정기적 에이즈 검사, 교육용 포르노 비디오 등 예방정책의 세부적 내용을 두고 맞섰다.

　에이즈는 동성애자들만 걸리는 병은 아니었지만 한편으로는 동성애에 대한 사회적 편견 때문에, 다른 한편 게이들만이 에이즈에 맞서서 싸웠기 때문에 에이즈가 게이의 병으로 인식하게 되었다. 그러나 에이즈가 '빈곤의 병'으로 변화하고, 미국 정부가 감염자들에 대한 지원을 시작하고 에이즈 산업이 성장하면서 에이즈의 탈게이화가 빠르게 진행되었다. 1970년대와 80년대를 풍미했던 게이들의 조직화된 저항도 동시에 쇠퇴하였다.

　에이즈는 게이들에게 위기이면서 동시에 기회였다. 그들은 에이즈로 인한 생명의 위협으로부터 자신을 지켜야 했고, 동시에 자신들이 어렵게 획득한 성의 자유와 정체성을 지켜야 했다. 그러나 에이즈 위기가 확대되면서 게이들은 자신들만의 힘으로 위기 타개가 어렵다는 것을 알게 되었고 지역사회의 다른 그룹들과 연대하게 되었다.

지역사회 연대를 구성하고 참여하면서 문제해결 역량은 확대되었지만 게이의 독자성은 위축되었다. 또한 한편으로는 정부를 비판하였지만 동시에 정부 정책에 참여할 기회를 얻게 되었다. 정책에 참여하면서부터 게이들은 자신들이 요구사항을 실현하는 것만이 아닌 정책 자체가 갖는 여러 가지 어려움과 조건들도 고려하지 않을 수 없게 되었다. 성의 자유를 얻기 위하여 공동체를 구성하고, 집단행동에 나서고, 타 집단과 연대하였는데, 그러한 정치참여는 동시에 사회에 내재된 규제적(*regulatory*) · 훈육적(*disciplinary*) 관행에 노출되지 않을 수 없게 만들었다(Escoffier, 2003b: 208~213; Epstein, 2003).

에이즈와 사회적 반응 4장

　미국사회에서 에이즈는 성 문제와 질병 문제가 복합적으로 작용하면서 그 사회적 성격을 형성하였다. 즉 성 해방과 성 정체성을 둘러싼 집단갈등이 에이즈라는 새로운 질병과 맞물리면서 갈등이 새롭게 구성되고 확대되었다. 반면 에이즈가 처음 등장했던 1980년대 후반 한국사회에서는 성을 둘러싼 사회적 갈등은 심각하지 않았다. 성 해방이 사회적 논란을 부르지도 않았고, 집단적으로 세력화된 동성애자도 없었다. 따라서 한국에서 에이즈는 성의 문제가 아닌 유행병으로서의 의미가 강하게 부각되었다. 연례행사처럼 전염병의 유행을 경험했던 한국인들로서는 새로운 전염병에 대해 쉽게 공포감을 갖게 된 것으로 보인다. 더불어 당시 한국사회는 군사독재에 대항하는 민주화 운동이 최고조에 달하던 시기였다. 그러다보니 에이즈는 반미(反美) 운동과 연결되기도 하였다.

　에이즈의 사회적 성격이 미국과 다르게 구성되면서 에이즈에 대한 사회적 반응도 달랐다. 미국에서는 에이즈를 게이의 질병으로 생각하면서 대다수 사람들은 에이즈를 두려워했다기보다는 게이를 두려워하고 차별하였다. 반면 한국에서는 그런 위험군이 없다는 점이 오히려 모든 사람이 에이즈에 노출되어 있다는 식의 관념을 만들어냈고 이것은 에이즈에 대한 국민적 공포로 이어져 감염자에 대한 극단적 차별을 만들어냈다. 게이처럼 에이즈에 맞서 싸운 집단이 없었기 때문에 한 번 만들어진 에이즈 낙인은 쉽게 제거되기 어려웠고, 공포와 차별 또한 수십 년간 지속되는 결과를 빚었다.

1. 에이즈 발생과 대응의 사회적 맥락

서구사회에서 에이즈에 대한 사회적 대응은 대체로 3단계로 진행되었다. 첫 단계는 에이즈라는 정체불명의 질병이 발생하였지만 정부나 언론은 무관심하였고 게이들의 자조활동이 두드러지던 단계이다. 둘째 단계는 에이즈 감염이 급증하고 에이즈에 대한 대중의 공포와 감염자에 대한 차별이 심화되면서 에이즈 문제가 정치화되고 비상방역체계가 만들어지던 시기이다. 셋째 단계는 에이즈가 만성질환의 일종으로 인식되면서 통상적인 질병관리정책으로 제도화되는 시기이다. 구체적으로는 에이즈가 처음 나타났던 1981년부터 1985년까지가 1단계였고, 영화배우 록 허드슨(Rock Hudson)이 사망한 1985년 이후부터 1990년 전후까지가 2단계이며, 1990년 전후로 3단계가 시작되었다.

1단계는 에이즈에 대한 성격이 규정되는 시기였다. 에이즈가 처음 발생했던 1980년대 초반 시점에서 보면 전염병은 과거의 일이었다. 즉 당시의 건강문제는 노령화와 함께 진행되는 암이나 심장 뇌혈관계 질환 같은 만성질환이 주요 관심사였고 전염병에 대한 기억은 거의 사라진 상태였다. 그런 시대적 상황과는 판이하게 에이즈라는 정체불명의 질병이 새로 나타나서 수많은 사람들이 일시에 돌림병처럼 감염되었고 일단 감염되면 대부분이 죽는 매우 치명적인 결과를 유발하였기 때문에 미국의 보건의료계에서는 과거의 전염병 공포를 떠올렸고 에이즈를 현대판 페스트 또는 역병으로 생각하게 되었다(Fee and Fox, 1992: 1).

에이즈의 발생이 처음부터 정부나 언론의 관심대상이 되었던 것은 아니다. 에이즈는 새로운 특성의 질병이었기 때문에 그 발생원인을 밝혀내려는 일부 과학자들에게는 관심거리였지만 에이즈로 인하여 고통받고 죽어가던 사람들의 문제가 사회적으로 부각되지는 않았다. 랜디 실츠(Randy Shilts, 1987)는 에이즈가 폭발적으로 확산되던 초기 5년 동안의 상황을 일지처럼 기록하였다. 1980년대 초반에는 언론이 에이즈에 별 관심이 없었다. 게이이며 *San Francisco Chronicle* 기자 였던 실츠는 편집자를 설득하여 몇 년간 풀타임으로 에이즈를 취재 보도하였고 그 결과물이 *And the Band Played On*이었다. 그는 세계 에서 가장 발전된 의학과 거대하게 구축된 공중보건체계를 갖고 있 던 미국이 수십만 명이 감염될 때까지 수수방관하였다는 사실에 주 목한다.

레이건 정부는 에이즈 연구에 충분한 재원을 조달해 주지 않았고, 대다수 과학자들은 동성애자들이 걸리는 병을 연구하여 얻을 수 있 는 명예가 없었기 때문에 연구에 큰 관심을 두지 않았으며,[1] 공중보 건 당국과 정치가들은 국민의 건강보다는 정치적 이해득실을 따지면 서 이 유행병의 확산을 억제하기 위한 강력한 조치를 취하기를 거부 하였으며, 게이 지도자들은 인간의 생명을 보호하기보다는 정치적 도그마를 앞세우며 정치놀음에 나섰고, 언론은 동성애자들의 이야기 에는 관심이 없고 단지 그들의 성 행태만 가십거리 삼아 보도하였다 고 한다. 즉 에이즈가 발생하여 5년 동안 수십만이 감염될 때까지 에이즈가 매우 위협적인 의학적 위기임을 알아차리고 대처했던 집단 들이 없었던 것이다. 다만 게이들만이 동료게이들을 돌보기 위한 자 조활동에 나섰을 뿐이다. 이것은 에이즈 감염자가 주로 사회적 소수 자들이었기 때문인 것으로 보인다. 미국에서는 초기 감염자들이 주

---

1) 동성애자들의 인권운동은 정치적으로 민감한 사안이었음에도 불구하고 미 국 정치학자들은 1990년대까지도 LGBT(Lesbian, gay, bisexual, trans-gender)에 대한 연구에 무관심하였다고 한다. 그 이유는 정치학이 전통적 으로 제도화된 정치조직과 정부와 관련된 주제만을 다루어 왔고, 동성애나 성 정체성의 이론이 어려웠으며, 동성애를 연구하면 연구비 지원을 받기 어려웠기 때문이라고 한다(Cook, 1999).

로 게이나 마약중독자들이었고 일본에서는 혈우병 환자들이었다. 이
들은 에이즈 발생 이전부터 사회적으로 소외되었던 집단이기 때문에
이들이 새로운 질병에 감염되어 죽어갔지만 양국의 언론이나 정부는
이들의 문제에 별다른 관심을 보이지 않았다(Dearing, 1992).

에이즈가 사회적으로 관심대상이 된 계기는 록 허드슨(Rock
Hudson)의 죽음으로 일반인들이 감염되어 죽을 수도 있다는 인식이
생기면서부터이다. 1985년경에는 HIV 바이러스의 존재가 과학적으
로 밝혀졌기 때문에 예방조치만 취하면 에이즈 감염을 크게 우려하지
않아도 되는 단계였지만 사회적 반응은 오히려 무관심에서 공포로 급
변하였다. 방역당국도 에이즈의 전염성에 주목하면서 전염을 차단하
기 위하여 과거에 페스트나 콜레라 같은 전염병에 대처하기 위해서
사용했던 방법들, 예를 들어 대중을 상대로 질병발생을 감시하고, 감
염자를 가려내기 위한 선별검사를 실시하고, 감염자를 격리시키는
등의 전통적인 공중보건 방법들을 적용하려 하였다(Fee and Fox,
1992: 3~4).

그런데 만성질환 시대가 되었다고 해서 전염병이 모두 사라진 것
은 아니었다. 콜레라와 같은 전염병은 보통 외부에서 유입되어 유행
하다가 소멸된다. 그러나 결핵이나 성병 같은 경우에는 풍토병이 되
어서 연중 발생할 뿐만 아니라 빈민이나 성노동자 등 특정 집단은
이 병에 지속적으로 노출되어 만성적 감염상태에 있지만 의학적 정
책적 관심을 받지 못하고 "소외된" 상태에 있는 경우가 많다. 한국의
결핵도 현재 이와 유사한 상태에 있다고 생각된다. 매년 약 3만 명
이 감염되고 약 3천 명이 죽을 정도로 결핵은 적지 않은 위험성을
가진 질병이다. 그렇지만 결핵은 암이나 심장병처럼 사회적 관심을
받지 못한다. 결핵예방을 위해서는 주거환경의 개선, 장기적 요양
서비스 제공, 대중을 상대로 한 광범위한 보건교육 실시 등이 필요
하지만 소외된 질병이기 때문에 자원조달이 어렵다. 결핵이나 성병

은 전염병이지만 동시에 만성적인 특성이 있다. 미국 정부와 보건전문가들은 에이즈를 페스트와 등치시키면서 에이즈의 전염성에만 주목하였고 만성적 감염으로 인한 소수집단의 고통은 외면하였다.

미국 정부가 에이즈 희생자 구호에 나서게 되는 1989년은 에이즈가 만성질환의 일종이라는 인식이 확고해지는 시점이었다(Fee and Fox, 1992: 4~5). 에이즈를 역병으로 보는 인식에 대한 비판은 의학계보다는 정치계로부터 먼저 나왔다. 의료보험산업계, 정부의 의료보험부서, 비보험자와 병원의 재정적자 문제를 다루는 의회 의원들의 관점에서 보면 에이즈는 만성질환이나 다름없었고 다만 유병기간이 2년 이내였을 뿐이다. 다른 만성질환처럼 에이즈는 짧은 급성 증상발현, 입원치료의 필요성, 이후 장기간에 걸친 요양보호를 필요로하였다. 또한 에이즈 감염자는 가족, 친구, 공공기관으로부터 다양한 사회적 지원을 필요로 하였다. 그러나 비용이 많이 드는 다른 만성질환자와 달리 에이즈 환자는 비교적 젊었기 때문에 65세 이상 시민에게만 제공하는 정부의 의료비 지원을 받을 수 없었다. 따라서의료비 문제가 에이즈 환자에 대한 별도의 정부지원책을 마련하게하는 중요한 정치적 요인이 되었다(Fox, 1992; Siplon, 2002).

여기에 에이즈 운동단체들이 정부지원을 염두에 두고 에이즈가 게이들의 문제가 아닌 여성과 어린이 등 사회취약계층의 보편적 문제임을 설득하면서 게이의 병이란 인식도 변화하여 에이즈 환자지원법법제화에 일조하였다. 즉 에이즈가 암 같은 다른 만성질환처럼 사회제도적 장치에 의하여 관리되는 "정상질병"으로 변화되었다.

이러한 과정에서 알 수 있는 것은 에이즈에 대한 사회적 반응과대응은 질병의 성격이나 그에 대한 인식은 물론 대중적 반응, 환자나 당사자들의 권리구제운동, 치료비 등 경제적 요인, 사회문제에대한 정치적 논의 구조 등 여러 요인들이 교차하면서 만들어진다. 우리나라의 경우에는 이런 요인들이 서구와는 다르게 얽히고 구성되

면서 서구와는 상당히 다른 사회적 반응과 에이즈 정책이 만들어지
게 되었다.

132

2. 국가의 초기 대응

서구 또는 미국과 한국의 에이즈 대응에서의 가장 큰 차이는 에이즈 발생 초기부터 국가가 적극적으로 개입하였다는 점이다. 한국은 미국보다 4년 뒤인 1985년 12월에 첫 감염자가 발생하였다. 보건당국은 첫 감염자가 발생하기 이전인 1985년 6월에 HIV 항체검사 시약의 수입, 에이즈 검사체계 확립, 종합병원의 면역감소 환자보고, 동성애자·마약중독자·혈우병 환자의 헌혈금지, 수입혈액제재의 에이즈 검사확인서 첨부, 감염우려자의 성 접촉 금지 등의 계획을 수립하였다. 곧이어 내국인 감염자가 발생하자 보건당국은 에이즈 환자 진료비에 대한 국고보조, 병원에 검사장비 지원, 에이즈 검사 의료보험 등재 등의 추가계획을 마련하였다(이덕형, 1994).

이러한 국가의 적극적 개입은 이웃 나라 일본의 경우와도 대비된다. 일본은 1982년에 첫 감염자가 확인되었고 1988년까지 약 1천 명의 감염자가 발생하였다. 그러나 일본 정부는 1987년까지 에이즈 문제에 적극적으로 대처하지는 않았다. 감염자의 대부분이 혈우병 환자들이었고 이들은 미국에서 수입된 혈우병 치료용 혈액제제가 오염되었던 관계로 에이즈에 감염되었다. 혈우병 환자들이 사회적 소수자였기 때문에 이들의 문제는 사회적으로 이슈화되지 못했고 일본 정부 역시 적극적인 대처를 하지 않았다. 에이즈 문제는 1987년에 고베 지역에서 일본인 매춘부가 에이즈로 사망하는 사건이 발생하였는데 이 사건은 미국에서의 록 허드슨(Rock Hudson)의 사망처럼 사회적으로 큰 관심을 이끌었고 언론의 집중적 보도가 이어졌다. 일본 정부의 에이즈 대책은 이후 만들어졌다(Dearing, 1992).

그런데 정부가 일찍부터 개입하기는 하였지만 개입의 계기나 방식은 서구의 그것과 상당한 차이가 있었다. 서구나 미국의 경우에는 에이즈 감염자가 크게 증가할 뿐만 아니라 감염자에 대한 낙인과 차별 등 사회적 갈등이 심화되면서 이에 대한 대응으로 국가가 개입하는 과정을 거쳤다. 그러다보니 에이즈 정책의 목표도 감염예방과 관리는 물론 사회적 갈등을 완화시키는 데 초점이 맞추어졌다. 일례로 영국에서는 에이즈 정책의 목표를 첫째, 에이즈의 위험성을 게이들에게 알리는 것, 둘째, 에이즈 역병의 위험성에 대한 공적(*public*) · 정치적 자각을 통하여 공공의 역할을 증대시키는 것, 셋째, 에이즈가 이성애자의 질병이란 점을 강조하여 반동성애 분위기를 예방하는 것 등이었다(Berridge and Strong, 1992). 또한 이런 정책이 만들어지도록 정부 관료, 정치가, 보건전문가, 에이즈 활동가 등 정책 그룹 또는 네트워크를 만들어서 정책형성을 뒷받침하였다.

그런데 한국의 경우에는 에이즈가 치명력이 높은 외래 전염병이란 점 이외에는 정책적으로 고려할만한 상황조건들이 없었다. 게이들도 사실상 존재하지 않았고, 게이를 둘러싼 사회적 갈등도 없었다. 따라서 에이즈 정책은 외래 전염병의 유입과 확산방지에 초점을 두게 되었고 정책은 처음부터 방역에 집중되었다.

전염병 방역은 일반적으로 위험지역 또는 '위험집단'[2]을 중심으로 이루어지게 된다. 오염원을 차단하기 위하여 물웅덩이나 축사를 소독한다든지 또는 감염위험이 높은 인구집단에게 예방접종을 실시하는 방식이다. 그런데 한국은 미국과는 인구집단의 특성이 달랐기 때문에 누구를 대상으로 어떻게 방역할 것인가의 문제가 정책의 성패를 가르는 중요한 사안이 된다. 이와 관련하여 역학 전문가들의 모

---

2) 위험집단(*risk group*)이란 질병 감염의 상대적 위험이 높은 인구집단을 의미하는 역학 용어인데 이것이 대중적으로는 해당집단 전체를 위험시(*dangerous*)한다는 비판이 제기되어 왔다. risk와 danger의 개념적 구분이 모호한 우리 현실에서 '위험집단'이란 용어가 대중적 오해를 초래할 수도 있다. 이 책에서는 역학적 의미 표현이 필요한 경우에만 제한적으로 위험집단이란 용어를 사용한다.

임인 한국역학회는 1985년 12월에 개최된 정기학술대회에서 에이즈 문제를 다루었다. 이때 발표된 주요 내용은 한국은 미국 등 선진국과는 다소 다른 감염경로를 가질 것이라는 점이었다. 동성애자의 규모가 크지 않은 현실에서 이들이 주 감염원이 되지는 않을 것이고, 그보다는 외국인, 특히 주한 미군에 의한 접대부들의 감염이 1차적 전파통로가 될 것이며, 이후 미군 접대부와 접촉하는 한국 남성→ '일반 매춘부'→일반 남성→일반 여성→모자 수직감염의 형태로 전파가 확산될 것으로 예측하였다(김정순, 1985).

역학전문가들이 이렇게 추론했던 것은 초기의 감염자들이 대부분 외국과 관련된 사례들이었기 때문이다. 최초의 에이즈 감염사례는 1985년 6월에 국내에 거주하던 외국인 교수로 그는 즉시 귀국하였고 정부는 그와 접촉했던 내국인에 대한 추적조사 및 에이즈 검사를 실시하였다. 또한 같은 해 9월에 주한미군 1명이 HIV에 감염되어 본국으로 후송된 이후에 그가 접촉했을 것으로 추측되는 게이 바 종업원과 기지촌 접대부들에 대한 에이즈 검사를 실시하였다. 같은 해 12월에 최초의 내국인 감염자가 발생하였다. 그는 외국에 장기간 체류하다 현지에서 에이즈에 감염된 후에 귀국한 경우였다. 이후 1988년 11월까지 주한미군 감염자 27명이 보고되었고, 미군 접대부 11명, 외항선원 8명 등의 분포를 보였고 해외거주 교포, 해외취업 노동자들 수명이 감염된 것으로 보고되었다(〈조선일보〉, 1988.11.3).

이러한 통계는 에이즈라는 신종 전염병이 외국에서 유입됨을 보여준다. 바이러스의 유입을 막기 위한 방역조치들은 필요하지만 그것이 바이러스 유입을 원천적으로 차단하기는 어렵다. 특히 성이라는 인간의 기본 욕구충족과 관련된 행위에 의하여 전파되는 성병의 경우에는 그 은밀성 때문에 방역이 더욱 어려울 수밖에 없다. 질병 전파의 우려를 이유로 성 접촉 자체를 금지시키기 어렵기 때문에 교육과 홍보를 통하여 주의를 촉구하고 안전한 성행위를 하도록 유도하는 방식을 취하는 것이 선진국들의 주된 에이즈정책이었다. 그런데 한국의 에이즈 정책은 이와는 달랐다. 정부는 에이즈가 발생하기 이전부터 에이즈의 유입을 차단하기 위한 정책을 마련하였고 유입이 확인된 이후에는 더 이상의 전파를 차단하기 위한 강력한 조치를 취하였다. 즉 에이즈를 콜레라와 같은 전염성 질환에 준하여 정책을 세운 것이다. 정부의 예방대책은 다음과 같은 내용으로 구성되었다(유원하, 1985).

국내유입 봉쇄
혈액제제 수입허가 조건강화(AIDS 음성결과 첨부)
미8군 방역팀과의 협조체계 구축
입국자 중 외국체류기간 동안 수혈받은 자에 대한 추적조사

국내전파 방지
감염우려자의 헌혈 금지, 혈액제제 제조 금지
환자조기발견체제 확립(진료 시 의심환자 신고, 병원의 검사장비 확보)
발병가능성 높은 동성애자, 혈우병 환자 등의 실태파악과 검사

의무화 권장
의심환자에 대한 추적관리
취약분야 종사자 검진강화

환자 발생 시 조치사항
의심환자 신고 시 보사부 방역과 에이즈 실무팀 신속 조치
전파방지를 위한 홍보와 보건교육 실시
필요시 환자 격리치료
보균자 및 환자에 대한 지속적인 추적관리

   이러한 방역대책의 핵심은 에이즈 검사였다. 에이즈는 주로 성 접
촉을 통하여 감염되기 때문에 위험군에 대한 선별검사나 감염우려가
있는 자에 대한 추적조사를 통하여 감염자를 가려내고 이들을 격리
시키거나 성관계를 못하도록 규제하면 에이즈 확산을 막을 수 있을
것으로 판단하고 에이즈 검사를 통한 감염자의 발견(색출)에 정책의
주안점을 두었다. 초기 감염자가 주한미군에게서 많이 나왔기 때문
에 이들과 접촉했을 것으로 추정되는 서울지역 매춘부에 대한 에이
즈 검사를 실시하여 3명의 감염자를 발견하게 되자 1986년에는 전국
의 기지촌 매춘부(특수업태부) 1만여 명을 위험군으로 간주하여 이들
전원을 검사대상으로 지정하고 검진을 실시하였다. 곧 이어 기존에
성병검진이 의무화된 '유흥접객업소' 종사자 수십만 명에게까지 에이
즈 검사가 확대되었다. 이어서 외항선원들에게서 감염자가 발견되면
서 이들에게도 입국 시 에이즈 검사가 의무화되었다(이덕형, 1994: 92
~93).
   따라서 정부는 매년 수십만 명에 대한 에이즈 검사를 실시하게 되
었고 대부분의 에이즈 예산은 검사에 투입되었다. 지역 보건소와 각
급 병원에서 실시된 에이즈 검사결과 양성으로 나타난 경우에는 검
체가 국립보건원으로 보내져 확진검사를 실시하여 최종적으로 감염
여부를 판정하였다. 모든 에이즈 발생과 감염자에 대한 정보는 중앙
집중적으로 관리되었다.
   이러한 일련의 과정을 보면 당시 보건당국은 에이즈를 중대한 보
건문제로 인식하였고 중앙정부가 직접 관리하는 정책을 선택했음을
알 수 있다. 강력한 행정집행을 뒷받침하기 위하여 정부는 1987년에
에이즈를 2종 전염병에 준하여 관리하도록 지정고시하였으며, 곧이
어 전염병 예방법과는 별도로 에이즈 예방법을 만들었다. 에이즈 예
방을 위하여 일반적인 전염병 예방법과 별도의 입법을 한 사례는 세
계적으로 매우 드물다.

이 법은 우선 에이즈 전파방지를 위하여 감염이 의심되거나 "에이즈에 감염되기 쉬운 환경에 있는 자"에 대하여 강제검진과 역학조사를 할 수 있게 하여 체계적 선별검사를 통한 감염자 발견을 시도하였다. 또한 감염자가 타인에게 에이즈를 전파하는 것을 방지하기 위하여 감염자를 격리하여 치료할 수 있게 하였으며, 감염자는 대중접객업소에 취업할 수 없도록 하였다. 감염자는 헌혈을 할 수 없었고, 심지어 콘돔착용 같은 예방조치 없이는 성행위도 할 수 없는 법적 의무를 지게 되었다. 또한 매달 보건소 직원으로부터 의무이행 여부에 대한 확인과 함께 보건교육을 받아야 했으며 6개월에 한 번씩 검진을 받아야했다. 취업제한으로 생계가 어려울 경우 국가로부터 공적 부조를 받을 수 있게 하였다. 이러한 의무규정을 위반하면 3년 이하 징역이나 벌금에 처할 수 있었다. 에이즈를 진단하거나 치료하는 의사와 병원도 반드시 국가에 신고할 의무를 지게 되었다.

이 법은 감염자의 사회적 격리조치와 같이 국민의 자유권을 억제해서라도 에이즈 전파를 차단하겠다는 정부의 강력한 정책의지를 담고 있다. 당시에도 전염병 예방법이 있어 전염병의 위험 등급에 따라 필요한 규제조치를 취하는 것이 가능했다. 그럼에도 불구하고 '에이즈 예방법'이라는 별도의 법률을 제정한 것은 감염우려 집단에 대한 강제검진을 보다 용이하게 하고자 하는 의도가 컸다.

한국에서는 1980년대 이전부터 주요 전염병들에 대한 국가관리가 의무화되어 있고 여기에는 성병도 포함되어 있다. '매춘부'들은 대중에게 성병을 감염시킬 우려가 높다는 이유로 국가에 의한 정기적인 강제검진제도가 오래 전부터 실시되고 있었다. 따라서 성 접촉을 통해 감염되는 에이즈에 대한 방역대책을 세운 것은 기존의 공중보건정책의 자연스러운 결과였다고 할 수도 있다.

그런데 에이즈 정책의 골간이 확립되는 1987년 말까지 내국인 감염자는 14명에 불과하였다. 감염자의 수는 적지만 외국에서 발생한 에이즈라는 신종 질병이 전염력이 높고, 치명적이며, 백신이나 치료약도 없는 위기상황이라고 인식하였기 때문에 정부는 국내유입 봉쇄와 전파 차단을 정책목표로 수립한 것으로 생각된다.

3. 에이즈에 대한 초기 사회적 반응

에이즈가 외래 전염병으로 규정되고 강제적인 선별검사를 통하여 에이즈 유행을 방지하겠다는 정부정책에 대하여 사회적 비판이나 문제제기는 없었다. 오히려 보다 강력한 규제를 요구하는 여론이 분출되었다. 1980년대 초반부터 언론을 통하여 외국의 에이즈 발생현황과 에이즈 공포가 지속적으로 보도되었기 때문에 한국인들에게는 HIV 감염자가 발생하기 이전에 에이즈 공포가 먼저 수입되었던 상태였다. 이런 상황에서 최초의 감염자들이 대부분 외국인, 외국인과의 성 접촉자 또는 외항선원 같은 외국체류 경험자들로 밝혀졌기 때문에 사회적으로는 외국인에 대한 에이즈 검사를 강제하여 에이즈 유입을 차단해야한다는 여론이 조성되었다.

일차적으로는 주한미군이 논란의 대상이었다. 1988년 말까지 주한미군 감염자의 수는 약 60여 명으로 당시 내국인 감염자 수 36명보다 더 많았다(〈한겨레신문〉, 1990. 3. 9). 이 때문에 사회적으로는 미군이 성관계를 통하여 기지촌 매춘부들에게 에이즈를 전파하고 매춘부들이 다시 내국인에게 에이즈를 퍼뜨릴 것이란 인식을 하게 만들었다. 당시 미군은 입대할 때 의무적으로 에이즈 검사를 실시하여 감염자의 입대를 차단하였고 이후 2년마다 검사를 실시하고 있었다. 주한 미군도 이 정책대로 자체 검진을 실시하였고 감염자가 발생하면 곧바로 미국으로 송환하는 정책을 실시하였다. 한국 정부가 주한미군을 상대로 직접 검사를 실시할 수는 없었고 다만 미군감염자와 방역에 관한 정보를 제공받고 있었다. 미군 감염자가 발생했을 때 정부는 미군 접대부들에 대한 검진을 실시하고 감염자를 가려내고 격리조치시키는 것 이외에 다른 조치를 취할 수 없었다. 그런데 바로 이러한 정부정책이 당시에 '민주화 운동'을 전개하던 일군의 사회운동가들에게는 반미운동의 대상이 되었다.

1980년대 후반에 한국사회는 정치적 민주화를 향한 대대적 시민 저항운동이 진행되었다. 이 과정에서 미국이 군사독재정권을 비호한 다는 인식하에 반미운동도 전개되었다. 이들은 에이즈라는 '공포의 질병'이 미군들에 의하여 전파되고 있는데 미군들에 대해서는 정부가 어떤 조치도 취하지 못하고 그 희생자인 기지촌 매춘여성들만 검진하 고 격리시키는 것은 예방 측면에서 실효성이 의심되고 인권보호 측면 에서도 문제가 있다고 비판하였다(〈조선일보〉, 1987. 11. 5; 지은희, 1988). 보건의료계 운동권 단체들과 여성계 10개 단체가 연대하여 1987년에 'AIDS 추방을 위한 비상공동대책위원회'를 구성하고 토론회 를 개최하거나 거리시위를 하는 등의 활동을 전개하였다. 이들 중에 는 당시 '반전반핵' 운동의 일환으로 미군기지 추방운동을 벌이던 세 력들이 중심이 되었고 기지촌 여성들이 관련된 문제였기 때문에 여성 운동계가 합세하였다.

이들은 에이즈를 어떻게 인식하였을까? 이들이 제작한 문건을 보 면 에이즈가 성 접촉이나 감염된 혈액, 오염된 주사기, 감염된 산모 를 통해서 전파되고, 단순한 일상접촉을 통해서는 감염되지 않는다 는 점을 명시하고 있다. 그런데 다음 장을 보면 미국에 에이즈가 확 산된 이유가 '호모의 왕국'이고 '환각제 중독의 나라'이기 때문으로 주 장하고 있다. 일본 역시 마약중독, 약물남용, 문란한 성 접촉으로 에이즈가 확산되고 있다고 주장하였다. 이들은 미국이나 일본 등 제 국주의 국가들은 성 문란 등 자체 모순에 의하여 에이즈가 확산되 고, 그에 예속된 국가의 경우에는 신식민지 지배체제의 유지를 위하 여 국민이 이른바 3S인, 섹스(sex), 스포츠(sports), 영화(screen) 등 말초적 대중문화에 탐닉하게 만들고 있는데, 그런 배경하에서 에이 즈가 확산되고 있다고 바라본다.

그리고 한국을 포함하여 에이즈가 발생한 대부분의 국가에서 미군이 주둔하고 있고 미군 감염자가 주변의 매춘부들과 관계하여 에이즈를 퍼뜨리는 것으로 추정한다. 따라서 미군에 대한 검역이 필요한데도 불구하고 이러한 본질적 과제는 외면하고 주변의 매춘부들에게만 강제검사를 실시한다고 운동권단체들은 주장하였다. 나아가 한국 정부는 서울 올림픽을 앞두고 외화획득을 위하여 외국인들의 '기생관광'을 용인하는 정책을 펴고, 이 때문에 외국인에 대한 검역에 소극적이라고 비판하였다. 따라서 이들은 한국 정부는 입국 외국인들에게 HIV 항체반응 음성확인 증명서 소지를 의무화하는 내용을 즉각 법제화해야 하고 감염경로 차단을 위한 자주적 외교를 통해 에이즈를 만연시키는 선진국(미국)에 에이즈 전파의 책임을 지워야 한다고 주장하였다. 또한 미군이 2년마다 자체검진을 하는 것은 실효성이 없고 3개월마다 검진하도록 해야 한다고 주장하였다(AIDS 추방 공대위, 1988).

당시 운동권의 논리를 따르면 선진국(특히 미국)에서 에이즈는 그 사회의 중심세력이 아닌 주변화된 사람들, 즉 동성애자나 마약 복용자와 같이 사회적으로 타락하고 일탈적 행동을 저지르는 사람들에게서 발생하는 것으로 간주한다. 그런데 이렇게 주변화된 사람들이 지리적으로 지구 반대편에 멀리 떨어진 한국에 상당한 비용을 부담하면서 방문할 가능성은 높지 않았다. 그럼에도 불구하고 한국에 입국하는 모든 외국인에 대하여 에이즈 검사를 요구하는 것은 그들도 잠재적 보균자로 보는 것과 별로 다르지 않다. 이들의 텍스트에서 발견되는 두 개의 코드는 에이즈를 성적 타락이나 퇴폐문화의 결과로 보는 것과 외세에 의한 '성 침탈'을 우려하는 민족주의적 관점이다.

민족주의적 사고체계에서는 한국과 외세의 관계는 정결(깨끗함)과 부정(더러움)으로 쉽게 이분화된다. 미군이나 외국 관광객들은 그들의 인적 속성과 관계없이 모두 더러운 존재이고 한국여성의 성을 침탈하고 에이즈를 감염시켜 이들의 몸을 더럽히는 주체로 표상되기

142

때문에 이들을 모두 검역하고 감시해야 할 대상으로 인식하게 되는 것이다.

그런데 에이즈를 성적 타락과 관련지어 생각하는 것은 앞장에서 살펴보았듯이 미국 보수집단의 전형적 반응이었다. 미국의 게이들이 상당한 지적 훈련을 받은 중산층 백인이었음에도 불구하고 동성애에 대한 편견 때문에 사회적 차별을 받게 되었다. 그런데 한국에서 정치적으로 진보적 가치를 추구하던 당시 운동권 그룹이 성과 관련해서는 매우 보수적 가치를 갖고 있었음을 알 수 있다. 이들은 정치적으로는 에이즈 문제를 반미운동의 소재로 활용하였지만 에이즈를 성적 타락의 결과로 인식하였다는 점에서 보수주의적 가치를 동시에 갖고 있었음을 알 수 있다. 이 때문에 에이즈 문제에 대한 대응에서 이들은 결과적으로 보수언론과 동일한 대응책을 정부에 요구하게 되었다. 보수언론 역시 외국인 입국자 전원에 대한 검사를 요구한 것이다. 이것은 미국에서 포르노에 대한 규제문제를 두고 진보적 여성계 일부가 종교근본주의자들과 연대하였던 것과 유사한 상황이 만들어진 것이다.

한국은 1988년에 '서울올림픽'을 개최할 예정이었고 대규모로 외국인들이 입국할 것이기 때문에 이를 통한 에이즈 확산 가능성이 사회적 관심사가 되었다. 한국은 남북분단으로 인하여 사실상 대륙으로부터 분리된 섬과 같은 지리적 특성을 갖고 있다. 따라서 항구와 공항을 차단하면 고립되기 마련이다. 대부분의 여행객은 항공노선을 이용하기 때문에 공항에서의 철저한 검역이 필요하다는 여론이 제기되었다. 그 대상도 외국인 관광객은 물론 외국에 장기간 체류한 한국 유학생까지 포함하여 사실상 입국자 전원을 검사해야 한다는 것이었다(〈조선일보〉, 1988. 3. 2; 1988. 4. 29).

항구를 통하여 입국하는 외항선원들에게는 이미 강제검진이 실시되었다. 그런데 모든 입국자를 검진하는 것은 '즉석검사법' 같은 기술이 개발되지 않은 상황에서 현실적으로 불가능하였고, 기술이 개발되었다 해도 이를 수행할 인적 물적 기반도 준비하지 못한 상황이었다. 더욱이 외국인 여행객에 대한 강제검진은 외교적 분쟁을 초래할 수 있는 문제였다. 그러자 언론에서는 최소한 입국 시 에이즈검사증을 휴대하도록 하자고 주장했다(〈조선일보〉, 1988. 2.4). 당시 보건사회부 장관도 입국자 검역에 대한 소신을 밝혔고, 일부 시민들도 언론기고를 통하여 이를 요구하였다.

　이러한 요구는 기본적으로 에이즈에 대한 공포심에서 비롯된 것이다. 한 일간지는 사설에서 다음과 같이 주장하였다.

　　악성전염병일수록 걸리지 않은 상태에서부터도 겁이 난다. 그런 병이 나에게 다가온다고 생각하면 더 말할 것도 없고 말만 들어도 등골이 스멀스멀해진다. 콜레라나 황열병, 에이즈가 그런 것이다. … 그러나 정서적인 경계만으로 다가올 전염병이 오지 않는 것은 아니다. 병이 오고가는 길을 끊기 위한 구체적 수단을 세워야 한다. … 많은 나라 사람들이 그 나라에 들어오는 사람들에게 콜레라나 황열병 예방접종증을 휴대하도록 요구하는 것은 그런 병이 전염하는 길을 끊기 위한 것이다. … 오늘날 에이즈는 콜레라나 황열병보다도 더 인류의 턱 앞에 다가오는 공포의 병이다. … 1월 하순 런던에서 열린 '에이즈예방을 위한 세계보건 정상회담'에서 … 148개국 보건담당 장관이 모여 정부 간 적극적인 정보교환, 국가단위의 철저한 교육, 개인과 국가 간의 정확한 홍보 등 에이즈 예방대책에 합의를 보았다고 한다. … 그와 같은 에이즈 예방대책은 구두창 밑으로 발바닥을 긁는 것처럼 미지근하다는 생각이 든다. 런던회담에서 에이즈 환자의 입국금지나 에이즈 검사증 휴대의무화를 주장한 것이 의료보건의 선진국이나 동방예의지국이 아니고 제3국 혹은 공산권 국가였다는 사실은 색다른 흥미를 느끼게까지 한다. 1987년 말에 이미 세계최초로 에이즈예방 단독법안을 마련한 한국은 단연 그 예방대책의 선진국이라 할 수 있다. 그런데 지

144

난 1월 19일 "서울 올림픽에 참가하는 각국 선수 임원 올림픽 패밀리 및 보도진 등에 대해서 에이즈 검사를 실시하지 않겠다는 한국 정부의 확약을 받았다"는 사마란치 IOC 위원자의 말이 외신을 통해 보도됐었다. … 최근 보건행정당국자는 올림픽입국자에 대한 에이즈검사증 휴대의무를 입법화하려 했으나 국제적 전례가 없어 예방경고, 국내 취약계층의 검진, 교육 강화 등에 그치기로 했다는 뜻을 밝혔다. 그러나 많은 외국인을 맞는 올림픽을 앞두고 올림픽과는 관계없이 입국자의 에이즈검사증 휴대의무화를 서둘러 못박아놓음으로써 한국은 인류의 발등에 떨어진 불, 에이즈 예방대책의 첨단적 선진국이 될 수도 있는 것이다(〈조선일보〉 사설, 1988. 2. 4).

이러한 주장에서 에이즈는 단순한 접촉만으로도 전염될 수 있는 병(*contagious disease*)으로 간주되어 무조건 피해야 된다는 식의 인식이 잘 나타나고 있다. 또한 '에이즈 = 죽음의 병 = 외국의 병, 외국인 = 잠재적 보균자'라는 단순명료하고 극단적인 질병인식을 잘 보여준다. 실제로 1970년대까지만 하여도 각종의 전염성 질환이 유행병이 되어 계속 발생하였고 적지 않은 희생자가 있었기 때문에 유행병에 대한 거의 본능적 공포가 한국인들에게 존재했다. 그러나 초기 에이즈에 대한 반응은 단순히 유행병에 대한 공포만으로 해석하기 어려운 부분들이 있다. 즉 한국보다 훨씬 많은 에이즈 감염자가 있는 서구 여러 나라들이 우리와 같이 강력한 검역정책을 취하기보다는 온건한 교육홍보에 주력하는 이유가 무엇인지 의문을 제기하지 않았다. 또한 이들 국가가 콜레라나 황열병과는 달리 입국 시 검사증을 휴대하도록 요구하지 않는 이유에 대해서도 의문을 갖고 있지 않다.

1980년대 초반에는 에이즈가 수혈이나 혈액제제를 통하여 감염될 수 있다는 점이 알려지면서 서구사회에서도 동성애자와 감염자들에게 사적으로 폭력을 가하거나 직장에서 해고시키고 안전하지 않는 성관계를 하면 처벌해야 한다는 등의 여론이 나타났다. 그러나 1980년대 후반이 되면 혈액에 대한 검사제도가 정비되었고 또 에이즈가 일상적 접촉으로는 감염되지 않는다는 사실이 널리 알려지면서 동성애자들에 대한 폭력도 사라졌다. 또한 이미 1970년대에 동성애자에 대한 동등한 처우나 인권의 보장이 시대적 조류가 되었고 성의 자기결정권에 관한 인식이 제고되었기 때문에 에이즈라는 질병을 이유로 감염자의 인권과 자유권을 완전히 정지시키거나 일반인들에게 검사를 강제하도록 법제도를 만든 경우는 매우 드물었다.

그런데 당시 한국의 언론보도에서는 단순히 에이즈에 대한 공포와 그에 대한 폭력적 반응만을 소개하는 보도가 계속되었을 뿐 성과 관련된 서구사회의 인식변화에 대해서는 거의 관심을 갖지 않았다. 그러다보니 에이즈에 대해 소극적인 대응을 하는 서구 국가들을 보건의료 정책의 후진국으로 폄하하는 일까지 나타나게 된 것이다.

이훈재 교수는 국가인권위원회(2005)의 의뢰로 에이즈 감염자 인권문제에 대한 연구를 하면서 국내 3대 일간지가 에이즈와 관련하여 보도한 내용을 분석하였다. 그 결과 전체 분석 대상기사의 5.3%만이 인권문제를 다루고 있었다. 1980년대부터 지금까지 에이즈 관련보도는 발생현황과 혐오공포를 조장하는 기사가 주류를 이루었다. 그런데 1987년에 이러한 경향이 유독 두드러지게 나타났다. 1986년에 30여 건이던 에이즈 관련기사가 1987년에는 90여 건으로 급증하였다. 평균적으로 거의 매주 에이즈 관련기사가 보도된 것이다. 이 시점은 내국인 감염자가 발생하기 시작하였고, 올림픽을 앞두고 그로 인한 에이즈 확산우려가 제기되고, 에이즈예방법 제정 등 에이즈 정책이 만들어지던 시기로 사회적으로 에이즈에 대한 관심이 높았기 때문에 언론보도도 증가했던 것으로 보인다.

당시 보도된 에이즈 기사를 분석해보면 공포감만 일방적으로 전달되었을 뿐 예방가능성을 면밀하게 분석한 기사는 거의 없었다. 또한 감염자 집단의 특성에 따른 발생양상의 차이 같은 것도 제시되지 않았다. 즉 에이즈는 무분별한 성 접촉에 의하여 무차별하게 전파된다는 식의 보도가 많았다. 1987년 2월의 보도에 의하면 에이즈는 "치료약도 없는 죽음의 병이고 우리나라도 적색지역(위험지역)이라는 것과 국민에게 에이즈의 위험성을 충분히 알려야한다"고 주장한다(〈조선일보〉, 1987. 2. 13). 국내에 감염자가 4명밖에 안 되던 시점에 한국을 위험지역으로 규정하는 것은 에이즈는 유행병이고 일단 발생하면 미국처럼 걷잡을 수 없이 확산될 것으로 생각했던 것이다. 즉 누구나 에이즈에 걸릴 수 있다는 식의 인식을 만들어 낸 것이다. 언론이 집중적으로 에이즈에 대한 공포를 보도하는 상황에서 에이즈는 단순한 신종 질병이 아닌 공포 그 자체로 한국사회에 들어오게 되었다.

에이즈의 성격이 공포로 먼저 규정되면서 질병의 역학적 의학적 특성을 신중하게 고려하면서 정책이 선택되는 정상적인 절차는 생략되었다. 미국에서는 1983년 HIV 바이러스가 발견되기 이전에도 감염자들에 대한 역학조사를 통하여 에이즈가 성 접촉 및 혈액을 통하여 전염된다는 점이 알려졌고 따라서 국가가 에이즈 예방사업에 나서기 이전에 이미 게이사회에서는 자체적으로 콘돔사용을 촉진하는 '안전한 성' 운동을 전개하였다. 오히려 문제는 게이보다는 마약사용자나 흑인빈민 등에서 감염자가 증가하면서 이들에게는 어떤 정보나 예방서비스도 제공되지 않았고 감염의 폭발적 증가를 억제할 방도가 없는 상황이었다. 그러나 한국에서는 감염자가 거의 없는 상황에서 에이즈가 과연 한국에서 미국과 비슷한 양상으로 발생하게 될지 아니면 다른 특성을 보일지 판단하기 어려운 시점이었다. 그렇지만 이미 조성된 에이즈 공포를 빌미로 에이즈 유입과 전파를 차단하기 위한 에이즈 예방법을 서둘러 제정하게 되었다. 감염집단의 사회인구학적 특성에 따른 질병발생의 양상을 특정화하지 않은 채 단지 에이즈는 죽음의 병이고 모두가 위험하다는 식의 사고는 과학적 인식이 아니라 종교적 인식에 가깝다. 이러한 비합리적 인식에 기초하여 만들어진 에이즈 정책은 외부적인 것을 모두 위험요인으로 간주하여 이를 막고자 하는 극단적 정책으로 발전하였다.

여기에는 당시 국가의 성격 또한 작용했던 것으로 보인다. 1980년대 한국은 군부정권에 의하여 통치되는 권위주의 정부 시대였다. 정치적 자유는 억압되었고 사회적 갈등은 용인되지 않았다. 이런 정치사회적 분위기 때문에 에이즈로 인하여 발생할 수 있는 사회적 분란도 인권과 자유권에 제한을 가해서라도 방지해야 한다는 인식이 자연스럽게 만들어질 수 있었다. 일부 운동권 그룹이 기지촌 매춘부들에 대한 강제검진이 인권보호 측면에서 문제가 있다는 주장도 있었지만 이것은 미군에 대한 검역을 주장하기 위한 부수적 이유로 제시되었을 뿐 이들도 강제검진 자체가 갖는 인권유린에 대해서는 문제를 제기하지 않았다. 언론이 오로지 에이즈로 인한 공포만을 과도하게 전달하는 상황에서 국가는 그렇게 두려운 질병에 대응하기 위하여 비상조치를 법률화한 것이다. 마치 정치적 반대자를 감시하고, 추적하고, 색출하고, 사회로부터 격리하듯이 감염자를 색출해서 제거하는 식의 정책이 만들어졌다.

군부정권에 의한 국민 감시체계가 존재한다는 사실 자체가 국민들에게 큰 공포의 대상이 됨을 잘 알고 있던 상황에서 에이즈 감염자에 대한 감시체계가 만들어지면 그 대상이 되는 위험군에 속한 사람들은 물론 국민전체가 에이즈에 대한 더 큰 공포감을 갖게 될 수도 있다는 점에 대해서는 운동권 집단이나 보수언론 모두 인식하지 못했던 것으로 보인다. 운동권 집단은 '반미'라는 정치지향성이 너무 강했기 때문에, 그리고 보수언론은 질병 자체에 대한 무조건적인 공포감 때문에 자신들의 주장이 향후 더 큰 공포를 불러오고 그 때문에 감염자에 대한 극단적인 차별이 초래될 것이라는 점은 예상하지 못하였다.

　이때 소수 의료전문가들이 지나친 에이즈에 대한 공포심 조장을 경계하고 나섰다. 한 내과전문의는 에이즈는 성병이기 때문에 일상적 접촉으로는 감염이 되지 않고 위험군에 대한 집중적 관리만으로도 충분하며 모든 입국자를 검사한다는 것은 불필요하다는 의견을 언론에 기고하였다(〈조선일보〉1988. 5. 7). 그러나 이러한 반론이 부풀려진 에이즈 공포를 제어하기는 어려웠다.

　올림픽과 관련하여 입국하는 외국인들에 대한 에이즈 검사 문제는 국제올림픽 위원회가 참가 선수 및 취재단 등에 대한 강제검사를 거부하면서 '없던 일'이 되었다. 올림픽 개최가 목전의 과제였던 정부로서는 에이즈 검사 때문에 올림픽 개최를 포기할 수는 없었다. 그러나 외국인에 대한 검진요구는 운동권 그룹에 의하여 지속적으로 제기되었다. 이들은 국회에서 평화민주당(야당)을 통하여 외국인에 대한 에이즈 검진을 의무화하도록 에이즈예방법 개정을 추진하였다. 진보와 보수세력이 모두 외국인 검진을 요구하는 가운데 국회 논의 과정에서는 외국의 유사사례가 없다는 정부쪽 입장과 정치적 절충이 이루어져 당초의 검진대상이 '모든 외국인'에서 '특정 외국인'으로 축소되어 개정 법안이 통과되었다. 검진대상은 91일 이상 체류목적으로 배우자를 동반하지 않은 흥행업 종사자와 재난상륙 허가대상자로 한정되었으며 후에 외국인 이주노동자가 추가로 포함되었다.

　정치적 보수와 진보를 막론하고 각 세력들이 에이즈 공포를 과도하게 부풀리면서 정치적으로 에이즈 문제에 접근하게 되면서 이후 에이즈 문제는 오히려 해결이 쉽지 않게 되는 결과를 가져왔다. 에이즈에 대한 공포를 이유로 모두가 감염우려가 있는 자와 감염자의 강력한 색출과 감시를 요구하는 바람에 검진을 중시하던 에이즈 정책은 수월하게 정당성을 갖게 되었다. 에이즈를 단순히 성병의 일종으로 보고 성 행동의 개선을 추진하는 정상적 접근법은 생각하기 어려워졌다. 동시에 위험군에 속하는 사람들의 인권은 무시되고 고질적인 낙인을 부여받게 됨으로써 이들의 자발적 건강증진은 더욱 어려워져 결국 에이즈 예방정책의 효과를 낮추게 만들었다.

에이즈 공포와 검진을 강조함으로써 귀결된 다른 중요한 측면은 에이즈를 의학적 문제로만 접근하게 만들었다는 점이다. 공포와 낙인 같은 사회적 문제들에 대하여 관심을 갖기보다는 이를 빌미로 에이즈 검사를 통한 해결책에만 주력하게 됨으로써 공포와 낙인은 지속적으로 재생산되고 이 때문에 당사자들은 검사조차 기피하게 되는 등 문제해결은 더 어려워졌다.

에이즈 검사가 강조되면서 에이즈는 범정부적으로 대처해야 할 과제가 아니라 보건의료 문제로 국한되어버렸다. 그러다보니 정부 내에서도 각 부처의 목적과 이해관계에 따라 보건부서의 에이즈 정책수행에 제한을 가하는 일들이 나타나게 되었다. 외항선원에 대한 강제검진이 이들의 이의제기로 자율검진제도로 바뀐 것이나 외국 관광객들에 대한 검진실시도 다른 부처가 반대하였다. 당시 정부로서는 외화가 부족하던 한국경제 현실에서 외화획득에 기여하던 외항선원들의 불만을 고려하지 않을 수 없었던 것으로 생각된다. 또한 국내적으로는 모든 외국인과 외국체류 경험자를 검진해야 한다는 극단적 요구가 있었지만 정부가 외국과의 외교적 갈등이나 경제적 손실까지 감수하며 방역에 나설 수 있는 상황은 아니었다. 정부 내 다른 부처들은 에이즈에 대한 '과도한 공포감'이 초래할 수 있는 사회적 혼란에 대한 정책적 관심을 갖지도 않았다. 에이즈는 보건부서에서 의학적으로 해결할 문제로 치부해버렸기 때문이다.

보건당국의 에이즈 정책 추진조차도 정치적 상황에 따라 영향을 받기도 하였다. 예를 들어 1987년에 미군기지 주변에서 일하는 매춘부 전체에 대한 검진이 실시되었지만 일선 보건소에서는 매춘부들의 비협조로 제대로 진척되지 못하였다. 검진 담당자들은 "(대통령) 선거철에 단속을 실시할 수 없기 때문에 선거가 끝나야 실적이 오를 것 같다"는 반응을 보였다고 한다(〈조선일보〉, 1987. 11. 29). 결국 에이즈에 대한 과도한 공포와 그에 대한 정치적 의미부여로 큰 논란을 벌였지만 그것이 오히려 에이즈 문제의 본질을 왜곡시키는 결과를 가져왔고 이후 에이즈 방역을 어렵게 만드는 데 상당히 영향을 준 것으로 생각된다.

4. 위험군 획정의 어려움

1980년대 만들어진 에이즈 정책은 위험군(*risk group*)에 대한 검진과 감염자 규제를 핵심으로 하는 것이었다. 그런데 1990년대에 들어와 이 두 가지 정책수단이 모두 어려움에 봉착하게 되었다. 1992년을 기점으로 에이즈 발생은 외부유입보다 국내 거주자들 간의 성 접촉으로 인한 감염이 더 많아지는 '토착화'의 단계로 진입한다. 감염자의 누적분포는 1990년에 100명을 넘었고 1999년에 1천 명을 넘어섰다.

1999년의 누적분포를 보면 동성애자(222명)와 국내이성접촉자(367명)가 외국인과의 성관계자(254명)보다 절대적으로 많아졌다. 매춘부들의 감염은 연 1~2명에 불과하였다. 전체 감염자 중 158명이 에이즈 환자로 발전하였고, 224명은 숨진 것으로 나타났다. 수혈과 혈우병 제재로 인한 감염이나 수직감염 등은 전체의 5% 미만이었고, 마약 주사기로 인한 감염은 발견되지 않았다. 즉 감염자의 수가 증가하면서 동성애자가 점차 주요 위험군이 되어갔지만 동시에 동성애자에게 한정되지 않고 이성애자들에게도 감염이 확산되었다.[3]

이러한 감염유형의 변화는 위험군을 획정하는 데 어려움을 초래하였다. 1987년 이후 정부가 정한 의무적인 에이즈 검사 대상자는 헌혈자와 '보건증' 소지자들이었다. HIV가 혈액을 통해 감염될 수 있기 때문에 혈액에 대한 에이즈 검사는 당연한 조치였다. 그런데 문제는 보건증 소지자들에 대한 검진이었다. 보건증 제도는 공중접객업소에

---

3) 공식통계로는 동성애자보다 이성애자의 감염이 더 많은 것으로 나타나지만 이러한 구분은 최초의 역학조사 당시 동성애자들이 자신의 성 정체성을 숨겼을 가능성이 있기 때문에 정확한 구분은 아니다. 지난 20여 년간 감염자의 남녀 성비가 지속적으로 10:1~15:1 수준인 점으로 보아 감염자 중 동성애자의 비율은 더 높을 것으로 추측된다.

〈표 4-1〉 연도별 역학집단별 특성별 HIV감염자 발생현황(1995.7)

역학집단	1985	1986	1987	1988	1989	1990	1991	1992	1993	1994	1995	계
윤락여성	-	3	5	3	-	-	-	-	1	2	1	15
서비스업	-	-	-	1	-	10	5	13	18	28	13	88
해외근로자	1	-	-	12	21	26	18	17	18	14	5	132
감염배우자	-	-	-	1	2	2	4	3	4	6	6	28
일반직장인	-	-	-	-	9	8	4	14	8	18	17	78
학생	-	1	2	-	1	-	3	3	4	5	-	19
자영업	-	-	-	2	2	1	1	8	5	3	7	29
무직기타	-	-	2	3	2	7	7	18	20	14	10	83
계	1	4	9	22	37	54	42	76	78	90	59	472

자료: 보건복지부 내부자료; 이순영(1995: 57) 재인용

〈표 4-2〉 연도별 감염경로별 감염자 발생현황 (1995.7)

감염경로	1985	1986	1987	1988	1989	1990	1991	1992	1993	1994	1995	계
동성애	-	-	-	2	6	6	5	28	13	21	9	90
외국인 이성	1	4	5	16	22	29	17	23	25	28	10	180
내국인 이성	-	-	1	2	6	18	12	16	28	35	28	146
수혈	-	-	1	2	3	-	6	2	3	2	1	20
혈액제제	-	-	2	-	-	1	1	6	6	1	-	17
기타 불명	-	-	-	-	-	-	1	1	3	3	1	9
역학조사중	-	-	-	-	-	-	-	-	-	-	10	10
계	1	4	9	22	37	54	42	76	78	90	59	472

자료: 보건복지부 내부자료; 이순영 (1995: 53) 재인용

종사하는 사람들이 전염병을 전파하지 않도록 보건소에서 건강검진
을 받고 건강상태에 문제가 없음을 증빙하는 카드를 휴대하도록 의
무화한제도로 에이즈 발생 이전부터 실시되었다. 여기서 공중접객업
소 종사자에는 매춘부뿐만 아니라 식당과 술집, 이미용업소, 목욕탕
등에 종사하는 사람은 물론 식품공장 종사자도 포함된다. 정부는 이
들이 보건증 신규발급이나 갱신하기 위하여 검진을 받는 과정에서
에이즈 검사도 포함시켜 받도록 조치하였다.

정부는 1994년까지 헌혈자 170만 명, 보건증 소지자 190만 명을
조사하여 90명의 감염자를 발견하였다. 이러한 검진사업에 당시 정
부 에이즈 예산의 절반 이상이 사용되었다. 그런데 문제는 정부가 정
한 위험군 이외에서 더 많은 감염자가 발견된다는 점이었다. 1995년
7월까지 발견된 감염자는 472명인데 이 중 정부의 강제검진으로 발견
한 90명을 제외한 382명의 감염자는 다른 질환치료 중 감염사실 발
견, 본인의 자발적 검사 등 다른 경로를 통하여 감염이 확인되었다.

아울러 감염위험이 높은 외국인 상대 콜걸, 동성애자, 동남아 섹
스관광 경험자들은 감시대상에서 빠져 있다는 비판이 제기되었다
(〈중앙일보〉, 1995. 8. 10). 이것은 정부의 위험군 설정이 잘못되어 있
음을 말해 주는 것이다. 또한 보건증 소지자에 대한 강제검진을 통해
감염자를 발견하는 것보다 자발적 검사를 통해서 감염자를 발견하는
것이 약 10배 이상 효율적이라는 것도 밝혀졌다(양봉민, 1997; 〈중앙
일보〉, 1995. 9. 1). 이것은 정부의 에이즈 검사체계에 문제가 있음을
말해준다.

대부분의 에이즈 감염이 성 접촉으로 발생한다는 점이 분명한 상황
에서 보건증 소지자 전체를 위험군으로 분류한 것은 다분히 편견이
작용한 것으로 보인다. 이 중에 매춘부들이 다수 포함되어 있기는 했
지만 에이즈 발생 초기를 제외하고는 매춘부들 중에서 감염되는 사례
는 드물었다. 에이즈가 보통의 전염병과는 특성이 상이할 뿐만 아니

라 접객업소 종사자의 대부분은 고객들과 성 접촉을 할 개연성이 거의 없는데도 불구하고 보건증 소지자 전체를 위험군으로 분류한 것은 잘못된 선택이었음이 분명하다. 이들을 위험군으로 분류한 데에는 편견 이외에도 검사의 편의성도 작용하였다. 이들은 매년 보건소에서 검진을 받아야 하기 때문에 검사 시에 에이즈 검사항목만 추가시키면 되기 때문이다.

1990년대 중반에 이르면 에이즈 감염유형이 변화되었기 때문에 위험군 설정을 다시 해야 하고 나아가 에이즈 정책의 근본적 수정도 필요한 시점이었다. 이 당시 필요했던 작업은 먼저 국민의 성 행태에 대한 조사연구를 통하여 사회인구학적 집단별 위험 성 행동(*sexual risk taking*)에 대한 면밀한 분석과 검토를 하고 위험군을 합리적으로 재설정하며 집단별 특성에 따른 예방대책을 강구하는 것이었다. 유럽의 경우에는 1980년대 말과 1990년대 초반에 대규모의 전 국민 성 행태 조사가 이루어졌고, 그 결과를 반영하여 에이즈 예방전략을 수정하는 노력이 진행되었다(Hubert, 1998; Campenhout, 1997).

그러나 한국에서는 이러한 전략변화가 추진되지 못하였다. 당시 성에 대한 학문적 연구도 거의 이루어지지 못했고 성이 사회적 담론으로 형성되지도 못하였다. 사생활에서는 성 일탈이 증가하고 있었지만 공적으로는 성에 대한 가치기준이 매우 보수적인 채로 유지되고 있었고 성에 대한 자유로운 논의는 억압되는 이중기준이 지배하고 있었다. 성을 자유롭게 표현한 소설이나 영화는 검열을 받고 삭제되거나 처벌받았다. 이러한 상황이었기 때문에 정부는 성 행태의 개선을 목적으로 하는 적극적인 홍보활동을 하기도 어려웠다. 사적 영역에서는 성매매 산업이 번창하여 성매매가 자유롭게 이루어지고 있었고 일반인들 간의 성 일탈도 증가하던 현실이었지만 공적 영역에서는 성과 관련된 표현을 사용하는 것을 엄격하게 금지하고 있었기 때문에 콘돔사용을 사실적으로 홍보하기 어려웠다. 텔레비전에서는 그림 없이 자막만을 방영할 수 있었고, 지하철역에 게시된 콘돔 권장 포스터조차도 내용(콘돔을 쥔 여자의 손)이 너무 노골적이라는 반대의 목소리가 많았다(〈세계일보〉, 1990. 3. 14).

새롭게 위험군으로 부상한 동성애자들의 경우에는 접근의 어려움 때문에 정부가 특별한 대책을 세우지 못하였다. 1990년대 초반에 동성애자의 존재는 알려져 있었지만 미국의 게이처럼 사회적으로 드러난 집단은 아니었다. 1990년대 초반부터 동성애자의 HIV 감염이 증가하였다. 또한 동성애자들이 안전한 성의 실천도가 낮다는 사실도 단편적이나마 알려졌다. 1988년에 일본인 유학생 이마이 구미오 (1988)가 한국 동성애자 251명을 조사하여 항문성교 때 콘돔을 항시 사용하는 경우가 7.9%에 불과하고, 에이즈에 대하여 75.3%가 불안이 없다고 생각하고 있음을 밝혔다. 1990년 7월 한국보건사회연구원이 서울지역 동성애자 441명을 대상으로 조사한 결과 76.6%가 항문성교를 하고 있었고, 그중 14.1%만이 콘돔을 착용하고 있음을 밝혔다(〈한겨레신문〉, 1990. 7. 3). 1995년 한국에이즈퇴치연맹이 서울의 일부 게이 바에서 종업원과 고객 200명을 대상으로 한 조사에서 86%가 콘돔을 사용하지 않는 것으로 나타났다(〈세계일보〉, 1995. 4. 9).

1995년에 HIV 감염자 497명 중 동성애 경험자는 92명(19.5%)이었다. 서구식의 게이 정체성을 가진 동성애 그룹은 이제 막 태동하던 시기였다. 대학 캠퍼스를 중심으로 몇몇 동성애 단체들이 만들어졌다. 그러나 조직화되고 의식화된 동성애자는 소수였고 다수의 동성애자들은 드러나지 않고 있었다. 이런 상황에서 정부가 동성애자 대상의 프로그램을 만들기는 어려웠다.

5. 감염자 관리의 어려움

　강제검사와 함께 에이즈 정책의 또 다른 중요한 축인 감염자 관리
도 어려움에 봉착하였다. 에이즈 예방법에 의하면 일단 감염이 확인
되면 감염자는 거주지 보건소에 등록해야 하고, 월 1회씩 보건소 직
원과 전화 또는 면접으로 거주 확인과 예방의무 이행여부 등을 점검
받아야 했다. 그리고 6개월에 한 번씩 면역기능 검사를 받아야 했
다. 동시에 보건증 소지의무가 있는 직종에는 취업이 금지되었고 콘
돔을 착용하지 않은 성관계는 금지되었다. 이러한 의무를 위반하면
형사처분을 감수해야 했다. 즉 감염자는 모두 정부의 감시 하에 들
어가게 되었다.

　감염자 관리를 위하여 정부는 처음에는 격리보호시설을 설치하려
고 계획하였다. 이에 따라 1988년부터 설치장소를 물색하였지만 번
번이 주민들의 강력한 반대에 부딪혀서 시설을 만들 수가 없었다
(〈세계일보〉, 1990. 7. 14). 1980년대에 이루어졌던 '에이즈 = 죽음의
병'이라는 무차별적 언론보도는 국민들로 하여금 에이즈와 관련된 것
은 무조건 거부하게 만들었다. 격리보호시설은 1980년대에는 감염자
를 격리수용하는 장소로 개념화되었다. 그러나 1990년대 중반이 되
면서 감염자가 증가하면서 말기 에이즈 환자들을 위한 치료보호 시설
과 무의탁 감염자들을 위한 '쉼터'로서의 보호시설이 필요해졌다. 그
러나 어느 경우를 막론하고 에이즈 시설은 주민반대에 부딪혔다. 심
지어는 교도소에 수감된 감염자를 한곳으로 모아 집중관리하려는 계
획도 '모기가 담장을 넘어서 에이즈를 옮긴다'며 주민들이 반대하였다
(〈연합뉴스〉, 2002. 9. 17; 〈강원일보〉, 2002. 9. 18). 따라서 정부는 말기
환자나 무의탁자를 임시로 종교기관에 위탁하거나 다른 시설로 위장
하여 운영할 수밖에 없었다.

　감염자에 대한 규제는 전파방지를 위한 것이었지만 에이즈 감염자의 생존기간이 길어지고 감염자의 수가 증가하면서 정부가 이들의 일상생활을 일일이 통제하는 것은 사실상 어려웠다. 감염자들을 정부통제 하에 묶어두는 실제적 수단은 치료비 및 생활비 지원이었다. 에이즈로 인하여 직장을 잃고 취업을 못하게 된 감염자들은 정부지원에 의존하여 살아갈 수밖에 없었다. 아직 에이즈 질병단계로 발전하지 않은 단순 감염자들은 다른 생활수단이 있을 경우에 정부의 감시망을 벗어나 잠적하거나 숨어버리는 일이 종종 발생하였다. 에이즈 공포가 사회적으로 만연한 상황에서 감염사실이 알려질 경우 주변의 차별적 시선을 감당하기 어려워져 잠적하게 되는 것이다. 특히 성매매 종사 감염자 중에 다른 지역으로 이주하여 매춘행위를 계속하는 경우들이 종종 있었다(〈조선일보〉, 1994. 7. 24). 이럴 경우 해당 지역사회에서는 에이즈 감염공포가 빚어지곤 하였다. 감염자의 소재파악이 되지 않을 경우에는 전국에 수배령이 내리고 언론이 대대적으로 보도하였다. 이러한 관리방식은 다시 국민들로 하여금 감염자에 대한 공포심을 증가시켰다(〈경향신문〉, 1991. 12. 9). 그러다보니 감염자가 정부의 통제를 벗어나 마음대로 거리를 돌아다니거나 숨어버리면 "에이즈 관리에 구멍이 뚫렸다"는 식의 질책이 정치가들로부터 나왔다(국회 국립보건원 국정감사 회의록, 2002. 10. 1).

　감염관리의 또 다른 문제점은 감염자의 신분누설이다. 에이즈는 사회적 낙인이 찍힌 질병이기 때문에 감염자들의 신분을 감추어주는 것이 매우 중요하다. 에이즈예방법에서도 감염자 신분누설을 금지하고 있다. 그러나 실제 감염자 관리과정에서 이것이 엄격하게 지켜지지 못하였다. 에이즈 공포가 극심한 상황에서 감염사실을 감추기는 쉽지 않다. 누구누구가 감염되었다는 사실을 우연히 인지한 주변 사람이 공포감 때문에 이를 다른 사람에게 알려 주의하도록 만들기 때문이다. 이러한 신분노출은 직장과 병원에서는 물론 교회, 보건소 직원들과 기자들에 의해서도 이루어졌다. 일단 신분이 노출되면 감염자는 차별과 냉대를 견디기 어렵게 된다. 따라서 많은 감염자들이 동료, 친구, 친척, 가족들과의 관계를 절연하고 숨어살게 되었다.

1980년대에 대중들에게 형성되었던 외국인에 대한 공포감이 1990년대 들어와서는 감염자에 대한 공포로 이전하였고 감염자를 격리하라는 요구가 심심치 않게 발생하였다. 감염자 격리제도는 처음에는 감염전파 우려가 높은 감염자를 격리수용하기 위하여 도입되었다. 그러나 성 접촉을 통하여 전파되는 에이즈의 특성상 감염을 이유로 격리수용하는 것이 어렵다는 점이 분명해졌다. 보사부 방역책임자는 감염자를 격리하라는 사회적 요구에 대하여 "1명의 감염자를 격리하면 1천 명의 감염자가 숨어버린다"고 하면서 격리제도의 비현실성을 언급하였다(〈서울신문〉, 1993. 3. 25). 정부가 감염자의 일상을 추적 관리하고 감시하는 이외에 강제로 격리시킨 경우는 거의 없었다. 그렇지만 강제격리제도를 법으로 규정하고 격리수용시설 건립을 추진함으로써 결과적으로 에이즈에 대한 공포를 확산시키는 데 일조하였다. 추적관리제도 또한 시설수용을 하지 않을 뿐이지 계속적인 감시와 규제로 사실상 감염자를 사회로부터 격리시키는 것이나 다름없었다. 에이즈에 감염될 경우 사회적으로 고립되어 사회적 사망이나 다름없게 되고 치료제도 없어서 생물학적으로도 죽게 된다는 점 때문에 에이즈 공포는 확산될 수밖에 없었다. 에이즈로부터 안전을 확보하기 위한 에이즈 정책이 전략선택을 잘못함으로써 오히려 사회적 문제를 더 크게 만든 셈이다. 에이즈 공포를 부추긴다는 사회적 비판에 직면하여 정부는 1999년에 격리보호제도를 폐지하였다.

위험군의 획정이 어려운 상황에서 다른 대안은 위험한 성 행동을 하는 사람들의 자발적 검사를 유도하는 것이다. 그러나 에이즈 정책이 정부의 직접개입에 의한 감염자 발견에 치중되면서 자발적 검사를 위한 시설마련이나 동기화가 제대로 이루어지지 못하였다. 에이즈가 걱정되는 사람이 스스로 보건소를 찾아 검진을 받을 수는 있었지만 에이즈에 대한 낙인이 존재하는 상황에서 자발적 검사는 활성화되기 어려웠다. 일반인들이 검사를 받기 위해서는 보건소를 찾아가서 성병 검진자들과 함께 기다렸다 검사를 받아야 했다. 즉 보건소를 찾는 행위 자체가 '성적 타락자'라는 낙인이 찍히는 것이기 때문에 일반인들로서는 망설일 수밖에 없게 된다.

1990년대 들어 한국은 의료보험제도가 실시되면서 국민의 의료이용도가 급격히 높아졌다. 그 결과 일반질환에 대한 치료과정에서 HIV 감염이 발견되는 사례가 급격하게 증가하였다. 국가인권위원회 연구보고(2005)에 따르면 응답한 감염자들의 50.1%가 질환치료 중에 감염사실을 알게 되었고, 14.6%가 건강검진 과정에서 알게 되었다. 법적으로는 건강검진 항목에 에이즈 검사가 포함되어 있지 않지만 기업들이 종업원에 대한 건강검진에 이를 자의적으로 포함시키는 경우가 많다. 보건소에서 실시하는 에이즈 검사에서 발견된 비율은 15.4%에 불과하였다. 즉 발견된 감염자는 대부분 비자발적으로 발견되었다.

1990년대에는 익명검사제도가 도입되지 않았기 때문에 검사할 때 자신의 신분을 밝혀야 하는 점도 자발적 검사를 받지 못하게 만드는 요인이었다. 2005년이 되어서야 비로소 완전한 익명성이 보장되는 전용검사시설이 설치되게 된다. 한국과 같이 국가의 권위주의적 통치의 영향력이 큰 경우에는 국민은 국가정책에 순응할 것이 기대될 뿐이다. 시민사회가 성숙되지 못한 상황에서 자발적 참여는 애당초 에이즈 정책에 포함되지 않았다. 국가의 강제력에 의한 감염자 발견이란 정책도 결국에는 시민의 자발적인 검진 참여의 가능성을 불신했기 때문에 만들어진 제도라고 볼 수 있다.

에이즈 정책전환의 필요성은 감염자 통계에서도 나타난다. 정부가 인권침해의 부담을 안으면서까지 감염자 색출에 나섰던 것은 에이즈가 미국처럼 폭발적으로 증가할지 모른다는 우려 때문이었다. 그런데 1990년대 내내 에이즈 감염은 낮은 수준을 유지하였다. 그런데 실제 감염자는 보고된 감염자의 몇 배가 될 수도 있다는 일부의 연구보고가 있었다.[4] 정부는 1990년대 초반까지는 거의 매월 신규감염자의 수를 발표하다가 1990년대 중반부터는 분기별로 감염자 수를 공표하였다. 그런데 에이즈 감염현황을 발표하거나 이를 보도하는 과정에서 현재 감염자 수와 함께 실제 감염자는 이보다 몇 배 더 많다는 식의 보도가 지속적으로 이루어졌다.

그런데 실제 감염자가 확인된 감염자보다 더 많다고 하더라도 서구의 국가들처럼 감염자가 폭증하는 경향이 아닌 것은 분명했다. 서구 국가들은 1980년대 후반이 되면 에이즈의 성격을 만성질환으로 규정하면서 에이즈 정책 자체가 변화한다. 반면 한국에서는 서구보다 매우 낮은 에이즈 발생 수준임에도 불구하고 에이즈에 대한 과도한 대응체제를 유지하였다. 정부와 언론의 감염현황 공표 관행은 일반국민들 가운데 감염자라는 꼬리표가 달리지 않은 상당수의 사람이 자기주변에 있을 수 있다는 생각을 하게 만들어서 에이즈 공포를 재생산하는 데 기여한 것으로 생각된다.

에이즈 정책의 여러 가지 문제점들이 드러나면서 정부는 정책의 변경을 고민하게 되었다. 1997년 전후로 정부는 법으로 규정된 에이즈에 대한 전염병 감시등급을 낮추어 감염자에 대한 추적관리 의무조항을 폐지하고 자발적인 예방사업 참여를 고취시키는 방향의 정책 변화를 검토하였다. 이것은 감염자 관리에 소요되는 재정적 어려움이 크고 추적관리의 효율성이 낮기 때문이었다. 그러나 이러한 정책

---

4) 세계보건기구 감시예측단장은 1992년에 한국 정부의 의뢰로 감염실태를 조사 분석한 후에 국내 에이즈 감염자는 정부 집계보다 약 10배에 달하는 2천 명이고 1990년대 말까지는 5만 명 수준으로 급증할 것이라고 주장하였다고 한다(〈한국일보〉, 1992. 12. 2).

변화는 실현되지 못하였다. 감염자에 대한 국민들의 공포감과 거부감이 극심한 현실에서 감염자에 대한 추적관리 중단은 감염관리 중단으로 비추어져 공포감을 더 크게 만들 수도 있다는 것이다.

6. 1990년대 시민사회의 반응

1990년대 들어와 사회의 민주화가 진행되면서 국가적 차원의 감염 위험 공포만을 전달하던 언론이 점차로 국민들의 인식과 불안감에 대해서 관심을 갖게 되었다. 1991년에 한 언론사는 전문여론조사기 관에 의뢰하여 성인 811명을 대상으로 에이즈 인식을 조사하였다 (〈세계일보〉, 1991. 12. 16). 에이즈 문제에서 국민들의 인식이 중요함 을 처음으로 드러낸 사건이라고 할 수 있다. 이 조사에 의하면 에이 즈 확산의 이유로 응답자의 64.6%가 "성 문란 풍조"를 꼽았다. 또 "에이즈 감염을 우려하는가?"에 대하여 16.8%가 우려하는 것으로 대 답하였으며, 그중 과반수는 별다른 이유 없이 '막연히 불안'하다고 대답하였다. 5)

국민들의 불안감은 여러 형태로 표출되었는데 1991년에는 한 여성 잡지사가 에이즈에 걸린 젊은 여성이 세상에 복수하기 위해 여러 남 성과 의도적인 성관계를 가졌고 그중에는 유명 정치인도 있다는 허 위기사를 사실인 것처럼 게재하여 큰 파문을 가져왔다(〈서울신문〉, 1991. 12. 8). 그 유명 정치인이 결국 에이즈로 죽었다는 식으로 기사 화했던 것이다. 결국 사실이 아님이 밝혀지고 잡지는 자진 폐간하였 다. 감염자가 아무에게나 분풀이 한다는 괴담도 돌았다. 유명 가수 또는 동네 수영장 인기강사가 감염되었다는 식의 특정인을 빗댄 소 문이 많았다(〈세계일보〉, 1990. 6. 15; 〈한국일보〉, 1994. 9. 4; 〈국민일 보〉, 1994. 9. 6).

골드스타인(Goldstein, 2004)은 '콘돔 괴담'의 예를 분석하면서 에이

---

5) 5공 시절에 청소년들 사이에 AIDS의 발음과 알파벳 사용의 묘를 살려 에 이(AI) 더러운(D) 새끼(S)란 풀이가 유행했다고 한다(〈한국일보〉, 1991. 12. 1). 에이즈에 대한 대중적 인식을 보여주는 사례로 볼 수 있다.

164

즈라는 위험에 직면하여 '지배적인 의료권력'(*dominant medical power*)이 자신들의 일상을 통제하려할 때 사회적 약자들이 그 위험의 원인을 자신이 아닌 외부로 투사함으로써 의료권력에 저항하는 것으로 파악하였다. 대중은 자신들이 불건전한 섹스로 인하여 에이즈 감염 위험에 처해 있으니까 콘돔을 사용하라는 의학적 요구에 대응하여 감염된 콘돔공장 직원이 세상에 복수하고자 자기회사 콘돔을 바늘로 찔러 구멍을 냈다는 식의 괴담을 만들어냄으로써 콘돔사용을 거부하고 의료권력에 저항한다는 것이다. 당시 한국에서 대중들이 정치인이나 가수 또는 유명 수영강사 등 자신보다 상대적으로 우월한 위치에 있던 사람들을 감염자로 투사하는 것도 일종의 권력에 대한 저항으로 볼 수도 있다. 그러나 대중의 에이즈에 대한 공포감의 표출은 권력자를 상대로 하기보다는 감염자를 상대로 주로 나타났다는 점에 문제의 심각성이 있다.

질병에 대한 사회적 인식은 질병의 성격이 변화하는데 따라 같이 변화하는 것이 보통이다. 서양의 경우에는 1990년대 들어와 면역감소 억제약이 만들어지기 시작하였고 이에 따라 에이즈 증상발현이 억제되거나 생존기간이 연장되는 등 에이즈의 질병성격이 만성질환으로 변화하였다. 또한 안전한 성의 실천이 국가적 예방정책으로 받아들여지면서 광범위한 예방홍보도 이루어졌다. 그 결과 HIV 신규감염이 낮아지는 추세를 보인다. 게이들에 대한 폭력도 없어졌고, 에이즈에 대한 대중적 인식과 정부정책도 변화하였다. 한국도 칵테일 요법이나 급속진단법 등 최신의 기술이 도입되어 에이즈 생존기간이 연장되는 등 적어도 질병 특성에서는 서양의 경우와 다를 바 없게 되었다. 그러나 에이즈에 대한 사회적 인식은 크게 변화하지 않았다. 이것은 한국사회의 에이즈 공포가 미국 등과는 다른 사회적 구성을 갖고 있으며 매우 비합리적 속성을 갖고 있음을 말해준다.

질병에 대한 고정관념은 특정 집단과 연관되어 발생하는 것이 보

통이다. 질병에 의한 타자화는 과거에 사회적으로 차별받던 집단이
나 사회적 소수자가 새로운 질병이 유행할 때 일차적으로 보균자로
의심을 받는 현상을 말한다(Joffe, 2002). 미국의 게이들은 에이즈 발
생 이전에 이미 동성애 혐오가 형성되어 있었고 이에 대항하여 권리
운동을 전개했던 경험이 있었다. 잠시 잠복해 있던 동성애 혐오가
에이즈 발생과 함께 다시 부상하여 사회적 타자화의 대상이 된 것으
로 볼 수 있다.

　　그런데 한국에서는 에이즈 발생 초기에 타자화 대상이 분명하게
드러나지 않았다. 당시 감염 위험군에는 주한미군, 미군접대부, 외
항선원, 유흥업소 종사자, 동성애자는 물론 심지어 외국인 관광객과
유학생까지도 한때 의심을 받았다. 이들은 '외국 경험'이라는 점 이
외에는 사회적 지위와 신분이 매우 상이한 집단들이었다. 1989년 이
전에는 해외여행이 제한적으로만 허용되었기 때문에 외국을 경험한
사람이 드물었고 외국여행을 한 사람들은 상대적으로 사회적 지위가
높은 사람들이었다. 따라서 이들을 대상으로 사회적 타자화가 진행
되기는 어려웠다. 매춘부들의 경우에도 초기에만 감염자가 발생하였
을 뿐 1980년대 말부터는 감염자 발생이 거의 없었다. 그렇지만 이
들은 에이즈 문제 발생과 동시에 위험군으로 규정되고 강제검진을
받게 되었다. 그러나 이들은 이전에도 정기적인 성병검진을 받아야
했기 때문에 에이즈 검사항목만 추가되었을 뿐 특별히 차별이 더 가
해진 것은 아니었다.

　　미국에서 에이즈가 게이들에게서 많이 발생한다는 사실 때문에 일
부 국내 언론이 게이 바를 취재하여 이들의 '성 문란'을 보도하기도
하였지만 미국처럼 게이공포증이 생겨날 정도로 게이에게 사회적 관
심이 집중된 것은 아니었다. 그렇지만 이들이 사회적으로 배타시되
는 동성애 정체성 때문에 매춘부들과 마찬가지로 성적 타락의 이미
지가 덧붙여졌을 수는 있다. 따라서 정부에 의한 감염확인과 감염자

등록을 하는 과정에서 자신이 동성애자임을 밝히지 않고 숨기는 경우들도 많이 발생하였다. 그러나 '에이즈＝동성애' 같은 식으로 동성애자가 배타적 관심대상이 되거나 차별을 받게 된 것은 아니었다.

　에이즈 감염자들의 직업과 사회적 지위가 다양했기 때문에 에이즈 차별은 미국의 게이처럼 특정 집단에 대한 차별현상이 발생하기보다는 감염자에 대한 무조건적 차별의 형태로 나타났다. 이것은 특정 집단에 대한 차별보다 더욱 심대한 부정적 결과를 초래하였다. 감염으로 인하여 가족과의 관계가 단절되는 경우가 흔하게 발생하게 되었으며, 성적 타락과 관계없는 수혈에 의한 감염자들까지도 거부의 대상이 되었다. 1989년부터 오염된 혈액을 수혈받은 사람들이 에이즈에 감염되는 사건들이 나타났다. 이들은 '죄 없는 희생자'임이 분명하다. 그러나 이들은 자식들에게도 감염사실을 감추기에 급급하였고, 몇몇 수혈감염자는 비관자살을 하기도 하였다(〈조선일보〉, 1989. 12. 23; 〈세계일보〉, 1992. 7. 23).

　미국의 경우 에이즈 발생이 진행되면서 백인 중산층 게이보다는 흑인과 저소득층, 마약복용자 등에게 더 많은 감염자가 발생하게 되자 '책임이 있는 감염자'(*deserving victim*)와 구분되는 '죄 없는 희생자'의 개념이 만들어졌다. 보수주의자들이 생각할 때 동성애자나 마약복용자처럼 도덕적·성적으로 타락하지 않았지만 수혈로 인해 죄 없는 희생자가 된 사람들을 말한다. 앞장에서 설명한 라이언 화이트(Ryan White)의 경우가 여기에 해당된다. 죄 없는 희생자라는 새로운 개념이 만들어지면서 미국 정부는 감염자에 대한 거부감을 접고 본격적으로 감염자 치료와 지원에 나서게 되었다.

　한국의 에이즈 문제에서 죄 없는 희생자 개념이 존재하지 않는 것은 감염에 대한 공포가 성적 일탈에 의한 감염과 수혈에 의한 감염의 질적 차이를 무의미하게 만들 만큼 크다는 것을 말한다. 역으로 이것은 한국사회가 성적 일탈에 대한 사회적 규제가 약하다는 것을 암시한다. 성적 일탈에 대한 규제가 약하다보니 성병 감염도 사회적 비난은 초래할지 몰라도 "있을 수 있는 일" 정도로 넘어가는 경우가 많다. 이런 상황에서 성적 일탈로 인한 감염과 수혈로 인한 감염의 차이는 크게 인식되지 않았다. 따라서 에이즈 문제에서 감염 원인에 따른 차별적 대우는 사회적 관심을 받기 어렵고 전파 감염가능성에만 관심이 집중되는 것으로 생각된다.

죄 없는 희생자 개념의 부재를 초래하는 또 다른 중요한 요인은 감염자를 보호할 수 있는 조직화된 세력이나 제도적 장치가 존재하지 않았다는 점이다. 미국의 게이들이 사회적 차별에 맞서서 자신이 게이임을 감추지 않고 맞서서 권리투쟁에 나서거나 감염사실을 숨기지 않고 자조적인 치료 네트워크를 구축할 수 있었던 것은 이들이 독자적인 제도적 기반을 갖추고 있었던 점에 기인한다. 게이 언론을 비롯하여 게이 레스토랑, 게이 서점, 게이 부동산 등 게이 관련산업체들이 충분히 발전되어 있었고 이들이 거리의 한 구역에 집중하여 분포되어 게토를 이루고 있었다. 더욱이 이들은 백인 중산층 고학력자들로 구성되어 있어 자신들의 권리문제를 사회적 의제로 만들어낼 수 있는 지적 사회적 역량을 갖추고 있었다. 이러한 경제적, 사회적, 문화적 자본들이 뒷받침되어 있었기 때문에 이들은 차별에 맞서서 대안적인 논리와 삶의 방식을 만들어내고 유지할 수 있었다.

그러나 한국은 문화적 동질성이 강한 사회이기 때문에 사회적 소수자가 독자적인 문화나 거주지를 형성할 수 있는 여건이 존재하지 못했다. 더욱이 이들의 권리를 구제하고 보호해줄 여타의 사회세력도 제대로 형성되지 못하였다. 1980년대와 90년대에 시민사회운동 단체들이 많이 생겨났지만 이들은 정치적 민주화를 위한 투쟁에 경도되어 있었기 때문에 에이즈나 질병문제에 관심을 쓸 만한 역량을 갖추고 있지 못하였다. 미국의 ACT UP처럼 철저하게 감염인 권익 위주의 정치활동을 하는 단체는 존재하지 않았다. 이런 상황에서는 감염인들이 자신에게 가해지는 부당한 차별을 사회적으로 의제화하고 제도개선을 이루어내는 것은 불가능했다.

1993년에 에이즈 감염자 지원 등을 목적으로 한국에이즈퇴치연맹과 한국에이즈예방협회 등 민간단체들이 만들어졌지만 대부분의 재정을 정부지원에 의존하여 에이즈 문제의 심각성을 알리고 소규모로 홍보와 교육을 하는 등에 그쳤다. 이 단체들의 목표는 에이즈에 대한 경각심을 높여서 에이즈 감염을 예방하는 것이었다. 그러나 예산 부족 등으로 효과적인 에이즈 예방운동을 전개하기는 어려웠다. 이렇게 에이즈에 대한 공포와 차별을 상대화시킬 수 있는 사회적 규범이나 제도적 지지기반이 부재한 상황에서 에이즈 공포는 극단적인 형태로 발전할 수밖에 없었다.

그러면 에이즈 공포가 보통사람들로 하여금 성의 안전을 추구하도록 만들었는가? 그렇지 않다. 다음 장에서 살펴보겠지만 우리나라 성인들의 외도와 성매매 등 성 위험행동은 다른 나라에 비하여 매우 높은 수준이다. 또한 콘돔 사용률은 낮다. 높은 외도율과 낮은 콘돔 사용률을 고려할 때 에이즈 공포가 대중으로 하여금 성 행동에서 안전을 추구하도록 만들지는 못하는 것으로 보인다.

반면 일부 '소심한' 사람들은 심각한 에이즈 감염공포에 시달리게 된다. 한국에이즈퇴치연맹(1997)이 1996년에 3,136명의 상담을 분석한 결과를 보면 상담의뢰자들은 대부분 성매매 이후 불안감에 시달리고 있었고, 상담 전에 에이즈 검사를 받은 사람이 42.1%로 상당히 높은 빈도를 보였으며, 검사횟수도 2회 이상인 사람이 대부분이었다. 에이즈 검사를 수검하는 행위 자체가 상당한 낙인을 감수해야 하는 행위였음에도 불구하고 반복검사를 받고 또다시 상담받는 경우가 많았던 것은 결국 감염에 대한 불안감이 매우 컸음을 보여준다.

성적 일탈에 적극적이었던 사람들은 자신의 성 행동에서 위험을 인지하지 못하기 때문에, 반면 일부 소심한 사람들은 위험을 과도하

게 인지하여 제한된 예방서비스 자원을 소진시키기 때문에 에이즈
공포는 에이즈 정책의 효과를 낮추게 된다.

〈표 4-3〉 초기 에이즈의 사회적 구성의 국가 간 차이

	미 국	호 주	한 국
에이즈의 사회적 성격 규정	게이들의 병	사회적 소수자들의 사회적 고통	괴 질
사회의 성 담론	성 해방 강함 성 담론 발전 반성해방 강함	성 해방 강함 성 담론 발전 반성해방 약함	성 해방 시작 단계 성 담론 발전 못함
일반적 질병 인식	탈근대	탈근대	전근대적/근대
집권 세력	보수 정권	진보 정권	보수-권위주의 정권
게이들의 조직화된 행동	잘 조직화되고 강력한 대중운동 전개	잘 조직화되고 강력한 대중운동 전개	소규모이고 비조직화됨. 운둔
언론의 성격과 에이즈 문제 보도	보수적/외면	중립적	보수적/과잉 보도
다른 행동 주체	종교계: 반 게이 활동	성노동자 연대: 안전한 성 운동 적극 참여	사회운동권: 반미, 반 에이즈 활동
세력 간 대립구조	〔정부+종교계〕 대 〔게이〕	정부-게이 연대	〔정부〕 대 〔사회운동권+언론〕
핵심 이슈	게이 차별	게이 역량강화	에이즈 검사, 감염인 색출
예방정책, 전략	금욕주의적 교육 홍보, 검사	지역사회 건강증진	검사와 감시 위주
게이와 감염인의 정책 참여	자조활동, 후반기에 정책 참여	처음부터 참여	처음부터 배제
감염 발생과 증감	폭발적 발생, 지속적 증가	폭발적 발생, 급격한 감소, 안정	소규모 발생, 지속적 증가

7. 소 결

한국사회에서 에이즈 발생은 외국인과 외항선원 등에 의하여 시작되었다. 즉 한국에서 초기의 에이즈는 철저하게 '외래적 위험'이었다. 이에 대하여 외래 질병에 '본능적 공포'를 갖고 있었던 보수적 세력은 물론 서구의 성적 타락이 한국을 '오염'시킨다고 생각했던 민족주의 좌파세력에 의해 에이즈 유입을 차단하기 위한 정책요구가 강력하게 제기되었고, 정부 또한 이에 부응하여 에이즈 감염자 발견 및 확산방지를 위한 강력한 규제정책들이 실시되었다.

외래적 위험으로서의 에이즈는 국가의 개입과 함께 '질병으로서의 에이즈'로 성격이 재규정되었다. 국가의 에이즈 정책은 에이즈를 전염병으로 규정하고 감염 확산을 방지하는 데 초점이 있었다. 따라서 강제검진을 통한 감염자 색출과 격리 및 치료를 통한 전파차단이 주요 정책내용이었다. 성 행동의 다양성이나 성 정체성 같은 요소는 애당초 정책의 관심대상이 아니었다. 또한 인권을 침해해서라도 감염확산을 방지하겠다는 정책의지가 '에이즈 예방법'을 통해 구현되었다.

이 정책은 HIV 감염을 단기적으로 억제하였을 수는 있지만 그 사회적 부담은 매우 컸다. 에이즈에 대한 과도한 공포감을 제어하지 않은 채 강제검진이나 일상행동의 감시 등 인권제한을 용이하게 함으로써 결과적으로 에이즈 공포가 지속적으로 확대재생산되었고 이제 감염자의 인권보호를 기하는 방향으로 정책을 변경하려해도 만연된 에이즈 공포 때문에 실행이 어려운 모순에 처하게 되었다. 현재 에이즈가 의학적으로 통제될 수 있음에도 불구하고 감염자들은 사회적으로는 사실상 사망한 것과 다름이 없는 상태로 볼 수 있다.

서구의 경우에도 유사한 정책 진행과정이 있었지만 그 기간은 길지 않았고 곧 정책의 변화가 있었다. 여기에는 치료제가 개발되었고

HIV/AIDS의 질병 속성이 변화했다는 점과 감염인과 게이들의 적극적인 인권운동이 전개되었다는 점이 작용하였다. 반면 한국에서는 치료제의 도입이 오히려 '에이즈 대응의 의료화'를 심화시켰을 뿐이다. 이것은 감염인이나 게이 또는 다른 사회세력에 의한 반차별 운동이나 인권보호, 권리운동이 미약했다는 점이 크게 작용한 것으로 보인다.

게이사회는 1990년대 중반 이후 태동하였기 때문에 조직화의 수준이 미약하였고 이런 단계에서 자신들의 정체성에 도덕적 '해악'을 미칠 것으로 생각되는 에이즈 문제로부터 멀리하려는 것처럼 보였다. 지금까지 HIV 감염자의 약 90%는 남성이고 이들 중 상당수는 게이인 것으로 추정되지만 에이즈와 게이의 관련성이 부정되는 상황에서 감염인들은 '조직적 보호'를 받을 수 있는 기회를 얻기 어려웠다.

한국에서 에이즈의 사회적 구성은 서구사회나 미국과는 판이하게 다르다. 에이즈 대응 과정에서 국가주의와 의료전문주의가 지배하였고 에이즈는 질병으로서의 속성만이 두드러지게 나타났다. 반면 에이즈 인권운동은 미약하였다. 성 정체성이나 성의 다양성은 이슈화되지 못하였고 그러다보니 이성애자와 다른 성 정체성을 갖고 살아왔던 감염인들은 이를 애써 감추어야 했고, 사회적 보호를 받지 못하고 숨어 살 수밖에 없게 되었다. 미국에서는 게이들의 '성 정치'에 대한 대항으로서 보수세력과 이성애자들의 '게이 혐오'가 에이즈 공포와 낙인의 주된 내용이었지만 한국에서는 '외국'과 '질병'(성병)에 대한 공포로서 에이즈 공포와 낙인이 구성되었다. 에이즈가 질병문제로 규정되면 인권운동이나 권리운동은 조직화되기 어려워진다. 더욱이 정부가 치료비를 부담하는 상황에서는 다른 나라의 경우처럼 '의료서비스 접근권'을 이슈화시키면서 인권운동을 시도하기도 어려워진다. 그나마 에이즈 발생 초창기에 사회운동권 그룹들이 조직적으로 에이즈 문제를 제기할 수 있었던 것은 에이즈가 '민족과 외세'라는 정치적 성격을 갖고 있었기 때문이다. 일단 에이즈가 의료화되고 의료의 관리대상이 된 이후에는 보통의 다른 질병처럼 정치적 성격을 거세당하고 감염자는 환자로서만 존재하게 되고, 감염 우려가 있는 집단은 '역학적 위험군'으로만 그 성격이 규정되게 된다. 성 담론이 존재하지 않던 상황에서 발생한 에이즈 위험은 성 정치로서의 성격을 가질 수 없었고 오로지 의료적 문제로만 간주되었다.

일반인의 성 행동과 위험인식 5_장

사람들이 질병을 대할 때 그 위험성을 과학적으로 계산하면서 인지하는 것은 아니다. 우리나라에서 에이즈는 대부분 성 접촉으로 인한 것이다. 따라서 과학적으로는 안전한 성 행동을 추구하면 에이즈는 크게 걱정할 문제가 아니다. 그렇지만 사람들은 에이즈에 과도한 공포심을 갖고 있고, 나아가 감염인을 타자화시켜 자신의 안전함을 도모하려는 현상까지 나타난다. 즉 사람들이 느끼는 위험은 과학자들이 제시하는 위험과는 다른 방식으로 구성됨을 암시한다. 에이즈 문제의 배경에는 성과 질병에 대한 복잡한 사회적 가치와 규범 및 인식이 작동한다. 사랑과 성이 어떻게 구성되고 인식되는가에 따라 누구를 파트너로 선택할지 또 어떤 방식의 성관계를 할지가 영향을 받게 되고 그러한 관계가 초래할 위험조차 위험으로 인식되지 않을 수도 있다. 위험이란 과학적 객관적 현상이면서 동시에 사회적 문화적으로 규정되는 현상이기도 하다.

1. 성과 위험

1) 위험과 대응

산업화되기 이전 시대에 위험(*risk*)이란 주로 자연재해를 의미하였
다. 이것은 인간의 잘못이나 책임과는 관계없이 나타나는 것이었다.
따라서 재난을 만나면 운이 없는 것이었고 이를 피하면 행운이었다.
산업화 이후 재해나 재난의 원인을 과학적으로 분석하고 발생가능성
을 확률적으로 계산하기 시작하였다. 벼락 맞을 확률을 안다는 것은
그것을 통제하고 대비하게 되었다는 의미가 있다. 또한 위험 개념을
자연재난 뿐만 아니라 인간행동과 사회적 과정까지도 적용시키기 시
작하였고 위험을 자연의 산물이기보다는 인간행동의 예기치 못한 결
과로까지 생각하게 되었다.

그런데 20세기 후반이 되면서 위험을 다시 부정적으로 보는 관점
이 우세해졌다. 과학기술이 재난과 위험을 확률적으로 계산하고 통
제하는 방법을 발전시켰지만 위험은 사라지지 않았고 오히려 더 큰
구조적 위험이 나타난다는 인식이 새롭게 생겨났다(Lupton, 1999).
그래서 사회학자들은 우리가 살고 있는 현재의 사회를 '위험사회'라
고 부른다.

과학기술 문명이 극도로 발달한 상황에서 오히려 위험이 만연해
있다는 사회학적 진단은 일견 모순되는 것처럼 보인다. 과학기술 문
명은 기본적으로 자연의 불확실성을 통제하고 인간의 삶을 예측 가
능하게 만들어왔다. 문제는 과학기술 문명 자체의 복잡성 때문에 발
생한다. 한마디로 과학기술이나 그 원리에 근거하여 구성된 사회가
너무 복잡해지면서 이러한 체제가 제대로 작동되고 있는지 일목요연
하게 파악하는 것이 어렵게 되었고 그 결과로 과학기술이나 사회체
제 내부에 위험이 배태된다는 것이다. 후기 근대사회에서 위험은 전

지구화의 결과로 인해 과거와 비교하여 증가되었다(Giddens, 1990). 과거에는 예측 불가능한 자연이 재난을 부르거나 또는 인간의 고의나 실수 때문에 사고가 생겼지만 이제는 시스템의 복잡성으로 인한 한계 때문에 사고는 '자연스럽게' 발생하며 위험 자체가 더욱 복잡해졌고 관리하기 어렵게 되었다는 것을 의미한다.

성(性)의 영역도 과거보다 복잡해졌다. 성 정체성이 다원화되었고 성 해방으로 파트너의 선택, 파트너의 수, 성관계가 이루어지는 시간과 장소 등이 다양화되었다. 성의 구성이 복잡해지는 만큼 성에 내포된 위험도 증가할 수 있다. 성 접촉과 성 상대자가 많을수록 성병의 위험도 증가하게 된다는 것을 어렵지 않게 예상할 수 있다. 성 해방과 함께 성은 친밀감과 신뢰의 표현이 되었다. 이런 상황에서 질병예방을 위하여 파트너의 성 이력을 질문하거나 콘돔사용을 요구하는 것은 친밀감과 신뢰에 금이 가게 만들 수 있다. 파트너 사이에 권력적 위계가 존재한다면 그 같은 질문이나 요구를 하기는 더욱 어려울 것이다. 즉 성의 위험은 변화된 성 의식과 성관계에 내재하게 된다.

시스템에 위험이 내재되어 있다면 우리는 보통 그에 대처하는 방법을 찾으려고 노력한다. 그런데 위험을 어떻게 개념화하는가에 따라 대응은 달라질 수 있다. 과학기술의 관점에서는 위험을 객관적으로 측정가능한 것으로 간주한다. 예를 들어 흡연과 음주가 암 등 건강악화를 유발한다는 것을 인과적으로 밝히고 금연과 절주를 생활화하도록 권장하는 건강증진 정책이 실시되고 있다. 흡연과 음주를 계속하는 사람들은 이제 죽음의 위험을 감수하는 사람, 또는 현존하는 건강위험을 알면서도 방치하는 게으름뱅이거나 결단력이 부족한 사람으로 간주된다. 한국사회에서는 과학기술이나 의학의 영향력이 매우 크고 따라서 이들이 제시하는 건강위험에 대한 대응해법이 수월하게 정당성을 얻는 경향이 있다. 건강을 위하여 금연을 해야 한다는 담론은 상식처럼 되고 있지만 흡연규제가 자유권에 대한 침해라는 주장은 찾아보기 어렵다. 그렇지만 모든 사람들이 정부나 의료계에서 권하는 대로 행동하지는 않는다. 대부분의 사람들은 흡연이 해롭다고 생각하지만 아직도 성인 남성의 흡연율은 50% 수준에 달하고 있다.

반면 사회구성주의의 관점에서는 위험을 사회문화적 과정과 대립하는 객관화된 위협으로 간주한다. 예를 들어 동료와 교류하기 위하여 음주를 하게 된다면 음주는 사회문화적 과정의 불가피한 결과일 수 있다. 음주로 인한 건강위험과 음주를 권하는 사회문화적 과정이 대립하면서 병존한다. 보다 극단적인 구성주의 관점에서는 그 자체로 위험한 것은 아무것도 없으며 사회적 상황과 맥락에 따라 위험할 수도 있고 아닐 수도 있다고 생각한다(Lupton, 1999). 예를 들어 음주와 흡연이 본래 위험하기보다는 사회문화적 맥락에 의해 위험성이 결정된다는 것이다. 빈곤한 사람들의 나쁜 건강상태는 빈곤으로 인한 열악한 삶의 질과 과도한 스트레스, 그리고 적절하게 제공되지 못하는 보건의료서비스가 더 중요한 원인일 수 있는데 음주와 흡연의 폐해를 강조하는 것은 그 책임을 개인에게 전가하는 것이며, 음주와 흡연은 그 위험성이 과장되었다는 비판이 제기될 수 있다(Bunton, 1995). 즉 위험은 사회적 맥락에 따라 그 의미가 달라질 수 있다는 것이다.

보건의료계에서는 위험의 인과적 원인에 따라 문제를 규정하고 위험 모델을 설계하며 위험을 관리할 수 있다고 생각하고 위험을 낮추는 방법을 찾는다. 반면 사회학자들은 위험 자체보다는 그것을 인식하고 대응하는 사람들이 더 문제라고 생각한다. 그들의 위험인식은 비합리적일 수도 있고 경우에 따라서는 위험을 알면서도 위험을 감수하고 즐길 수도 있다고 본다. 이러한 두 관점을 에이즈 위험과 관련해서 비교해 보자. 공중보건에서 규정하는 에이즈 위험은 흔히 파트너가 마약복용자일 때, 주 파트너가 아닌 사람과 삽입 성교할 때, 과

거 5년간 5명 이상의 성 파트너를 가질 때, 성병 전력이 있을 때, 주 파트너가 다른 성 파트너를 가질 때 등으로 규정된다. 그러나 사회학에서는 가부장제하의 만연된 외도와 같은 '제도적으로 구조화된 위험', 빈곤과 같은 주된 위험에 부수되어 벌어지는 성 판매와 같은 '부가적 위험', 성 파트너의 사회적 지위 때문에 그의 건강상태를 잘못 판단하는 것과 같은 '협상적 위험', 단순히 위험을 즐기고자 하기 때문에 야기되는 '자발적 위험' 등 사회관계적 요인을 고려하여 규정하게 된다(Kendall, 1995).

2) 위험에 대한 대응양식

위험에 대한 반응은 구조적 차원과 미시적 차원에서 개념화할 수 있다. 더글러스와 윌다브스키(Douglas and Wildavsky, 1982)는 집단귀속성과 개인행동에 대한 통제력(group and grid model)을 중심으로 4가지 다른 위험 반응군을 구분하였다. 집단에 귀속하여 외부와의 경계를 뚜렷이 하고 권위 위계나 성, 인종, 계급 등 다른 사회적 요인에 의하여 개인의 행동에 대한 통제가 강한 집단을 '위계주의자'로, 집단귀속성은 강하지만 개인통제력은 약한 경우를 '평등주의자', 집단귀속성과 개인통제력이 모두 낮은 경우를 '개인주의자', 집단귀속성이 낮고 개인통제력은 높은 경우를 '운명론자'로 규정하였다.

위계주의자는 사회의 주류세력이고 권위를 존중하고 규범과 질서를 확보하는 데 관심이 크다. 에이즈 위협에 대응하여 이들은 전문가들이 제안한 공중보건 전략을 채택하여 방비를 강화한다. 이들은 에이즈 위험이 외부에서 오는 것으로 파악한다. 즉 게이처럼 사회의 주변부에 있는 존재들이 위험의 근원이라고 파악한다. 주변부와의 경계(boundary)를 분명히 함으로써 에이즈 위험은 경계선 밖 "그들"의 문제로 규정되고 경계선 안쪽의 자신들은 안전할 것으로 생각하게 된다.

평등주의자는 위계적 권위 대신에 연대성(*solidarity*)으로 조직화된 집단으로 위계적으로 집단화된 주류세력에 대하여 저항하는 집단이다. 게이 공동체나 에이즈 인권운동가 집단이 해당된다. 이들은 기성 전문가들의 공중보건전략 같은 지배적 규범의 강요를 거부하고 위험에는 자조활동이나 지역사회 중심 전략 같이 성원들이 평등하게 참여하는 방식을 선호한다. 이들도 주류세력처럼 집단의 내·외부 경계를 분명히 하는 데 관심이 있고 외부 위협을 이겨내도록 방어벽을 구축해야 한다는 생각을 갖고 있다. 물론 이들의 외부는 사회의 주류세력이 된다.

예를 들면 미국의 주류세력은 게이들이 위험을 초래하는 것으로 보았고 게이들은 주류세력의 처방을 거부하고 독자적으로 성 안전을 추구하다가 힘에 부치자 주류세력을 상대로 생존권 투쟁을 벌인 것으로 볼 수 있다. 두 집단은 위험의 원인에 대한 인식이나 대처방식이 완전히 달랐다. 반면 미국에서 에이즈를 위험으로 인식하는 방식이 한국에도 그대로 적용되기 어렵다는 점도 알 수 있다. 한국의 주류세력의 특성이나 위험인식 방식 그리고 이들에 의하여 타자로 규정되는 주변부의 타자들의 특성이 미국과는 다를 수밖에 없기 때문이다. 미국은 주류세력이나 주변부의 타자 모두 조직화된 세력이었지만 한국에서는 조직화된 타자들은 존재하지 않았다.

개인주의자는 개별적으로 열심히 노력하는 기업가 같은 성향을 갖는 집단이다. 이들은 조직보다 개인을 선호하고 위험에 대한 대처도 개인의 자기규제 방식을 선호한다. 위험이란 자기 몸에 대한 자기관리가 부족해서 생긴 문제로 파악한다. 이들은 자기 몸에 대한 확신이 강하기 때문에 외부적으로 주어지는 규제, 예를 들어 안전한 성 행위에 대한 교과서적 권고 같은 것을 잘 따르지 않는다. 이득을 얻을 수 있다면 위험도 감수하려는 것이 이들의 행태이다. 운명론자는 집단에 강한 유착이 없다. 이들은 스스로의 행동은 절제하지만 위험을 막아내기는 어렵다고 본다. 에이즈 감염은 개인이 노력한다고 통제되는 것은 아니라고 보는 것이다. 병에 걸리지 않으면 행운이지만 병에 걸리더라도 어쩔 수 없는 운명이라고 생각한다.

이러한 반응양식은 개인적으로 선택한 것이기보다는 문화적으로 구성된 것이다. 서구인들의 문화에서는 몸에 대한 통제를 중시하는데 여기서 외부는 더럽고 오염된 것으로 내부는 청결한 것으로 구분하여 인식한다. 오염된 것을 터부시하거나 비난하는 것은 내 몸의 안전을 담보하기 위한 정치적 행위라고 볼 수 있다. 그렇지만 무엇이 오염된 것이고 위험한가의 여부는 고정된 것이기보다는 상대적인 것으로 문화권에 따라 달라질 수 있고 한 문화권 내에서도 집단에 따라 달라질 수 있다. 즉 오염은 고유한 속성을 갖는 객관적으로 규정되는 것이 아니다. 한 행위도 상황에 따라 청결이 될 수도 있고 오염이 될 수도 있다.

우리나라 사람들은 집에 들어오면 신을 벗는다. 집 밖을 오염된 공간으로 보기 때문에 집 안에 들어오면 신을 벗는다. 반면 서양인들은 집 안에서도 신을 신는다. 그러나 그들도 식탁 위에 신을 벗어놓지는 않는다. 식탁은 청결한 공간이고 신발은 그 자리에 있어서는 안 된다. 즉 무질서(disorder)가 오염인 것이다. 질서는 자신의 몸과 자신의 집과 자신이 소속된 집단의 안전을 유지시키는 것이고 그 질서를 깨뜨리는 행위나 대상은 위험한 것으로 인식하는 것이다(Douglas, 1966, 1985, 1992).

미시적 차원에서 위험을 연구하는 사회학자들은 위험을 인지하면서도 위험을 감수하는 행위에 주목하면서 이에 대한 적극적인 해석을 시도한다. 예를 들어 대학에 갓 입학한 청소년들의 과도한 음주는 우리나라에도 흔한 현상이지만 미국사회에서도 자주 발생한다. 그들은 음주 파티를 벌임으로써 건강위험을 초래할 수도 있지만 그들은 건강위험에 대한 인식보다는 동기들과의 우정과 연대 또는 성인으로서의 정체성을 얻는 데 더욱 관심이 크고, 또 그것은 장기적으로 사회적 자산이 될 수도 있다. 즉 위험의 감수로 잃는 것도 있지만 얻는 것도 있다. 심리학적으로 위험은 부정적이면서 동시에 긍정적인 결과를 유발하는 것으로 청소년들의 정상적 발전과정의 하나이기도 하지만 비정상의 일부분이기도 하다(Sharland, 2006). 위험 감수행위는 인격적 성숙과 자신의 정체성을 발견하는 긍정적 결과를 낳을 수 있다. 동시에 위험 감수행위는 건강악화나 사고발생과 같은 부정적 결과를 야기할 수도 있다. 위험은 이처럼 양면적인 것이고 인간존재에 내재하는 것이며 주체적으로 선택하고 책임져야 할 것으로 개념화되기도 한다(Lupton, 1999: 104~122).

여기서 관건은 무엇을 기준으로 위험을 인식하고 반응하는가 하는 점이다. 과학자들은 위험을 확률적으로 계산하여 제시한다. 벼락맞을 확률이나 교통사고로 죽을 확률 같은 것들이다. 그러나 보통 사람들은 과학적인 위험확률이 낮다고 하여 그것을 반드시 안전하다고 받아들이지 않을 수도 있고 반대로 위험확률이 높아도 위험으로 인지하지 않을 수도 있다. 예를 들어 저준위 핵폐기물에서 나오는 방사선에 노출되어 위험할 확률은 정기검진에서 가슴 X선 사진을 찍을 때의 위험확률보다 훨씬 낮다. 그러나 사람들은 병원보다 핵폐기물 처분장을 더 위험하다고 생각한다. 반면 공업용 유기용제는 위험한 요소들이 많지만 근로자들이 무색무취한 유기용제에서 위험을 느끼지 못하는 경우도 많다. 이렇게 위험에 대한 반응은 문화적으로 형성되는 경우가 많다. 사람들은 자신의 경험과 사회적 환경, 그리고 의견과 정보를 구할 수 있는 일반인들의 네트워크 영향을 받으면서 반응한다. 즉 대중매체, 전문가, 그리고 자신의 경험과 주변의 의견에 의해 영향을 받는다(Lupton, 1999: 108).

그러다보니 일반인들의 위험인식은 과학적이지 않을 수 있다. 예를 들어 사람들은 자신에게 닥칠 수 있는 일에 대해서는 그 위험을 과대평가하는 경향이 있다고 한다. 또한 발생가능성은 낮지만 기억할만한 사건에 대해서도 위험을 과대하게 인식한다고 한다. 반면 흔하게 볼 수 있고 심각하지 않은 것처럼 생각되는 사건에 대해서는 위험을 낮게 평가한다고 한다. 또한 새로운 사건이나 (강제로) 주어지는 사건보다는 친숙한 사건이나 자발적으로 수행하는 사건들은 그 위험성을 허용할만한 것으로 파악한다. 이득이 있을 때에는 위험을 싫어하고 손실에 직면하면 위험도 감수한다. 언론이 집중보도하면 발생가능성이 희귀한 사건이라도 위험을 더 크게 인식한다. 단기적으로 사건이 집중 발생하면 위험 인식은 더 커진다(Lupton, 1999:20; Douglas, 1985; Slovic, 1987, 2000).

이 연구의 주제와 관련하여 세 가지 위험반응이 중요하다.

첫째는 일상으로부터 탈출하기 위하여 위험을 감수하는 경우이다. 조직사회의 일상은 정교하게 짜인 틀 속에서 살아야 하기 때문에 단조롭고 소외적일 수 있다. 사람들은 일상에서 탈출하여 위험한 놀이를 즐김으로써 자신이 인간임을 재확인한다는 것이다. 즉 사회와 대립된 존재로서의 자연은 아직도 위험한 곳으로 인식되고 그 위험 속으로 회귀하여 험준한 산에 등산을 하거나 상어와 함께 수영을 하는 등의 방식으로 자연에 도전해 봄으로써 '인간승리'를 맛보려고 한다는 것이다(Lupton, 1999: 148~172). 위험을 인지하면서도 위험에 도전하여 성취하는 것을 중요시하는 방식이다. 예를 들어 성관계에서 고정적 관계가 반복될 경우 또는 그 관계가 가부장제와 같은 제도적 형식에 얽매일 경우 권태와 소외를 느낄 수 있고 외도와 같은 위험을 감수하면서 성 만족을 추구할 수도 있다. 이때 위험의 극적 효과를 얻고자 한다면 콘돔과 같은 안전장치는 고려하지 않게 된다.

둘째는 자신으로부터 위험을 격리시키는 방법이다. 오늘날 서구사회에서 위험이라는 개념은 자신과 타자 사이의 문화적 경계를 유지하기 위해 이용된다. 이러한 타자는 개인이 속한 사회나 공동체에서 물리적 신체나 상징적 신체의 완전무결함에 대하여 위협이 되기 때문이다. 예를 들면, 전염병은 실제 위험으로 다가오며 감염된 사람은 다른 사람에게 위험한 존재가 된다(Douglas and Wildavsky, 1982: Douglas, 1992: 83~101). 여기서 전염병은 문화적 차원에서 "불결한 것"으로 규정되어 자신의 영역에서 배제된다. 우리가 자신의 집이나 사무실을 청결하게 가꾸는 것은 근대사회의 일상적 규범이고 문화이다. 더러운 것은 버리고 눈에 띄지 않게 처리한다. 위험한 것을 더러운 것으로 규정하여 버리고 격리시킴으로써 우리는 자신이 청결(건강)함을 보여주고 또 위험으로부터의 안전을 담보받으려고 한다. 에이즈 감염자를 차별하는 것은 결국 의학적으로는 전염되지 않더라도 문화적으로는 불결함이 전염될 수 있는(contagious) 것으로 보기 때문에 이들을 따돌려서 자신의 청결함(즉 건강)을 지키려는 적극적인 방어행위라고 생각할 수 있다.

마스턴과 킹(Marston and King, 2006)이 1990년에서 2004년 사이에 조사된 청소년 성 행동 논문 268편을 메타 분석한 결과 청소년들은 외모나 사회적 특성에 따라 잠재적 성 파트너를 "청결"과 "불결"한 경우로 나누어 생각하였고 불결하다고 인식되는 파트너하고는 콘돔을 사용하였고 청결한 파트너와는 콘돔을 사용하지 않았다. 그러나 청결한 파트너의 경우에도 임신예방을 위해서는 콘돔을 사용하였다.

셋째는 신뢰할 수 있는가의 여부에 따라 안전을 판별하는 것이다. 위험과 불확실성은 일상생활의 한 부분인데, 위험을 생각하는 것은 마음을 어지럽게 하거나 심지어 일상생활을 마비시키기 때문에 사람들은 대체로 그것에 대한 생각을 꺼린다(Giddens, 1990). 여기서 복잡한 문제를 간단하게 해결하는 방법은 신뢰할만한 대상은 받아들이고 그렇지 못한 대상은 거부하는 것이다. 기든스는 위험과 신뢰가 서로 양극단에 위치해 있음을 간파하였다. 최고의 신뢰는 맹목적인 것인데, 사랑에 빠지면 파트너에 대하여 무조건 신뢰한다(Giddens, 1990:

33). 즉 상대방에 대한 모든 정보를 수집하고 분석하여 믿을만하다고 판단하는 것이 아니다. 우연히 만남 사람은 일단 위험한 사람으로 보지만 자주 만난 사람은 상대적으로 믿을만한 사람이 된다. 배우자나 애인 같이 친숙한 사이에서는 상대방을 믿기 때문에 그가 성병과 같은 위험요소를 지니고 있다고 생각하지 않는다. 따라서 콘돔 같은 안전장치를 사용하지 않는다. 그러나 성매매나 우연히 만난 파트너라면 일단 위험성을 생각하게 되고 콘돔을 사용할 가능성이 커진다.

에이즈 예방교육과 관련하여 사회학자들은 특히 이 세 번째 요인에 주목한다. 상대방을 신뢰할 것인가 아니면 위험한 존재로 인식할 것인가의 여부에 따라 대응행동이 달라질 것인데 신뢰와 위험을 판별하는 기준이 과학적이기보다는 주관적 정서적 요인에 상당히 좌우되는 것으로 나타나기 때문이다. 즉 처음 만난 사람의 위험성 여부를 판단할 때 시각적으로 건강하고 청결한 모습을 보여주거나, 가정배경과 출신지, 지식수준, 심지어 일상의 스케줄 같은 것도 파트너의 신뢰를 판단하는 기준으로 사용되었다. 깔끔하고 준수한 외모를 가진 사람은 신뢰하지만 냄새가 나거나 말투가 상스러우면 위험한 것으로 판단하는 식이다. 상대방의 "위험 수준"을 인식하는 데 따라 허용하는 성행위의 수준과 내용이 조절되기도 한다. 보다 친밀하게 느껴지면 오럴 섹스를 허용하고 그렇지 않으면 콘돔을 착용한 질 성교만을 허용하는 식이다(Lear, 1997: 78~100).

1980년대에 에이즈 위험을 연구할 때는 주로 개인의 지식정도나 위험인지 여부 등 개인적 차원의 변수에 주목하였지만 1990년대 중반 이후에는 성 '관계'라는 점에 착안하면서 파트너 사이의 사회적 관계에 주목하기 시작하였다. 사회적 지위의 차이나 사회적 관계의 질에 따라 위험인지 여부도 달라지고 위험 대응양식도 달라진다는 것을 알게 되었다(Bajos and marquet, 2000; Campenhout et al., 1997).

3) 한국인의 성 행태와 위험

한국사회는 서구사회보다 성 해방이나 성 정체성의 발전이 뒤져 있기 때문에 성 행태의 특성이나 구조가 다를 수밖에 없다. 혼전관계가 비교적 자유로워지는 등 성 해방이 진행되는 것은 분명해 보인다. 2003년에 여성부가 실시한 전국가족조사 결과를 보면 혼전 성관계에 허용적인 태도를 가진 사람이 남자 20대와 30대에서는 약 80% 였고 여자의 경우는 이보다 약 10% 정도 낮았다. 비록 '사랑한다면' 이란 단서가 붙기는 하였지만 한국인의 절대다수가 혼전 성관계를 허용하고 있었다. 또한 애인관계도 아닌 젊은 남녀들이 '은밀하지만 공개적으로' '키스게임'이나 '진실게임'을 벌인다(〈한겨레21〉, 2001. 12.5). 이들은 성적인 신체접촉을 놀이삼아 즐기면서도 더 이상의 관계의 진전은 생각하지 않는 냉정함을 유지한다. 고등학생들도 "10대도 섹스할 권리가 있다"고 주장하기도 한다(〈한겨레21〉, 2000.12.6).

그렇지만 친밀성의 실현으로서의 성 해방이 성을 규제하는 전통적인 제도와 갈등을 겪고 있는 것도 분명해 보인다. 한국은 성 산업이 매우 발전하였다. 수많은 술집과 러브호텔은 성을 매개로 산업화되었다고 해도 과언이 아니다. 이곳은 친밀성을 실천하는 장소이기보다는 성을 거래하는 장소이다. 많은 남자들이 혼전에 비교적 자유로운 연애를 하다가 결혼 이후에는 경제적 거래를 통하여 성 만족을 추구하고 있다. 이 현상을 뒤집어 보면 전통적 혼인제도의 틀이 아직 강력하게 위력을 발휘함을 암시한다(조병희, 2001).

가족은 혼인을 통하여 재생산되는데 혼인제도는 가부장제의 틀을 유지하고 있다. 배우자를 고르는 기준은 성격, 외모, 경제력 같은 것들이 일차적으로 꼽혀진다. 이러한 조건들은 사랑이나 친밀성 같은 가치와는 분명 차이가 있다. 성격과 외모 및 경제력은 '우수한 품종'을 고르는 것과 다르지 않다. 가부장제 자체가 혈통을 중시하는 제도라는 점을 생각할 때 과거에는 가문을 중시했지만 이제는 성격과 외모 또는 경제력으로서 그 혈통을 유지하고자 하는 숨은 동기가 작동하고 있을 수도 있다. 가부장제 구조 하에서 가족성원 개개인에게는 그에 걸맞은 역할과 행동이 기대된다. 여기에는 성 인식이나 성 행동까지도 포함된다. 따라서 부부의 성은 보수적일 것으로 가정할 수 있다.

혼전에 성에 대해 비교적 자유로운 인식을 가졌던 사람들이 혼인 이후에 보수적인 성 역할에 제대로 적응하고 있을까? 이 과정에 적지 않은 갈등이 있을 것으로 추측해 볼 수 있다. 한 언론사가 2003년에 기혼자 3,587명을 대상으로 조사한 결과를 보면 혼외정사의 경험자가 남성 67.7%, 여성 12.3%였다. 이 수치 자체의 의미도 적지 않지만 정작 주목할 만한 현상은 혼외정사 경험이 없는 사람들도 이에 대한 유혹을 가진 경우가 적지 않다는 점이다. 혼외정사 무경험자의 약 60%가 혼외정사를 생각해본 적이 있었고 이들 중 4명의 1명꼴로 자신에게 실제로 일어날 수도 있다는 대답을 하여 그 가능성을 현실화할 수 있음을 내비쳤다(〈한겨레21〉, 2003.7.24). 이것은 부부의 과반수가 혼외정사를 경험하거나 꿈꾼다는 것으로 이제 성을 공식적으로 독점하는 결혼제도에 심각한 이상이 발생하고 있음을 말해준다.

혼외정사가 결혼만족도와 어떤 관계가 있을까? 결혼에 대한 불만이 혼외정사로 이어지는 것일까? 이 조사에서 결혼 만족도에 대하여 긍정적인 응답자가 46.7%였고 '만족하지 않는다'는 대답은 13.4%, '보통'이라는 반응은 29.0%였다. 적극적인 부정은 13.4%였다. 종합하면 결혼생활이 큰 불만은 없지만 그렇다고 아주 만족스럽지도 않은 상태라고 할 수 있다. 성생활의 경우에도 46.8%가 "성관계 시 배우자가 세심하게 배려해준다'고 하였고, 49.2%가 '(성)관계를 가질 때마다 혹은 거의 매번 오르가슴을 느낀다'고 했다. 반면 배우자가 '거칠고 난폭하다'(2.4%)거나 '거부감이 드는 행위를 요구'(7.2%)하거나, '서둘러서 끝내버린다'(13.2%)는 경우는 상대적으로 미미했다. 즉 부부의 성관계에 만족하는 경우는 절반 정도였고 전위적이거나 적나라한 성행위는 흔하지 않았다.

성은 도덕적인 요소를 담고 있기 때문에 응답자들이 자신을 일탈적인 사람으로 보이지 않게 하려고 성생활에 불만이 있더라도 대외적으로는 불만이 없다는 식으로 부풀려서 말했을 가능성이 있다. 이러한 점을 감안하더라도 '거칠고 거부감이 드는 성 행동'이 별로 없다는 점은 분명해 보인다. 즉 전위적이거나 보다 적나라한 성 행동은 별로 없다는 것이다. 이것은 부부들의 성 행동이 '전통적이고 보수적인' 양태로 이루어짐을 암시하는 것일 수도 있다. 이 조사에서는 드러나 있지 않지만 아마도 짧은 전희시간과 정상위 위주의 삽입성교로 마무리되는 보수적 모습이 아닐까?

성매매 경험자들을 대상으로 조사한 결과를 보면 남성들이 매춘을 하는 동기는 상대여성이 한국인일 경우에는 '성행위를 내가 주도하고 싶다'와 '성적으로 흥분했을 때 즉시 성행위를 하고 싶다'가 각각 1, 2위를 차지하였다. 상대여성이 외국인일 경우에는 '다양한 성관계 대상을 갖고 싶다'와 '배우자 혹은 애인이 원하지 않는 다른 종류의 섹스를 하고 싶다'가 각각 1, 2위를 차지하였다(여성부, 2003). 성 상대에 따라 매춘의 이유가 다르기는 하지만 매춘을 하는 남성들은 채워지지 못한 욕망이 있는 것처럼 보인다. 즉 남성들은 성 행동 시 주체적이고 즉시적으로, 그리고 전위적으로 하고 싶은 욕망이 있지만 이것이 배우자나 애인에게서 충족되지 않기 때문에 매춘을 하는 것으로 보인다.

한국사회에서 외도는 일종의 성 각본(*sexual script*)으로 구조화된 행동으로 생각된다. 가뇽과 사이먼(Gagnon and Simon, 1973)은 '성 각본'이란 개념을 제시하였는데 이것은 성에 대한 사회적 기대를 담은 행동지침 같은 것이다. 성행위를 하는 것은 마치 무대에서 주어진 어떤 역할을 연기하는 것과 유사하다는 것이다. 어떤 상황에서 누구를 상대로 어떻게 성행위를 할지 각본이 주어져 있다는 것이고 우리는 어려서부터 암암리에 그것을 배워서 실천하게 된다. 첫 데이트할 때의 각본과 여러 번 만났을 때의 각본이 다르다. 성이 각본으로 구성된다는 것은 성이 본능적인 것이 아니라 사회적으로 학습되는 것이며 사회적으로 "명명된"(labelling) 것이라는 의미를 갖는다.

외도 역시 각본이 있다. 성관계는 파트너 양자 사이의 문제이지만 동시에 이들의 관계를 매개해주는 네트워크가 있는 것이 보통이다. 외도의 경우에도 친구나 동료들이 개입되어 이들의 외도를 부추기거나, 외도 사실에 대한 알리바이를 만들어 주거나, 같이 외도하여 도덕적 부담을 줄여주기도 한다. 외도가 가능하기 위해서는 '의지'뿐만 아니라 충분한 수의 잠재적 파트너와 물적 자산이 공급되어야 한다(Laumann and Gagnon, 1995). 한국의 성 산업은 아주 수월하게 외도가 가능하도록 파트너와 물적 요소를 공급해준다. '접대문화'라는 좋은 각본이 만들어져 있고 여기에 편승하기만 하면 된다. 물론 직장생활을 하지 않는 전업주부들의 경우에는 '춤바람'이나 '부킹'과 같은 다른 형태의 각본이 제공된다. 각본이 주어진다는 것이 우리가 각본대로만 따라가는 로봇과 같은 존재라는 의미는 아니다. 각본은 행위의 큰 틀을 구성하는 지침일 뿐이고 구체적 상황에서 어떻게 행동할지는 나와 상대방의 상호작용과 협상에 의하여 그때그때 만들어지게 된다.

그런데 외도문화에서는, 특히 접대문화의 각본에서는, 성을 경제적으로 거래하면서 구체적인 성관계 방식까지도 "표준화되어" 상품으로 제공되기 때문에 성 위험에 대한 협상의 여지가 크지 않을 수 있다. 성매매만을 전문으로 하는 '588' 같은 곳에서는 이를 이용하는 고객도 성 노동자가 안전하지 않을 수 있음을 대부분 인식한다. 따라서 콘돔사용이 보다 수월하게 이루어진다. 반면 '룸살롱'의 경우는 상품의 구성이 다르다. 여기서는 음주, 가무, 오락이 전면에 부각되고 성은 마무리 단계에 선택사항으로 제공된다. 안락하고 고급스럽게 꾸며진 분위기나 음주가무라는 형식이 안전한 상품의 이미지를 부각시킬 수도 있다. 또한 음주와 흡연 등에 의하여 충동성이 유발되어 위험인식을 낮추어 성 위험을 감수하게 만들 수도 있다. 여기서 상품화된 성은 성 안전을 위한 협상을 어렵게 만들 수 있다.

한국에서 외도의 각본이 갖는 특징은 성관계에 따르는 위험에 대한 고려가 크지 않다는 점이다. 외도에 대한 사회적 관심은 부부간 정절의무 이행에 맞추어져 있고 이른바 '바람기'를 통제하는 데 집중되어 있다. 즉 한국에서의 외도는 부부간이 아닌 또 다른 대상에게서 친밀감을 얻고자 하는 시도가 아니라 1회적 성 만족을 얻기 위한 경제적 거래로서의 성격이 강하다. '성매매방지법'이 만들어졌을 때 여성계에서는 국가가 그동안 성노동자들에게 제공해 온 보건의료서비스의 제공조차 금지할 것을 요구하였다. 국가의 그런 정책이 성매매를 인정하는 것과 다름이 없다고 생각하였기 때문이다. 더욱이 콘돔이 성매매의 증거로 사용되어 처벌받게 되면서 성매매를 관행적으로 제공하던 접객업소에서는 콘돔의 사용 자체를 기피하게 되었다. 보건학적 측면에서 보면 성매매와 같은 매우 위험한 성 행동이 최소한의 안전장치도 없이 방치되게 된 것이다.

성매매 당사자도 이를 규제하려는 세력도 성의 권력적 경제적 측면에만 관심이 있을 뿐 안전에는 관심이 적다. 즉 남성들의 외도가 여성들의 건강과 안전을 위협한다는 식의 문제제기는 제대로 되지 못하고 사회적으로 설득력도 크지 않다는 점이 우리 사회에서 성의 안전과 위험에 대한 낮은 인식을 보여준다.

다음 절에서는 서베이(survey) 자료를 사용하여 한국인의 성 행태와 위험인식을 살펴보기로 한다. 여기에 사용된 자료는 2002년, 2003년, 2005년에 실시된 에이즈 인식조사 자료이다. 이 조사들은 기본적으로 국제연합 산하 에이즈기구(UNAIDS)에서 제시한 에이즈

예방을 위한 일반국민의 행동 감시에 필요한 핵심지표들을 산출하기
위한 것이었다. 여기에 충분하지는 않지만 위험 성 행동에 관한 변
수들이 포함되어 있고, 또한 에이즈 및 감염인에 대한 태도가 조사
되어 있어 성 위험 행동을 하는 사람들이 에이즈라는 구체적 성 위
험에 어떻게 반응하는지를 살펴볼 수 있다. 표본은 전국 성인을 대
상으로 성별과 연령을 기준으로 다단계 할당표집 방식으로 선정되었
고 표본수는 2002년에 1,510명, 2003년에 1,955명, 2005년에 2,031
명이었다.[1] 조사는 표준화된 설문지를 응답자가 직접 작성하거나
면접에 의하여 작성하였다.

---

1) 세 조사연구 모두 필자와 손애리 교수가 공동으로 진행하였다. 여기에 사
   용된 자료는 각 연도 연구보고서의 내용을 전재하거나 재분석한 것이고 외
   국의 자료를 추가한 것이다. 또한 2003년 자료에 대한 분석결과를 조병
   희·손애리·권동석(2004)과 손애리·조병희(2003)에 게재하였기 때문에
   일부 자료는 이 연구와 중복이 된다.

2. 첫 성경험

1) 성 경험률

2005년에 응답자들의 성 경험률은 85.2%였고, 남자 89.0%, 여자 81.1%였다. 미혼남자 71.8%, 미혼여자 39.8%가 성경험이 있었다. 성 경험률은 계속적으로 높아지는 경향을 보였다. 미혼 남자와 미혼 여자 모두 성 경험률이 높아지고 있었다.

〈표 5-1〉 연도별, 성별, 연령별 성 경험률

(%)

	미혼남자	미혼여자	20대	30대	40대	50대 이상
2002년	56.3	24.1	45.0	89.9	97.5	97.5
2003년	70.3	32.3	56.6	96.2	98.4	100.0
2005년	71.8	39.8	57.3	91.8	97.2	97.2

2) 첫 경험 연령

2005년 조사에서 첫 성경험의 평균값은 22.6(±3.9)세, 중위수는 22세, 최빈값은 20세로 나타났다. 성경험이 있다고 응답한 자 중 26.4%가 20세 이전에 첫 성관계를 하였고, 50%는 22세 이전에 성관계를 가진 것으로 나타났다. 성별에 따른 차이를 보면 남자의 첫 성경험 연령의 평균은 21.6세, 여자는 23.7세로 남자가 여자보다 약 2년 빨리 첫 성경험이 있는 것으로 나타났다($p < 0.01$). 연도별 변화 추이를 보면 남자는 22.1, 21.8, 21.6, 여자는 24.1, 23.9, 23.7세로 나타나 시간이 지날수록 보다 빨리 첫 성경험을 하는 것으로 나타났다.

첫 경험의 연령은 그 사회의 성 자유와 밀접한 관계가 있다. 유럽

<표 5-2> 첫 성경험 연령

(세)

	남 자	여 자	20대	30대	40대	50대 이상
2002년	22.1	24.1	21.1	23.5	23.4	24.4
2003년	21.8	23.9	20.8	23.3	23.4	23.4
2005년	21.6	23.7	20.4	22.9	23.2	23.1

국가들의 경우 17~18세의 분포를 보여 우리나라의 첫 경험은 남자 약 4년, 여자 약 5년 정도 늦게 이루어지는 점을 알 수 있다. 또 다른 특성은 남녀 간의 차이이다. 우리나라의 경우 남자가 여자보다 2년 일찍 성경험을 한다. 이러한 현상은 유럽 중에서도 여자에 대하여 보수적인 문화를 가진 남부유럽의 그리스와 포르투갈에서 볼 수 있는 현상이다. 성적으로 자유로운 나라인 덴마크의 경우 오히려 여자의 첫 성경험 연령이 더 빠르며, 영국, 독일, 프랑스 같은 나라는 비슷한 수준에 있는 것으로 나타난다. 그런데 남녀의 성경험 평균연령이 같다고 하여 첫 상대자가 같은 연령이란 의미는 아니다. 핀란드 20대의 경우 첫 경험 평균연령은 남녀가 동일하지만 여성들의 첫 파트너의 연령이 본인보다 높은 경우가 84.8%였고 3세 이상 높은 경우도 47.2%에 달하였다(Hubert, 1998: 42~43).

3) 첫 성관계 대상자

첫 성관계의 대상자는 남자는 '결혼을 약속하지는 않았으나 사랑하는 사람'이라는 응답자(36.2%)가 가장 많았고, 그 다음으로 배우자(20.3%)로 애정에 근거한 첫 경험이 56.5%였다. 반면 여자는 첫 상대자가 배우자 69.5%, 사랑하는 사람이 24.7%로 애정에 근거한 첫 경험이 94.2%에 달하였다. 남자의 경우 애정에 근거하지 않은 성관계가 많았는데 유흥업소 종사자 20.2%, 평소 알던 사람 14.8%, 우연히 만난 사람 6.1%였다. 2002년 조사에서는 애정에 근거한 첫 경험이 남자 57.7%, 여자 91.6%였다.[2]

연령별로 살펴보면 연령이 높을수록 배우자일 경우가 많고 연령이 낮아지면 사랑하는 사람일 경우가 많아진다. 20대의 경우에 아직 미혼자가 많이 포함되어 있기 때문에 배우자 응답률이 낮을 수밖에 없지만 첫 상대자와 배우자가 같은 사람일 확률은 낮아지는 추세에 있는 것은 분명해 보인다. 또한 첫 상대자가 유흥업소 종사자일 경우는 감소하고 있고 반면 우연한 만남이나 '알던 사람'과의 첫 성관계는 약간씩 증가하는 추세를 보인다.

<표 5-3> 성별 첫 성관계 대상자

(명, %)

상대방	전 체		남 자		여 자	
배우자	(729)	43.2	(183)	20.3	(546)	69.5
사랑하던 사람	(520)	30.8	(326)	36.2	(194)	24.7
평소에 알던 사람	(158)	9.4	(133)	14.8	(25)	3.2
우연히 만난 사람	(69)	4.1	(55)	6.1	(14)	1.8
유흥업소 종사자	(183)	10.8	(182)	20.2	(1)	0.1
기타	(28)	1.7	(22)	2.4	(6)	0.8

---

2) 5장과 6장의 통계표에서 연도가 표시되지 않은 경우는 2005년 조사 결과를 반영하고 있다.

⟨표 5-4⟩ 연령별 첫 성관계 대상자

(%)

상대방	20대	30대	40대	50대
배우자	15.8	42.9	52.9	54.6
사랑하던 사람	60.1	30.3	19.7	22.2
평소에 알던 사람	11.6	8.9	8.9	8.2
우연히 만난 사람	5.3	4.6	4.2	2.0
유흥업소 종사자	5.9	11.5	11.8	12.7
기타	1.3	1.8	2.5	0.3

3. 외 도

1) 외도 경험률

배우자 또는 애인(미혼의 경우) 등 고정적 또는 주 파트너가 아닌 다른 사람과 성관계를 갖는 경우를 외도라고 할 때 최근 1년간 외도 경험률은 2005년에 30.8%였다. 남자 45.1%, 여자 13.7%였다. 혼인상태별로 나누어보면 미혼남자 62.8%, 기혼남자 38.9%, 미혼여자 29.5%, 기혼여자 11.1%로 나타났다. 외도는 여자보다 남자가, 연령이 낮을수록, 미혼자일수록 증가하는 추세를 보였다. 외도 경험의 변화추이를 보면, 2002년 조사에 의하면 전체 31.8%(남자 43.4%, 여자 16.4%)였던 것이 점차 높아져 2003년도 조사에서 전체 33.6%(남자 44.1%, 여자 21.6%)로 증가하였고 특히, 여자의 외도 경험률이 증가한 것으로 나타났다. 그러나 2005년 조사에서는 2003년에 비하여 남자는 1% 증가한 반면에 여자의 경우 7.9% 감소하였다. 성별, 혼인상태별로 비교할 때 미혼남자의 외도 경험은 지속적 증가를 한 반면 미혼여자는 증가 후 감소, 기혼남자는 감소 후 증가, 기혼여자는 증가 후 감소를 하였다.

〈표 5-5〉 최근 1년간 외도 경험률

(%)

	남 자	여 자	20대	30대	40대	50대 이상
2002년	43.4	16.4	35.0	31.5	33.7	21.4
2003년	44.1	21.6	44.0	29.3	34.3	27.4
2005년	45.1	13.7	45.1	29.9	27.4	24.3

〈표 5-6〉 혼인상태별 성별 외도 경험률

(%)

	미혼남자	미혼여자	기혼남자	기혼여자
2002년	42.0	21.7	44.0	15.2
2003년	60.7	40.0	35.0	19.5
2005년	62.8	29.5	38.9	11.1

2) 외도 상대자

외도 상대자는 '평소 알던 사람' 68.6%, '우연히 만난사람' 33.5%, '유흥업소 종사자' 36.0%였다. 성별 혼인상태별로 나누어 볼 때도 '평소 알던 사람'이 가장 많았다. 남자들은 '우연히 만난 사람이나 유흥업소 종사자들'과 외도 경험이 적지 않았으나 여자들의 경우는 상대적으로 적었다. 즉 남자들이 여자보다 외도 상대 선택에서 위험이 더 높았다.

〈표 5-7〉 성별, 혼인상태별 최근 1년간 외도 대상자

(%)

	미혼남자	기혼남자	미혼여자	기혼여자
평소 알던 사람	62.1	60.1	77.4	74.2
우연히 만난 사람	34.5	26.6	16.1	16.7
유흥업소 종사자	39.3	33.9	6.5	3.0

주: 복수응답

3) 성상대자 수

지난 1년간 배우자(미혼일 경우 애인) 이외에 외도 상대자 수는 1명 13.8%, 2명 7.6%였다. 외도 상대자가 2명 이상인 비율은 남자는 27.7%인데 반면에 여자는 4.2%로 나타나 남녀의 성 행동이 차이가 남을 알 수 있다.

최근 1년간 외도 경험률을 국가 간 비교할 경우 우리나라의 외도 경험률이 다른 나라에 비하여 남녀 모두 현저히 높은 것으로 드러났다. 남자의 경우 유럽 국가의 외도 경험률은 대략 15% 전후이나 우리나라는 이보다 약 3배 정도 높은 45.1%나 된다. 여자의 외도 경험률도 유럽 국가에 비하여 2~3배 정도 높았다(Hubert, 1998: 183).

<표 5-8> 성별 최근 1년간 외도 상대자 수

(명, %)

	남자		여자		전체	
0명	(468)	54.9	(618)	86.3	(1086)	69.2
1명	(149)	17.5	(68)	9.5	(217)	13.8
2명	(101)	11.8	(19)	2.7	(120)	7.6
3명	(62)	7.3	(8)	1.1	(70)	4.5
4명	(22)	2.6	(0)	0.0	(22)	1.4
5명	(19)	2.2	(1)	0.1	(20)	1.3
6명	(4)	0.5	(0)	0.0	(4)	0.3
7명	(2)	0.2	(0)	0.0	(2)	0.1
9명	(4)	0.5	(0)	0.0	(4)	0.3
10명 이상	(22)	2.6	(2)	0.3	(24)	1.5
전체	(853)	100.0	(716)	100.0	(1569)	100.0

4. 성 행태

1) 항문성교

항문성교는 비교적 전위적인 성행위이면서 항문 표피 조직의 상처를 만들기 쉽고 바이러스 감염 우려를 높인다. 한국의 일반인들에게 항문성교는 보편적인 성 행태는 아닌 것으로 보인다. 2003년 조사결과 성경험이 있는 남자의 6.7%, 여자의 5.0%가 항문성교 경험이 있었다. 반면 그리스의 경우 남자 15.3%, 여자 10.1%가 항문성교 경험이 있었다. 핀란드는 남자 26.0% 여자 23.0%의 경험률을 보였다. 독일의 경우에는 1년 경험률이 남자 19.8%, 여자 15.5%였다. 벨기에의 경우도 남자 17.5%, 여자 20.0%였다(Hubert, 1998: 136~137).

2) 동성애

동성과의 성관계도 존재하는 성 행태의 방식이지만 일반인들 사이에서 보편적으로 실행되는 것은 아니다. 2003년 조사 결과 성경험자 중 남자 0.9%, 여자 1.0%가 동성애 경험이 있었다. 유럽의 경우 국가별로 차이가 있지만 보통 4~5% 수준으로 나타났다. 보수적인 포르투갈 남성이 0.9%로 낮았고 성적으로 자유로운 네덜란드 남성이 13.4%로 높았다(Hubert, 1998: 83).

3) 성매매

전체 남자 성경험자 중에서 유흥업소 종사자와 관계를 가졌던 비율은 15.9%(136명/853명)였다. 유럽 국가들의 경우 성매매 1년 경험률은 낮은 국가는 1~2%, 높은 국가는 5~10% 수준이었다. 권위주의 통치의 역사적 배경을 가진 스페인이 11%로 가장 높은 편이었고 평생 경험률도 38.6%로 다른 국가에 비하여 크게 높았다. 한국의 1년 성매매 경험률이 많은 유럽국가들의 평생 경험률을 상회할 정도로 높았다. 유럽이 우리나라와 다른 측면은 동성 성매매가 이성 성매매보다 더 많다는 점이다. 우리나라의 경우에도 동성 성매매가 없지 않지만 통계로 잡기 어려울 정도로 낮은 편이고 특히 일반인이 동성 성매매를 하는 경우는 드문 것으로 보인다. 그러나 유럽의 경우에는 일반국민 대상의 성 행동조사에서 동성 성매매가 이성 성매매보다 더 많은 것으로 나타난다(Hubert, 1998: 191).

4) 성병 감염

성경험자 중 성병감염 경험률은 남자 4.0%, 여자 1.0%였다. 유럽국가의 경우는 성병 종류별로 응답을 하였기 때문에 비교에 어려움이 있다. 핀란드는 남자는 클라미디아(chlamydia) 6.8%, 임질(gonorrhea) 7.8% 등 비교적 높은 성병감염 경험이 있었다. 여자의 경우는 클라미디아 6.9%, 임질 3.4%였다. 반면 네덜란드는 남자가 클라미디아 0.3%, 임질 4.4%, 여자는 클라미디아 1.1%, 임질 2.0%의 분포를 보였다(Hubert, 1998: 224). 한국이 일탈적 성경험이 상대적으로 크게 높은데도 불구하고 성병감염 보고는 유럽 국가들과 큰 차이를 보이지 않는다. 아마도 성병 감염에 대하여 과소 보고된 결과로 생각된다.

5) 원치 않은 임신

성경험자 중 원치 않은 임신의 경험률은 남자 31.4%, 여자 37.

4%였다. 낙태 경험률은 이보다 높아 남자 44.1%, 여자 53.5%였다. 나이가 많아질수록 원치 않는 임신과 낙태 경험도 많아지는 경향을 보였다. 원치 않는 임신과 낙태 경험이 높다는 것은 성관계가 그만큼 잘 준비된 행동이 아니며 콘돔 사용과 같은 안전장치의 사용도 그만큼 관행화되지 못함을 보여준다.

〈표 5-9〉 원치 않은 임신과 낙태 경험률

(%)

	남자	여자	20대	30대	40대	50대 이상
원치 않은 임신	31.4	37.4	24.4	37.6	38.0	34.0
낙태	44.1	53.5	24.7	45.1	55.9	53.4

5. 콘돔사용

1) 고정파트너와의 콘돔사용

배우자 또는 애인 등 고정파트너와의 성관계 시 콘돔 사용률을 살펴보면 최근 1년 사이에 성관계 시 '항시 사용'하는 비율은 9.1%였다. 2002년에 9.7%였다가 2003년에 11.9%로 증가하였으나 2005년에 9.1%로 감소한 것으로 조사되었다. 콘돔 사용의 다른 지표는 가장 최근(마지막) 성관계에서 콘돔을 사용했는가의 여부인데 2005년 조사에서 26.4%로 나타났다. 여자보다는 남자가, 그리고 나이가 젊을수록 콘돔을 많이 사용하고 있었다.

유럽인의 경우 마지막 성관계 시 콘돔사용은 남자는 16~31%, 여자는 11~21% 수준이었다. 1년 사용률의 경우는 남자는 30%대, 여자는 20%대의 분포를 보였다(Hubert, 1998: 278~280). 마지막 관계 시 콘돔사용은 한국과 유럽인은 큰 차이가 없었으나 1년 사용률의 경우에는 한국인이 상당히 낮았다. 이것은 한국인들이 콘돔을 지속적으로 항시 사용하지 못하기 때문인 것으로 보인다. 만일 '자주 사용'을 포함시킨다면 한국인 콘돔 사용률은 두 배 이상 높아질 수 있다. 콘돔은 '항시' 사용하지 않으면 임신 예방이나 질병 예방목적을 달성하기 어렵다. 원치 않는 임신 경험이 많은 것도 콘돔의 항시 사용이 낮은 것과 무관치 않아 보인다.

〈표 5-10〉 고정 파트너와의 콘돔 사용률

(%)

	전 체	남 자	여 자	20대	30대	40대	50대 이상
마지막 관계 시	26.4	30.3	21.8	44.7	36.0	16.2	9.3
최근 1년	9.1	9.6	8.5	14.8	12.0	6.5	3.0

2) 외도 시 콘돔사용

지난 1년간 외도 상대자와의 마지막 성관계 시 콘돔 사용률은 39.0%로 남자 39.7%, 여자 36.1%였다. 나이가 젊을수록 마지막 관계 시 콘돔 사용률이 높았다. 외도 상대자별 1년간 콘돔 사용률은 '평소 알던 사람' 17.8%, '우연히 만난 사람' 23.0%, '유흥업소와 성매매 종사자' 40.7%로 나타났다. 10대가 오히려 콘돔 사용률이 낮았고 30대가 가장 높았다. 또한 남자보다 여자가 콘돔사용을 더 많이 하는 것으로 나타났다. 성상대자의 속성에 따라 콘돔사용률이 달라지는 것은 신뢰관계의 작용 때문으로 보인다. 평소 친분이 있는 자가 가장 신뢰도가 높을 것이고 다음으로 우연히 만난 사람이고 성매매의 경우 가장 신뢰도가 낮은 것이기 때문에 콘돔사용은 이와 반비례하여 높아지는 것으로 생각된다.

2003년과 비교할 때 전반적으로 콘돔 사용률이 증가하였다. 특히 우연히 만난 사람과의 관계 시 항시 사용률이 10.8%에서 23.0%로 증가하였고, 유흥업소 종사자와의 관계 시 항시 사용률이 33.8%에서 40.7%로 증가하여 최근 2년간 위험 성 행동에 대한 대처방식이 개선되었음을 말한다.

외국의 경우와 비교할 때 한국인의 콘돔사용의 특징은 첫째, 전반적으로 콘돔 사용률이 낮은 편이다. 둘째, 외국의 경우 마지막 사용률과 1년 사용률이 서로 크게 다르지 않다. 즉 콘돔을 항시적으로 사용한다. 반면 한국은 1회 사용률은 높으나 1년 사용률은 크게 하락한다. 항시적으로 콘돔사용을 하지 못한다는 점이다. 셋째, 유럽의 경우 성관계 파트너 수가 많아질수록 콘돔사용률도 높아진다. 프랑스의 경우 파트너 수가 1명일 경우 1년 콘돔 사용률이 27.5%이나 2명일 경우 59.8%, 5명 이상일 경우에는 77.5%였다. 즉 일시적 상대자가 많을 경우 콘돔 사용률이 크게 높아진다(Hubert, 1998: 278~281). 우리나라도 상대자의 신뢰도에 따라 상승하는 경향을 발견할 수 있지만 전반적인 콘돔 사용률이 낮기 때문에 일시상대자의 경우도 23%에 불과하다. 넷째, 외국에서는 성매매의 경우 거의 100% 콘돔사용을 한다. 성매매 자체가 희소할 뿐만 아니라 콘돔사용도 높기 때문에 이 부분이 별로 사회적 문제로 다루어지지도 않는 경향이 있다. 반면 한국은 성매매가 광범위하게 이루어지는데도 불구하고 콘돔 사용률이 50%에 미치지 못한다. 이러한 모든 사실들은 성 위험이 그만큼 인식되지 못하고 또 성 안전의 실천도 제대로 이루어지지 않음을 말해준다.

〈표 5-11〉 외도 시 콘돔 항시 사용률

(%)

	전 체	남 자	여 자	20대	30대	40대	50대 이상
마지막 관계 시	39.0	39.7	36.1	47.0	45.5	30.2	29.3
1년(친 분)	17.8	15.0	24.2	18.5	27.0	13.2	8.5
1년(우 연)	23.0	20.9	40.0	10.8	29.8	26.5	28.6
1년(업 소)	40.7	41.4	-	37.5	50.8	32.3	28.6

〈표 5-12〉 외도 상대자 별 콘돔 사용빈도

(%)

	2003년	2005년
평소 알던 사람	14. 1	17. 8
우연히 만난 사람	10. 8	23. 0
유흥업소 종사자	33. 8	40. 7

〈표 5-13〉 콘돔사용에 대한 태도

요인	설문	동의율	요인 평균 /만점
장점 인식	콘돔사용은 질병에 걸리지 않게 한다.	73. 6	3. 9/4
	콘돔사용은 원치 않는 임신을 예방할 수 있다.	85. 3	
콘돔 신념	콘돔사용은 번거롭고 귀찮다.	61. 2	6. 7/14
	콘돔사용은 상대방의 협조가 있어야 한다.	73. 4	
	콘돔사용은 내가 상대방을 의심한다고 여기게 만든다.	16. 2	
	콘돔사용은 성적 쾌감을 감소시킨다.	39. 8	
	콘돔사용은 로맨틱한 분위기를 망친다.	49. 7	
	콘돔을 착용하는 방법이 어렵다.	11. 1	
	콘돔을 구입하는 것이 부끄럽다.	29. 0	
자기효능감	나는 술에 취한 경우에도 콘돔을 사용할 자신이 있다.	27. 1	3. 2/9
	나는 흥분된 상태에도 콘돔을 사용할 자신이 있다.	26. 9	
	나는 상대방이 꺼려할 때에도 콘돔을 사용할 수 있다.	23. 1	

3) 콘돔사용 신념

2003년 조사에서 콘돔사용과 관련된 태도를 파악하였다. 이 척도는 콘돔의 장점 인식, 콘돔에 대한 신념, 콘돔사용을 위한 자기효능감(*self efficacy*)의 세 차원으로 구성되었다. 응답 분포를 보면 콘돔이 임신과 질병을 예방한다는 것은 대부분의 응답자들이 동의하였다. 반면 콘돔 사용에 대한 신념과 자기효능감은 상대적으로 낮은 수준이었다. 콘돔사용이 번거롭다든가, 상대의 협력 필요, 쾌감감소, 분위기 하락 등 콘돔에 대한 부정적 인식들이 적지 않았다. 상대방의 저항에도 불구하고 콘돔을 사용할 수 있는 의지를 자기효능감이라고 하는데 이 역시 낮은 수준이었다.

각 요인별로 문항을 묶어서 요인별 척도를 만들었다. 각 문항들은 '그렇다', '모르겠다', '그렇지 않다'로 응답하였는데 각각 2, 1, 0점을 주는 식이다. 신념 문항들은 반대의 방향으로 점수를 주어 묶었다. 콘돔사용에 대한 태도에 따른 배우자와의 성관계시 항시 콘돔을 사용할 추정확률을 여분승비로 나타낸 것이 〈표 5-14〉이다.

성별, 연령, 혼인상태, 학력에 따라 콘돔을 사용할 확률은 유의하게 다르지 않았다. 즉 인구학적 특성별로 미세한 차이가 있기는 하지만 통계학적 의미가 있는 수준의 차이는 아니었다. 사람들이 갖는 콘돔의 장점인식이나 콘돔사용에 대한 신념 역시 비슷한 수준이어서 실제 콘돔사용여부에 별다른 차이를 만들어내지 못하였다. 콘돔사용 신념이 아주 높을 경우에만 차이가 있었다. 반면 콘돔사용에 대한 자기효능도가 높은 사람일수록 콘돔을 항상 사용할 확률은 증가하였고, 자기효능감점수가 2점 이하인 사람을 100%로 할 때 3점인 사람은 249%, 4점 이상인 사람은 602%로 높아졌다. 즉 콘돔사용을 꺼리는 것이 보통인데 그러한 상대방의 부정적 태도를 넘어 설득할 수 있는 능력이 있을 때 콘돔사용을 확실하게 할 수 있다는 것이다.

　　외도자의 콘돔 사용여부에 영향을 미치는 요인들을 분석하기에는 사례수가 적어서 어렵다. 따라서 콘돔에 대한 태도와 실제 콘돔 사용률을 비교하여 외도 무경험자와 경험자 간에 차이가 있는지 살펴보자. 앞서 이론적 논의에서 콘돔사용에 영향을 미치는 중요 요인이 파트너 관계의 신뢰도라는 점을 설명한 바 있다. 이 논의를 원용하면 배우자(애인) > 알던 사람 > 우연히 만난 사람 > 성 노동자의 순

〈표 5-14〉 배우자와 성관계 시 콘돔을 항시 착용할 추정 확률

독립변수	범 주	adj OR	95% CI
성 별	남 자	1.00	
	여 자	1.18	0.78~1.77
연 령	20대	1.00	
	30대	1.15	0.67~1.96
	40대	0.71	0.38~1.32
	50대	0.35 *	0.14~0.85
결혼상태	미 혼	1.00	
	기 혼	0.60	0.36~1.03
학 력	고졸 이하	1.00	
	전문대졸 이상	1.41	0.95~2.10
콘돔장점인식	3점 이하	1.00	
	4점 이상	1.31	0.86~2.00
콘돔신념	5점 이하	1.00	
	6~8점	0.82	0.52~1.28
	9~14점	1.46	0.94~2.27
자기효능감	2점 이하	1.00	
	3점	2.49 *	1.31~4.75
	4점 이상	6.02 *	3.33~10.89

* ; $p < 0.05$

으로 파트너 사이의 신뢰도가 높을 것으로 예상된다. 콘돔 사용률을
보면 '우연한 만남'의 경우가 예외이지만 신뢰도가 낮을수록 콘돔 사
용률이 높아짐을 알 수 있다. 콘돔에 대한 태도를 살펴보면 자기효
능 점수와 콘돔에 대한 신념점수 모두 파트너 유형에 따라 분명한
차이가 나타나지 않고 있다. 즉 콘돔에 대한 태도가 매우 확고하게
형성되어 있을 때만 콘돔사용 여부에 유의미한 차이가 발생할 수 있
는데 성 상대자별로 콘돔 태도 점수가 전반적으로 낮을 뿐만 아니라
그룹 간에 유의미한 차이가 나타나지 않는 점을 고려할 때 콘돔에
대한 태도는 외도 시 콘돔사용을 동기화시키기에는 부족한 요인으로
생각된다. 성매매 시에 콘돔 사용률이 상대적으로 높은 것은 콘돔에
대한 신념이 높아서라기보다는 파트너에 대한 신뢰도가 낮기 때문인
것으로 생각된다. 즉, 성매매 시 콘돔 사용률 34.4%는 다른 외도
유형보다는 상대자에 대한 신뢰도가 낮아서 콘돔사용을 많이 하는
경향을 보이지만 절대수준에서는 매우 미흡한 수준이고 이것은 콘돔
에 대한 태도형성이 제대로 되어 있지 못한 데서 연유하는 것으로
생각된다.

〈표 5-15〉 외도 경험 및 형태별 콘돔에 대한 태도와 콘돔 사용률

(점, %)

	외도 없음	외도 (알던 사람)	외도 (우연 만남)	외도 (성매매)
콘돔 신념 점수	5.89	5.42	5.92	5.92
자기효능 점수	3.24	3.47	3.22	3.51
콘돔 항시 사용률	11.8	14.0	10.9	34.4

6. 외도의 위험인자

2003년 조사자료를 근거로 외도에 영향을 미치는 위험인자를 파악하였다. 최근 1년 동안 배우자(미혼일 경우 애인) 이외의 다른 사람과 성관계를 가진 적이 있는지 여부, 즉 외도 여부를 종속변수로 하고 이항 로지스틱 회귀분석을 실시하였다. 결과는 각 변수의 기준범주의 값을 1로 가정하고 비교범주가 1을 초과하면 종속변수의 발생확률이 높아지고 1에 미달하면 발생확률이 낮아지는 것으로 해석한다. 예를 들어 성별이 외도에 미치는 영향은 여성을 기준으로 할 때 남성의 값이 1.326이 되는데 이것은 여성에 비해 남성이 외도할 확률이 약 133%가 된다는 의미이다. 그런데 이 통계치는 통계학적으로 의미가 없게 나왔는데 그것은 남성이 여성보다 외도를 많이 하는 경향은 있지만 다른 변수들을 동시에 고려하면 성별의 효과는 상대적으로 미미해진다는 의미이다. 즉 외도를 유발하는 다른 중요한 변수들이 있다는 것이다. 인구학적 변인 중에서는 미혼이거나, 연령이 낮거나, 소득이 높으면 외도의 가능성이 높아지는 것으로 나타났다.

건강행동 변수의 영향을 살펴보면 흡연자와 음주자가 외도할 가능성이 통계적으로 유의하게 높았다. 비흡연자의 외도확률을 100으로 할 때 흡연자의 외도확률은 182였고, 1주일에 2번 이상 술을 마시는 사람은 그보다 음주 횟수가 적은 사람에 비하여 외도를 할 확률이 217%였다. 이러한 결과는 외국의 연구결과와도 대체로 일치한다. 흡연자가 비흡연자에 비해 다수의 섹스 파트너를 가지는 경향이 있다(Ogletree, 2001; Järvelaid, 2004; 한성현, 2000). 또한 과도 음주자가 비음주자에 비하여 성 경험률이 높았다(Stueve and O'Donnell, 2005). 음주 혹은 약물을 사용한 남자는 약 2.6배, 여자는 약 3배 이상 섹스 파트너의 수가 복수일 확률이 높았다(Santelli et al., 2000).

<표 5-16> 외도 유무에 대한 위험요인 모형

변 수	기준 범주	Exp(B)
(상 수)		0.305
성 별	여 성	1.326
연 령	50대	1.020*
혼인상태	미 혼	0.241***
월수입	100만 원 미만	1.191*
학력수준	초등학교 졸업자	0.760
매일 흡연	금연자	1.817***
주 2회 이상 음주	주 2회 미만 음주	2.172***
자살 충동 경험	경험 없음	0.934
18세 이전 성경험	경험 없음	3.840***
원치 않는 임신경험	경험 없음	1.531**
성병 감염 여부	경험 없음	1.476
항문성교 여부	경험 없음	1.902*
에이즈 감염 가능	가능성 있음	0.706***
콘돔 신념	신념 낮음	0.944*
d. f.		16
-2 Log Likelihood		1223.343
Cox-Snell R^2		0.190
Nagelkerke R^2		0.266

*: $p<.05$, **: $p<.01$, ***: $p<.001$

위험 성 행동을 할수록 외도가 많아지는지를 살펴보면 조기 성경험이 있거나, 원하지 않는 임신 경험이 있거나, 항문성교를 경험했던 집단이 상대적으로 외도 가능성이 높았다. 특히 조기성경험자의 외도확률이 두드러지게 높았다. 서양에서는 성경험 평균연령이 16세 정도 되기 때문에 15세 이전 성경험을 조기 성경험으로 규정하여 연구한다. 그런데 조기 성경험이 위험한 성행위와 상관관계가 있는 것으로 밝혀지고 있다(O'Donnel, O'Donnel, and Stueve, 2001; Edgardh, 2002).

서양과 달리 우리나라에서는 고교 졸업 이전의 성 경험률이 크게 높지 않기 때문에 이 연구에서는 18세를 기준으로 조기성경험 여부를 측정하였다. 그 결과 비경험자의 18세 이전 성경험자의 외도확률은 외도 확률을 100으로 할 때 384%였다.

끝으로 성 안전의식과 외도의 관계를 살펴보면 본인이 에이즈에 걸릴 수 있다고 생각할수록, 콘돔사용의 신념이 낮을수록 외도 가능성이 높은 것으로 나타났다. 전체적으로 흡연, 음주 같은 건강행동과 조기 성경험이나 원치 않는 임신 경험과 같은 위험 성 행동요인들의 외도에 대한 설명력이 높았고 콘돔에 대한 신념과 같은 개인의 이성적 측면 변수는 큰 설명력을 갖지 못했다. 이러한 결과는 외도 행위가 다분히 충동적으로 이루어진다는 점을 암시한다.

지금까지의 논의를 종합하면 다음과 같다. 한국사회에서 성 해방이 부분적으로 진행되고 있지만 '친밀성의 구조적 변동'에까지 이르지는 못하고 있다. 외도라는 다분히 가부장제 성격을 갖는 성 행태가 만연하고, 남자들은 물론 여자들도 적지 않게 외도를 한다는 것은 성에 대한 규제가 완화되고 있음을 말한다. 그런데 서양의 경우처럼 성의 자유가 사람들 사이의 새로운 형태의 파트너십으로 발전하기보다는 가부장제의 틀을 유지하면서 한 때의 일탈로 진행되는 것 같은 경향이 보인다. 성에 위험이 내포되어 있다고 할 때 이러한 형태의 외도는 위험을 감수하면서 일상에서 벗어나려는 시도처럼 생각된다. 한국인의 성 각본에는 안전이나 위험에 대한 담론이 매우 취약하게 반영되어 있는 것처럼 보인다. 외도가 다분히 충동적인 일탈로서의 성격을 갖다보니 그 상대자를 안전의 측면에서 따져보고 그에 합당하게 대응하는 의식이나 역량이 작용하지 못한다.

에이즈 낙인과 감염인 차별   6장

앞장에서 우리 사회에 위험한 성 행동이 만연하고 있음을 알게 되었다. 그런데 위험한 성 행동 결과의 하나인 에이즈에 대해서는 매우 극단적인 낙인(stigma)과 차별을 가하는 모습을 볼 수 있다. 즉 성 위험의 감수와 그 결과로 나타나는 에이즈에 대한 인식은 서로 인과적으로 연결되기보다는 분리와 대립의 관계가 만들어지고 있다. 마치 성에 이중적인 가치가 병존하는 것처럼 성과 위험 사이에도 모순된 인식이 형성되어 있다. 즉 에이즈를 타자화하여 자신의 일탈적 성 행동과 그 위험을 감추고 위안을 얻으려고 한다.

그런데 에이즈에 대한 사회적 낙인은 전 세계적 현상이다. 세계보건기구(WHO)의 에이즈 프로그램(Global AIDS Program) 책임자였던 조녀선 만(Jonathan Mann, 2000)은 1987년 유엔총회에서 어느 사회에서나 에이즈 역병의 3단계가 있다고 하면서 첫째로 사회적으로 인지되지 못한 가운데 HIV 감염이 진행되는 단계, 둘째로 에이즈의 각종 증상이 발현되는 단계를 거쳐 셋째 단계인 에이즈에 대한 사회문화적 정치경제적 반응이 폭발적으로 나타나는 단계를 거친다고 주장하였다. 바로 세 번째 단계가 에이즈에 대한 집단적인 부정과 감염자에 대한 낙인과 차별이 발생하는 단계이고, 낙인과 차별은 에이즈 예방에 가장 큰 걸림돌이 된다고 하였다.

　역병에 대한 사회적 공포와 감염자 또는 보균자로 의심되는 집단에 대한 사회적 낙인과 차별은 비단 에이즈에 한정되는 문제는 아니다. 과거에는 나병(한센병) 환자에 대한 낙인이 있었고 최근에는 간염 환자에 대한 차별이 있었다. 이것은 외국도 비슷하여 급성중증호흡기중후군(SARS)과 관련하여 캐나다에서 벌어진 동양인에 대한 혐오감의 표출과 폭력적인 언행들이 보고된 바 있다(조병희, 2004). 이 장에서는 에이즈 인식, 에이즈 낙인과 차별의 실태 및 발생기전, 그리고 차별받는 감염인의 생활모습을 살펴보기로 하자.

1. 에이즈 낙인

1) 고프먼의 낙인이론

낙인개념은 상징적 상호작용론에서 발전하였다. 이 학파는 사람들의 미시적 상호작용 과정에 주목한다. 인간은 상징을 사용하여 의사소통을 한다. 즉 나(자아)는 다른 사람의 몸짓이나 표정 또는 말의 의미를 해석하고 또한 나의 언행에 타자가 보일 반응을 예상하면서 어떤 말이나 행동을 하게 된다. 즉 우리가 보이는 어떤 언행은 고도로 계획된 '인상 관리'인 것이다. 예를 들어 우리가 타인에게 호감을 표시할 경우 이것은 정말로 그가 좋기 때문일 수도 있지만 그런 모습을 표시해야할 '상황'이기 때문에 인상관리를 하는 것일 수도 있다. 인상 관리 또는 인상 연기는 결국 자신의 자아 정체성을 관리하고자 하는 주체적 노력으로 볼 수 있다. 낙인과 같이 기본적으로 자아정체성을 훼손시키는 상황에서도 이에 대한 대응전략으로 인상관리가 작동한다.

상징적 상호작용론에서는 행위의 본질을 찾기보다는 자아와 타자의 상호작용이 일어나는 상황적 맥락을 중시한다. 낙인 역시 상호작용의 결과물일 뿐 어떤 본질적 속성에 의한 결과라고 보지 않는다. 소설 《주홍글씨》에서 간통을 저지른 여인이 그 벌로 '주홍글씨'를 가슴에 달고 다녀야 하는 처벌을 받게 된다. 그런데 상징적 상호작용론에 의거하면 17세기 미국사회라는 상황조건에서는 그것이 죄가 되지만 상황이 바뀌면 다른 식의 해석이 가능하기 때문에 간통이란 행위가 본질적으로 죄(낙인)를 구성하는 것은 아니라는 것이다.

이 학파의 대표적 인물 중 하나인 고프먼(Goffman, 1963)은 《낙인: 훼손된 자아정체성의 관리에 대한 연구》라는 저서를 통하여 낙인(stigma) 개념을 정립하였다. 그에 의하면 ① 신체적 결점(기형 등), ② 특정한 사람(범죄자 등), ③ 특정한 집단(서양사회에서 중국인 또는 흑인)이 낙인대상이 된다. 이들이 낙인대상이 되는 것은 사회의 규범적 기대와는 다른 어떤 특성(*attribute*)이 있기 때문이다. 즉 세상사에 정상과 일탈이 있고 일탈에 대한 사회적 제재로서 낙인이 가해진다. 그런데 고프먼은 정상과 일탈의 경계는 특정 속성의 소유여부로 나뉘는 것이 아니라 이를 바라보고 평가하는 관점에 의한 결과로 파악한다.

고프먼을 비롯한 상징적 상호작용론 학자들은 낙인의 가해자와 피해자 간에 속성에 있어서 본질적 차이는 없다고 본다. 누구나 상황에 따라서 일탈적 행동에 빠질 수 있다(일차적 일탈). 그렇지만 어떤 상황에서 규범적 정체성이 강하게 작동할 경우 정상인과 일탈자에 대한 엄격한 구분이 있게 되고 이때 일탈자들에게는 강력한 낙인이 부착되게 된다. 이것을 이차적 일탈이라고 한다(Lemert, 1951).

보통 사회질서나 규범적 정체성이 위기에 처해 있는 상황에서 낙인현상이 발생하기 쉽다. 여기서 낙인은 마치 마녀사냥과도 같이 특정 속성을 가진 사람들을 낙인찍어 차별하거나 사회적으로 격리시킴으로써 규범적 정체성을 강화하게 된다. 즉 규범적 정체성이 모호한 상황에서 한쪽을 낙인찍어 일탈자로 만들고 정상인과 일탈자 사이의 거리를 가능한 한 크게 벌림으로써 규범적 정체성을 확립하는 것이다. 이를 위해서는 낙인찍힌 사람들이 이를 거부하지 못하도록 만들어야 한다. 낙인을 거부하면 더 큰 제제를 받게 만들어 결국에는 이들도 낙인을 자신의 숙명으로 받아들이고 적응하게 된다.

2) 에이즈 낙인의 두 차원

고프먼의 이론을 적용할 때 에이즈 낙인은 에이즈라는 질병의 속성이 유발하는 낙인과 에이즈가 성병이기 때문에 이를 타락한 성의 결과로 해석하는 도덕적 종교적 차원에서 비롯되는 낙인이란 두 측면이 있다. 질병이 치료하기 어렵고 걸리면 곧 죽게 된다면 질병을 두려워하는 것이 거의 당연한 반응일 것이다. 암을 예로 들어 생각해보자. 암은 현재 우리나라 사람들의 사망원인 1순위이다. 암은 예고 없이 찾아오는 경우가 대부분이다. 암은 치료가 잘 안 된다. 그리고 암은 빠르게 악화된다. 그리고 그 과정에서 극심한 통증을 얻게 된다. 치료과정도 머리가 빠지는 등 고통스럽다. 그러다 결국에는 사망에 이르게 된다. 사정이 이러하니 사람들이 암에 대하여 공포심을 갖는 것은 당연하다 하겠다. 그런데 현재 암의 정체에 대하여 상당히 알게 되었고 완전하지는 못하지만 치료법들도 개발되었으며 조기검진이 보편화되면서 치료율도 높아졌다. 따라서 암에 대한 공포심도 줄어들고는 있지만 한번 만들어진 암에 대한 사회적 공포심이 쉽게 없어지지는 않기 때문에 현재도 많은 사람들은 암에 대하여 두려운 마음을 갖고 있다.

그런데 여기서 중요한 점은 암환자에 대하여 우리는 낙인을 찍고 차별하지는 않는다는 점이다. 에이즈가 낙인의 대상이 되는 것은 암과는 달리 감염자로부터 전염될 수 있다는 점 때문이다. 암환자는 옆에 있어도 감염이 안 되기 때문에 암이 무섭더라도 암환자를 기피하거나 차별하지는 않는다. 반면 에이즈 환자는 감염될 수 있다고 생각하기 때문에 가까이 하려하지 않고 차별하게 된다고 생각할 수 있다.

그런데 HIV 감염은 유행성 독감에 감염되는 것과는 차원이 다른 현상이다. 독감은 바이러스가 공기로 전염되기 때문에 감염자의 옆에만 있어도 감염될 확률이 높다. 그러나 HIV는 극소수의 수혈에 의한 감염이나 감염된 산모의 출산에 의한 수직감염을 제외하면 대부분 성 접촉에 의해서 감염되기 때문에 일상적 접촉으로는 감염이 되지 않는다. 성행위라고 할 때에도 보통의 남녀 간에 한 번의 성관계로 HIV에 감염될 확률은 0.1% 미만이다. 식사나 악수 등 일상생활에서는 감염되지 않는다. 따라서 합리적 사고를 한다면 감염자와 위험한 성관계를 하지 않는 한 감염우려가 없기 때문에 이를 이유로 차별하는 것은 근거가 없다. 그럼에도 불구하고 차별이 발생하는 것은 대중들이 에이즈를 생각할 때 단순히 과학적 사실만으로 판단하지 않고 문화적으로 "더러운 질병"으로 바라보기 때문이다. 즉 에이즈는 "더러운 존재"이기 때문에 접촉을 거부하는 것이다.

에이즈 낙인은 과학적 차원보다는 도덕적 종교적 차원의 평가와 결부되어 발생하는 것으로 보인다. 에이즈는 주로 성관계로 발생하는 병인데 사람들은 그것을 성적 타락의 결과로 바라보기 때문에 낙인과 차별의 대상이 된다는 것이다. 역사적으로 성적 타락에 대한 낙인의 사례는 매우 흔하다. 성에 대한 사회적 낙인이 존재하는 것은 그만큼 성이 자칫 사회질서를 파괴하는 폭발력을 지녔기 때문이다. 어떤 종류의 낙인이든 그것은 권력 작용의 일환으로 생각할 수 있고, 기존 질서에 위협적인 어떤 행위에 대하여 신체적 형벌 이상의 효과를 발휘할 수 있는 것이 사회적 낙인이다. 여기서 이슈가 성병이고 또한 그 대상이 평소 사회적으로 차별받거나 기피되는 소수집단이 관련될 경우에 낙인은 보다 강력한 고정관념으로 발전한다.

에이즈가 발병하던 1980년 초반에 미국은 레이건 대통령을 중심으로 하는 보수세력이 집권하고 있었다. 보수주의자들은 남녀의 결합으로 이루어진 가족제도를 신성하게 보호하는 것이 중요한 가치였기 때문에 이러한 '정상적 규범'에 도전하는 동성애는 결코 용납될 수 없는 존재였다. 초기에 에이즈가 동성애자들 사이에서 많이 발병된다는 보고들이 있었는데 이러한 보고는 보수주의자들에게 동성애를 공격할 수 있는 좋은 소재가 되었고 에이즈는 곧 동성애자의 질병이란 신화가 만들어졌다. 즉 에이즈라는 질병에 대한 '원초적' 두려움이 정치사회적 요인과 결합하면서 에이즈는 거대한 괴물과 같은 존재로 재구성되었다. 미국인들에게 에이즈는 죽음, 죄악, 형벌로 형상화되었다(Ross, 1988; Sontag, 1988). 그리고 에이즈를 게이와 연관시켜 명명하였고 그 배경에는 인종차별주의, 성차별주의, 이성애우월주의 이데올로기가 바탕을 이루고 있었다(Kruger, 1996).

사회는 에이즈 공포에 떨게 되었으며 이것은 다시 에이즈 감염자에 대한 극단적인 차별로 이어지게 된 것이다. 이렇게 보면 에이즈라는 질병의 이미지는 단순한 생물학적 사실의 차원을 넘어 사회의 온갖 모순적이고 갈등적인 사회적 관계들이 투영되어 만들어진 사회적 구성물로서의 성격이 강하다고 할 수 있다.

3) 위험과 타자화

에이즈처럼 원인도 모르고 치료법도 모르는 괴질이 도처에서 무차별하게 발생하는 상황에서 사람들은 어떻게 행동하는가? 이런 불확실한 위험에 직면한 사람들이 보여주는 행동이 '타자화'라는 감성적 행동양식이다. 과거에 많은 질병의 정체는 박테리아였고 박테리아도 타자였지만 의사들이 효과적으로 통제하였기 때문에 사람들은 의학과 의료제도에 의존하면서 위험을 잊어버릴 수 있었다. 그러나 에이즈와 같은 새로운 질병에 대하여 의학적 통제력이 유효하지 않게 되자 사람들은 직접적으로 질병위험에 노출되었고 이런 상황에서 사람들은 '남의 탓'을 함으로써 불안을 덜어 내려고 한다.

그런데 그 위험이 너무 거대하고 불확실성이 심각할 때 위험은 곧 초자연적인 대상으로 표상된다. 즉 에이즈는 더럽고 불결하고 사악한 악마나 사탄과 같은 존재로 간주된다. 타자에게 원인을 돌리고 타자를 악마적 존재로 간주하여 공격하고 배타시하고 격리함으로써 우리는 자신을 선량하고 또 안전한 존재로 담보받고자 한다. 우리(we)와 그들(they)의 구분은 사회적 집단화의 가장 원초적인 유형이다. 그들을 적으로, 비위생적인 존재로, 악마로 분류하게 되면 우리는 그 반대로 우군으로, 위생적인 존재로, 천사로 인식된다. 위험이 크게 인식될수록 이들은 문제를 선과 악으로 이분화시키고 타자를 악으로 규정하여 자아의 밖에 위치시킨다. 에이즈가 성 행동을 통해 감염된다는 점과 에이즈 말기 환자들에게서 나타나는 험악한 외적 모습이 낙인과 연관되어 있다. 이러한 낙인은 사람들로 하여금 항문 성교, 난교, 마약사용자와의 성교와 같이 자신들과는 다른 성 행동들로 인해 에이즈에 걸리게 한다고 가정하게 만든다. 그리고 그들을 사회적으로 격리함으로써 자신들은 안전하다고 생각하게 된다. 즉 낙인이란 형태의 타자화는 자신의 안전이 위협받는다고 생각될 때 자신과는 다른 모습(특성)의 집단을 배타적으로 구별하고 격리시킴으로써 자신의 안전을 도모하려는 행위인 것이다(Joffe, 2002).

그런데 이 과정에서 고정관념이 작동한다. 에이즈는 매우 이질적이고 친숙하지 않은 새로운 현상이다. 사람들은 이것을 기존 고정관념에 연관시켜 해석함으로써 기존의 질서를 유지하고 안정과 편안함을 느낄 수 있게 된다. 그럼으로써 고정관념은 새롭게 재생산된다. 즉 타자화는 흔히 그동안 이질적인 존재로 차별받던 외국이나 다른 인종 또는 문화를 달리하는 집단이 그 대상이 되는 것이다. 에이즈 발생 초기에 타자화 되었던 대상은 남성동성애자들과 함께 아프리카인들이었다. 서구인들에게 아프리카는 아직 문명화된 땅이 아니라 '원초적인' 곳이었고 에이즈와 같이 가공할만한 신종질병이 미국과 같은 문명화된 땅에서 기원했을 리 만무하고 아프리카가 그 발원지일 것이라는 가설이 만들어졌다. 에이즈가 아프리카에서 기원했을 수도 있고 아닐 수도 있다.

그런데 정작 중요한 문제는 왜 1980년 초에 전 세계적으로 갑자기 에이즈 역병이 발생했는가 하는 점이다. 모든 병은 진공상태에서 만들어지지는 않는다. 질병발생과 확산의 조건이 갖추어져야 한다. 미국이나 유럽에서 에이즈가 짧은 시간에 확산되었다면 그만한 사회환경적 조건이 성숙되어 있었기 때문이라고 보는 것이 합리적이다. 그러나 에이즈 역병에 직면하여 서구인들은 자신들의 내부적 취약점을 인정하기보다는 아프리카에 온갖 의혹을 집중시켰던 것이다 (Liebowitch, 1985). 물론 이런 경향은 전 세계적 현상이다. 미국 학자들이 아프리카 또는 아이티 발생설을 주장할 때 아이티 사람들은 미국의 생물학 무기 실험설을 주장했고, 소련은 CIA나 중부 아프리카 기원설을 주장했다. 아프리카에서도 르완다와 잠비아는 자이레를 지목했고 우간다는 탄자니아를 지목했다(Treichler, 1988).

낙인의 대상은 일차적으로는 열등한 지위에 있는 집단이 대상이 되지만 이것이 여의치 않으면 동식물이 대상이 되기도 한다. 이것은 과거 페스트와 쥐의 관계가 전형적 사례이다. 과거 중세시대에 페스트로 많은 사람들이 죽었다. 페스트 발병원인으로 쥐가 지목되었고 이것은 오랫동안 과학적 사실로 받아들여졌다. 그러나 최근 역사학자들은 이러한 고정관념을 깨고 당시 프랑스 사회의 피폐한 사회경제적 상황을 원인으로 규정하였다. 즉 쥐는 "누명을 썼던" 것이다(Le Goff and Sournia, 2000). 쥐가 페스트균을 옮겼을지라도 그것만으로 병이 발생하는 것은 아니고 인간사회가 병에 취약하지 않은 조건을 갖추고 있다면 문제가 없었을 것이기 때문에 쥐한테 모든 책임을 돌리는 것은 문제의 원인을 회피하는 것이다. 광우병의 소나 조류독감의 오리와 닭도 역시 비슷한 운명에 처했던 것으로 해석할 수 있다. 정작 본질적인 문제는 육류의 대량공급을 위하여 공장식 사육을 감행했던 인간들에게 그 책임이 돌아가야 하지만 인간을 규탄하는 목소리는 별로 없고 애꿎은 오리와 닭이 대량으로 죽임을 당하여 인간에게 공포를 야기한 누명을 쓰게 된 것이다.

과학시대에 어떻게 이러한 감성적 분출과 투사가 가능할까? 여기에는 언로와 매체가 중요하게 작용한다. 과학자나 의사들은 예나 지금이나 위험을 확률적으로 이해하고 통제가능성을 주장한다. 예전과 달라진 것은 예전에는 과학자나 의사들의 목소리만이 언로를 지배했지만 이제는 비전문가들의 목소리가 동등하게 다루어진다는 점이다. 따라서 과학자와 의사들의 주장은 상대화된다. 흥미를 끌어야 생존할 수 있는 언론은 질병위험을 확률에 기초한 과학적 사실로서보다는 도덕적 무절제와 연결시켜 보도하는 경향이 있다. 기독교적 가치에 익숙한 서구인들에게 에이즈는 성적 타락과 욕망의 무절제한 배출로 인한 도덕적 죄악으로 표상되는 신문기사가 더 어필할 수 있었던 것이다.

이와 같이 에이즈 낙인은 단순히 질병에 대한 공포심이 초래한 자연스러운 사회적 반응이 아니고 후기근대의 위험사회의 도래, 지배집단의 정체성의 위기, 질병의 특성 변화와 의료체계의 위기, 언론의 상업화 등 여러 요인이 복합적으로 작용하면서 만들어진 매우 정교한 사회적 구성물로 볼 수 있다. 이와 같은 낙인의 속성 때문에 에이즈 감염자들은 극단적 차별의 대상이 될 수밖에 없었다.

4) 손상된 자아와 탈낙인

헤렉(Herek, 1999)은 에이즈 낙인의 특성을 4가지로 정리하였는데 ① 에이즈는 자발적 성관계로 인한 것이고 회피할 수 있는 것이기 때문에 감염자의 책임으로 인식되는 병이며, ② 새로운 효과적인 치료법이 도입되어 점차로 만성병화 되고 있는데도 불구하고 에이즈는 여전히 개선의 여지가 없이 숙명적인 병으로 인식되고, ③ 에이즈가 전염된다는 조건 때문에 항시 더 큰 낙인을 불러오고, ④ 증상이 발현되는 단계에 들어간 감염자들은 더 큰 낙인을 받는다. 이것은 일단 에이즈에 대한 낙인이 만들어지면 이후 상황이 변화하는데도 불구하고 한번 만들어진 낙인은 쉽게 사라지지 않고 지속되는 경향이 있음을 말해준다. 한센병의 경우처럼 의학적 치료법이 발전하여 한센병이 완전히 치료되었음에도 불구하고 사회적으로는 한센병 병력자에 대하여 아직도 배타시하는 분위기가 남아 있는 것이나 정신병 병력자에 대해서도 동일하게 위험한 인물로 보는 사회적 분위기가 있다는 점에서 이러한 경향을 확인할 수 있다.

고프먼은 '손상된 자아'를 언급하면서 낙인찍힌 사람들이 스스로 낙인에 적응해 가면서 새로운 인상관리를 실행함을 역설하였다. 낙인찍힌 사람들에게는 몇 가지 특징적인 모습이 나타난다. 감염의 초기에는 질병규정에 대한 거부감이 표출되는 것이 보통이다. 에이즈 양성이란 진단을 부정하거나 극심한 스트레스와 자살시도 등이 나타나고, 자신에 대한 원망과 혐오 또는 자기 파괴적 행동들이 나타나기도 한다(Herek, 1990). 그러나 결국에는 사회적 낙인을 스스로 내면화한다(Lee, Kochman, Sikkema, 2002). 그들은 한편으로는 자책하면서도 다른 한편으로는 자신을 숨기려고 한다. 자신의 건강상태나 감염사실을 적극적으로 숨기려 하고(Hays et al., 1993; Klizman, 1997), 자신의 행동반경을 엄격히 조절하고 타인과의 교류를 제한하여 타인이 자신에 대한 정보를 획득할 수 있는 기회를 차단하려 한다(Green and Serovich, 1996). 나아가 낙인은 또한 에이즈 검사받는 것조차 기피하게 만들고(Chesney, 1999), 생활고 등으로 외부의 지원이 꼭 필요한 시점에서조차 감염사실의 노출 우려 때문에 이를 얻지 못하게 된다(Crandall and Coleman, 1992).

이러한 행동양식은 사회적 낙인에 대응하여 투쟁하기보다는 이를 받아들이면서도 차별이 발생하지 않도록 자신의 모습을 숨기는 데 주력함으로써 자신의 자아정체성을 보호하려는 것이다. 에이즈의 경우에 상당히 긴 시간 동안 증상이 발현되지 않기 때문에 감염사실을 숨길 수 있고, 그러면 차별을 피할 수 있다는 인식을 하게 만들기 때문에 이와 같은 적응방식이 발전한 것으로 생각된다. 낙인이 강력할 경우 많은 감염자들은 낙인에 의한 실제적 차별보다는 낙인을 받을지 모른다는 두려움이 더 큰 스트레스가 된다. 스캠블러(Scambler, 1989)는 간질 환자를 연구하면서 '인지된 낙인'과 '실제화된 낙인'을 구분하였는데 대부분의 연구대상 간질환자들은 실제적 차별보다는 낙인을 받을지 모른다는 생각 때문에 괴로워하고 있었다.

그러면 탈낙인화는 가능한가? 탈낙인화의 필요성은 전 지구적으로 제기되지만 효과적인 방법에 대해서는 아직 정설이 없다. 그것은 에이즈 낙인 자체가 단순히 인식의 문제만은 아니기 때문이다. 네이번(Navon, 1998)은 인도의 한센병 낙인의 역사를 연구하면서 초기와 후기의 낙인 생성 기전이 바뀌고 있음을 지적하였다. 초기에는 질병 자체에 대한 두려움이 작용하지만 수십 년 뒤에는 이들이 거지로 생활하는 경우가 많고 거지에 대한 거부감과 결합되어 한센병 환자에 대한 낙인은 재구성되고 재생산됨을 밝혔다.

여기서 알 수 있는 것은 낙인이 단순히 질환자와 주변 사람 간의 상호작용에 의해서 구성되는 것이 아니라 그 배후에는 소수자를 차별하는 사회구조적 불평등 기전이 작동하는 것으로 볼 수 있다(Rhodes et al., 2005). 즉 에이즈 낙인은 문화와 권력과 차이(difference)가 교차하는 지점에서 생성되고 재생산되는 것으로 규정할 수 있다(Parker and Aggleton, 2003). 젠더 관계나 인종 관계처럼 낙인 관계도 사회질서를 구성하는 핵심부분의 하나이고 지배자의 이해관계에 기여하며, 지배 - 피지배 간의 구분과 서열화를 조성하고, 피지배자들에게 헤게모니(hegemony)의 과정을 통하여 이러한 위계질서를 수용하도록 만드는 정당화의 과정이기도 하다(Scambler, 2004, 2006). 따라서 에이즈 낙인은 구조적 차원부터 지역사회 차원, 집단 차원, 개인 간 차원, 개인 차원 등 다양한 차원에서 구조화되는 것이기 때문에 반낙인 운동도 다차원에서 진행되어야만 한다(Heijnders and Meij, 2006).

간략하게는 탈낙인화의 방법으로 대중적인 홍보교육과 직접 맞서서 집단적 투쟁을 하는 방법이 있을 수 있다. 에이즈가 예방 가능한 질병이고 특수한 상황에서만 전염되는 것이기 때문에 보통사람들은 두려워할 필요가 없다는 식의 대중홍보교육은 필요할 것이다. 그런데 문제는 앞에서도 설명한 것처럼 질병에 대한 낙인은 과학적 지식의 보유여부만으로 만들어지는 것이 아니다. 어떤 경우에는 에이즈에 대한 보건교육이 오히려 공포감을 조성하고 낙인을 유발할 수도 있다.

네이번(Navon, 1996)의 연구에 의하면 태국에서 나병교육을 시켰더니 사람들이 오히려 나병에 대한 두려움을 유발했다는 것이다. 에이즈의 경우에도 에이즈의 속성이 이러저러하니 조심하면 걱정할 필요가 없다는 식으로 보건교육을 할 것인데 이때 어떤 사람은 '걱정할 필요가 없다'는 측면에 무게를 두어 받아들이지만 다른 사람은 '조심해야 할 병'이라는 구절에 주목하면서 새로 두려움이 생길 수도 있다. 즉 피교육자들의 에이즈 교육에 대한 해석과정이 단순하지 않기 때문에 보건교육은 양면적인 효과를 가질 수 있는 것이다. 심지어 UNAIDS가 전 세계적 캠페인을 위하여 사용했던 포스터조차 낙인과 차별의 이미지를 담고 있었다는 분석도 있다(Johnny and Mitchell, 2006). 낙인은 그만큼 문화적으로 뿌리 깊은 현상인 것이다.

집단 수준에서는 에이즈 감염자나 동성애자들을 중심으로 한 반낙인 운동의 전개가 좋은 사례가 된다(Coulter and Maida, 2005). 그런데 이들이 성공할 수 있었던 데에는 이들이 높은 수준의 사회자본을 갖고 있었고 또 에이즈의 성격 자체가 만성병으로 변화한 점이 중요하게 작용하였다. 그러나 많은 제3세계에서는 동성애자나 감염자들이 스스로를 조직화할 수 있는 사회자본 역량이 부족하다. 감염인들이 거지나 도망자가 아니라 정상적 삶을 살 수 있게 해야 낙인의 태도가 변화할 수 있는 계기가 만들어지는 것인데 이것은 빈곤계층을 중산층으로 만드는 것만큼이나 어려운 일일 수 있다.

반낙인 운동이 어려운 것은 그것이 사회경제적 정치적 지배질서의 변화와 함께 개인 차원의 인식변화가 동시에 수반되어야 하기 때문이다. 윌슨과 요시카와(Wilson and Yoshikawa, 2004)는 아시아 태평양 섬 지역의 게이들이 에이즈 차별에 어떻게 반응하는지를 연구하였 다. 그 결과 동성애 혐오와 이민자 차별은 맞대응과 사회적 네트워 크에 기반한 반응을 초래하였고 수동성 고정관념(수동적이고 얌전하다는 인식)에 근거한 차별은 자책감과 연결되어 있었다. 그런데 수동성 고정관념과 연관된 차별을 경험하는 게이 이민자들이 차별에 맞대응 하는 게이들보다 위험한 성행위를 더 많이 하고 있었다. 낙인에 대한 거부와 도전이 성 안전 추구와 연결되고, 낙인의 수용이 성 위험 과 연결된다는 것은 낙인이 갖는 부정적 효과를 말할 뿐만 아니라 당사자들의 인식 제고가 중요함을 보여준다.

5) 에이즈 낙인의 비교사회적 측면

에이즈 낙인은 개인 간의 심리적 과정이기도 하지만 동시에 문화적 권력적 상황에서 발생하는 것이다. 일반국민이 특정 개인이나 집단 에 대하여 혐오의 감정을 갖는 것을 국가가 정책적으로 통제하기는 쉽지 않다. 그러나 그러한 낙인이 발생하는 구조적 권력적 측면에 대해서는 정책적 대응이 필요하다. 에이즈 낙인은 권력과 특권을 향한 갈등과 투쟁의 과정일 수 있고, 낙인찍힌 자는 그러한 권력에 지배되고 억압되는 것으로 볼 수 있다(Parker and Aggleton, 2003). 에이즈는 흔히 동성애와 연관되어 논의되는데 사회적 기득권자들에게는 동성애가 혐오스러운 기피대상이면서 동시에 자신들의 일부일처제, 이성애 가족체계에 대한 도전으로 생각할 수 있지만, 동성애자들의 입장에서 보면 그것은 새로운 시민권(sexual citizenship)을 얻기 위한 투쟁인 것이다(Weeks, 1995; Brown, 1997). 즉 성을 규제하는 지배적 담론에 대하여 성의 다양성을 추구하는 새로운 담론이 도전하면서 새로운 형태의 권력투쟁이 전개되고 이 와중에 기득권자에 의한 동성애 혐오나 에이즈 낙인이 초래된다고 할 수 있다. 서구사회에서 동성애 가족을 인정하는 것은 바로 에이즈 낙인에 대한 제도적 차원의 해결책이기도 한 것이다.

그런데 한국사회에서 에이즈에 대한 낙인이 서구사회의 경우와 동일한 것으로 볼 수 있는가 하는 문제가 제기된다. 몇 가지 상황조건의 차이는 이 문제에 있어서 중요한 차이를 인식하게 해준다. 우선 에이즈 역학의 차이이다. 서구사회에서는 에이즈 감염자가 폭발적으로 증가하면서 감염자에 대한 낙인이 시작되었다. 그런데 한국에서는 주위에서 에이즈 감염자를 찾아보기가 어렵다. 감염자들이 자신을 숨기기 때문이기도 하지만 그보다는 감염자가 절대적으로 적기 때문이다. 즉 감염자가 가시적으로 없는 상황에서 에이즈에 대한 낙인이 만들어진 것이다.

둘째로 서구사회와 달리 동성애자들 또한 사회에 위협적 존재는 아니었다. 미국의 경우에는 지금도 기독교를 신봉하는 백인 중산층을 중심으로 굳건한 가족 가치관을 유지한다. 이들에게 낙태와 동성애는 가족가치관에 배치되는 중대한 도전이기 때문에 수십 년 동안 이에 맞서서 조직적 반대운동을 전개해왔다. 반면 한국에서는 이러한 반대운동을 전개할 만큼 강력하게 조직화된 세력이 존재하지 않는다. 따라서 낙태반대운동이나 동성애반대운동은 미미하다. 물론 동성애자들은 존재하였지만 서구사회에서처럼 '흔하게 볼 수 있는' 존재는 아니었으며, 이들에 대한 사회적 차별도 집요하지 않았고 또 조직화된 것도 아니었다.

즉 한국에서의 에이즈 낙인은 대상집단과의 연계성이 불분명하다. 에이즈를 일반적 수준에서 성적 타락의 결과로 생각하더라도 이것을 특정 집단과 연계하거나 한정짓지 않고 불특정하게 퍼져 있는 다수의 감염자에게 투사시킨다. 이것이 낙인의 강도를 완화시키는지 아니면 약화시키는 효과가 있는지는 불분명하다. 다른 낙인과 연결되지 않기 때문에 낙인의 강도가 약할 수도 있지만 집단으로 특정화되어 있지 않기 때문에 오히려 감염의 공포를 더욱 크게 만들어 낙인을 부추길 수도 있다. 즉 에이즈가 특정 집단의 문제로 생각된다면 이들 집단과는 다른 행태를 갖고 있는 사람들은 그 집단에 대해서는 혐오감을 갖지만 에이즈에 대한 공포심은 낮을 수 있다. 반면 에이즈가 불특정 다수에게 퍼져 있다면 특정 집단에 대한 혐오감은 낮을 것이지만 에이즈의 감염우려가 높아져서 에이즈에 대한 공포감은 더욱 클 수도 있다. 한국의 상황은 후자의 경우일 것으로 추측된다. 그러나 에이즈 감염자들에 대한 연구가 별반 없기 때문에 실증적으로 확인하기는 어렵다.

에이즈 낙인은 성 가치관과는 다른 차원에서 형성될 수도 있다. 베일린(Balin, 1999)은 미국의 한 중산층 지역에서 에이즈 환자를 위한 요양소를 설치하는 문제를 두고 주민들이 두 편으로 나뉘어 대립했던 사건을 심층 연구하였다. 이 지역은 전형적인 중산층 지역으로 자유주의적이고, 진보적인 성향을 갖고 있었다. 그런데 인근에 있던 노인요양소가 에이즈 환자 요양소로 바뀐다는 소식과 함께 의견이 나뉘어졌다. 요양소에 가까운 지역주민은 찬성하였고 먼 곳 주민들은 반대가 심하였다. 양쪽 모두 어린이가 있는 가정들이 있었던 것으로 보아 자녀교육 문제는 아니었다. 흑인 목사는 찬성하였지만 대다수 흑인 주민은 반대하였다. 즉 종교의 문제도 아니었다.

심층면접을 통하여 베일린(Balin)은 반대자들이 주로 저소득층에서 중산층으로 지위가 상승된 사람들이었고 이들은 자신들의 마을이 조용하고 가족 중심적인 중산층 거주지가 되기를 원했다는 것을 밝혀냈다. 이들은 에이즈 환자와 같은 낙인찍힌 집단이 들어오는 것은 중산층 마을의 이미지를 훼손시킨다고 생각하였다. 반면 찬성측도 많은 특성을 반대자들과 공유하고 있었지만 이들은 원래부터 중산층이었던 사람들이 많았고 마을 외부의 전문가 조직에 참여하는 경우가 많았다. 즉 찬성과 반대 측은 자신들의 지위유지의 근거나 전략에서 차이가 있었고 이것이 에이즈 요양소에 대한 평가를 다르게 만든 요인이 된 것이다. 즉 에이즈 낙인은 에이즈 자체가 두렵다는 것보다는 감염인들이 가깝게 존재함으로써 자신들의 지위가 훼손될 수도 있다는 두려움이 작용하였던 것이다.

6) 낙인과 차별의 사회적 결과

에이즈 문제가 심각한 아프리카 지역은 에이즈로 인한 부정적 영향이 매우 커서 거의 사회해체의 위기를 겪고 있다(UN, 2004; UNAIDS, 2000, 2004a; UNDP, 1999). 감염된 개인들은 사회적 가족적 책임을 수행할 능력을 상실할 뿐만 아니라 사회적 낙인, 자존심의 하락, 분노와 우울, 죄책감, 자기부정의 심리상태가 초래되어 자살시도가 증가한다. 사회적으로는 에이즈가 주로 젊은이들과 가임기 여성들에게 많이 발생하고 사망률이 높은 관계로 인구의 감소와 노동력의 상실이 두드러지고, 이것은 다시 빈번한 결근과 결석, 소득감소, 의료비의 지출증가로 이어지며, 궁극적으로 가구의 빈곤화, 영양과 건강상태 저하, 교육수준 저하와 취업의 어려움을 유발하며, 가구소득을 위하여 어린 소녀나 부인들이 거리로 내몰려 몸을 팔게 되고 이들이 다시 에이즈에 감염되는 등 빈곤이 악순환하는 고리를 형성하게 된다. 에이즈의 파괴적 영향은 가구에 한정되지 않고 교육체계 및 의료체계의 붕괴로 이어진다. 결근율 상승, 노동생산성 하락, 의료비 보조 증가로 기업 역시 위기를 맞게 된다. 결국 사회 전체적으로 에이즈는 보건측면은 물론 사회경제적인 차원의 안전 관념을 무너뜨리고 미래전망을 어둡게 만들어 사회질서의 해체를 유발하게 된다.

한국은 에이즈의 발생이 낮은 수준이기 때문에 에이즈로 인한 사회적 영향도 상대적으로 미미하다. 에이즈의 영향은 대부분 당사자 개인 차원에 집중되고 가족관계의 단절 등 가구 차원에서 부분적인 영향이 나타나고 있다. 한국에서의 에이즈 낙인과 차별은 주로 개인에 대한 접촉거부나 직장 해고, 진료거부 같은 형태로 나타난다. 즉 사회적 차원에서는 에이즈 낙인의 효과가 크지 않을 수 있지만 당사자 차원에서는 매우 심각한 형태로 차별이 구조화되어 있다고 할 수 있다.

2. 에이즈에 대한 지식과 태도

1) 일반적인 에이즈 지식

에이즈 지식의 핵심은 HIV 감염이 대부분 성 접촉으로 이루어지기 때문에 콘돔사용으로 예방이 가능하다는 것, 일상적 접촉으로는 감염되지 않는다는 것, 장기간의 무증상 기간이 있다는 것, 치료제 복용으로 장기간 생존이 가능하다는 것이다. 이러한 에이즈 특성에 대하여 2005년 조사결과에 의하면 국민들은 콘돔으로 예방가능 (62.6%), 감염되었다고 곧 죽지는 않으며(69.6%), 치료하면 장기간 생존가능(58.8%)하다는 생각을 다수가 하고 있었다. 반면 "건강하게 보이는 사람도 에이즈에 걸렸을 수 있다"는 질문에 90.4%가 동의하였다. 다른 에이즈 특성에 비하여 '건강한 외모의 감염자'에 대하여 압도적 다수가 동의한 것은 에이즈에 대한 공포감이 반영된 것으로 생각된다.

〈표 6-1〉 일반적 에이즈 특성에 대한 태도

(%)

	그렇다	아니다	모르겠다	전체	(N)
성관계 시 항상 콘돔을 사용하면 에이즈를 예방할 수 있다	62.6	23.3	14.1	100.0	(2021)
건강하게 보이는 사람도 에이즈에 걸렸을 수 있다	90.4	3.8	5.8	100.0	(2020)
에이즈 바이러스에 감염되면 몇 달 안에 죽게 된다	12.5	69.6	17.9	100.0	(2021)
에이즈도 제대로 치료하면 오랫동안 생존할 수 있다	58.8	19.6	21.6	100.0	(2014)
에이즈는 주로 동성애 때문에 생긴다	46.8	36.0	17.2	100.0	(2020)

즉 본인도 감염된 사실을 모른 채 건강한 모습으로 주변에서 활동할지 모르는 감염자에 대한 공포심이 많은 사람들에게 내재되어 있는 것처럼 보인다. "에이즈는 주로 동성애 때문에 생긴다"는 문항에 대하여 동의자(46.8%)가 반대자(36.0%)보다 많았다. '모르겠다'는 응답 또한 17.2%로 높은 편이었다. 국민들은 동성애와 에이즈 감염의 관계에 대하여 명확한 인식이 없이 혼란을 겪고 있는 것으로 보인다. '콘돔으로 예방가능'하다고 생각하는 비율이 유럽인들의 경우에는 56%~86%의 분포를 보여 한국인과 큰 차이를 보이지는 않았다(Hubert, 1998: 344).

2) HIV 감염경로에 대한 지식

에이즈 감염인 차별을 불러 온 원인의 하나는 HIV 감염경로에 대한 오해에서 비롯되었다. 일상생활에서는 HIV 감염이 되지 않지만 많은 사람들이 이를 오해하였다. 2005년 조사결과를 보면 악수 (88.7%), 주사기 공유(94.6%), 모자 수직감염(86.7%)에 대해서는

〈표 6-2〉 에이즈 감염경로 지식

(%, 명)

	맞다	틀리다	모르겠다	전 체	(응답수)
키 스	38.9	48.4	12.7	100.0	(2,024)
변 기	21.2	61.7	17.1	100.0	(2,025)
악 수	4.5	88.7	6.8	100.0	(2,022)
물잔 공유	29.1	59.5	11.4	100.0	(2,015)
주사기 공유	94.6	3.0	2.5	100.0	(2,021)
모 기	37.0	40.9	22.1	100.0	(2,019)
모자 수직감염	86.7	5.1	8.2	100.0	(2,019)
학교·직장생활	15.0	71.0	14.0	100.0	(2,020)

보다 분명하게 감염이 불가함을 파악하고 있었다. 키스, 변기, 물잔 등에 대해서는 오답보다 정답이 많았지만 적지 않은 응답자가 '모르겠다'는 응답을 하였다. 이 변수들은 체액의 접촉이란 공통의 특성을 갖고 있는 점을 고려하면 많은 사람들이 침이나 소변 같은 체액의 접촉이 악수와 같은 단순한 피부의 접촉보다 상대적으로 위험한 것으로 보는 경향이 있음을 보여 준다. 학교와 직장생활을 통한 감염에 대해서는 대다수의 응답자(71%)가 감염불가의 인식을 갖고 있었지만 이 경우에도 14.0%라는 적지 않은 응답자가 '모르겠다'는 태도를 갖고 있었다. 장기간 같이 생활하는 것에 대한 두려움을 갖는 사람들이 상당히 있음을 보여준다.

가장 혼란스런 인식을 보여준 것이 모기에 의한 감염이다. 지금까지 모기에 의한 감염은 보고된 경우가 없지만 2005년 조사에서는 모기가 "감염통로가 된다"는 인식과 "그렇지 않다"는 인식이 거의 비슷한 수준이었고 '모르겠다'는 응답도 22.1%나 되었다. 모기는 흡혈을 연상하게 하고 혈액이 체액보다 더 위험하다고 생각하는 일반인들의 인식을 반영하는 것으로 보인다.

유럽인들과 비교할 때 키스의 경우 영국, 독일, 스페인은 80% 이상이 키스가 HIV의 감염위험이 없다고 인지하나 우리나라는 불과 48% 수준이었다. 모기의 경우 프랑스, 벨기에, 스페인 같은 나라들이 70~80% 국민이 감염위험이 없다고 인지하나 우리나라는 불과 40% 수준이었다(Hubert, 1998: 338~340).

3) 감염인 차별의식

사회적 차별이란 특정 집단에 대한 사회적 거리를 의미한다. 차별이 없다면 일상생활을 같이 하는 것을 허용하지만 차별이 있으면 자신의 생활범위에서 가능한 한 멀리하려고 한다. 일상생활에서의 거리감을 반영할 수 있도록 함께 거주, 함께 식사, 함께 입원, 함께 등교, 함께 직장 근무, 함께 동네 거주, 사회적 격리의 순으로 차별의식이 어떻게 분포하는지를 살펴보았다. 이 중 중간단계인 학교와 병원에 함께 있는 것에 대한 거부감이 가장 컸다. 즉 가족 중 감염자가 있을 때 함께 거주하지 못하겠다는 응답이 26.9%였고, 감염인과 함께 식사할 수 없다는 응답이 44.1%였던 반면, 자녀를 감염인과 같은 학교에 보낼 수 없다는 응답과 감염인과 같은 병동에 입원할 수 없다는 응답이 각각 51.8%, 56.9%였다. 반면 같은 동네에서 함께 살 수 없다는 사람(33.4%)보다 살 수 있다는 사람(38.3%)이 많았고 사회적 격리에 동의한 사람과 반대한 사람은 비슷한 수준이었다.

만일 HIV가 일상생활을 통해 전염된다는 인식이 확고하다면 신체적 거리가 가장 가까운 동거나 식사에서 거부감이 가장 높았어야 한다. 그런데 학교와 병원에서 함께 하는 것에 대한 거부감이 가장 높게 나오는 것은 감염인 차별이 단순히 자신으로부터의 물리적 거리만을 반영하기보다는 다른 사회적 가치와 상호작용함을 보여준다. 예를 들어 자녀 학교 문제는 유난히 교육열이 높은 한국사회의 특성을 반영하는 것으로 생각되고, 병동 입원 문제는 전염의 우려를 특히 심각하게 고려할 수 있는 상황조건을 반영한 응답으로 생각된다. 가족의 경우는 위기상황에서 정서적 지지를 제공할 수 있는 최후의 보루라는 점에서 감염자와 함께 거주하는 것이 '당연한' 일일 수 있다. 오히려 함께 하겠다는 응답이 절반에 불과하다는 점이 역설적으로 감염인에 대한 공포감을 반영한다고 생각된다. 그런데 직장에서의 퇴출에 찬성하는 응답이 15.5%에 불과한 것은 해석이 쉽지 않은 예외적인 반응이다. 직장퇴출을 반대하는 사람이 과반수를 넘는데 이것은 다른 차별 문항과는 완전히 대립되는 경향이다. 연구자의 질문의도가 설문지에서 명확하게 전달되지 않은 것으로 보인다.

전체적으로 감염인에 대한 차별의식은 상당히 높은 수준이라고 할

수 있다. '사회적 격리'와 같은 극단적 차별의식은 연도별로 볼 때 약
간 감소하는 경향을 보이지만 '감염자와 같은 학교 보내기'에서는 변
화가 없었다. 유럽인들도 자녀 학교 문제에서는 차별의식이 두드러
지게 나타나지만 차별의식의 절댓값은 우리보다 매우 낮았다.1)

특히 '사회적 격리'에 동의하는 응답은 5% 미만이었다.

우리 응답자들은 감염인을 실제로 아는 경우는 1.9%에 불과하였
다. 대부분의 감염인이 숨어 살기 때문에 이것은 당연한 결과이다.
문제는 감염인을 실제로 본 적도 없으면서 차별적 태도를 형성하고
있는 점이다. 만일 감염인들과의 인지된 접촉이 증가하고 그럼으로
써 일상적 접촉에서 아무런 문제가 없다는 점을 알게 되면 차별이

〈표 6-3〉 감염인에 대한 차별의식과 감염인 인지여부

(%, 명)

	예	아니오	모르겠다	전체	(응답수)
가족 감염자와 함께 거주	49.9	26.9	23.2	100.0	(2,020)
감염자와 함께 식사 가능	32.9	44.1	23.0	100.0	(2,022)
에이즈환자와 같은 병동 입원	24.8	56.9	18.4	100.0	(2,000)
내 자녀와 감염인 같은 학교 등교 허용	24.0	51.8	24.2	100.0	(2,022)
감염자는 같은 직장에서 퇴출	15.5	57.4	27.1	100.0	(2,020)
감염자와 같은 동네에 살 수 있음	38.3	33.4	28.2	100.0	(2,024)
감염자는 격리 수용	40.2	40.5	19.2	100.0	(2,021)
당신은 에이즈에 감염된 사람을 알고 있습니까?	1.9	91.2	6.9	100.0	(2,027)

1) 최근의 한국갤럽(2007)의 조사 결과는 차별의식이 부분적으로 완화되는 결
과를 밝히고 있어 주목된다. '감염자와 내 자녀 같은 학교 보내기'에 대하
여 반대하는 의견이 2006년에 34.0%, 2007년에 26.4%로 낮아졌다.

<표 6-4> 에이즈 차별의식의 연도별 비교

(%)

	2002년	2003년	2005년
같은 학교 불가	(자료 없음)	50.4	51.8
사회적 격리	48.7	48.5	40.2

<표 6-5> 유럽인들의 에이즈 차별의식

(%)

차별의식	벨기에(1993)	프랑스(1992)	한국(2005)
사회적 격리	4.7	5.6	40.2
에이즈 치료병원 이웃 설립 불가	17.0	9.2	15.5
내 아이와 감염자 같은 학교 불가	33.0	20.7	51.8

자료: Hubert (1998: 365)

완화될 가능성이 있지만 차별 때문에 감염인이 노출을 꺼리기 때문에 접촉이 이루어지지 않고 있고 그 결과 감염인에 대한 차별의식은 큰 변화가 없이 지속되는 딜레마적 상황에 있는 것으로 생각된다.

4) 감염인 차별의 관련 요인

2003년 자료를 사용하여 감염인 차별에 어떤 요인이 영향을 미치는가를 파악하였다. 우선 차별문항에서 '같은 학교 보내기', '같은 병원 입원', '사회적 격리'의 세 문항을 차별적 태도가 높은 점수를 갖도록 코드를 변경한 후에 합산하여 차별척도를 구성하였다. 이 척도는 0~6점의 분포를 갖고 0점은 전혀 차별적이지 않은 경우이고 6점은 가장 강한 차별적 태도임을 나타낸다.

　영향요인은 세 가지로 구분하였다. 첫째로 에이즈에 대한 인지적 요인으로 HIV 감염경로에 대한 지식수준과 감염인 인지여부가 차별과 관계가 있는지의 여부이다. 만일 지식수준이 낮을수록 차별적이라면 지식수준을 높이는 것이 정책과제가 될 것이다. HIV 감염경로 지식은 키스, 변기, 악수, 물잔, 주사기, 모기의 여섯 문항에 대한 정답 1점, 오답 0점으로 계산하여 5점 만점의 척도를 만들었다. 또한 감염인을 실제로 알게 되면 잘못된 오해를 해소할 수 있기 때문에 차별의식이 낮을 것으로 추론하였다.

　둘째로 위험한 성 행동을 하는 사람이 더 차별적인가의 여부이다. 만일 그렇다면 자신의 위험행동에도 불구하고 감염인을 자신과 구분하고 차별함으로써 자신은 안전할 것이라는 자기보호의식이 작용하는 것으로 볼 수 있다. 이를 위해 조기성경험, 원치 않는 임신, 외도여부를 포함하였다.

　셋째로 성 안전 의식이 낮은 사람이 더 차별적인가의 여부이다. 이를 위해 콘돔 신념과 콘돔 자기효능감을 회귀식에 포함하였다.

　우선 성별과 혼인여부에 따른 차이를 살펴보면 미혼자와 기혼자의 차이가 두드러졌고, 미혼의 경우는 남녀차이가 거의 없었으나 기혼자는 남녀 사이에 유의한 차이가 있었다. 전체적으로는 기혼 여자가 가장 차별적 태도를 갖고 있었고, 다음으로 기혼 남자, 그리고 미혼 남녀의 순이었다. 회귀분석의 결과는 소득이 낮을수록, 전파경로 지식이 낮을수록, 감염인을 개인적으로 알지 못할 경우에 원하지 않는 임신경험이 있을수록, 그리고 콘돔 신념이 낮을수록 차별적 태도를 갖고 있었다. 이러한 전체적인 경향에 가장 부합되는 하위집단이 기혼 남자였다. 이 모든 경향을 공유하고 있고 추가로 외도 여부가 유의미한 영향을 미치고 있었다. 즉 외도를 하지 않을수록 차별적이었다. 기혼 여자가 가장 차별적이었지만 여기에 유의미한 영향을 미치는 변수들이 거의 없었고 다만 감염인을 모를 경우 차별적이었다.

미혼남자와 미혼여자 역시 차별인식에 영향을 미치는 변수들이 거의 없었다. 미혼남자는 외도 여부가 미혼 여자는 콘돔 신념이 영향을 주고 있었다.

기혼자들이 더욱 차별적인 것은 아마도 기혼자들이 미혼자에 비하여 상대적으로 성에 대한 보수적 태도를 지니고 있고 에이즈를 이와 연관시켜 판단하는 것이 아닌가 하는 추측을 해 볼 수 있다. 기성세대는 젊은 세대보다 성경험 연령이 늦고, 콘돔 사용의식이 낮으며, 원치 않은 임신을 했던 경험이 많은데 이 연구결과에 의하면 이런 특성을 지닌 사람들이 더 차별적인 태도를 갖고 있었다. 즉 성에 대해 보수적인 행태를 가진 사람들이 더 차별적인 것이다.

여기서 외도 유무에 대한 남녀 차이가 흥미롭다. 제 5장의 분석결과 외도는 남자들이 많이 하고 위험 성 행동을 많이 하는 사람들이 외도 경험이 높았다. 그리고 외도를 경험하는 사람들은 에이즈와 관련하여 덜 차별적이고 비경험자들이 더 차별적이었다. 그런데 이런 경향은 남자들에게서만 나타나고 여자들에게는 나타나지 않았다. 여자들의 경우에는 외도 경험 자체가 절대적으로 적기 때문에 나타나는 현상일 수도 있지만 남자와 여자 사이에 에이즈 위험에 대한 인식 자체가 상이하기 때문일 수도 있다. 여성들의 경우 차별인식에 영향을 주는 요인들이 거의 없고 거의 문화적으로 결정되어진 것처럼 보인다. 즉 남성들은 지식수준이나 성 행태에 따라 에이즈 위험에 대한 인식이 달라지지만 여성들은 에이즈 자체를 그대로 위험으로 인식하고 거부감을 갖는 것처럼 보인다. 미혼 남성 역시 에이즈에 대하여 즉자적 위험을 느끼는 것처럼 보이지만 기혼자가 되고 성경험이 많아지면서 여성과는 다른 차별인식을 갖게 되는 것으로 추측된다.

<표 6-6> 집단별 에이즈 차별인식에 영향을 주는 요인들

	전체	미혼남자	기혼남자	미혼여자	기혼여자
차별점수	3.62	3.30	3.61	3.32	3.89
성별	.009				
결혼상태	.118**				
연령	.047	.042	.041	.305	.029
월평균소득	-.085*	.068	-.139**	-.246	-.093
교육수준	-.040	.088	-.049	-.098	-.021
전파경로 지식	-.134***	-.090	-.204***	-.186	-.061
감염인 인지 여부	.111***	-.025	.161**	.210	.115*
조기 성경험 여부	-.024	.097	-.099	.212	-.088
원하지 않은 임신 여부	.088**	.185*	.093	-.142	.070
2차(복수) 파트너 유무	-.077	-.191*	-.118*	-.092	.031
콘돔 신념	-.123***	.008	-.163**	-.410*	-.094
자기효능감	.014	.072	-.077	.232	.076
adjusted R squire		.016	.125	.228	.036

유의수준: * .05; ** .01; *** .001

원래 추론과는 달리 외도 경험이 없는 사람이 오히려 차별적이라는 결과는 아마도 소득과 관련이 있는 것으로 보인다. 소득이 낮을 경우 외도가 상대적으로 어려울 것이기 때문에 소득의 영향이 외도 요인보다 더 크게 작용하는 것으로 보인다. 외도를 하지 않는다고 하여 차별의식이 높은 사람들이 스스로 성 안전 의식이 높은 것은 아니다. 이들은 콘돔 신념도 낮고 따라서 콘돔 사용수준도 낮을 가능성이 있고 결과적으로 원치 않는 임신을 했던 경험이 있는 사람들이었다. 이러한 결과에 근거할 때 감염인에 대한 차별을 감소시키기 위해서는 에이즈의 특성에 대한 대중홍보만으로는 부족하고 성 안전에 대한 홍보도 필요함을 알 수 있다. 나아가 에이즈 그 자체에 대한 문화적 상징(즉 더러움 또는 불결함)이 주는 영향이 크기 때문에 이를 '단순한' 질병으로 형상화시키는 작업이 필요함을 알 수 있다.

3. 에이즈 낙인과 차별의 실태

1) 접촉 거부

에이즈 낙인은 에이즈를 이유로 감염인에 대하여 부정적 편견을 갖는 태도의 문제이고 감염인 차별은 에이즈 감염을 이유로 당사자의 권리를 부정하거나 제한하는 모든 행동을 의미한다. 차별은 개인 간에는 물론 가정, 지역사회, 병원, 직장 등 광범위한 영역에서 다양한 형태로 발생할 수 있다. 차별의 가장 보편적 양상은 감염인과의 접촉을 꺼리는 것으로 나타난다. 가정 내에서도 식사나 잠자리, 화장실을 별도로 사용하도록 하거나 가족끼리 악수나 포옹을 하지 못하게 하거나 대화조차 제한하는 형태로 나타날 수도 있다. 심할 경우 가족과 함께 살지 못하고 별거를 강요받기도 한다. 심지어 HIV 감염자가 살해당했는데 시신의 혈액을 통한 감염을 두려워 한 경찰이 시신을 수습하지 않고 7일 동안 현장에 방치한 사건이 있었다 (〈세계일보〉, 2002. 12. 22).

다음 사례는 감염인과의 접촉이 살인을 부르거나 성 폭행을 면하게 할 수도 있음을 보여준다.

> 대전 서부 경찰서는 성관계를 맺은 술집 여종업원이 자신이 에이즈에 걸렸다고 장난을 치자 목을 졸라 숨지게 한 송모 씨(35세, 운수업)에 대해 살인혐의로 구속영장을 신청했다. (〈동아일보〉, 2002. 4. 9)

> 대구 북부경찰서는 여성을 성폭행하려다 이 여성이 '에이즈에 걸렸다'고 하자 그냥 달아난 유 모 씨를 붙잡아 9일 특수강도 혐의로 구속하였는데 … 유 씨는 지난달 17일 새벽 Y모 씨(30, 여) 집에 침입해 금팔찌 등을 빼앗은 뒤 성폭행하려는 순간 Y 씨가 모기에

물린 자국을 보이며 "에이즈에 걸려 생긴 반점이니 알아서 하라"고 말하자 금품만 챙겨 달아났다(〈세계일보〉, 2003. 10. 28).

감염인과의 접촉을 꺼리는 태도는 나아가 감염인을 항시 감시하고 사실상 격리시켜 자신들의 안위를 지켜야한다는 식의 태도로까지 발전할 수 있다. 국정감사장에서 제기된 국회의원들의 질문내용을 살펴보자.

— 국회의원 A. "지금 도망 다니고 적발 안 되는 사람들은 양심 없는 사람들 아니에요? … 그냥 '내가 걸렸으니 너네도 한번 걸려봐' 이런 상태 아닙니까?"
— 국회의원 B. "지금 59명의 행불자 문제는 매우 심각합니다. 새로운 감염자가 계속 늘어나고 있다 이런 얘기에요 … (감염우려가 있는) 유흥업소 단속을 우선적으로 해야 되지요. 새로 감염된 환자들이 있을 테고 특히 외국 근로자, 외국여성들 … 1년에 두 번 정도는 책임을 지고 전국적으로 동시에 저녁에 술 먹은 사람 단속하듯이 일제 단속을 벌일 필요가 있다 이 말입니다."
(국회 국립보건원 국정감사 회의록, 2002. 10. 1)

이 사례에 나타난 일반인들의 감염자에 대한 반응은 한마디로 존재 그 자체로 타인을 감염시킬 수 있는 위험인물로 간주된다. 그렇기 때문에 같이 살 수 없고 철저히 색출해서 별도로 수용하거나 일거수일투족을 감시해야 하는 대상으로 간주된다. 그들의 인권이나 시민권은 철저하게 부정된다. 또 에이즈 감염에 대한 공포는 사회적 지위의 높고 낮음을 막론하고 거의 유사하다는 점이 나타난다. 운전기사, 화이트칼라, 시골주민, 국회의원, 언론인을 막론하고 공통적으로 감염자를 두려워한다. 에이즈 앞에서는 지식이나 교양수준의 차이, 직업의 종류, 사회적 지위의 높고 낮음을 떠나 대부분이 공포심을 갖고 있고, 감염을 우려하면서 감염자와의 접촉을 기피하는 것이다.

2) 출입 제한

차별의 둘째 유형은 극장, 수영장, 음식점 등 공공장소 출입을 제한하는 것이다. 물론 법적으로 감염인의 출입을 규제하지는 않지만 일반인들은 감염인들이 이런 장소에 출입하는 것에 대하여 극도의 거부감이 있다. 감염인의 사망 시 장례식 자체를 하지 않거나 장례식 참석을 거부하는 일도 발생한다.

> 최근 진도에서는 30대 여성 에이즈 환자의 자포자기적 행동으로 주민들이 공포에 떨고 있다는 소식이다 … 마을 전체가 외출마저 꺼리는 등 감염공포에 시달리고 있다 … 환자의 행적에 대한 감시와 예방조치가 매우 소홀하다 … 환자가 대중목욕탕까지 마음대로 드나들어서야 어찌 제대로 된 환자관리라고 할 수 있겠는가 ….
> (〈경향신문〉, 2003. 5. 12 사설)

3) 치료 제한

병원에서는 감염자들에 대한 치료를 제한 또는 거부함으로써 차별한다. 감염인을 치료하는 병원은 감염내과가 설치된 종합병원이 주로 담당하는데 내과적 질환이 아닌 치과 질환, 항문 질환 등 여타 질환의 경우에는 병의원에서 치료를 꺼리는 경향이 있다. 국가인권위원회(2005)의 에이즈 감염인 인권실태 연구보고서에 의하면 밤 12시에 응급실에 실려 갔으나 감염인임을 알고 아침까지 치료를 안 해준 사례, 의사가 진료실에 들어오지도 않고 복도에서 처방을 써준 사례, 치과에서 진료실이 아닌 창고로 불러내어 진료한 사례 등이 보고되었다. 급성맹장염에 걸린 HIV 감염자가 "사후 처리를 할 수 있는 시설과 에이즈 감염인 수술 경험이 없다"는 이유로 종합병원에서 수술거부를 당하여 18시간 수술을 받지 못하는 사건도 있었다(〈한겨레신문〉, 2003. 12. 12〉. 또한 치료 과정에서도 별도의 절차와 표식을 부착하여 감염인의 신분이 노출되는 일들이 있다.

"자원봉사로 간병인을 한 적이 있습니다. 간병인인 저에게 감염사실을 절대 비밀로 해달라고 부탁했고, 사촌들도 암인 줄 알게 했으나 의사가 와서 에이즈와 관련된 용어들을 남발해서 환자의 사촌들이 다 알게 되었습니다. 또한 청소하는 사람도 불필요하게 장갑을 사용하고 위험물 취급하는 것처럼 다른 색의 봉투에 빨간 딱지를 붙이는 것을 보았습니다." (감염인 면담기록).

"에이즈 환자가 된 직후인 2000년 같은 대학병원에서 또 한 차례 황당한 일을 경험한 적이 있습니다. 목이 아파 오전에 진찰을 받으러 갔더니 이비인후과 의사가 진료 차트에 A+(에이즈 양성이라는 뜻)라고 적힌 것을 보고 대뜸 '당신을 지금 진료하면 오늘 다른 환자는 못 본다'며 모든 환자 치료가 끝난 뒤에 오라 했어요. 몇 시간을 기다려 진찰실로 들어가니 그 의사는 우주비행사 복장으로 온몸을 중무장하고 있었습니다. 그리고 입을 한 번 벌려보라고 하더니 아무 이상 없다며 진료를 끝냈어요." (〈한겨레신문〉, 2003. 12. 1).

4) 취업차별

직장에서는 동료들이 접촉을 기피하고, 업무를 타당한 이유 없이 재배치하기도 하며, 입사 시 또는 재직 중 건강검진 과정에서 임의로 에이즈 검사를 포함시키며, 병가를 강요하거나 사직을 요구하기도 한다. 감염인들은 건강검진 등을 통해 자신의 감염사실이 알려질까 두려워하여 미리 사직하거나 아니면 감염인이란 정보가 누설되어 동료들이 따돌림으로써 견디지 못하고 사직하는 사례들이 보고된다.

회사원 C 씨는 지난해 인사팀장으로부터 건강검진에서 에이즈 양성반응이 나왔으므로 전직을 생각하라는 말을 들었다. 그는 정밀 검사 결과 에이즈가 아닌 것으로 판명됐지만 동료들의 냉대를 참지 못해 사표를 냈다. (〈동아일보〉, 2004. 1. 26)

5) 감염 관리 소홀

감염인들은 보건소에 의무적으로 등록하고 관리 받아야 하는데 이 과정에서 보건소 직원들의 실수로 가족에게 감염사실이 알려지기도 하고, 경찰에서 민형사 사건을 처리하는 과정에서 감염인 신분 보호에 소홀하여 노출되기도 한다. 복지혜택 수혜를 위하여 등록하는 과정에서도 비슷한 일들이 발생하기도 한다. 감염인의 신분이 노출되면 주위의 따돌림이나 차별이 유발될 수 있다.

6) 서비스 제공/수혜의 거부

외국의 경우 감염인으로 밝혀진 가게 주인에게 손님이 가지 않는 일들이나 감염인 교사나 변호사, 의사에게 가는 것을 꺼리는 사례들이 많이 보고된다. 우리나라에서는 아직 이런 사례는 거의 없는 것으로 보인다.

4. 에이즈 감염자의 삶

1) 감염자 사례의 특성

한국에서 에이즈 감염자는 철저하게 숨어서 산다. 이러한 사실은 그 자체로 에이즈에 대한 사회적 낙인의 실상을 보여준다. 감염자의 수가 적은데다 숨어 살기 때문에 이들을 대상으로 연구하는 것이 어려울 수밖에 없다. 이 연구를 위하여 감염자 5인을 대상으로 2004년 10월에 심층면접을 실시하였다.

이들의 인적 특성은 다음 표와 같다.

<표 6-7> 감염자 사례의 일반적 특성

특 성	A	B	C	D	E
성 별	남자	남자	남자	남자	여자
현재 나이	30세	32세	37세	미상(40대)	51세
감염사실 확인 시기	2003. 1	1998. 11	1994	1994. 8	1998. 6
감염 당시 직업	홈쇼핑 전화상담	신학전공 학생	서비스업	회사원	전업주부
현재 동거인 /결혼상태	감염친구 /미혼	아는 동생 /미혼	친구들 /미혼	부모님 /미혼	남편, 자녀
현재 건강상태	알레르기, 피로감	증상 없음	증상 없음	증상 없음	증상 없음
현재 직업 /경제상태	무직/ 정부보조금	미용사	자영업 식당 수입/ 정부보조금	AIDS 민간 단체 직원	에이즈 상담 자원봉사/ 기초생활 보장수급자

2) 감염 확인 이후의 정신 심리적 변화

대부분의 응답자들은 처음 HIV 감염 양성판정 통보를 받고 나서 "멍한 느낌", "한 대 맞은 느낌"이란 표현을 사용하여 충격을 받았음을 설명하였다. 그리고 그러한 충격의 이유에 대해서 그동안 자신들이 보아왔던 에이즈 환자의 모습, HIV 감염자들에 대한 부정적 인식들 때문이라고 이야기 하였다. 다른 불치의 질환(암, 백혈병)을 가진 환자들이 그 병을 곧 죽음으로 간주하면서 죽음에 대한 공포를 느끼는 반면 HIV 감염자들은 사회의 부정적 인식에 대해서 공포를 느끼는 것으로 나타났다.

질병 중에 사회적 인식이 가장 나쁘고 무지하다고 생각합니다. 언론매체에서는 창녀, 외국에서의 윤락 등을 감염원으로 생각하도록 만들어서 감염자들이 더러워서 걸린 것으로 보고 접촉만 해도 옮을 것이라고 생각합니다. 즉 괴물과 같이 생각합니다.

보통 다른 중질환의 경우에는 의사의 진단을 불신하면서 다른 병원을 찾아 다시 진단을 받아보는 행동이 나타나는 경우가 많은데 HIV 감염자들은 이러한 행동방식보다는 일정기간(몇 주에서 몇 달) 동안 자신의 몸을 학대하거나, 자포자기하는 반응을 보이는 경우가 많다. 동성애로 인한 감염의 경우에 더욱 그러한데 이것은 이성애자들과는 달리 HIV 감염의 우려를 사전에 인지하는 경우가 많기 때문에 HIV 감염이 확인되었을 때 막연히 우려하던 상황이 현실로 다가온 것으로 판단하고 에이즈를 자신의 숙명으로 받아들였다.

감염 초기의 혼돈상황이 지난 이후에는 에이즈에 대한 정보를 습득하는 노력을 많이 하는 것이 공통적으로 보이는 반응이다. 주로 인터넷 등을 통해 병에 대한 정보도 얻고, 또한 감염자에 대한 사회적 인식, 또는 질병에 대한 사회적 인식 등도 함께 습득하면서 에이즈의

246

특성을 알게 되고 투약에 의하여 증상발현을 억제할 수 있다는 등의 사실을 알게 되면 서서히 공포에서 벗어나게 된다. 동시에 감염사실 노출을 철저히 차단하는 두 가지 대응 방식을 보여준다. 2003년 HIV 감염자들의 경험을 고찰한 질적 연구에서도 감염자들은 질병 자체보다도 감염사실의 노출이 자신의 활동을 규제하는 것으로 인식한다(변진옥, 2003).

> 사례 글을 많이 읽었습니다. 여기서 당뇨병과 같이 만성질환과 같게 보았고 보건소 직원도 완치는 안 되지만 약을 먹으면 생명은 연장될 수 있다고 말해주었습니다. 어차피 나쁜 쪽으로 갈 것이 아니라면 현실에 대처하는 것이 낫다고 생각하게 되었습니다.

감염자들이 자신의 질병에 대한 대응에서 가장 중요한 것이 에이즈에 대한 사회적 이미지, 또는 인식이라고 할 수 있다. 물론 정보를 통해 에이즈가 관리가능한 질병임을 알게 되면서 자신에 대한 학대행위는 감소하지만, 감염자에 대하여 부정적인 사회적 인식을 스스로 학습함으로써 자기존중감이 저하되거나, 또는 HIV 감염이 자신의 과거 (성)행위에 대한 처벌로서 인식하는 등의 부정적 인식을 더욱 강화하게 되는 것도 볼 수 있다. 이러한 배경에는 우리사회가 에이즈를 어떻게 인식하며, 그리고 그 인식을 만들어 가는 교육과 홍보의 영향을 무시할 수 없을 것이다.

그러나 흔치 않은 경우이기는 하지만 일부 감염자는 감염 이후 자신의 삶을 보다 긍정적이 방향으로 바꾼 사례도 있다. 감염자 D의 경우가 그러한데 그는 감염 이전에는 자신의 삶이 극히 이기적이었다고 평가한다. 취업을 하여 사회생활을 하면서 자신의 성취나 사회에 대한 기여를 하고픈 생각도 없었고 하루하루 되는대로 살았다고 한다. 그러다가 감염이 된 이후에 자신의 삶을 되돌아 볼 기회를 갖게 되었고 자신이 잘못 살았다고 생각하였다. 그래서 이제는 하루하

루 생산적으로 살려고 노력하며 남의 처지도 헤아리면서 봉사도 하
게 되었다고 고백하였다. 물론 D의 경우도 세상의 편견으로부터 자
유롭지는 않지만 다른 감염자들처럼 낙인에 대한 과도한 피해의식도
갖고 있지 않았다. 그는 과묵하여 자신이 어떻게 하여 그런 '경지'에
도달할 수 있었는지 상세히 말하지 않았다. 한편으로는 극기의 노력
도 있었겠지만 다른 한편으로는 스스로 이기적이었다고 평가할 만큼
세상의 이목과 일정정도 거리를 두고 살아왔던 태도 때문에 낙인의
문제에서도 상대적으로 자유로울 수 있었던 것으로 추측된다.

　감염자 E의 경우는 D의 경우와는 다른 방향에서 에이즈로 인한
이득을 경험하였다. 그녀는 남편이 아파서 진료받던 도중 감염사실
을 알게 되었고 이어서 자신까지 감염된 것을 확인하였다. 당시에는
다른 감염자들처럼 큰 충격을 받았고 한동안 '멍한 상태'로 보냈다고
한다. 그러나 나중에 보니 자신은 다른 감염자와 달리 수월하게 '별
일 없이' 지나갔다는 것을 알았다. 그것은 중학생 고등학생이던 자식
들 때문에 내색을 할 수 없었고 빨리 극복해야 했기 때문으로 생각
한다. 그런데 감염 이후 중요한 변화는 남편과의 관계였다. 이전에
이 부부는 아주 전형적인 가부장제 가족이었다. 남편은 가정에서 군
림하였고 자신은 주부로서 남편에게 절대복종하면서 살았다고 한다.
그러나 감염 이후 상황이 완전히 역전되었다. 예전에는 자신이 남편
을 받들어 모시고 살았지만 이제는 자신이 (집안에서) 대통령이 되었
다고 말했다.

　에이즈라는 무서운 병을 옮긴 죄 때문에 남편은 가정 내에서 권위
를 완전히 상실한 것이다. 그녀는 병을 옮긴 남편이 밉고 분노가 생
기기도 하였지만 아이들 생각해서 애정보다는 기대감으로 같이 산다
고 한다. 그녀도 감염 이전에는 남편과 아이 밖에 모르고 살았지만
감염 이후에는 상담 자원봉사를 하면서 나누는 삶을 살게 된 점을
자랑하였다. 자신도 정부지원으로 영세민 임대아파트에 살면서도 구

세균 지원은 더 어려운 사람을 위해서 쓰라고 거절했다고 한다.

감염자 D와 E의 사례는 에이즈 낙인 때문에 심리적으로 위축되기는 했지만 오히려 낙인을 스스로 극복하면서 자신의 삶을 긍정적으로 바꾼 좋은 사례가 된다. 고프먼의 지적대로 대개의 감염자들이 낙인을 내재화하면서 세상과의 단절을 통하여 자신을 보호하는 소극적인 대응을 하지만 경우에 따라서는 스스로의 노력으로 또는 주변의 도움으로 낙인을 희석시키고 세상과의 관계를 확대하는 적극적인 대처방식을 취하고 있는 것이다. 이것은 사회적 낙인을 일거에 없애는 것은 어려울 수 있지만 최소한 감염자들의 재활을 돕는 사회적 지지망을 만들어 주는 일은 가능할 뿐만 아니라 시급하게 추진될 필요가 있음을 보여준다.

에이즈 감염으로 극도로 심리적 위축을 겪는 상황에서 이를 도와줄 사회적 지원 네트워크가 취약하기 때문에 에이즈 감염은 생존 자체를 위협하게 된다. 국가인권위원회(2005)의 보고서에 의하면 감염인들은 극도의 정서적 위축상태에 있으며, 이들의 자살률은 일반인 자살률보다 약 10배 정도 높다고 한다.

3) 가족 및 사회적 관계의 변화

감염자들이 사회적 노출을 기피하면서 대부분의 사회적 관계는 단절된다. 때로는 외부의 압력에 의하여 관계가 단절되기도 하지만 대개의 경우는 본인 스스로 노출을 우려하여 관계유지에 소극적이게 된다. 예를 들면 감염자 D의 경우 감염 전에 종합병원의 소아병동에서 자원봉사활동을 했었고, 감염자 A의 경우도 장애인 봉사활동을 하였으나 모두 그만두었다. 동성애 집단과의 교류에서도 본인은 HIV 감염으로 큰 시련을 겪고 있었지만 다른 회원들은 자신의 관심과는 거리가 먼 '사소한 가십거리로 일관하기 때문에' 모임에 흥미를 잃고 소속감도 낮아졌다고 말한다. 모임에서 접촉을 자주하다보면 감염사실이 우연하게 알려질 수도 있다는 두려움도 모임에 가는 것을 꺼리게 만들었다.

감염자들은 평소에는 친하던 사람들도 감염 이후에는 별 도움이 되지 않는다고 증언한다. 감염자 B는 감염 전 신학전공학생으로 목사가 되려고 활발한 종교활동을 했지만, 감염 이후 알고 지내던 목사에게서도 별다른 정서적 도움을 받지 못했다고 말했다. 또한 감염사실을 친하게 지내던 직장동료에게 자발적으로 알리고 친분을 유지하려고 시도했지만 곧바로 직장에서 소문이 도는 바람에 즉시 직장을 그만두어야 했다. 감염인은 인간의 기본적 권리로 볼 수 있는 직업선택, 공공시설의 이용, 존엄권, 치료받을 권리 등이 감염과 함께 부당하게 제한 또는 거부당하는 것이 현실이다. 법제도에 의한 인권침해 요소는 점차 개선되고 있지만 개인 간 관계 또는 기업 등 사적기관에서 나타나는 부당한 대우에 대해서는 제대로 된 규제장치가 마련되어 있지 못한 것이 현실이다.

일반적으로 큰 병에 걸리게 되면 가족의 간호나 정서적 지지가 환자에게 큰 힘이 된다. 에이즈처럼 사회적으로 배척받는 질병의 경우에 가족처럼 이들을 보호할 최후의 피난처는 더욱 필요하지만 가족의 도움을 받는 경우는 오히려 소수이고 다수는 가족으로부터도 배척받는 것으로 보인다. 인터뷰에 응한 감염자들은 비교적 자활에 성공한 사람들이었다(그렇지 않은 사람들의 경우에는 접촉 자체가 어렵다). 물론 A처럼 아직까지 가족에게 알리지 못한 감염자도 있었지만, 자발적이든 비자발적이든 가족들이 감염사실을 알게 된 이후에 큰 위로를 얻었다고 설명하였다. 가족이 자신에 대해 보여주는 깊은 사랑으로 인해 실추되었던 자아존중감을 되찾거나, 가족의 걱정을 덜어주기 위해 자신의 건강을 돌보고 정상적 사회생활을 하려고 노력한다거나 하는 긍정적 대응을 이끌어주는 데 가족의 지지가 큰 힘이 되었다고 한다.

하늘이 무너지는 것 같았습니다. (보건소에서) 전화를 받았을 당시 누나도 있었기 때문에 티를 안 내었지만 누나들이 이상한 분위기를 눈치채고 "어디서 전화가 왔느냐?"라고 묻자 누나들에게 말해버렸습니다. 원래 누나들과 친하지 않은데 당시 놀래고 혼자는 감당하기 힘들고 위로받고 싶어서 말해버렸습니다. 그로 인해 가족들이 모두 알게 되었습니다. 한 달 정도 방황하였고 누나 집에서 나와서 골방을 얻어 술로 생활을 하였습니다. 당시 신학교를 다녔기 때문에 (이전에는) 술을 마시지 못했습니다. 삶의 회의를 느꼈고 학교도 그만두었습니다. 누나들이 수소문해서 찾아왔습니다. "혼자서 고생하면 뭐하느냐? 도와주겠다"고 하니깐 가족들도 교회를 다니기 시작했습니다. … 목사님도 알고 있었는데 크게 도와준 바는 없고 저의 의지와 가족의 지지에 의해서 극복할 수 있었다고 생각합니다.

그런데 이와 같이 가족으로부터 정서적 지지를 얻어서 재활에 성공하는 경우는 드문 것이 현실이다. 에이즈 감염은 당사자뿐만 아니라 가족들에게도 충격이고 가족관계조차 파괴시키는 사건인 것이다. 그러다 보니 감염자들은 가족들에게조차 이 사실을 알리지 못하게 된다. 실제로 에이즈예방협회(2003) 조사자료에 의하면 감염사실을 본인만 알고 있는 경우가 23.7%에 달하였고, 배우자에게 알린 경우가 40.8%였다. 부모에게 알린 경우도 20% 내외였다. 이런 상황이 오래 지속되기는 어렵기 때문에 결국에는 가족이 알게 되고 가족과의 관계가 단절되는 경우가 많은 것으로 보인다.

친구에게도 감염사실을 알린 경우가 17.2%에 불과하였다. 다른 고민거리의 경우에는 가족보다 친구가 위안처가 되는 경우가 많지만 에이즈의 경우에는 친구도 도움이 안 된다. 물론 직장동료 등 다른 사람들에게는 거의 대부분 알리지 않는다. 흥미로운 점은 감염자들이 다른 감염자들에게조차 자신의 감염사실을 알리려하지 않는다는 점이다. 이들은 '마음이 통할 수 있는' 극소수의 다른 감염자에게만 사실을 알리고 서로 동병상련하는 것으로 보인다. 같은 입장에 처한 감염자들과는 다른 사람들과 공유할 수 없는 부분을 같이 할 수 있기 때문에 다른 집단에서 느끼는 소외감을 덜 느낄 수 있다고 말한다. 그러나 감염자라도 아무에게나 기대는 것은 아니고 극소수의 '친구가 될 수 있거나 같이 동거할 수 있는' 감염자에게만 사실을 털어놓고 지내는 것으로 나타났다. 즉 감염자들은 자신의 감염사실이 알려지더라도 자신을 차별하지 않을 사람에게만 자신을 노출하고 있었다. '만약 주변사람에게 자신의 감염사실이 노출된다면'이라는 질문에 감염자 B는 "사람취급을 하지 않겠지요"라는 단순명료한 말로 절대로 감염사실을 노출하지 않을 의지를 표현하였다.

반면 여성 감염자의 경우에는 본인만 알고 있는 경우가 4.3%에 불과하여 남자와는 약간 다른 양상을 보였다. 배우자나 부모 형제들에게 알린 경우가 남성 감염자보다 많았다. 이것은 타인과의 관계유지를 중시하는 여성 특유의 심리가 일정하게 작용하는 것으로 보인다. 또한 대부분의 여성 감염자는 이미 혼인 후에 남편으로부터 감염되었다는 상황조건도 작용한다. 여성 감염자는 어머니로서 돌보아야 할 가족이 있기 때문에 가족과 떨어져 사는 것이 어렵고 따라서 가족에게 사실을 알리고 도움을 얻는 경우가 상대적으로 많은 것으로 보인다.

그런데 일상생활을 함께 하는 경우에 감염 이후 행동방식이나 생활의 변화가 불가피하기 때문에 가족들에게 감염사실을 완전히 숨기기는 어렵다. 따라서 감염자들은 자신의 감염사실을 가족에게 알리지도 못하고 혼자서 고민하다가 이것이 여의치 않으면 가족과의 관계를 단절하는 선택을 하는 것으로 보인다. 남성 동성애자의 경우에 이성과의 결혼을 하지 않고 독신상태를 유지하면서 가족과 별거하는 경우들이 많은데 이때 에이즈가 발생하면 가족과의 관계는 더욱 멀

어지는 것으로 보인다. 에이즈예방협회(2003) 조사에 의하면 가족과 동거하는 경우는 41.9%에 불과하였고 가족과 사이가 좋다는 응답은 41.5%에 불과하였다. 과반수의 감염자가 가족관계를 원만하게 유지하지 못하는 상태인 것이다. 사회적으로 에이즈에 대한 낙인이 만연해 있는 상황에서 가족 내 에이즈 환자의 존재가 알려질 경우 가족들이 주위 사람들로부터 받게 되는 피해를 우려하거나(권관우, 2002) 가족성원들 또한 감염자를 멀리할 가능성이 있기 때문에 결국에는 가족해체로 이어지게 된다.

　차별이 감염인들로 하여금 공적 노출을 꺼리게 만듦으로써 에이즈 예방사업은 어려워질 수밖에 없다. 감염인들은 정기적인 HIV 검사나 검진을 받기를 꺼리게 되는 것이다. 이럴 경우 자신의 신체상태에 따른 효과적 치료를 어렵게 만드는 것은 물론 이들의 행동에 대한 효과적 감시(monitoring)를 어렵게 만든다. 이들에게 자조와 자활 사업을 지원하려해도 감염인 스스로 거부할 경우에 정부로서도 달리 대안이 없다. 이러한 예방과 치료의 어려움은 궁극적으로 지역사회에 에이즈 확산을 초래하는 원인이 될 수 있다.

4) 경제사정의 변화와 대응

　면접에 응한 감염자 중 4인은 감염 당시와 현재의 직업이 바뀌었다. A 씨는 홈쇼핑 회사에 다니고 있었으나 자신이 병가를 낸 사실도 있는데다가 "회사에서 질병을 안 것은 아니지만 정기 건강검진을 회사에서 시행하게 되니깐 알려지기 전에 그냥 자신이 회사를 그만두는 것이 현명하다"고 생각했다. B 씨는 인터뷰에서는 자세히 밝히지는 않았으나 에이즈 환자로는 목사가 될 수 없다고 판단한 것으로 보인다. 감염 당시 서비스업에 있던 C는 '보건증'을 발급받아야 하는 직업이고, 관련법에 따라 1년에 2회의 검진을 받아야 하는 등의 규정이 있고, 후천성 면역결핍증 예방법상 감염자에게 허용되지 않는 직업이었다. D 씨는 감염사실 이후에도 직장건강검진에 HIV항목이 없었기 때문에 계속 직장을 다니다가 IMF 때 직장을 그만두었다고 대답하였다. 그러나 D 씨도 동종 직장으로 재진입하지는 못했다. 그렇다보니 이들은 미용사로 일하고 있는 B 씨를 제외하고는 모두가 경제적 어려움을 겪고 있었다. 이들의 경우 적극적으로 장기적 계획을 가지고 필요한 지식과 기술을 연마하고 있지는 않았다. 그 대신에 지출의 규모를 줄이고 부양가족을 만들지 않으며 정부의 보조나 비정규직 등으로 개인의 생활을 유지하는 등 소극적 방식으로 수입감소에 대응하고 있었다. 대한에이즈예방협회(2003)의 감염인 조사자료에 의하면 감염 당시의 직업분포에서 무직은 20.5%(남자)에 불과하고 서비스직, 사무직, 전문직, 자영업 등에 고루 분포되어 있다. 이들의 학력 또한 고졸 44.3%, 대졸 이상 23.9%로 학력수준이 낮지도 않다. 그런데 에이즈퇴치연맹(2003b)의 감염인 조사자료를 보면 응답자의 64.7%가 직업이 없었다. 따라서 이들은 HIV 감염과 동시에 직업을 잃는 경우가 매우 많음을 알 수 있다.

　이들이 직업을 얻기 어려운 것은 취업 시 또는 취업 이후 직장에서 건강검진을 정기적으로 받기 때문에 이 과정에서 에이즈 감염사실이 노출되어 사직을 강요당하거나 또는 신분노출 우려 때문에 스스로 사직하거나 아니면 취업을 포기하기 때문이다. 이때 정부가 극빈층에게 생활비를 지원하는 제도인 '기초생활보장' 수급자로 지정받는 것이 도움이 될 수 있다. 그렇지만 감염인 조사결과를 보면 전체 응답자 253명 중 71명은 수급권자 지정을 희망하였지만 또 다른 77명은 '알려지는 게 싫어서' 수급권자 신청을 하지 않겠다고 응답하였다. 이와 같이 감염자들은 강박적일 정도로 신분노출을 우려하고 이것은 일반인의 상상을 초월한다.

　감염자들이 직업을 구하기 어렵고 경제적 곤란에 처하다보니 정부

로부터 경제적 지원을 원하는 경우가 많고 일부 감염자들은 정부의
경제적 지원을 당연하게 생각하는 사례도 발견된다. 일을 하면 성취
감이 있지만 일을 해서 수입이 생기면 기초생활보장 수급자 자격이
박탈되기 때문에 탈락되지 않을 정도만 일을 한다는 경우도 있었다.

> 감염자 워크숍이 있었는데 일부 감염자들이 자신들을 VIP 대접을
> 해주어야 한다는 등 물질적인 것을 바랐습니다. 협회는 자신들 때
> 문에 정부에서 돈을 할당받기 때문에 (자신들에게) 그러한 대접을
> 해야 한다는 식이었습니다. 일하는 자체에 대한 의지가 없는 것
> 같았습니다. 사지는 멀쩡한데 협회에서 교육비 등으로 나오는 돈
> 을 나눠주는 것을 당연시 하고 있었습니다.

> 감염이 되면 신분노출의 문제로 지레 겁먹고 일을 하지 않으려는
> 것 같습니다. 생활보호대상자, 구세군 등이 감염자에게 알아서 식
> 자재를 주기 때문에 직업을 찾을 필요를 모르는 것 같고 노력도
> 하지 않는 것 같습니다.

물론 이 사례들에서 지적된 사람들의 행위는 정상적 직업활동이
차단된 극한상황에서 나오는 반응이라는 점을 감안하면서 이해할 필
요가 있다. 그런데 이러한 상황이 감염인의 자립에 긍정적인 것은
아니기 때문에 정부의 지원방식도 개선할 필요가 있다. 지금까지 정
부는 감염의 전파차단과 치료에만 관심을 두었고 또한 서비스업에
종사하지 못하도록 하는 등 환자관리에만 치중하였다. 그런데 감염
자들이 일을 할 수 있는 한 스스로 직업 활동을 통하여 사회의 일원
임을 느낄 수 있고 자립도 할 수 있도록 이들에게 적합한 일거리(직
접적으로 다른 회사원과의 접촉이 필요하지 않는 업무들)를 알선하는 것
이 시급한 과제로 생각된다.

5) 등록 관리와 치료

감염사실이 확인되면 감염자들은 의무적으로 보건소에 등록이 되며 국가관리를 받게 된다. 감염자들은 3개월마다 정기적으로 보건소를 방문하거나 전화로 상담받아야 한다. 상담은 건강상태, 결혼여부, 주거변동, 임신여부, 경제상황, 직업, 에이즈 전파방지를 위한 노력 등이 포함되도록 하는데(질병관리본부, 2004) 실제로는 간단한 안부와 이상 유무를 체크하는 식으로 진행되는 것이 보통이다. 이 과정에서 필요한 정보가 제공되기도 하고 정서적 지원이 이루어지기도 하지만 사무적인 확인에 그치는 경우도 많다.

보건소 담당자의 교체는 감염자들을 성가시게 하는 요소이다. 감염자 담당업무가 보건소 내에서 선호되는 과업이 아니다보니 담당자가 자주 교체되는 실정이다. 감염자들은 자신의 감염사실을 타인에게 노출시키는 것을 극도로 꺼려하는데 담당자가 교체되어 자신의 사정을 다시 이야기 하게 되는 것에 대한 부담이 클 수밖에 없는 것이다. 보건소 관리업무상의 개선이 필요한 부분이다.

감염자들은 6개월마다 면역기능검사를 받으며, 신체상태에 따라 의료기관에서 치료받게 된다. 치료비는 국가에서 지원한다. 치료기관은 현재 서울대병원 등 종합병원 몇 곳으로 사실상 한정되어 있다. 에이즈에 대한 특효약은 아직 개발되지 않았다. 다만 증상발현을 억제하는 여러 가지 약들이 있는데 이 약들을 한 데 섞어서 복용하는 이른바 '칵테일 요법'을 받게 된다. 그런데 상당히 많은 분량의 약을 한 번에 복용하다보니 그에 대한 거부감이 생기기도 한다. 치료제 복용현황을 보면 전체 응답자의 24.6%가 치료제 복용을 중단했거나 중단 후 재복용한 전례가 있었다(에이즈퇴치연맹, 2003b).

병원의 치료과정에서 이들을 수용하는 병실이 제한되기도 하고, 감염자의 차트나 병상에 이들을 식별하는 별도의 붉은 색의 표지가

부착되기도 한다. 에이즈의 특성상 이러한 조치가 병원직원들에게
주의를 환기하기 위하여 필요한 부분일 수 있지만 환자의 입장에서
는 자신의 감염사실이 공개되는 통로가 되기도 한다. 병원에서는 감
염자에 대하여 여러 가지 주의를 하지만 간혹 예기치 않은 상황에서
이들에 대한 배려가 부족하여 감염사실이 노출되기도 한다. 다음 사
례를 보자.

> "얼마 전에 야간에 쓰러져서 응급실에 간 적이 있었는데 피를 뽑는
> 과정에서 여의사의 잘못으로 피가 바닥에 쏟아졌는데 그것을 본
> 간호사가 의사에게 '이 환자가 에이즈 감염자인데'라고 큰 소리로
> 야단쳤습니다. 덕분에 저는 모든 사람들의 시선을 집중받게 되었
> 고 이불만 덮고 있을 수밖에 없었습니다."
> "회진을 돌 때 10여 명 가까운 수의 말단 의사들까지 같이 와서 감
> 염사실을 말해버리면서 진단하는 것이 기분이 나빴습니다."

6) 자조활동

서구의 경우에는 동성애자 또는 감염자들의 자조활동이 활발하다.
반면 한국에서는 자조활동이 부진하다. 감염인들의 자조활동 모임에
적극적으로 참여하는 경우는 10.5%에 불과하였고, 간 적이 없는 경
우가 69.5%에 달하였다(에이즈퇴치연맹, 2003b). 이것은 감염인 모임
의 활동내용이 감염인들의 기대를 충족시키지 못하기 때문일 수도
있고, 감염인들의 전반적인 의식이 감염인들의 모임조차도 꺼릴 정
도로 외부 접촉을 꺼리기 때문일 수도 있다. 보건소 직원처럼 이들
과 일상적으로 접촉하고 의료지원 등 지원업무를 담당하는 경우를
제외하면 감염인들이 가장 크게 의존하고 도움을 얻는 것은 같은 감
염인 친구로 나타났다. 다음으로는 정부의 지원을 받아서 에이즈 예
방 및 감염인 지원사업을 하는 민간단체들이 도움을 주는 것으로 나

타났다.

감염자들은 인터넷 이외에도 보건소 직원, 쉼터 상담원, 감염인 동료 등 여러 소스에서 정보를 얻는다. 반면 의료인이나 상담전화를 통한 정보획득 사례는 미미했다. 즉 신분노출의 우려가 없이 의지할 수 있는 대상으로부터 정보를 획득하는 것이다. 또한 정보의 소스가 다양하다는 것도 이들이 신뢰할만한 충분한 정보가 어느 한 곳에 집중되어 있지 않음도 말해 준다. 따라서 이들이 필요로 하는 정보의 유형과 형식을 잘 파악하여 에이즈에 관한 전문정보를 이들의 요구에 맞게 가공하여 제공해주는 노력이 필요할 것으로 보인다.

7) 성생활

질병관리본부의 에이즈관리지침에 의하면 감염자들은 에이즈 전파 방지를 위해 노력해야 하고, 이를 위해 보건소 직원은 이들의 성생활을 확인하게 되어있다. 이러한 조항이 인권을 침해할 우려도 있고, 이론적으로 볼 때 감염자일 경우에도 콘돔착용 등 안전조치를 할 경우에는 성 행동을 제한할 필요는 없다. 실제 조사에서는 감염자들의 과반수는 성생활을 하지 않는 것으로 나타났다. 그리고 24.0%는 고정된 파트너와 성생활을 하고 있었다(에이즈퇴치연맹, 2003b). 즉 감염인의 절대 다수는 금욕을 하거나 고정 파트너하고만 관계를 가짐으로써 안전을 추구하고 있었다. 그러나 이러한 규범적 기대에 부응하지 않는 소수의 일탈자들도 있을 수 있다.

5. 소결

   의료인류학에서 자주 다루는 질병 중에 쿠루(kuru)가 있다. 파푸아 뉴기니 섬에 살던 원시부족인 포어(Fore)족에게서 나타났던 신경계 이상의 병으로 변형 프리온 단백질에 의해 발생하며 광우병의 원조격이 된다. 이 부족은 사람이 죽으면 사체를 분해하여 나누어 먹는 풍습이 있었고 이것이 쿠루를 야기하였다. 정신과 의사 클리츠만(Klitzman, 1997)은 이 섬에 가서 주민들이 쿠루에 어떻게 반응하는지를 관찰하였다. 그리고 에이즈가 창궐하던 1980년대에 의학공부를 마치고 의사가 된 이후에 에이즈에 대한 반응을 살폈다. 그는 두 질환에 대한 반응이 유사함을 간파하였다. 쿠루가 포어족에게 돌림병처럼 퍼져 자신은 물론 가족 친척 친구가 함께 병에 걸려 죽어간 것처럼 에이즈도 많은 사람들이 함께 죽어갔다. 쿠루가 유행하면서 포어족은 주변 다른 부족과의 모든 교류가 차단되고 고립된 것처럼 에이즈도 감염과 동시에 모든 개인적 사회적 접촉이 차단되었다. 직장, 가족, 친구 심지어 교회에서조차 따돌림 당하고 배척되었다. 쿠루는 최장 30년의 잠복기가 있고 에이즈 역시 10년 이상의 잠복기가 있다. 따라서 수많은 사람이 희생되었지만 포어족은 위험행위(식인 습관)와 쿠루를 연관짓지 못하고 악령의 짓으로 생각하여 주술사에 의존하였다. 에이즈의 경우에도 초기에 많은 사람들이 바이러스의 존재보다는 이를 도덕적 타락의 결과로 생각하면서 차별했던 경험이 있다.
   20세기가 되면 의학의 발전으로 우리는 질병에 더 이상 미신적 반응이나 도덕적 가치를 개입시켜 해석하지 않게 되었다. 그런데 에이즈는 마치 이것을 원시시대로 되돌려 놓은 것이나 같다. 근대적 질병관에서는 질병은 일시적 일탈일 뿐이고 의학적 치료를 받아 정상적 삶으로 되돌아간다는 의미체계를 확립하였다(Parsons, 1951). 그런데 에이즈에 감염되면 모든 사회생활이 정지되고 상실되며 더 이상 자신의 삶으로 돌아갈 수 없게 된다. 동시에 감염인들은 지금까지 자신에게 부여되었던 모든 사회적 지위를 박탈당하고 '타락한 감염인'이라는 새로운 지위를 감수하면서 살지 않으면 안 된다. 인생의 종말인 죽음까지도 감염인에게는 다른 의미로 다가온다. 죽음에 직면하게 되면 사람들은 자신의 일생이 헛된 것이 아닌, 가치 있는 것이었음을 확인하고자 한다. 자식이나 주변, 또는 사회에 이러저러한 유산을 남기고 자신이 기억되기를 바라면서 죽는다. 반면 감염인들에게는 주변에서 기억조차 하기를 거부하는 현상이 벌어진다. 이것은 차별을 넘어 형벌과도 같다.

근대의 질병관이 확립한 또 다른 가치는 환자에게서 질병 이환에 대한 책임을 묻지 않는다는 것이다. 환자는 그냥 "우연히" 질병에 감염된 희생자일 뿐이다. 그런데 적어도 에이즈와 관련해서는 가혹하게 책임을 추궁한다. 현실이 이렇다보니 감염이 걱정된다고 하여도 조기에 에이즈 검사를 받는 등 적극적 대처를 하기가 쉽지 않다. 만에 하나 감염이 확인되면 그 순간 사회적으로 사망선고를 받는 것이나 다름없기 때문이다. 감염자들은 그 순간에 모든 의식이 정지되는 (black-out) 경험을 한다고 한다. 이것이 수개월 동안 자포자기로 이어지기도 한다. 극도의 심리적 위축을 경험하면서 자살하는 감염자도 적지 않다.

물론 미국이나 서구의 감염인들처럼 집단적으로 인권투쟁에 나서는 다른 길도 있다. 그 결과 서구에서는 감염인을 "People living with HIV/AIDS"로 부르게 되었다. 즉, 그들도 우리와 다를 바 없는 보통사람들이고 단지 HIV라는 장애를 갖고 살아가는 사람들이란 뜻이다. 이들의 투쟁은 일할 권리나 치료받을 권리를 확보하기 위한 정치투쟁이기도 했지만 동시에 에이즈에 대한 고정관념을 바꾸기 위한 문화투쟁이기도 했다. 그런데 우리나라의 감염인들은 서구의 감염인들처럼 조직화된 힘을 보여줄 만한 여력이 없다. 따라서 개별화되어 숨어살기에 바쁘다. 서구의 감염인들은 치료제도 없던 시절에 죽어가면서 에이즈와 맞서 싸웠다. 에이즈 낙인이나 감염인 차별이 완전히 없어지지는 않았지만 이들 덕분에 현재의 감염인은 당당히 자신의 감염사실을 노출하면서 새로운 파트너를 찾는 여유를 갖게 되었다. 반면 우리는 이미 치료제가 개발되어 에이즈가 더 이상 죽음의 병이 아니게 되었음에도 20년 전 만들어진 에이즈 낙인에 예속되고 있다. 우리나라의 에이즈 문제는 의학의 문제가 아니라 사회적 미성숙과 역량부족의 문제인 것이다.

남성 동성애자의 위험인식 7_장

이 장에서는 남성 게이의 삶 속에서 에이즈라는 위험이 어떻게 존재하는지를 파악하고자 한다. 서구사회의 경우에는 에이즈 유행 이전에 게이들은 확고한 성 정체성을 갖추고 집단적 세력을 형성하고 있었다. 에이즈 위기가 발생하자 게이들은 자신의 성 정체성을 유지하면서 위기에 대처하기 위하여 '안전한 섹스'를 개발하고 치료약 개발과 감염된 게이를 지원하도록 국가를 상대로 투쟁하는 등 적극적 대응을 하였다. 반면 한국의 게이들의 에이즈에 대한 대응은 소극적이었다고 할 수 있다. 에이즈를 둘러싼 집단갈등은 거의 발생하지 않았다. 게이들의 뚜렷한 자조활동도 발견하기 어려웠다. 콘돔사용의 필요성은 꾸준하게 전파되었지만 아직도 콘돔 사용률이 크게 높지는 않으며, 에이즈 검사에도 소극적이다. 이러한 게이들의 소극성은 서구사회만큼 에이즈 발생률이 높지 않았기 때문에 에이즈로 인한 위기감도 약했기 때문일 수 있지만 게이사회의 내부구성이나 정체성이 취약한 점이 근본 원인일 수도 있다.

한국 게이들은 서구만큼 성장하지 못한 상태에서 에이즈 문제가 발생하였다. 서구사회에서는 에이즈 위기가 게이의 정체성을 재구성하고 강화하는 데 기여하였다. 반면 한국에서는 에이즈 위기가 게이 정체성 신장에 크게 기여하지 못하였을 가능성이 있다. 오히려 에이즈라는 낙인으로부터 벗어나고 절연하려는 태도를 가졌을 가능성이 있고 이러한 숨은 동기가 에이즈에 대한 소극적 대응을 유발했을 수도 있다. 더욱이 게이들이 서양의 경우처럼 게토화되지 않고 분산된 형태로 존재하는 것도 에이즈에 대한 조직화된 대응을 어렵게 만드는 요인이 될 수 있다.

1. 게이 커뮤니티의 성장과 사회적 관심

국내 최초의 동성애 그룹은 1991년에 세 명의 외국인 레즈비언이 만든 '사포'이고 여기를 통해 한국인 7명이 1993년에 '초동회'라는 그룹을 결성한 것이 커뮤니티의 시초가 된다고 한다(Buddy, 2002). 이후 동성애 그룹은 대도시를 중심으로 전국에 걸쳐 형성되었다. 게이들은 사회적 소수자이다. 그들의 수가 얼마나 되는지는 분명히 밝혀진 바가 없다. 한 유명 게이 포털 사이트의 가입자가 십 수만 정도이고 인터넷 접근이 어려운 계층의 게이들이 있을 것이기 때문에 실제 게이의 수는 이를 상회할 것이다.

성 활동은 사회적 요인의 영향을 많이 받게 된다. 나이가 들수록 성적 매력과 능력이 저하되는 것은 일반인이나 게이 모두 동일하다. 그런데 일반 남성의 경우에는 연령이 높아지면서 사회경제적 지위도 높아지는데 이것이 파트너 선택에서 성적 매력의 저하를 어느 정도 상쇄해 줄 수 있다. 반면 게이들의 경우는 게이 바나 사우나에서 파트너를 선택할 때 '몸'이 절대적으로 중요하고 사회경제적 지위는 중요한 요소가 되지 못한다. 따라서 신체적 노화가 시작되는 중년층들의 게이사회 참여가 감소될 수 있다.

게이사회는 도시규모가 일정 수준 이상으로 클 경우에만 형성되는 것이 보통이다. 인구규모가 작은 농촌이나 소도시에서는 익명성이 보장되지 않고 자신의 게이 정체성이 알려지기 쉽기 때문에 이를 철저하게 감추며 살 수밖에 없고 따라서 다른 게이를 발견하기 어려운 생태적 조건 속에 있게 된다. 실제로 한국사회에서 알려진 게이 커뮤니티는 적어도 수십만 명 이상의 인구를 가진 도시에 주로 존재한다. 대도시나 그 인근 지역에 살고 있지 않은 게이의 경우는 자연히 그 '활동성'이 떨어지게 된다.

인터넷은 게이사회 형성에 영향을 미치는 또 다른 핵심조건이다. 인터넷은 1990년대 초반에 'PC통신'이란 형태로 우리나라에 등장하였다. 1980년대까지 게이사회에는 사랑방 형태의 소규모 모임만이 존재하였기 때문에 여기에 속하지 못한 다수의 게이들은 다른 게이가 어디 있는지 찾기 어려웠다. 그러나 PC통신과 함께 게이들의 사이버 공동체가 만들어졌고 다른 게이 찾기가 수월해졌다. 초고속 인터넷이 확대 보급되면서 다른 게이를 찾을 수 있는 기회뿐만 아니라 게이 생활에 필요한 여러 가지 정보도 제공하기 때문에 게이사회는 빠르게 성장할 수 있었다. 그렇지만 컴퓨터나 인터넷의 사용에 어려움을 겪는 중년층들은 인터넷을 통한 정체성 실천이 어려울 수 있다. 기혼자, 군인 등 일상활동이 타인에게 노출되기 쉬운 상황에 있을 경우도 인터넷을 이용한 게이 활동이 어려울 수 있다.

동성애 그룹이 결성되고 이들이 언론이나 문화행사 등에 노출되면서 사회적으로도 관심이 커졌다. 그런데 동성애에 대한 학문적 관심은 주로 문학, 신학, 역사, 의학, 법학 분야에서 많이 다루어지고 사회학의 관점에서 접근하는 경우는 상대적으로 드문 편이다. 이 중에서 서동진(1993)은 동성애 정체성의 사회적 구성에 대한 이론적 관점을 제시한 최초의 논문이라 할 수 있다. 박민선(1996)은 레즈비언의 담론분석을, 최선욱(1996)은 남성 게이의 담론분석을 시도하였다. 한국사회 게이운동의 초창기에 시도된 이 논문들은 동성애를 부정적으로 생각하는 일반 사회의 관점에 맞서서 동성애 정체성을 체계적으로 소개하고 성 시민권(sexual citizenship)을 확보하고자 노력을 한다. 조성배(2003)는 '이태원'과 '찜질방' 문화를 분석하면서 한국의 게이들도 섹스를 탈상품화시키고 '공적 섹스문화'를 만들어 나감을 주장하였다.

그런데 이 연구들은 '동성애 혐오증'에 대항하여 동성애 정체성의 정당성을 드러내 보이는 데 초점을 둔다. 동성애자임을 공개적으로 밝히기 어려운 현실 자체가 성 정치의 필요성을 보여주고, 동성애 활동가들도 정체성을 수호하기 위한 상담, 홍보, 문화 창작활동, 인권운동 등을 전개하고 있다. 그런데 이들의 담론 속에는 성 위험과 안전이 전면에 부각되지는 않는다. 동성애 운동 초기의 이론가였던 서동진(1996: 184~188)의 저서를 보면 에이즈 공포증과 동성애 공포증을 비판하는 대목은 있지만 성 위험에 대한 언급은 없다. 동성애 전문잡지였던 *Buddy*(2001)는 한국 동성애자의 5가지 딜레마의 하나로 에이즈를 꼽는데 한국의 게이들이 에이즈에 무관심하고 전업으로 활동하는 게이 에이즈 운동가 한 명조차 없는 현실을 개탄한다.

이 장의 관심사는 한국의 게이들이 에이즈라는 위험에 어떻게 대응하는가 하는 점이다. 특히 위험에 대한 인식과 대응이 게이의 정체성의 한 부분으로 자리잡고 있는가를 밝히고자 한다. 에이즈라는 위험을 동성애 공포증의 한 형태로 보는 정치적 시각은 존재하지만 동성애 그룹 내부에서 극복해야할 핵심과제로 설정된 것으로 보이지는 않는다. 에이즈가 게이 개인 차원에서는 위험으로 인식될 수 있지만 게이 집단의 정체성의 위기로 인식되지는 못하고 있다는 것이다. 이러한 상황에서 HIV에 감염된 게이에 대하여 정체성 수호 차원에서의 체계적 대응은 나타나기 어렵고, 감염된 게이는 그 사실을 다른 게이에게 알리려하지 않을 것이고 게이 커뮤니티에서조차 소외될 가능성이 높다.

이러한 가설을 검증하기 위하여 질적 면접자료를 이용하여 분석하였다. 질적 연구는 10명의 남성 게이를 대상으로 심층면접을 실시하여 자료를 구성하였다. 표본확보를 위하여 게이를 주 고객으로 하는 한 인터넷 포털 사이트에 대상자 모집광고를 게재하였고 연령과 학력 등 인구학적 특성을 고려하여 10명을 선정하였다. 면접은 2007년 7월에 약 2주간에 걸쳐 개별적으로 실시되었다. 피면접자에게 연구의 취지를 설명하고 서면동의를 받았다. 개인별로 1.5시간에서 2.5

시간에 걸쳐 면접이 실시되었다.

표본의 특성을 살펴보면 20대 4명, 30대 3명, 40대 3명이었고, 대부분 미혼이었으나 기혼자가 1명 있었다. 학력은 대부분 대학 재학 이상의 학력을 갖고 있었고 중학 중퇴 1명, 고졸 1명이었다. HIV 감염자가 2명이었다. 직업은 사무직과 금융서비스직 종사자들이 많았고 무직 또는 실직자가 3명이었다.

〈표 7-1〉 심층면접 조사 표본의 특성

번호	이름 (가명)	나이	혼인상태	학력	HIV 감염여부	직업
1	알파	41세	미혼	석사과정 재학	비감염	전문상담가
2	베타	40세	미혼	중학중퇴	감염	무직 /와병중
3	감마	44세	기혼	박사 /해외유학	비감염	개인회사 운영
4	델타	27세	미혼	전문대중퇴	감염	사무직
5	엡실론	29세	미혼	대학졸업	비감염	실직 (권고사직)
6	제타	39세	미혼	대학중퇴	비감염	무직(직장 경험 무)
7	에타	35세	미혼	대졸 /해외유학	비감염	개인회사 관리직
8	세타	31세	미혼	대학졸업	비감염	금융기관 근무
9	이오타	29세	미혼	석사과정 재학	비감염	학생
10	카파	23세	미혼	고졸	비감염	진학 준비중

2. 게이의 정체성

　게이는 동성에 대하여 애정과 친밀감을 느낀다. 이성애가 지배하는 사회에서 게이의 정체성은 '남과 다른 나'를 인식하는 데서 시작된다. 보통은 사춘기 시절에 이성에 대한 관심과 호기심이 생길 때 게이들은 이성에 대하여 별다른 감흥을 느끼지 못할 뿐만 아니라 오히려 동성에게 애정을 느끼는 경험을 하면서 자신의 정체성에 대한 의구심을 갖게 된다. 보다 조숙한 경우에는 아동기 시절에 소꿉놀이나 인형놀이와 같이 여자아이에게 어울리는 놀이에 흥미를 보이다가 남자답지 못한 짓을 한다고 하여 놀림감이 되거나 제제를 당함으로써 자신의 성 정체성에 대한 최초의 의구심을 경험하기도 한다.

　게이의 정체성 인식은 남과 다름을 느끼는 과정이다. 그런데 그 과정은 간단치 않다. 게이는 기본적으로 동성에게 애정을 느끼면서 자신의 존재를 인식한다. 이성애가 지배하는 사회에서 동성애를 하는 것은 남다른 경험일 수밖에 없다. 그런데 천주교나 기독교처럼 동성애를 금기시하는 사회에서 살고 있다면 동성애를 하는 것은 종교적 금기를 깨뜨려 죄를 짓는 과정이기도 하다. 더욱이 가부장제 질서가 강한 사회라면 남녀의 위계적 성별 역할이 규정되어 있기 때문에 남성성을 부정하거나 여성성에 친화적인 행동을 하는 데 따르는 사회적 제재도 클 수밖에 없다. 이렇게 3중으로 구속하는 사회적 관계 속에 놓이기 때문에 게이의 정체성 인식과정은 매우 고통스러운 경험이 되고 이에 대응하여 남들에게 자신의 정체성을 감추려는 모습이 나타나기 쉽다.

1) 여성적 성향

가부장제 사회일수록 생물학적 성과 사회적 성 역할을 일치시키려는 경향이 강하게 존재한다. 예를 들어 놀이에서의 남녀의 역할이 다르고 남녀별로 놀이 종류가 엄격하게 구분되는 경향이 있다. 젠더 관계의 평등에 대한 인식이 높은 미국사회에서는 유치원에서 교사들이 남녀 아이들이 성별에 구애되지 않고 여러 놀이를 경험하도록 배려하기도 하지만 가부장제가 강한 한국사회에서는 학교나 집에서 성별 구분을 강하게 기대한다. 성 정체성이 확고하게 형성되지 못한 상황에서 남자아이가 여성성에 관심을 갖고 그 역할을 모방하려 할 경우 규제와 배척의 대상이 되기 쉽다.

> "아버지는 엄하셨고, 내게 남자다움을 강요했고, 제가 여성적인 면이 있어서 소심하고 말도 잘 못하고 그랬기 때문에 사내자식이 왜 우물쭈물하냐, 남자답지 못하다고 하면서 많이 혼내셨고. (그런 아버지가) 싫었고 무서웠고, 왜 다른 형들처럼 나도 씩씩해야 되고 … 다른 형들은 씩씩하고 구슬치기하는 거 좋아하고 그런데 나는 여자애들과 공기놀이하고 인형놀이하는 게 부러웠고 갖고 놀고 싶었고, 심지어는 여자애들 종이인형 오려서 옷 입히고 하는 것이 너무 갖고 놀고 싶었다. 어느 날 받은 용돈으로 종이인형을 사서 혼자 갖고 놀다가 아버지한테 들켜서 두들겨 맞았다. 사내자식이 그런 걸 가지고 논다고 …."(베타)

> "나는 보통 여자들이 하는 빨래 청소 정리정돈 같은 것을 하다 보니 성격이 좀 변한 것 같아요. 사실 제가 여성스러운지 몰랐어요. 근데 중학교 때부터 애들이 별명을 지어줬는데 나보고 앞에 성을 붙여서 '여사'라고 하면서 여성적인 것을 각인시켜주었고 … 고2 초반에 형들을 매우 좋아 했어요. 그래서 여자애들이랑은 안 놀고 형들하고만 놀았어요. 제가 형들 앞에서 애교를 떨지는 않았는데

형들이 애교를 떤다고 하기도 하고 그러니까 내가 남자를 좋아하나⋯그런 느낌만 받은 상태죠."(델타)

"처음에 자기 정체성을 고민할 때 내가 동성애자인가 내가 여자가 되고 싶은 건가 아니면 남자로서 남자를 좋아하는 건가⋯이거를 헷갈려 할 때가 있어요. 나도 10대 때 내가 남자를 좋아한다는 사실 때문에 그럼 내가 여자가 되어야 하나? 그럼 내가 여성스럽게 하고 다녀야겠다. 그래서 괜히 여성스러운 복장도 하고, 귀걸이를 한다거나 화장을 한다거나 이런 경험이 있죠. 근데 그렇게 해보니까 내가 그렇게 여성스럽게 보여지기가 힘들다는 것을 느끼게 되고, 사춘기가 되면 신체적인 변화들 콧수염도 나고 이러니까 아 내가 여자가 되는 건 힘들겠구나⋯그건 아닌 것 같다라는 생각이 들지. 게이 중에도 솔직히 말하면 여성성이 강한 애들은 잘 안 팔려⋯게이 커뮤니티에서 잘 안 팔려⋯대개가 싫어해요. 사실 나도 그런 친구를 사귀라고하면 친구로서는 사귈 수 있어도 애인으로서는 거부⋯."(베타)

그런데 모든 게이에게서 여성적 성향이 드러나는 것은 아니다. 가부장제가 강한 영향력이 있는 사회에서는 남성적이지 못한 성향이나 행태를 여성적인 것으로 폄하하는 경향이 있기 때문에 게이들 중에도 남성적 면모를 더 강조하여 나타내는 마초적인 부류도 있다. 남성적 성향을 갖고 동성과 성관계를 하는 경우 이것을 동성애라고 인식하지도 않으며 더욱이 게이라는 정체성을 갖지 않는 경우들도 있다. 즉 남자 게이라고 하여 이들이 모두 여성적 성향을 갖는 것은 아니며 남성적이거나 양성적 성향을 가진 경우들도 있다. 그런데 반드시 여성적이라고 하기는 어렵지만 남성성보다는 여성성에 가까운 행태가 복장이나 액세서리에서 나타날 경우가 많다.

"다양해서 한 세 부류가 있는 것 같아. 3분의 1은 여성성이 강한 애들. 여성적인 면이나 남성적인 면을 다 가진 중성적인 애들, 내가 아마 그 부류 같아… 그리고 전형적으로 마초 같은 애들. 대개 자신들 중에서 성 정체성에 대해서 많이 고민하고 힘들어 하는. 심지어는 자기는 동성이랑 동성애를 하지만 자신은 동성애자가 아니라고 말하는 애도 있어. 자기 육체적으로는 동성애에 끌리지만 우리 사회의 관념이 남녀가 하는 그것이 정상적인 것이라고 하니까 자기 스스로가 비정상으로 간주하는 거지… 난 부족한 것도 없는데 왜 내가 비정상이지… 자기 자신의 성 정체성을 끝없이 부정하면서 이성애자처럼 보여지고 싶어 하고 그렇게 돼보려고 실제로 노력도 하고… 게이는 맞는데 자신을 부정하려고 하고….”(베타)

“(고등학교) 때는 몰랐지만 지금생각해보면 그 분위기 있잖아요. 나름대로 게이는 이런 거다 라고 말하면 안 되지만 그런 느낌들 있잖아요. 독특한 분위기… 제가 사복 1세대거든요. 걔들은 사복을 입어도 굉장히 독특하게 입었고 머리스타일도 그랬고… 평범한 수준은 고만고만하잖아요. 근데 좀 튀는 분위기… (꼭 여성적인 옷을 말하는 건) 아니에요. 서너 명씩 그룹이 있었어요. 그중 한 아이는 여성스러웠고… 지금 생각해보면 그랬던 것 같아요. 패션이 그 당시에는 좀 세련되어 보인다고 할 수 있죠. 좀 날티난다고 해야 하나… 좀 어렵네요.”(알파)

여성적 성향은 베타의 경우처럼 본래적일 수도 있고 아니면 델타처럼 가정환경 때문에 길들여진 것일 수도 있다. 베타의 아버지는 전형적인 가부장 모습을 갖고 있지만 감마의 아버지는 가정적이고 다정다감한 분이었다. 베타는 자신의 여성적 성향 때문에 아버지는 물론 형들과 갈등을 겪다가 가출하게 되는 극단적 경험을 한다. 반면 감마는 여성적 성향 자체는 집에서 별로 문제가 되지 않았지만 저명인사였던 아버지의 위상에 맞추어서 행동의 제약을 받으면서 살아야 했고 여기서 벗어나고자 일찍 결혼까지 하게 되었다. 자신이 게이임을 알았지만 외적 조건 때문에 전혀 "게이답지 않은" 선택을 하게 된 것이다. 즉 게이적 성향이 주변과 갈등을 빚는 것이 일반적이기는 하지만 갈등의 정도나 양상은 개인이 처한 상황에 따라 달라지는 것으로 보인다.

2) 이성에 대한 무관심

게이에게서 비교적 강하게 나타나는 공통적 경험은 여성에 대한 무관심이다. 초등학교 상급학년이나 중학생 무렵의 남자아이들은 여성의 신체에 관심을 갖게 되는 것이 보통이다. 그러나 게이들은 이때 여성보다 남성에게서 성적 매력을 느끼는 경험을 하게 된다. 이러한 남과 다름이 친구들로부터 이상하게 여겨지고 배척당하게 된다. 이에 대응하여 자신의 성 정체성을 감추고 남들에게 드러내지 않으려 하거나 혼자서만 고민하는 모습이 많이 나타난다.

> "초등학교 시절 동네 형들의 성에 관심을 갖게 되었는데 (감당이 되지 않아서) 공중화장실을 가지 못하고 항상 집에 가서 용변을 처리했다."(알파)

> "포르노물의 상대 배역으로 나오는 남성에게 성적 호기심을 갖게 되었다."(베타)

> "600백만 불의 사나이가 나의 첫 수음의 대상이었다."(감마)

> "다른 친구들이 야한 잡지나 그런 것을 볼 때 저는 그냥 무덤덤했어요. 여자 남자 사진본다고 흥분되는 것도 아니고 … 어떤 여자랑 자보고 싶다 이런 생각은 전혀 안 들었어요."(델타)

"(친구들이) 도색잡지도 돌려보고 … 근데 전 그 잡지가 하나도 흥미롭지 않은 거예요. 그러니까 아주 친하게 지내던 친구들이 '넌 이상해, 별종이야, 너 변태지?' 이런 식으로 아이들이 이야기했죠 … 굉장히 힘들고 고통스러웠지만 내가 남자를 좋아하는 것을 거부할 수는 없으니까 그 부분이 참 힘들었어요. 겉모습은 똑같잖아요. 근데 나는 남들과 달라 … 난 이상한 놈이라고 생각을 했죠."(감마)

이성애 사회에서는 청년기 또는 성인기에 들어서서 여성과 사귀는 것이 규범처럼 되어있기 때문에 게이들도 여성과 데이트하는 경험을 하기도 한다. 그러나 여성에 대한 성적 관심이 없기 때문에 그 관계가 오래 지속되지 못하는 것이 보통이다. 여성과 성관계를 할 경우에도 만족을 얻지 못하기 때문에 성관계가 오히려 불편함을 초래하게 된다.

"(여성과) 사귄 적 있죠. 소개팅도 많이 해봤고. 결혼하려고 집안 인사도 하고 그랬었죠. (그러나) 성적인 진전은 없었죠. 키스 이런 것도 없이 결혼을 … 그 여자 분도 제가 먼저 사귀자고해서 왠지 모르게 마음에 들어서 사귄 거고 … 그러다가 정체성을 깨닫고 헤어졌죠. 이쪽을 깨닫기 전까지는 어떤 성적 접촉도 없었어요. 손잡는 것도 극장에 영화보러 갔다가 여자가 먼저잡고 … 그런데 그 여자 분이 그런 걸 좋아했어요. 다른 남자들은 막 그러는데 이 사람은 아니다라는 거. 그래서 나 스스로도 정당화됐고 그 분도 정당화 됐던 게 서로 기독교인이었으니까 금욕적인 분위기가 됐거든요. 근데 제가 지금 생각해보면 금욕적인 게 아니라 이쪽 성향이라 관심이 없었던 건데 그때는 그렇게 생각을 못한 거죠."(알파)

"난 단지 그 여자가 주는 편안함 그런 게 좋았던 거지 난 청소하고 밥하고 하는 걸 잘 못하는데 그런 걸 너무 잘하는 거야. 내가 집에 와있으면 꼼짝 안 해도 다 해주고 그런 게 너무 편하고 좋은 거야. 그 사람과 성관계를 할 때 얼굴을 마주보면서는 못하겠어. 보면 잘 안 돼서 그냥 눈을 감고 머릿속에 내가 좋아하는 남자의 모습 리처드 기어를 좋아했는데 그 사람을 생각하면서 한다든지 그 여자하고 성관계를 하는데도 자위행위를 하고 성관계를 하고 나서도 뭔가 개운하고 만족스러운 뭔가가 있어야 되는데 불만족스럽고 뭔가가 끝난 것 같지가 않고 그래서 오히려 내가 좋아하는 사람 생각하면서 자위하는 게 더 만족스러웠고 ….”(베타)

동성에 대한 관심은 때로는 이성에 대한 혐오와 같은 반작용을 초래하기도 한다. 일부 게이들의 마초적 성향은 여성을 비하하거나 싫어하는 모습으로 나타나기도 한다.

— “게이들이 여자를 싫어하잖아요. 그런 것과도 관련이 있나요?” “그런 것과도 관련이 있는 것 같기도 하고 내가 보기엔 여성이 우리사회에서 차별받는 사람이고 남자들 사이에서 비하의 대상이 되기도 하고 ‘그래봤자 여자지 …’ 이렇게 무시하고 그런 게 게이 세계에도 똑같이 있거든. 왜냐하면 게이도 남자일 뿐이니까 … 게이도 성 정체성만 다르지 이성애 남성중심에서 이성애 남성중심의 교육을 받은 사람들이니까. 여자가 막 너무 자기주장 강하고 그러면 싫어하니까. 여성성이 강한 애들은 더 그래서 무시하고 비하의 대상도 되고 농담의 대상도 되고 … 나 아는 동생 하나는 내가 봐도 여자야, 남자야? 할 정도로 그런 친군데 그 친구는 죽어도 안 팔려 ….”(베타)

3) 동성에 대한 관심

이성에 대한 무관심은 동성에 대한 관심과 교차되면서 나타난다. 처음에는 동성에 대한 관심이 우정과 애정의 경계가 분명하지 않은 채 다가온다.

274

"고등학교 때도 보면 근데 그때는 다르게 못 느꼈던 게 그냥 남자 친구에 대한 연민이랄까 … 그런 게 있었는데 그때는 그게 그냥 우정이다. 친구로서 좋아했기 때문에 … 성적 접촉도 없고 그랬으니까요. 그래서 몰랐죠. 그냥 내가 감성적이구나 … 그런데 정체성을 확인하고 옛날을 떠올려보니까 그때 그게 우정이 아니라 내가 그 애를 사랑했던 거였고 또 그런 일들이 곳곳에 있었죠."(알파)

그러다가 우연한 기회에 남성의 몸과 접촉하면서 애정을 경험하고 자신이 게이임을 알게 된다.

"제가 명절 때 사촌형 집에서 잠을 자자나요… 그럼 저는 밤새 잠을 못자죠. 옆에서 잠을 자니까 … 근데 그때는 제가 (게이임을) 인정하기 전이거든요. 왠지 모르게 잠을 못자고 … 그게 아마도 성적 충동이었겠죠 … 사촌형이 옆에서 자고 있는데 사촌형의 몸이 궁금하다거나 … 손이 가려고 하다가 이건 내가 뭔가 잘못된 거구나라는 걸 아니까 손이 안 갔던 거죠."(알파)

"고등학교 때 야간자율학습을 하는데 다 가고 저하고 한 친구만 남았어요. 근데 제가 그때 분위기가 어떻게 그렇게 됐는지 몰라도 그 친구의 성기를 바지 위에서 만진 기억이 있고 어떻게 보면 그게 접촉이라고 보면 볼 수 있죠. 그때 사정을 하진 않았어도 떨리는 기억인 거 같아요. 그 친구도 가만히 있었고 …."(알파)

"초등학교 6학년 때 친구 집에 놀러가서 만화영화를 보고 있었는데, 걔네 아버지가 들어왔어. 인사하고 만화를 보다가 무심코 뒤를 돌아봤는데 걔네 아버지가 옷을 갈아입고 있었는데 팬티까지 갈아입고 있었나봐. 그때 성기가 눈에 들어왔는데, 굉장히 강하게 인상에 남고, 아버지랑 목욕을 가도 그게 확 띄거나 그러지 않았는데 이상하게 그게 강하게 박히더라고."(베타)

동성에 대한 관심이 반드시 게이라는 정체성을 갖고 있기 때문에 나타나는 것은 아니다. 남자들이 모여 사는 집단적 상황에서는 성욕 해소의 일시적 상대로 남성이 선택되기도 하기 때문이다. 동성 간 성 접촉 경험을 하면서도 이성애자와 동성애자는 서로 다른 느낌과 의미를 갖게 된다.

> "한 번은 그러고 집을 나와서 공장을 전전하다가 봉제공장을 갔는데, 형들하고 성적 접촉이 많았어. 기숙사에서 남자들끼리 있으면서 다들 20살 미만의 사람들이 많았으니까, 시골에서 올라와서 어린 친구들이 많이 올라왔으니까. 나는 또 특히 그들보다 어렸으니까 형들이 귀엽다고 껴안고 자고, 여자였으면 따먹었을 텐데 … 그런 말도 하고 … 나는 성적 수치심은 없었는데, 수치심을 느끼지는 않았어. 그런데 상대들이 그랬던 거 같애. 나하고 키스하고 난 다음부터 내 얼굴을 안 봐 … 결국엔 그 사람이 얼마 있다가 그만두고 다른 공장에 갔는데 어느 날 우연히 길거리에서 마주쳤어. 난 아는 척하려고 했는데 나를 보더니 휙 도망을 가더라고. 나는 남자라기보다 사람자체가 좋았기 때문에 그 사람이랑 껴안고 자고 귀엽다고 해주고 그런 게 너무 좋았으니까. 난 이게 좋은 일이다 나쁜 일이다 개념이 없었지 …."(베타)

4) 정체성의 혼란과 인정

게이들은 자신이 남과 다름을 인지한 이후에도 오랫동안 정체성의 혼란을 경험한다. 게이라는 제3의 성이 보편적으로 알려지거나 사회적으로 인정되지 않은 상황에서 남과 다름은 일탈적인 것이고 사회적 비난이나 제제를 부를 수도 있는 것이기 때문에 "자신이 왜 이런지"에 대하여 고민하고 심리적 갈등을 겪게 된다. 여기서 게이의 존재를 알리는 문건이나 정보가 이들에게는 정체성을 확인시키고 자신을 인정하게 되는 계기가 된다. 즉 자신이 이전에 겪었던 남과 다름이 병적이거나 일탈적이어서가 아니라 게이였기 때문이라는 것을 스스로 납득하게 되면서 게이라는 정체성을 받아들이게 된다.

> "제가 27살 때 김경민 씨라고 에이즈로 죽으신 분 있잖아요. '겨울 허수아비도 사는 일에는 연습이 필요하다'라는 수기집이 있어요. 에이즈에 걸리고 쓰신 수기집이예요. 그때가 제가 27살 여름이었는데 여성월간지에 기사화 돼서 나왔어요. 제가 몰래 그 책을 사서 읽었죠. 그때가 1993년도였을 거예요. 그 책을 보고 이런 사람이 있다…라는 걸 처음 본거예요. 아…내가 게이구나 라는 사실을 그 책을 보고 처음 인정한 거죠. 그 책이 HIV에 감염된 사람의 수기잖아요. 그런 책을 보면 이러면 안 되는구나, 나쁜 거구나 라고 느껴야 되는데 그게 아니라 흥미로웠고, 고향을 찾았다고 해야 하나 그런 마음이었죠."(알파)

인터넷 사용이 보편화되고 동성애를 다루는 사이트가 많아지면서 정체성 혼란을 겪는 시간은 축소되는 경향이 있다. 정체성의 혼란이 자신만의 내면적 갈등에 그치는 경우도 있지만 주변과의 관계가 악화되면서 가출과 같은 극단적 파국을 경험하기도 한다.

> "(여성적 성향 때문에) 워낙 형제들하고 부딪치고 사는 게 힘들었고 그렇게 사는 거로 인해서 항상 구박덩어리였고…특히 큰형이 제일 무서웠고 저랑 10살 차이 나는데 저를 못 잡아먹어서…아버지는 제가 잘못한 일 있을 때만 혼내시고 평소에는 제가 시달림 받는 걸 아셨는지 보호해주려고 하셨고 그런 느낌이 있었는데 큰형한테는 정말 시달렸고. 가출의 결정적 계기가 그렇게 시달리는 게 너무 싫었고 학교 끝나면 집에 들어가기 싫었고…."(베타)

정체성을 인정한 이후에 게이들은 죄책감이나 불안감에서 벗어나 안정감을 느끼게 된다. 동시에 이성애자가 아닌 게이로서의 삶의 미래에 대한 새로운 불안을 경험하게 된다.

"기쁘고, 지금까지 내가 심리적으로 불안했다든가 억압됐다든가, 그리고 신앙생활을 하면서 물론 지금도 계속하고 있는데 신앙생활을 하면서 왠지 모를 죄책감들이 그거로 인해서 풀렸다고 할까 그런 거 같아요. 그러면서 또 한편으로 부정적인 것은 이성애자로 살아갔을 때 눈에 보이는 어떤 그런 보장들, 단계들… 이성애자로 살아가기 위해 설계했던 거고 그렇게 밟아가던 단계가 이제 막히는 거니까 그런 점에선 굉장히 서글프고 마음이 아팠죠."(알파)

즉 성의 측면에서는 안정감을 얻고 게이로서의 삶에 능동적으로 동화하게 된다. 반면 자신의 정체성을 주변의 이성애자들에게 감추게 되면서 이들과의 관계가 소원해질 수도 있다. 원만한 관계가 지속된다고 하여도 자신이 게이임을 밝히는 것은 꺼리는 것이 보통이다. 친구들과 어울리면서 성 문제가 화제가 될 수도 있고 집단으로 이성과 접촉하는 기회도 있을 것이기 때문에 이러한 기회를 원치 않는 게이들로서는 불편함을 느끼게 되고 게이 정체성이 친구관계에 일정하게 영향을 미칠 수도 있다. 물론 평소의 대인관계 역량에 따라 주변 이성애자들과의 관계 유지여부는 달라질 것이다.

"이런 변화는 있었던 것 같아요. 이쪽을 알기 전까지는 외모에 대해 옷 입는 거, 피부상태, 머리스타일 전혀 신경을 안 썼어요. 길을 가다가 남자를 쳐다본다거나 그런 것도 전혀 신경을 안 썼어요. 그런데 이쪽을 알고 나서 어떤 사람을 만났는데 '당신은 다른 사람들과 다르다. 다른 게이들은 길을 가다가도 괜찮은 남자를 보면 쳐다보기 바쁜데 당신은 다른 남자에는 관심이 없고 나만 생각해 주는 것 같아서 좋다'라고 하더군요. 그런데 저도 나중에는 괜찮은 남자 있으면 쳐다보게 되고 그런 변화가 있더라고요. 이쪽으로 나오고 나서는 '내가 왜 이럴까?'가 아니라 '누가 마음에 드는

가?' 그리고 나도 '상대방이 마음에 들어 하는가?' 그런데 관심을
가지게 되니까 외모에도 신경 쓰게 되고 … 일반도 마찬가지잖아
요. 연애하면 바뀐다고 하잖아요."(알파)

"원래 내향적 성격이라서 대인관계 폭이 좁아요 … 그래서 이성애
그룹 친구들도 유지는 되지만 모임에 자주 나가지는 않아요. 그게
동성애 성향 때문은 아닌 것 같아요. 그런데 결혼식이나 돌잔치
같은 데는 제가 의도적으로 안 가려고 하거든요. 그런 건 이쪽 성
향 때문에 그런 것 같아요. 그거 빼고 일반적인 관계는 특별한 차
이는 없는 것 같아요."(알파)

5) Coming-out

그러면 우리나라에서는 왜 자신이 게이임을 알리는 '커밍아웃'이
어려운 것일까? 미국에서는 오랫동안 유지되던 정체성 비노출 관행
이 커밍아웃으로 바뀐 것은 조직화된 게이 인권운동이 고조되면서
그에 대한 전략적 대응으로 집단적인 커밍아웃을 하면서 부터이다.
한국은 게이에 대한 차별이 미국처럼 집요하지도 않지만 동시에 게
이 인권운동이 강력하게 조직화되지도 않았다. 이런 상황에서 게이
들은 커밍아웃할 때 초래될 수 있는 결과의 불확실성 때문에 망설이
게 되고, 이런 상황에서 굳이 커밍아웃해야 할 필요성을 못 느끼는
것도 한 원인이 되는 것 같다.

　― "한국에서는 본인이 게이임을 밝히는 명사들이 거의 없는데 그
렇게 밝힐 수 없는 한국만의 상황이 무엇이라고 생각하세요?"
"동성애자들 자체적으로 공포증이 있는 것 같아요. 만약 커밍아웃
을 했을 때 아주 극단적인 상황까지 갈 것 같지는 않은데 그래도
혹시나 하는 두려움이 있고 또 하나는 그 필요성을 못 느끼죠. 사
람들을 만나고 섹스하는 게 막히지 않으니까. 또 동성애에 대한

탄압이 있는 것도 아니니까. 탄압하는 상황이라면 그 탄압에 대항해서 커밍아웃을 할 수도 있을 것 같아요. 그런데 지금은 탄압하는 상황도 아니고 그냥 미지근한 상황이잖아요. 그러니까 굳이 커밍아웃할 필요가 없죠. 외국은 탄압의 역사도 있고 해서 커밍아웃하는 사람이 많잖아요. 에이즈 문제에 관해서도 그랬고. 그런데 우리나라는 그런 게 없으니까⋯."

— "그러니까 한국에서 차별이나 어려움을 딱히 말할 수가 없다는 건가요?"
"차별은 엄연히 있는데 이슈화된 차별은 딱히 없는 것 같고⋯ 동성애자라서 테러를 당했다거나, 직장에서 쫓겨났다거나 명시적인 그런 사실이 없잖아요."

— "왜 이슈화 되지 않을까요?"
"이게 악순환인거 같은데 이슈화시킬 건수가 없으니까 이슈화되지가 않고 또 순환되고⋯ 그 악순환의 고리를 끊어야 하는데⋯ 외국 같은 경우는 명사들을 아웃팅 시키는 그런 일이 있었잖아요. 그게 동성애운동 중에 있었죠. 어떤 유명한 가수가 있는데 그 사람이 게이라는 걸 다들 알고 있지만 그 사람은 부인하죠. 그럼 동성애자 인권단체가 그 사람이 동성애자라고 아웃팅을 시키는 거예요. 그래서 이슈화하는 게 미국의 운동 중에 하나였는데 물론 그 운동에 대해 찬반이 많죠. 그런데 너무 고요한 상황에서 누군가 돌을 던져서 풍파를 일으켜야지 이슈화가 되는데⋯ 그런 생각은 있는데 그러면 안 되니까⋯ 그 사람의 인권도 있으니까 올바른 일은 아니죠. 우리나라는 인권이라는 것도 이벤트성이잖아요. 장애인도 그렇고 어떤 강한 액션을 취해야 한 번 찍어주고 그런 것처럼 동성애 문제도 어떤 유명한 연예인이 동성애자라고 하면 한 번 찍어주고 그런 거니까."(알파)

동성애자들이 정체성을 인식하고 적응하고 살면서도 이들은 지속

적으로 막연한 불안을 갖고 사는 것 같았다. 직장생활 중에 경쟁상
대로부터 자신의 신분이 탄로 나서 불이익을 받지 않을까 걱정하는
엡실론, 사랑하는 사람과 결혼을 하고 싶어 하지만 꿈으로만 간직하
고 있는 델타와 엡실론, 부유한 생활조건과 이성 배우자와 결혼했
고, 또 장기적으로 교제하는 게이 파트너가 있지만 성 소수자로 살
수밖에 없는 운명에 대한 회한을 갖고 있는 감마 등 대부분이 사회
적 소수자로서의 지위 때문에 궁극적인 정신적 영적 안녕을 얻지 못
하고 있었다.

3. 사회적 특성과 파트너의 선택

1) 내부적 친밀감

게이는 한국사회에서 사회적 소수자 집단이라고 할 수 있다. 주류인 이성애 문화로부터 사실상 격리되어 사회적 소외를 경험할 수 있지만 이들 집단 내부에서는 서로 간에 거리감이 적고, 쉽게 친해지는 특성이 있다. 이들은 독특한 하위 문화적 특성을 공유하기 때문에 서로가 게이임을 쉽게 파악한다.

> "게이 레이다, 게이일거 같다는 건 여성적인 말투나 행동 … 내 말투 같은 거 딱 들어보면 게이들이 다 알거든 … 말끝을 올린다든지, 여성들이 하는 말투 같은 거 … 몸짓, 옷차림은 요즘 모두 외모에 신경 쓰니까. 내가 어렸을 때는 복장을 보면 손잡이 없이 옆구리에 끼고 다니는 끼빽 … 그거 끼고 다니면 십중팔구 게이라고 했거든. 요즘이야 그게 유행이 돼서 너도 나도 가지고 다니지만 그때는 그랬거든. 또 귀걸이나 그런 액세서리는 초기에는 그랬을지는 몰라도 지금은 많이들 하니까 안 그런 거 같애 … ." (베타)

하위 문화적 특성은 특히 은어(隱語)의 사용에서 두드러진다. 주류사회에서는 통용되지 않는 자신들만의 언어를 만들어 사용함으로써 게이의 정체성은 확고해진다.

> —"동성애자들이 많이 쓰는 은어는?"
> "끼떤다 ─ 여성적인 말투, 여성성이 흘러넘친다."

> —"끼떠는 게 동성애자들 사이에서 긍정적인지 부정적인지?"
> "긍정, 부정 다 가지고 있다고 봐대나 … 내가 떨면 우아하고 남

이 떨면 천박하다고 흔히 그런 말을 하거든 ….”

—“기갈은 뭐예요?”
“끼가 넘치는 거 … 끼떨면서 강하게 얘기하는 거 … 힘이 넘치는 낀데 평범할 때가 아니고 싸울 때 나온다던지 … 강하게 맞서야 할 때 … 여성적인 힘 … 쉽게 말해서 아줌마들이 목소리 높여가면서 욕하고 싸울 때 그럴 때 우리들이 ‘아줌마 기갈 좀 봐 배워야대…’ 이런 거 ….”

—“이건 긍정으로 봐야 되나요?”
“보기에 따라서 게이로 살아가려면 저렇게 싸워가며 살 수 밖에 없지 … 라고 긍정적으로 생각할 수 있는 반면에 저렇게 끼를 드러 내면서 … 게이의 억척이라고 보면 되지 … 1980년대 이전 선배들 을 보면 업소가 없었기 때문에 파고다 공원이나 남산 같은 길거리 에서 서성이는데 … 그런 사람들이 상대가 게이인줄 알고 건드려 봤는데 아닌 거야 … 일반인 거야 … 그럴 때 그 사람이 이 호모새 끼가 어디서 이런 짓을 하냐고 소리지를 수도 있고 때릴 수도 있 고 그런 행동에 강하게 맞서는 거 … 난 기갈의 원조가 그런 게 아 닐까 하는 생각이 들어.”(알파)

2) 성에 대한 개방성

게이들이 이성애자들과 구분되는 또 다른 특성은 만나서 성관계를 하기까지 사회적 비용이 적게 들고 소요되는 시간도 짧다는 점이다. 이성애자들은 만남에서 성관계에 이르기까지 까다로운 순서와 절차 가 있는 것이 보통이다. 만나서 사귀기 시작할 때까지도 여러 가지 가 고려되고 적합한 파트너인지에 대하여 판단하는 기간이 있고 일 단 사귀기 시작한 뒤에도 손을 잡고, 키스하고 하는 식으로 여러 단 계에 걸쳐 관계가 성숙된 이후에 성관계에 도달하는 것이 보통의 각

본이다. 물론 이성애자들의 경우에도 과거보다 만남에서 성관계까지
의 단계나 기간이 단축되고 있고 경우에 따라서는 만남이 곧바로 성
관계로 이어지는 '우연한 성관계'(one night stand)가 있기도 하지만 이
것은 예외적인 현상일 뿐이다. 반면 게이들의 경우에는 만남도 수월
하고 만남이 곧 성관계로 이어지는 경우가 많다. 물론 이러한 개방
성은 남성 게이들의 경우이고 여성 게이들의 경우는 다를 수 있다.

　— "나는 사랑하는 사람하고 섹스할 건데 아직 사랑하는 사람을
　못 만나서 아직 섹스 안 해본 그런 게이 보았나요?"
　"있긴 있는데 정말 천연기념물이죠. 그런 사람들은 정말 내성적이
　고 그런 사람들이 많은데 거의 대부분 게이들은 진도가 빨라요.
　만나서 술 먹다가 하루 만에 키스하고, 방 잡고, 관계할 수도 있
　는 거고 … 그렇게 1, 2주 만나다 헤어질 수도 있는 거고 … 남녀가
　만나서의 관계보다 게이끼리 만나서의 관계가 더 쉽다고 생각해
　요."(세타)

　성 개방성은 성을 생식(生殖)이란 차원에서만 규정하던 과거와 단
절하고 성의 쾌락성(快樂性)을 자연적인 권리로 생각하는 관점에 기
초한다. 서구사회에서 성을 쾌락을 추구하는 것이 죄가 아니며 권리
라는 인식이 만들어지기까지 치열한 문화적 투쟁이 있었고 게이들은
그 주역의 하나였다. 그런데 한국의 게이들은 성에 대한 윤리적 규
제를 가하는 기성문화의 영향을 많이 받고 있었고 쾌락성의 탐닉을
스스로 경계하고 있었다.

　— "성적 쾌락은 인간의 권리라고 생각하는지? 아니면 도덕적인
　면이 존재한다고 생각하는지?"
　"동성애자라고 해서 특별한 성경험을 갖지 않잖아. 이성애자랑 똑
　같은 교육을 받는 건데. 그래서 동성애자라고 해서 쾌락을 마음껏

누릴 권리가 있다고는 생각하지 않아. 나도 처음에 두려워서 조심조심했지만 내가 이 세계를 알게 되면서 어디는 어떻고 어디가 물이 좋다고 파악하게 되면서부터 나름 여기저기 잘 다녔거든. 그러면서 내가 이래도 되나… 내가 맘껏 누려도 되나… 남성을 만나서가 아닌 우리 사회 성 문화의식으로 그렇게 되는 거지…. (베타)

성 개방성의 다른 측면은 이성애자들은 성관계할 때 두 사람만의 사적 비밀이 보호되는 공간에서 성행위를 하는 경향이 있는 반면 게이들은 보호막이 낮아서 집단적인 공간에서도 성관계가 이루어지는 경향이 있다는 점이다. 이성애자들의 윤리기준에서는 이러한 관행을 변태적인 것으로 보게 된다. 그런데 이성애 남성들도 여성 접대부가 나오는 유흥업소에서 상당한 수준의 '성 교감'을 나누는 경우가 적지 않다. 따라서 성 개방성이 게이만의 고유한 특성이라기보다는 집단별 정도의 차이로 볼 수도 있다. 그러나 게이의 경우에는 이것이 통상적인 애정의 실현인데 반하여 남성 이성애자들의 경우는 성을 구매하면서 이루어지는 일탈적인 모습이라는 점에서 차이가 있다.

— "찜질방, 사우나에 가는 게이들의 욕구는?"
"성욕 해소죠. 교제하려고 찜질방에 가지는 않을 것 같아요. 그거는 확실한 것 같아요. 교제하려면 채팅을 한다거나 모임에 가입한다거나 그러죠. 거기서 만나서 파트너하고 싶어서 가는 사람은 없죠. 게이 같은 경우에는 섹스하기는 쉬워요. 사랑이 힘들지 섹스는 굉장히 쉬워요. 이성애 같은 경우는 섹스하기가 힘들잖아요. 돈도 들고 남녀가 만나 그럴 수 있는 공간이 없잖아요. 매춘 여성과 하려면 돈을 내야하고 아니면 데이트를 해야만 하니까. 또 만나자마자 즉석에서 하기도 어렵죠. 어떤 기간이 있어야 하는데 게이들은 생각나면 찜질방 가면 다 벗고 있으니까 몸매 보고… 굉장히 쉽죠. 쉽지만 그게 또 불행할 수도 있죠."
— "그 곳이 성적으로 인식되어 있기 때문에 굉장히 편한…?"

"그렇죠. 그 쪽을 선호하는 동성애자들 얘기를 들어 보면 사람을 만나는 게 에너지 소비잖아요. 근데 거기는 에너지 소비가 없죠. 5천 원만 내면 모든 게 해결되고 한 명이 아니고 여러 명을 할 수도 있고. 또 고를 수도 있고. 물론 본인이 선택당하지 못할 수도 있지만. 그래서 많이 가는 것 같아요. 그리고 정체성에 대한 스트레스, 또 누군가를 사귀다보면 스트레스가 많잖아요? 그런 스트레스가 많다 보니까 그런 데서 푸는 것 같아요. 일반인들이 성매매 업소에 가는 게 누구를 사귀러 가는 게 아니잖아요? 그런 거죠. 이곳은 그런 쪽으로 열려있는 공간이죠."

— "찜질방, 사우나는 어떤 곳이고 사람들이 그곳에 어떻게 가게 되는지?"

"27살에 나왔을 때 그때는 PC통신이 생기기 시작했어요. 그때 처음으로 찜질방이란 곳이 생겼어요. 1995년도인가 상계동에 최초의 찜질방이 생겼어요. 그 전까지는 라이온스 사우나라고 일반인들도 가지만 게이들이 많이 가는 곳이죠. 그런데 그곳은 게이들의 섹스, 이런 정식 간판을 내걸었죠. 논란이 많았는데 그때만 해도 저는 굉장히 비판적이었어요. 그런데 이쪽 생활을 해오면서 그때 가졌던 시각은 없어졌고 지금은 찜질방이나 사우나에 비판적이지는 않아요. 거기에서도 콘돔 같은 걸 잘 쓰고 했으면 좋겠다 … 이쪽 일을 하면서 저의 윤리는 콘돔을 쓰느냐 안 쓰느냐지 섹스자체가 어떻다 어떻지 않다가 아니에요. 찜질방이나 사우나에서 무엇을 하든 안전한 관계를 하는 것, 게이커뮤니티의 윤리가 건강에 관해서는 이런 쪽이 되어야 할 것 같아요. 건강하지 않으면 게이로서도 살 수가 없잖아요. 그곳이 문란하냐 문란하지 않느냐의 잣대로는 동의하지 않고 찜질방이나 그런 곳이 어차피 돈 주고 하는 곳이 아니고 서로 동의하에 하는 곳이니까, 성인들이니까 성인들이 하는데 그게 무슨 문제일까 … 단지 다른 사람에게 피해만 주지 않으면 된다 … 그런 생각이에요."(알파)

게이에 대한 흔한 오해 중의 하나는 이들이 성에 탐닉한다고 생각하는 것이다. 그런데 게이는 이성애자들보다 평생 파트너 수는 더 많을 수 있지만 일정기간 동안 성관계 횟수가 유의미하게 더 많은지의 여부는 분명하지 않다. 게이의 생활에서 성관계는 일부일 뿐이다. 즉 게이라고 하여 다른 게이들과 접촉할 때 오로지 성관계만을 기대하는 것은 아니며 일반인들처럼 통상적 대화나 교류를 하며 산다. 찜질방이나 사우나가 성관계를 위한 장소라면 게이 바는 사교의 장이라 할 수 있다.

> "게이 바야말로 사교의 장이겠죠. 거기에 가서 새로운 사람을 사귄다기보다 이미 알고 있는 사람들과 그곳에 가서 게이라는 걸 숨기지 않고 마음껏 돌아다니면서 노래도 하고 술도 먹고 서로 이야기도 하고 또 아는 사람도 만나고 하는 정말 살롱 공간이라고 할 수 있죠."(알파)

그렇지만 사교보다는 성 접촉을 위한 장소가 더 많은 것이 현실이다. 정보사회가 게이들에게 만남의 기회를 획기적으로 넓혀준 것은 사실이지만 이성애자처럼 일상의 다양한 장소와 기회를 통한 만남이 어렵다는 근본적 한계가 변화한 것은 아니다. 따라서 게이들은 성욕해소가 게이 전용공간에 나오게 만드는 일차적인 동인이 될 수밖에 없다. 이러한 구조적 요인과 더불어 게이 특유의 개방적 성 행태가 결합되면서 게이 공간은 다분히 성적 요소로 구성되는 경향이 있는 것이다.

3) 파트너 선택

산업화 시대에는 자신이 게이임을 인식한다 해도 주변에서 다른 게이를 찾는 것이 어려웠기 때문에 게이로서의 삶을 유지하기 어려웠고 게이 공동체 자체가 형성되기 어려웠다. 이러한 구조적 한계가 변화한 것은 정보사회와 인터넷 도입 이후이다. 동성애 만남을 주선해 주는 인터넷 사이트들이 생겨나면서 게이들의 만남은 매우 수월해졌다. 인터넷 채팅이나 게시판을 통해 원하는 상대를 구할 수도 있게 되었고, 아니면 게이들이 모이는 업소나 모임에 대한 정보가 쉽게 공유되면서 만남이 수월해졌다. 게이 사이의 네트워크가 형성되면서 게이끼리의 '소개팅'이나 '부킹'이 이루어질 수 있는 기반도 만들어졌다. 인터넷이 파트너 선택에서 영향력이 크지만 모두가 인터넷을 통해서 만나는 것은 아니고 off-line 또한 파트너 선택에서 중요한 통로로 남아 있다.

"동성애자들이 인터넷 검색으로 제일 먼저 찾는 게 뭐겠어? 동성애겠지 … 그래서 검색을 통해서 찾아가게 됐겠지. 그건 연령의 높고 낮음을 떠나서 다 그렇게 했을 거 같은데 … 나도 인터넷을 하게 되면서 찾아본 게 동성애였거든 … 요즘 친구들은 인터넷 채팅을 하면서 동성애 커뮤니티가 뭐가 있다라는 걸 알게 되거든 … 거의 모든 정보를 거기서 얻는다고 봐야지. 나 같은 경우는 우연히 잡지나 이런 걸 통해서 알게 돼서 그쪽 선배로부터 알았지만, 지금 친구들은 인터넷을 통해서 … 가끔 이반시티 가보면 심심찮게 '이태원에 물 좋은 술집이 어디예요? 한 번도 안 가봐서 …'라고 물어보는 애들이 있거든. 그럼 애들이 대답을 해주지 '요즘은 어디가 좋고요. 여기는 일반이 많아서 좀 불편하고요 …' 상세한 정보까지 인터넷에서 다 알 수 있으니까 …." (베타)

"요새는요 사람에 따라서 오프만 나가는 애들은 오프만 나가요. 인터넷 채팅만 하는 애들은 채팅만 하고 … 그렇게 나눠지는 것 같아요. 만남의 경로가 술집에 나와서 놀다 만나는 애들, 채팅으로 만나는 애들, 이렇게 이분화 되는 것 같아요. 저는 채팅을 잘 안 하거든요. 그렇게 채팅으로 번개하는 애들이 가끔씩 오프에 나오면

288

'어 쟤 뉴페(*new face*)다 …' 사람들이 이렇게 말해요. 뉴펜지 아닌지 사람들이 다 알아봐요."(엡실론)

　이와 같이 게이의 삶을 살 수 있는 물적 기반이 형성되면서 게이 사이의 만남은 자유로워졌지만 실제 인터넷을 통한 만남이 항시 성공을 보장하는 것은 아니다. 게이 각자의 파트너에 대한 선호가 다를 수 있기 때문이다.

　"이반시티에 보면 채팅방 있거든요 거기가 동성애자들이 사람을 제일 많이 만나는 곳이기도 해요. 이반시티가 동성애자들이 가장 많이 접속하는 포털사이트니까요. 거기서 채팅방 열어서 서로 소개도 하고 대화도 나누고 … 그렇게 해서 원나이트가 될 수도 있고 사귀게 될 수도 있고. 또 사귀자 하고 만나서 깨지는 경우도 있고 원나이트로 만났는데 느낌이 좋아서 계속 사귀는 경우도 있고 … 저 같은 경우는 심심하니까 그냥 한번 보자고 해서 만났는데 느낌이 좋아서 사귀게 된 경우죠. 채팅으로 진지한 만남이 이뤄지기도 하지만 아닌 경우도 많아요. 채팅은 종합적이라고 보면 되죠. 단순히 신체사이즈만 알고 만나서 관계를 갖는 경우도 있고 사귀어 보려고 만났다가 스타일이 아니라서 안 만나는 경우도 있죠. 이런 것 보면 잘 보이려고 옷도 신경써야 하고 … 에너지 소모가 많으니까 그냥 찜질방, 사우나 가는 거죠. 그곳은 실패율이 없잖아요. 사실 번개는 실패율이 70~80% 이상이라고 해요. 공식적 통계는 아니지만 흔히 그 정도 된다고들 해요."(알파)

　즉, 채팅을 통한 만남은 성공확률이 낮기 때문에 게이 사우나나 찜질방 같이 현장에서 선택할 수 있는 방법이 보다 실효성 높은 대안이 되기도 한다.

　"채팅을 통해서 만난다는 게 솔직히 힘들어요. 자기 맞는 사람을 만나려면 힘들어요. 까다롭고 … 그래서 나는 채팅하다가 미쳐버릴 것 같아서 안 하잖아요. 근데 찜질방이나 사우나를 가면 편리하고 내가 바로 가서 선택할 수 있잖아요. 이 찜질방과 사우나 문화는 외국에서부터 온 문화기 때문에 … 근데 우리는 좀 더 발전해야 되죠. 시설이 좀 고급화 돼야 하고 깨끗해 져야하고 … 그런 게 바람직한 거 아니예요?"(엡실론)

일반적으로 파트너를 고를 때 기준이 되는 것은 외모, 성격, 직업과 능력, 재산, 집안 같은 요소를 꼽을 수 있다. 그런데 게이들은 일반인들과 달리 다른 조건들보다 외모가 절대적인 기준이 된다고 한다.

"이쪽은 외모가 일차적이죠. 그 사람이 가진 돈, 성격, 집안 이건 나중 문제고 외모죠. 결혼이 아니고 그런 거니까. 결혼할 상대가 아니라는 게 중요한 문제죠. 자녀를 낳을 것도 아니고 그냥 파트너십을 위해서 … 섹스어필인 거 같아요. 섹스어필이 사람들마다 다양한 것 같아요. 심지어 할아버지를 좋아하는 젊은 사람도 있다고 하더라고요. 어떤 사람이 사람들이 봤을 때 이제는 매력이 없다 게이로서 끝났겠구나 해도 그런 사람을 좋아하는 사람이 또 있더라고요."(알파)

어떤 몸매가 성적 매력을 가져오는지의 여부는 개인마다 차이가 있을 수 있다. 근육을 잘 발달시킨 이른바 '몸짱'이 선호되지만 경우에 따라서는 뚱뚱한 몸매를 선호하기도 한다. 외모를 선호하는 것은 이성애자들도 마찬가지이다. 매력적 몸매를 만들기 위하여 여유가 있으면 비용을 투자하는 것도 마찬가지이다. 다만 게이들이 이성애자들보다 경제력 등 다른 요소에 대한 고려를 상대적으로 적게 하기 때문에 파트너 선택에서 외모가 차지하는 비중이 절대적으로 크다고 할 수 있다. 그렇지만 게이가 선호하는 외모가 일반인들의 경우처럼 정

형화된 모습이지는 않고 각자의 취향이 상대적으로 크게 작용하는 것
처럼 보인다.

— "여자를 보면 정형화된 미인의 조건이 있잖아요? 제니퍼 로페
즈 이런 것과 같이 예를 들어 브레드 피트 같은 아이콘은 없나요?"
"제가 보기엔 없는 것 같아요. 그래서 식성이란 말이 재밌으면서
도 잘 맞는 표현인 것 같아요. 사람들마다 식성은 너무 다양하잖
아요. 그런 것과 같이 정형화된 몸매는 없는 것 같아요. 예를 들
어 송○○이라고 하면 송○○을 좋아하는 게이도 있겠지만 섹스어
필이 안 되는 게이들도 많아요. 일반적으로 여자분들한테 송○○
이나 개그맨 이○○ 중에 택하라고 하면 많은 여성들이 송○○을
택하겠지만 이쪽에서는 이○○ 택하는 사람도 많아요."(알파)

"요즘은 대체적으로 근육질도 많이 선호하고, 몸매 가다듬어서 몸
짱…이런 애들 많이 선호하지. 근데 뭐 뚱뚱한 애 좋아하는 애도
있고 마른 애 좋아하는 애도 있고, 연상 좋아하는 애, 연하 좋아
하는 애…(특히 잘 팔리는 경우는) 인상이 좋다든지…한마디로
말해서 얼굴 반반하게 생긴 애들…게이사회에서는 조건보다는 외
모가 중요하지…뭐 또 '쟤 성기가 크대' 그러면 잘 팔릴 수도 있
고…근데 성기 사이즈라고 하면 웃기기도 한데 그런 걸 좋아하는
애들이 있다면 그렇지 않은 애들도 있기 때문에…내가 봤을 때
외모가 최우선인거는 같애…."(베타)

외모가 파트너 선택에서 절대적 기준이 되지만 외모가 받쳐주지
못하는 다른 게이들의 경우는 차선의 선택을 찾게 된다.

"내가 이태원에 갔는데 오늘은 영 맘에 드는 사람이 없어…내가
맘에 드는 사람도 없고 내가 맘에 든다고 하면 그 사람이 나를 맘
에 들어 하지 않고…오늘 그렇게 안 풀려…근데 욕구를 풀고 싶

은데 그냥 집에 가겠어? 어떻게든 욕구를 풀고 가려고 한다고⋯
그래서 사우나를 간다든지 찜질방을 간다든지 아니면 화장실에서
한다든지 뭐 이럴 수도 있는 거거든⋯ 뭐 화장실 가서 죽치고 있
는 사람들도 있을 수 있을 거야. 특히 나이드신 분들⋯ 게이 커뮤
니티에서 팔리기 힘든⋯ 그런 분들이 그런 데를 잘 이용할 수도
있어."(베타)

　물론 게이들 중에는 '고급스런 식성'을 찾기도 한다. 오랜 외국 생
활을 경험하였고 예술에 종사하고 있는 감마의 경우에는 남다른 선
호를 보여준다.

　"(귀국 후에) 본격적으로 식성을 찾기 시작했어요. 내가 정말로
좋아할 수 있는 사람이 누구일까⋯ 내가 앞으로 살아가려면 좋아
하는 확신이 있어야지 이놈도 만나고 저놈도 만나고 그럴 수는 없
잖아요. 그러다가 성병도 옮고⋯ 모텔이고 여관이고 항상 깨끗한
데만 다닐 수는 없으니까⋯ 그래도 여인숙, 사우나 찜질방 같은
데는 안 갔어요. 왜 안 가냐면 그런 곳은 다 벗고 있으니까 신비
감이 없잖아요. 제가 생각하는 게이섹스는 상당히 신비로워야 한
다고 생각했어요. 전체를 다 보여주는 것보다 조금씩 보여주는 게
훨씬 흥분도가 높다고 생각돼요. 그런 것들이 제가 유럽에 가 있
는 동안 쌓여진 노하우 같아요⋯ 전 조건이 마른 사람은 싫어요.
그리고 무식하면 싫고, 싸가지 있어야 되고, 남 배려할 줄 알아야
되고⋯ 좀 사람 냄새가 나는 그리고 술, 담배 할 줄 알아야 되는
⋯."(감마)

　일반인들의 경우에는 파트너 선택에서 계급적 지위가 중요하게 작
용한다. 애당초 파트너 선택범위 자체가 동일한 사회적 지위를 갖는
계급내로 한정되는 경향이 있다. 게이사회에도 각자 경제력의 차이
가 있고 그 때문에 소비행태에서 일정한 차이를 보이기도 한다. 보

다 많은 비용이 소요되는 고급 바(bar)에 가는 그룹도 있고 사우나나
DVD 방처럼 비교적 저렴한 장소를 주로 찾는 게이들도 있다. 그런
데 게이사회의 계층격차는 일반인들처럼 뚜렷하게 나타나지는 않는
것처럼 보인다. 사회경제적 조건보다는 태생적으로 주어지는 몸이
가장 중요한 자산이 되고 있기 때문이다. 그렇지만 시간이 지나면서
게이사회에도 계층에 따라 선호되는 몸이 차별화될지는 현재로서는
불분명하다.

"내 친구 동생의 얘기를 들었는데 걔가 인터넷이 나오기 전까지는
안 그랬는데 그 전에는 게이라는 이유로 친분을 유지하고 그런 게
많았어. 거기에서는 부류를 나눈다거나 그런 건 없었고 그냥 그
사람이 착하고, 우리하고 말 잘 통하고 공감할 수 있는 문화들이
잘 통하고 그랬거든 … 근데 걔가 인터넷이 생긴 이후로 지가 자기
또래 카페 모임을 만들었어. 72년 쥐띠모임 해가지고 친구를 만난
다고는 하는데 그 안에 보면 '쟤가 식성이야 쟤가 식성이야' 이런
게 깔려 있거든 … 두루두루 나도 처음 생겼을 때부터 동생 땜에
따라 다니면서 애들이랑 어울리고 했는데 확실히 있는 애들과 없
는 애들의 차이가 크더라고 … 우선 있는 애들은 있는 애들끼리 놀
고, 돈 잘 벌고 안정적인 애들은 그런 애들끼리 놀고 … 그렇지 못
한 애들은 그렇지 못한 애들하고 놀고 … 있는 애가 나와서 '나 오
늘 프라다 백 하나 샀잖아' 하는데 돈 없는 애가 거기 껴서 그냥
아무 생각 없이 거리낌 없이 받아들이기가 힘들지 …."(베타)

— "게이커뮤니티에서의 계층의식이 존재하는가? 엘리트 게이, 잘
사는 게이처럼 예를 들어 오렌지족 같은 게이들이 존재하는가?"
"그렇게까지 의미 있을 정도의 구별은 없는 것 같아요. 제가 보기
에 이쪽에서의 계급은 몸이에요."

— "그럼 게이사회에서는 사회적인 것 보다는 몸을 보고 선택을

한다는 거죠?"

"그렇죠. 잘사는 애들끼리 몰려다니면서 명품을 사고 그런 것도 있겠지만 그게 이쪽에서는 부러움의 대상이 되거나 그렇지는 않아요. 이쪽은 굉장히 말초적이고 육체적이에요. 예전에 김규항이 쓴 칼럼이 '누가 변태냐'라는 제목이었어요. 동성애자들은 몸무게 물어보고 키 물어보고 관계 갖고, 이성애자들은 돈 얼마 있냐 물어보고 집안 어떠냐 물어보고 하는데 누가 더 변태냐 … 이성애 짝짓기가 더 변태스럽지 않느냐 그런 글을 본적 있어요."(알파)

"돈 많은 사람, 돈 없는 사람 … 귀티가 나는 사람, 빈티가 나는 사람 … 끼리끼리 놀아요. 대화해 보면 난 이 사람이랑 안 맞는구나 … 이런 거 느껴요 … 이 사람은 곱게 자라서 곱게 대학가고 … 그런 사람이구나 … 그렇게 느끼면 그 사람이 나한테 거리를 두기 전에 제가 먼저 거리를 두게 되요."(델타)

"게이 커뮤니티도 사회가 변하면서 똑같아요. 여기도 양극화 되어 있어요. 있는 애들은 있는 애들끼리만 어울려요. 이미 거기 다 커뮤니티가 있기 때문에 … 저도 그쪽에는 가보지 않아서 잘 모르는데 얘기 들어보면 꼴값 떤데요 … 주로 강남에서 놀고 … 근데 애들도 똑같이 업소를 가기 때문에 이태원이나 종로에서도 노는데 양주 까고 앉아서 꼴값 떨고 앉아 있고 …."(엡실론)

　어느 사회든지 성의 자유가 무한하게 주어지지는 않는다. 자유가 주어지면 다른 한편 이를 규제하는 장치가 존재하는 것이 보통이다. 게이사회에서 계급문화에 의한 성 규제가 이루어지지 않는다면 다른 어떤 장치가 존재할까? 여기서는 남성끼리만 모인 사회라는 것, 그리고 그 사회의 범위가 좁다는 점이 성을 규제하는 역할을 하는 것으로 보인다. 이성애 사회에서는 같은 남자끼리는 사회경제적 자원을 두고 경쟁하는 관계가 조성되지만 남자와 여자 사이에는 이런 경쟁관계가 성립되지 않고 성을 두고 긴장하는 관계가 만들어진다. 반면 게이 사회에서는 남자끼리 성적인 긴장관계가 조성될 수밖에 없다. 따라서 성관계의 상세한 내면을 다른 사람에게 떠벌이거나 하는 행위는 이들 사회에서 나쁜 평판을 받게 된다. 즉 이성애 사회에서 이성간에 성적인 대화를 노골적으로 하는 것이 예의에 어긋나는 행위인 것과도 같다. 또한 게이사회는 '좁은 사회'이기 때문에 나쁜 평판은 빠르게 퍼지게 되고 그 당사자는 향후 파트너 선택에서 불이익을 받을 수도 있고 잘못된 소문 때문에 상처받을 수도 있으므로 행동에 조심을 하게 되는 것이다.

> "커뮤니티가 좁죠. 그런 게 있어서 성행위에대한 세밀한 얘기라든 가 이런 건 오히려 안하는 것 같아요. 그냥 '나 쟤가 식성이다' 이런 정도의 얘기만 하지 '나 쟤랑 했는데 성기 크기가 어떻더라, 테크닉이 어떻더라' 그런 얘기는 전혀 안 해요. 겹쳐질 수 있어서, 또 소문이 빨라서 안하기도 하고…정말 친한 친구하고 하면 몰라도 일반 남자들이 모여서 음담패설 늘어놓듯이 그런 얘기를 이쪽은 잘 안 하죠. 이성애 남자들은 서로가 경쟁상대는 아니잖아요. 경계해야할 필요도 없고. 그런데 이쪽은 경쟁상대이면서 긴장관계인 것 같아요. 성적인 긴장관계…제 평판은 어떤지 잘 모르겠네요. 괜히 소문이 잘못나면 곤란하니까 상당히 주의하죠. 또 지금 파트너도 있으니까 파트너에게 영향을 미칠 수 있으니까. 행동하는 데 조심스럽죠. 속으로는 눈을 돌려도 겉으로는 아닌 척 하고 내숭떨고 그러죠."(알파)

파트너를 구하기 어려울 때 성매매가 최종적인 대안이 된다. 그런데 동성애 사회는 상대적으로 파트너 구하기가 수월하기 때문에 성매매는 일반적인 현상은 아닌 것으로 보인다. 다만 나이가 많아 성적 매력이 떨어질 경우 종종 성매매가 이루어지기도 하는 것으로 보인다.

"같은 취향에 나이 차이가 많이 나지 않는 경우라면 (성매매는) 내가 알기로는 전혀 없는 거로 알고 있는데 나이가 많아서 상대를 찾기가 어려울 때 가끔 용돈 줄게 … 하는 사람도 있지 … 채팅할 때부터 그러는 사람도 있고 … 어린 게이가 나이 많은 게이를 만날 때 혹시 그 나이 많은 사람이 식성이라도 그 매력이 경제력도 있을 수 있으니까. 내가 어렸을 때 알던 아이가 20대 초반에 중년을 좋아했는데 너는 왜 나이든 사람을 좋아하니, 젊고 싱싱한 사람들 널렸는데. 근데 얘는 어렸을 때부터 이 사람이 좋았데 … 게이사회에서 공식적인 성매매는 없다 라고 볼 수 있는데 호빠나 마사지로 가면 얘기가 달라지지. 그런 곳은 공식적으로 주인과 합의하에 한번 나갈 때 얼마 …." (베타)

4) 파트너십

이성애자들의 경우에는 남녀 간에 애정이 깊어지면 결혼하여 장기적인 파트너십을 형성하는 것이 보통이다. 동성애자들의 경우에도 최근에는 동거의 단계를 넘어서 법적으로 인정되는 혼인관계를 요구하기도 하고 일부 유럽 국가들은 이를 인정한다. 우리나라에서는 아직 동성의 혼인관계를 법적으로 허용하지 않는다. 그러나 일부 게이들은 동거하기도 한다. 성의 자유를 주장했던 서구인들이 추구했던 실험 중의 하나가 '개방형 결혼'이다. 즉, 혼인관계에 들어가더라도 배우자의 혼외정사를 자유롭게 용인하자는 것이다. 그러나 이것은 소수의 실험일 뿐이고 다수는 혼인관계에 충실하고 만일 혼외관계의 문제가 발생하면 혼인관계를 정리하고 새로운 파트너와 혼인관계에 들어가는 연쇄형 일부일처제(serial monogamy)가 현실적인 해결책으로 보여 진다. 게이들은 고정 파트너가 생길 경우 이러한 연쇄형 일부일처제의 형태로 파트너십을 유지하는 경향이 두드러지게 나타난다. 이들은 결혼제도에 얽매이지 않기 때문에 이성애자보다 수월하게 만

나고 헤어질 수 있고 이러한 파트너십 형성에 유연하게 대응하는 것
으로 보인다.

> — " '결혼한 사람이라고 해도 성적인 만족을 위해 외도를 하는 것
> 은 인간으로서 누려야 될 권리다, 결혼한 사람이라고 제한해서는
> 안 된다'는 주장에 대하여 이성애자 동성애자를 떠나서 어떻게 생
> 각하는지?"
> "그러면 안 되죠. 안 된다는 건 당위적인 거죠. 저는 그게 권리여
> 서가 아니라 '약해서 그런 거다'라는 생각이 들어요. 그게 적극적
> 권리라고 주장하는 것은 개인적으로 옳지 않다고 생각돼요. 그런
> 데 요즘 보면 서로 파트너십을 유지하면서도 오픈 릴레이션십으로
> 하는 경우가 있는데 그건 본인들이 정하고 하는 거니까 그거야 문
> 제는 안 되지만…권리를 주장하는 것은 웃긴 거 같아요. 그렇게
> 해서는 안 되지만 사람이 약해서 그런 거니까 그런 행동들을 하지
> 않나 라는 생각이 들어요. 또 하나는 관계맺기가 상당히 힘든 것
> 같아요. 이성애자로 살아가는 것은 이미 배우지 않아도 이 사회가
> 그렇게 형성됐기 때문에 자연스럽게 습득되는 반면 동성애자의 경
> 우에는 그런 게 없잖아요. 나이가 들어도 동성 간에 관계맺기는
> 새로 배워야 한다고 생각하거든요. 그 배움이 없으니까 즉흥적 섹
> 스로 발전하는 것 같아요. 그걸 배우기 위해서는 굉장히 많은 에
> 너지 소비가 필요한데 그렇게 하기 싫고 또 그렇게 하는 게 의미
> 없어 보이고 그렇게 해서 얻어질 결과에 대한 기대도 없죠. 이성
> 애자는 행복한 결혼생활과 같은 기대가 있지만 동성애그룹은 그런
> 게 없으니까 힘들죠."(알파)

고정적 파트너십을 갖고 있다고 하여도 그것이 여타의 게이와의
성관계를 가질 가능성을 완전히 차단하는 것으로 보이지는 않는다.
즉 애인관계에 있을 때 외도하면 안 된다는 도덕규범이 강력하게 형
성되어 있지는 못한 것처럼 보인다.

— "게이사회에서의 정조는 뭘까요? 일반사회에서는 정조를 중요
시하잖아요? 사랑하는 사람과만 관계하는 것 … 근데 사실 게이사
회에서는 그게 가능하지 않은 것 같고 그럼에도 불구하고 뭔가 도
덕적인 룰은 있을 것 같은데 … 적어도 이런 짓은 하지 말아야 …"
"그래야 되는데 안 그래서 문제죠. 적어도 이런 룰이 없는 건 아
니지만 안 지켜지는 게 파다하다고 생각해요. 바람피우는 것도 흔
하다고 생각하고 … 한 곳에 안주하는 사람이 저는 적다고 봐요 …
왜 그런지는 모르겠는데 … 남자끼리 만나서 그런가 … 잘 모르겠는
데 … 남의 남자친구를 뺏는다던가, 애인이 있는데도 찜방을 간다
던가 …." (세타)

외도는 일반인들의 경우에도 흔하게 발견되는 현상이다. 그런데
이성애자들의 파트너십은 장기적으로 유지되기 때문에 이런 상황에
서 외도는 일탈적 속성이 분명하게 드러난다. 반면 동성애자들의 파
트너십 기간은 비교적 짧고 파트너가 자주 바뀔 수 있기 때문에 고
정적 관계와 일탈적 관계의 경계가 상대적으로 애매할 수밖에 없다.

— "한 명의 파트너와 오랜 관계를 지향하는지 아니면 여러 사람
과 다양한 관계를 지향하는지?"
"저는 사귀면 오래 사귀려고 하는 편이에요. 지금 파트너는 4년
정도 사귀고 있고요. 이쪽에서 4년 사귄 거면 꽤 오래 사귄 거거
든요."

— "혹시 지금 파트너 말고 마음에 드는 사람을 만났다라고 하면
같이 잠자리를 할 생각은 있는지?"
"안 해야 되는데 가봐야 알죠. 내가 정말 마음에 들고 그런 분위
기가 되고, 그리고 상대방의 동의도 얻고 적극적으로 나오고 비밀
이 보장된다면 할 수 있지 않을까 …" (알파)

그런데 이성애자와 마찬가지로 동성애자들도 나이가 들면서 몸매에 대한 자신감도 줄고 성욕도 감퇴하면서 자연스럽게 고정적 파트너를 추구하는 모습을 보여준다.

> "나의 경험으로 봤을 때 어렸을 때는 이왕이면 다양한 많은 사람들과 성경험을 해보고 싶었어 … 근데 나이를 먹어서 보니 다른 사람을 만나도 별 놈이 없어 … 그놈이 그놈 같고 성적으로는 거기서 거기 같고 … 성적인 면은 젊었을 때 한때지 … 나이 좀 있고 다양한 경험을 해본 사람은 한 사람의 파트너를 원하는 경우가 많아 … 나이 먹어서 또 팔리기가 힘들잖아 …." (베타)

동성애자들이 혼인관계에 준하는 단계로까지 파트너십이 발전하면 그들의 생활은 이성애자의 그것과 다름없게 된다. 이 단계에서는 단순히 성 만족만이 아닌 생활 그 자체가 중요해지고, 그러다 권태기를 겪고, 갈등하다 다시 화해하고, 생활유지를 위한 역할구분도 이루어진다. 7년간 파트너십을 유지하고 있는 감마는 단순한 성관계만이 아닌 사랑하는 감정으로 관계를 만들어가는 모습을 잘 보여준다. 이성애자와 차이가 있다면 집착과 질투가 상대적으로 강하다는 정도이다.

> "흔히 게이들이 이러죠 '너 사랑해 근데 쟤랑 관계하는 건 사랑해서 하는 게 아니야 … 그냥 몸을 푸는 거야'라는 생각들이 지배적이에요. 사랑 따로 몸 푸는 거 따로 … 내가 이 친구랑 거의 7년 정도를 부부 아닌 부부로 지내다 보니까 지금은 우리가 이성과 결혼했을 때와 다른 게 없어요. 처음에는 거의 불같은 섹스를 하죠. 밤새도록 … 아파트를 얻어서 같이 살림을 차리고 가구도 같이 사러 다니고 그릇도 같이 사러 다니고 이러면서 불같은 섹스를 1년 반 정도도 했어요. 그러다보면 그것도 시들해 져요. 뭔가 다른 섹스는 없을까 … 다른 사람은 어떨까 … 라는 생각을 갖게 됩니다. 그리고 이제는 그 친구와 섹스를 안 한지 2년 정도 넘은 것 같아요.

다른 사람과는 이반시티에서 만나서 가끔 해요. 그 사람은 사랑은 아니고 그냥 섹스만 하는 거예요. 사랑은 이 친구고 그냥 이제는 가족 같은 거예요. 그 친구랑 그렇게 지내면서 권태기도 있어요. 똑같아요 … 나는 이성과 결혼생활을 해봤기 때문에 비교할 수 있잖아요. 근데 그게 흘러가는 방식이 남자냐 여자냐의 차이지 사는 방식은 똑같더라고요. 권태기가 왔을 때 얘기했죠. 그 친구 하고는 정말 적나라하게 얘기합니다. 게이들의 특징은 집착이 강하고 질투가 많아요. 머리가 먼저 안 가고 몸이 먼저가기 때문에 그 상대를 믿지 못해요. 나도 그러니까 … 그 친구하고 떨어져 있잖아요? 지금은 안 그러는데 … 지금도 매일 아침 6시 30분이면 모닝콜을 해줘야 돼요. 제가 보통 보름에 한 번씩 내려가거든요. 내려가면 1주일 있다가 올라옵니다. 그러면 보름동안 그 친구가 입어야 할 팬티, 양말, 넥타이를 제가 다 세팅을 해놓고 올라와요. 옷장에다 요일마다 입을 수 있게 걸어놓고 와요 … 이성애자처럼 저희도 둘 사이에 관계가 있는데 이성애자들과 똑같아요.”(감마)

이러한 약혼관계가 게이사회에서 드물지 않게 나타나고 있지만 그 진정성에 대하여 부정적인 의견도 제시되었다. 즉, 약혼관계라고 하면서도 외도가 빈번하기 때문에 진정성을 믿기 어렵다는 것이다.

—“그래도 게이사회에도 *engagement* 같은 커플이 있던데… ?”
“아 … 그렇게 많지 않고요, 제가 이중적인 가식이라고 생각하는 게 뭐냐면 사람들 앞에서는 지네들 오래된 커플이고 머 그러면서 이미지 관리하고 뒤로는 호박씨 깐다고 하잖아요. 근데 조금 있으면 다 밝혀지고 다 소문나요. 그렇지만 그 사람들 앞에서는 나 몰라라 하고 있는 거죠. 그리고 헤어지기 어려운 애들은 그 동안 정이 있으니까 얘랑 헤어지고 다른 사람을 만난다는 게 아무리 권태가 있다고 하더라도 그 만큼의 단계 유지를 못한다고 생각하니까 ….”(엡실론)

4. 성관계와 안전한 성

1) 성행위의 양상

동성애자들의 성 행태를 파악하기 위해서는 표본조사가 필요하지만 이들의 신원파악이 어렵기 때문에 일반적인 표본조사 방식을 사용하는 것은 거의 불가능하다. 이들이 자신들만의 사회적 네트워크를 갖고 있는 것으로 추정되기 때문에 이 네트워크를 따라가면서 조사하는 방법이 제안되고 있지만 한국에서는 아직 체계적으로 실시된 바 없다. 따라서 동성애자들을 대상으로 실시한 비확률 표집에 의한 조사자료를 중심으로 성 행태의 특성을 살펴보기로 하자(한국에이즈퇴치연맹, 2005a, 2006a, 2006b, 2006c).

동성애자들이 고정적 파트너를 갖는 경우는 대략 40% 수준으로 나타났다. 즉 과반수의 동성애자들은 고정 파트너가 없이 1회적 성관계를 하는 것으로 보인다. 상대적으로 HIV 감염의 위험이 높은 것으로 알려진 항문성교를 하지 않는 경우는 22~28% 수준이었다. 즉 적지 않은 동성애자들이 애당초 항문성교를 선호하지 않는 것으로 보인다. 반면 에이즈 검사를 받기 위해 내원한 그룹의 경우에는 8.7%만이 항문성교를 하지 않는 것으로 나타났다. 아직까지 동성애자 집단에서 정기적 에이즈 검사가 활성화되지 못한 상태에서 에이즈 검사 수검자는 상대적으로 위험을 심각하게 인지하는 그룹이 더 많이 검사받을 가능성이 있다. 즉 항문성교를 많이 하는 그룹이 상대적으로 위험을 더 많이 느끼고 그 결과 검사에 더 많이 노출되었기 때문에 이런 결과가 나온 것으로 추측된다.

항문성교 시 콘돔 항시 사용률은 약 55~57% 수준이었다. 물론 콘돔을 '자주 사용한다'는 응답까지 합치면 약 75% 수준까지 높아진다. 에이즈 예방이나 위험차단이라는 관점에서는 콘돔을 항시 사용해야 예방효과가 있는 것으로 보기 때문에 콘돔 사용률이 더 높아져야 한다고 볼 수 있다. 그렇지만 응답자의 대다수가 콘돔을 항시 또는 자주 사용하는 점은 동성애자 집단에서 콘돔이 보편적인 규범이 되고 있음을 암시해준다.

그런데 고정 파트너와 항문성교 시 콘돔 사용률은 대략 10% 정도 감소한다. 성관계에서 파트너를 잘 알고 있고 신뢰할 경우 콘돔 사용을 하지 않는 것은 보편적으로 나타나는 현상이다. 그런데 이 감소율이 절대적으로 하락하여 콘돔을 거의 사용하지 않는 단계로까지 나아가지 않고 약간의 감소에 머무르는 것은 고정적 파트너 관계의 특성을 암시하는 것으로 생각된다. 즉 고정 파트너와의 관계가 수년 이상 지속되는 장기적 관계이기보다는 단기에 끝나는 경향이 있으며, 고정 파트너 관계에 있는 경우에도 다른 파트너와 일회적 성관계를 갖는 외도가 완전히 차단되는 것도 아니다. 이것은 고정 파트너 관계일 경우에도 상대방에 대하여 잠재적 위험을 인지하게 만드는 요인이 되고, 따라서 고정적 관계에서도 콘돔을 계속 사용하도록

〈표 7-2〉 남성 동성애자 주요 성 행태 지표

(%)

지 표	일반 동성애자 (2006)	에이즈검사 수검자(2006)	일반 동성애자 (2005)
조사방법	동성애자 인터넷 사이트 설문조사 N=1,506	동성애상담검사소 내원자 설문조사 N=493	동성애자 인터넷 사이트 설문조사 N=1,025
고정파트너 비율	43.0	41.5	(자료 없음)
처음 만남 상대와 비항문성교율	27.5	8.7	22.0
항문성교 시 항시 콘돔 사용률	57.2	55.1	54.7
1년 에이즈 검사율	23.6	(해당 없음)	32.4

만드는 것으로 생각된다.

최근 1년 내에 에이즈 검사를 받았는가 하는 질문에 약 24~32% 응답자가 검사받은 것으로 응답하였다. 이것은 정기검사가 관행화된 서구사회의 동성애자들의 행태와는 크게 대비되는 현상으로 생각된다. 에이즈 검사는 병원이나 보건소에서 실시하는데 검사과정에서 실명을 요구하였기 때문에 신분노출을 꺼리는 동성애자들이 거부감을 갖고 있었다. 최근 익명검사 제도를 도입하여 수검자가 증가하고 있지만 정기적으로 에이즈 검사를 받아야 한다는 집단 내부의 규범은 아직 확고하게 만들어지지 못한 것으로 생각된다.

성 안전조치의 대표적 방법이 콘돔을 사용하는 것이다. 앞의 2006년 인터넷 조사에서 (항문성교 시) 콘돔을 사용하지 않는 이유를 질문한 결과 성적 요인(만족감 저하, 분위기 저하)이 37.1%였고, 콘돔 접근성 요인(주변에 콘돔 없음, 구입하기 꺼려짐)이 26.3%, 신뢰관계 요인(상대가 꺼리거나, 상대를 믿거나, 감염자로 의심받을까 두려워서)이 20.1%, 신념 요인(귀찮아서, 술에 취해서)이 16.5%였다.

<표 7-3> 콘돔을 사용하지 않은 이유

(N=930, 2006년 조사)

콘돔 미사용 요인	응답률(%)
성적 요인(만족감 저하, 분위기 저하)	34.5
콘돔 접근성(콘돔이 없거나 구입 꺼림)	26.3
신뢰 관계(상대의 거부, 상대 믿음, 의심받을까 두려움)	20.1
콘돔사용 신념(귀찮아서, 술에 취해서)	16.5

2) 성 기교

이성애자들의 경우에는 남녀 간에 성 기관의 구조가 다르고 서로 상대방의 성감대를 애무하거나 성기를 결합하는 것이 성행위의 주요 양상이다. 반면 동성애자들은 서로 동일한 신체구조를 갖고 있기 때문에 성행위의 양상이 일정하게 차이가 나게 된다. 이성애자들은 성행위의 궁극적 목표가 질 삽입에 있게 되고 키스나 애무 등 다른 행위요소들은 삽입을 원만하게 만들어주는 추동요소가 된다. 동성애자들도 질 삽입에 대응하는 항문 삽입이 있지만 이 자체가 궁극적 목표로 추구되지는 않는 것으로 보인다. 이들은 이성애자들이 주목하지 않는 신체의 다른 부분들을 애무하거나 자세를 달리하는 방법들을 개발하여 성적 쾌락을 얻어낸다.

　　— "외국 게이들의 경우 에로틱 지향을 추구한다는데 에로틱한 신체나 성적인 감성도 뛰어난 것 같고 또 기교도 굉장히 발달시키고 그런다는데 섹스 테크닉 내지는 성적 쾌락을 이성애 사회보다 더 잘 추구하는 것 같은지?"
　　"그런 말들을 해요. 남녀 간에는 서로가 서로의 몸을 모르잖아요? 그런데 남자끼리는 서로의 몸을 아니까 훨씬 더 자극적이게 과감하게 그런 얘기를 하는 거 같아요."

　　— "레즈비언 같은 경우에도 역시?"
　　"레즈비언 같은 경우에도 삽입 성교가 있을 수 있지만 그것이 없다면 더 다양한 무엇인가를 개발하는 게 있겠죠. 그런 거로 봤을 때 이성애자들의 오럴(oral) 섹스보다 동성애자의 오럴섹스가 더 보편화 되어있다고 생각하고 …."(알파)

즉 게이들은 이성애자에 비하여 기교의 다양성이 크고 또한 개인적으로 선호하는 기교도 서로 다를 수 있다. 그런데 게이가 일반인보다 성 기교가 더 뛰어난가에 대해서는 부정적 의견이 많았다. 일반 직장인들이 유흥업소에서 집단적 혼음에 가까운 행태를 보인다든가 젊은 사람들이 옛날보다 더 다양한 섹스 체위를 실천하는 등 일반인과 동성애자 간에 특별한 차이는 없다는 의견이 많았다.

— "파트너의 경우 오럴섹스와 삽입 중에서 어떤 게 더 선호되는지요? 상대방에 따라 달라지는지요?"
"그건 다 틀리죠. 파트너 차원이 아니라 본인의 섹스방식에 따라서 애널(anal)을 원하지 않는 경우도 있고 … 굉장히 다양하죠. 초지일관 애널만 하는 사람도 있겠고 상대방에 따라서 달리 할 수도 있고 그런 거죠. 제가 보기에는 정말 다양한 것 같아요."(알파)

다음은 항문성교를 선호하지 않는 이오타의 사례이다. 이 사례를 보면 항문성교는 동성애자들이 본래적으로 선호하는 성 행태라기보다는 경험적으로 배워서 수용할 수도 있고 거부할 수도 있다는 것이 분명해 보인다. 앞서 제시한 성 행태 조사결과에서 항문성교를 하지 않는 경우가 약 5분의 1에 달하고 있다는 사실과 맥을 같이 한다.

— "(항문) 삽입섹스를 선호하시는 편이에요?"
"애널을 해보긴 했는데 별로 … 탑, 바텀 다 해봤는데 둘 다 상대방이 요구해서 해봤어요. 근데 제가 바텀을 한 번 시도해 보다가 도저히 제가 고통스러워서 중간에 나는 못하겠다고 그만 했고, 탑을 한 번 했던 거는 굉장히 위험한 … 피를 너무 많이 보고 …."

— "삽입섹스가 주는 느낌이 별로다 … 어떤 면에서?"
"호기심은 있는데, 그게 제 건강에 악영향을 미칠 것 같아서 겁이 나서 … 에이즈도 그렇고 …."

— "삽입하지 않는 섹스를 하면 오히려 성적인 기교, 테크닉 같은 것들을 생각하게 되고 개발하게 되나요?"
"음… 그렇게 될 것 같은데요, 제 개인적인 경험은 확실히 그거를 안 하다 보니까 굉장히 무료하다고 해야 되나… 모자라다는 느낌이 들어요… 단순하지는 않은데….

— "애널을 안 하다 보니 다른 사람의 테크닉 같은 걸 배우고 싶을 텐데?"
"저는 개인적으로 성적인 판타지를 제공할 수 있는 게 제 테크닉이 아니라 제·몸을 통해서… 뭐 제가 운동을 열심히 한다든지… 그렇게 해서 하는 게 훨씬 좋은 것 같아요."(이오타)

성 기교는 선천적으로 주어지기보다는 배우고 실천하면서 숙련성을 갖추게 된다. 여기서 성에 대한 대화는 중요한 역할을 한다. 양자 간에 대화를 통하여 상대방의 몸에 대하여 더 세밀하게 알게 될 수 있고 그럼으로써 만족을 얻을 수 있게 된다. 그런데 동성애자들은 파트너보다는 친구들끼리 이런 대화를 나누는 것으로 보인다. 파트너에게는 정숙함을 보이려 하고, 성에 대한 대화는 친구들과 나누는 모습은 이성애자들의 그것과 다르지 않다.

"게이 친구끼리 모였을 때 진짜 그런 얘기 많이 하거든… 섹스 체위라든지, 이렇게 한다더라… 테크닉을 전수한다든지 오럴을 할 때 그냥 하는 거보다 혀로 이렇게 돌려서 하면 애가 죽더라… 이런 거… 식성하고 얘기하는 게 아니라 친구들하고 얘기하는 거… 파트너끼리가 솔직해서 그런 얘기를 한다면 좋겠지만 대개 처음 만났다면 내숭을 떤다거나 해서 순진한 척, 모르는 척하지… 주로 친구들하고 그런 얘기를 하지 파트너랑 하게 되면 애가 예전에 많이 놀았구나… 이렇게 생각할 수 있으니까…."(베타)

3) 안전한 성과 콘돔

에이즈 위기가 발생한 이후 게이사회에 초래된 중요한 변화는 콘돔사용이 점차 보편화되고 있다는 점이다. 에이즈 위기 이전에 콘돔사용은 관행이 아니었다. 성병예방을 위하여 콘돔사용이 권고되기는 했지만 콘돔을 반드시 사용해야 한다든가 하지는 않았다. 그러나 에이즈 위기 이후 콘돔사용은 규범처럼 되었다.

— "에이즈가 없었다면 콘돔을 지금처럼 사용하셨을까요?"
"사용하지 않았겠죠. 만약 했더라도 할 때도 있고 안 할 때도 있고 그랬겠죠."

— "에이즈가 동성애 커뮤니티를 조금이라도 변화시킨 것 같나요?"
"그런 건 있는 거 같아요. 에이즈가 없었다면 성관계가 훨씬 더 액티브하게 됐을 것 같아요. 그리고 옛날에 에이즈가 이렇게 불거지기 전에는 게이들이 포장마차에서 일반인과 하는 일이 비일비재하다고 하더라고요. 그런데 에이즈가 불거진 이후에는 그런 일들이 없어졌다거나 성행위에 대해서 많이 절제시켜주지 않았나 그런 생각이 들어요."(알파)

"1980년대에는 거의 콘돔쓰는 사람이 없었거든. 근데 에이즈란 병이 있는데 그거 잘못 걸리면 죽는다더라, 콘돔을 써야 한다는 소리를 얼핏얼핏 들은 거 같기는 한데 심각하게 받아들이지 않았고 먼 남의 나라 얘기구나 했지. 1990년대 초까지도 안전한 섹스는 콘돔이다 … 라는 말은 거의 없었던 거 같애 … 에이즈뿐만 아니라 매독 같은 성병 걸린 애들이 있었거든 … 단지 질병예방을 위해서 썼던 거지. 그런데 아예 안 쓰는 사람들도 많았어. 그냥 콘돔은 있으면 쓰고 없으면 안 쓰고 …그때는 내가 직접 약국에 가서 사지 않는 이상 콘돔 구하기가 쉽지 않았지. 사러가기도 쪽팔리고 …."(베타)

에이즈 문제가 제기된 이후 동성애자들은 자신들이 에이즈에 감염될 수도 있다는 불안감을 갖게 된 것으로 보인다. 콘돔사용이 보편화되고 있는 것도 그 대응책의 하나이다. 다음은 여러 방법으로 감염위험에 대처하는 이오타의 사례이다.

　—"본인이 안전한 성행위를 위해서 노력하는 부분은?"
　"절대로 삽입하지 않고, 몸이 피곤할 때는 하지 않고 … 술을 하긴하는데 가끔씩 제가 그걸 이기지를 못하고 갈 때가 있는데 그거는 항상 조심하자, 조심하자 … 술 마시고는 하지 말아야지 …."

　—"가장 두려워하는 건강 문제가 있다면 …."
　"에이즈 …."

　—"본인이 에이즈에 걸릴 수 있다고 생각해 본 적은 있어요?"
　"네 … 한 번 제가 탑을 해본 경험이 있다고 했잖아요? 그때 제가 술을 먹고 콘돔도 없이 그냥 … 그때는 제가 에이즈에 대한 기본상식도 없이 … 근데 그걸 한번 하고나서 몸에 약간 이상이 온 거예요 … 나중에 비뇨기과를 갔는데 요도염이라고 그러더라고요 … 그래서 엄청 심각하게 고민해 봤어요. 그래서 에이즈에 대해서 공부도 하고 찾아봤는데 가능성이 … 제가 콘돔 없이 애널섹스를 했으니까 … 근데 에이즈 검사는 안 해봤어요 … 두려워서도 그랬고제가 피를 뽑는 걸 별로 안 좋아해요. 몸에 주사바늘 꼽는 거를 TV로도 못 보거든요 …."

　—"사우나에서 자기 몸에 대해 방어하지 않고 관계하는 사람들은 어느 정도 퍼센트가 되는 것 같은지?"
　"제 생각에는 한 60% … 60은 너무 심하고 한 40% …."

그렇지만 이오타의 경우처럼 여러 방식으로 안전을 도모하는 경우는 많지 않다. 다수의 동성애자들은 콘돔을 사용하는 것 이외에 다른 방법들을 잘 모르고 있었다.

　　— "본인이 섹스할 때 취하는 구체적 조치들은 뭐예요?"
　　"그런 건 특별히 없는데, 콘돔 말고는. 제가 좀 무지해요."(세타)

　게이들의 성 행태 중에서 가장 위험도가 높은 것이 안전조치가 없는 항문성교이다. 콘돔과 윤활제를 사용하지 않고 항문성교를 할 경우 항문 내외에 상처를 낼 수 있고 HIV에 감염된 파트너의 정액 속에 존재하는 바이러스가 이 상처를 통해서 혈관으로 들어올 경우 감염될 위험이 매우 높다. 물론 항문성교를 하지 않거나 콘돔과 윤활제를 사용하고 콘돔이 찢어지지 않도록 주의할 경우에는 감염위험은 낮아지게 된다. 또 탑(top)보다는 바텀(bottom) 역할을 하는 게이가 상대적으로 더 위험하다.

　　"사우나 같은데 가면 많이 만나자나요. 한 사람이 몇 명씩 만나잖아요. 다만 여자는 안 그렇지만 남자는 사정하고 나면 당분간 쉬어야 돼요. 근데 바텀은 안 그렇죠. 그래서 바텀이 성관계 횟수가 더 많죠. 그래서 그 친구가 피 검사를 받았는데 에이즈에 걸렸다고 하더라고요."(제타)

　항문성교의 위험성은 일찍부터 알려졌고 따라서 우리나라 게이들도 항문성교 시 콘돔사용이 필요하다는 점을 대개는 상식으로 알고 있다. 그러나 감염위험은 항문성교에 한정되지는 않는다. 위험도는 낮지만 구강삽입 성교의 경우에도 콘돔을 사용하지 않은 채 구강 내에서 사정할 경우 감염위험이 있다.

　　— "보통사람들이 알고 있는 안전한 섹스가 무엇인지?"

"애널섹스 시 콘돔을 쓴다. 이 정도… 더 자세하게는 구강성교 시 입안에 사정은 피해야 한다. 그런데 이런 세세한 부분까지는 잘 알지 못하죠. 보통 안전한 섹스하면 떠오르는 것은 애널섹스 시 콘돔을 쓴다, 이거죠."(알파)

HIV 감염위험과 관련하여 에이즈 유행 초기에는 대표적인 게이의 행태, 즉 파트너 수를 줄이고 고정 파트너 하고만 성관계를 하라는 의학적 지침이 만들어졌었다. 이에 대응하여 미국 게이들은 위험은 파트너의 수와 관계되는 문제가 아니라 성관계 시 안전조치를 취하는가의 문제라고 주장하면서 성 안전의 개념을 바꾸려고 시도하였다. 즉 의학적 지침은 게이의 정체성을 부정하려는 목적에서 출발한 것이기 때문에 수용하기 어렵고, 게이로서의 삶을 유지하면서도 성 안전을 도모할 수 있다는 신념이 만들어진 것이다. 이러한 미국 게이들의 신념은 한국 게이들에게서도 찾아볼 수 있다.

　— "파트너의 수는 상관없나요?"
"파트너의 수는 수십 명이어도 상관없어요. 이거는 콘돔을 쓰느냐 안 쓰느냐의 문제지 한 명이랑 해도 콘돔을 안 쓰면 에이즈에 걸릴 수 있는 거고 수백 명이랑 해도 콘돔을 쓰면 안 걸릴 수 있는 거죠. 많은 파트너와 관계하면 병에 걸린다는 말은 잘못된 말이고요. 더 세세한 부분까지 교육하긴 하지만 보통 이반들이 알고 있는 안전한 섹스는 애널섹스 시 콘돔. 좀 더 알면 구강성교 시 입안 내 사정을 피하는 것 정도면 안전하다고 생각하죠."(알파)

문제는 콘돔사용의 필요성을 인식한다고 하여 반드시 실천하는 것은 아니라는 점이다. 이성애자들의 경우에도 콘돔사용을 실천하는 데는 여러 요인들이 작용하지만 게이들의 경우에도 마찬가지이다. 미국이나 호주 게이들은 'Condom is erotic'이란 새로운 미학을 창조하였다. 콘돔을 사용하여 자신과 타인의 건강을 지키자는 기능적 측면을 강조하는 것으로는 게이를 동기화시키기 어렵기 때문에 콘돔을 착용한 모습이 더 에로틱하다는 새로운 미학을 만들어 냄과 동시에 새로운 미학을 즐기는 것이 게이의 새로운 정체성이라는 담론까지 개발하였다. 즉 에이즈 위기 속에서도 게이는 성을 즐길 권리가 보호되어야 하지만 게이 또한 안전한 성을 실천하여 게이의 삶이 지속될 수 있도록 능동적으로 실천해야 한다는 것이다.

이러한 서구식 성 안전담론이 한국에서도 수용되고 실천되는지의 여부는 분명하지 않다. 서구의 게이들은 에이즈로 인하여 생존의 위기에 처했고 동시에 이를 빌미로 보수주의 진영이 게이적 행태를 소멸시키려는 공세 속에서 게이들은 정체성의 위기에 처했고 그에 대한 적극적 대응의 결과물이 안전한 성 담론이다. 반면 한국의 게이들은 정체성이 굳건하게 구축되지도 못했고, 그에 대한 사회적 도전도 없었기 때문에 에이즈 문제에 대한 대응 또한 기능적 차원이나 윤리적 차원의 대응에 머물고 있는 것처럼 보인다.

— "안전한 성행위가 어떤 점에서 가장 필요하다고 생각하시는지?"
"에이즈 예방. 그게 가장 크죠. 그거에 따라서 여러 가지가 파생이 되죠. 불안함도 포함될 수 있고."

— "'콘돔을 사용하는 성행위가 아름답다'고 인식된 건 아닌가요?"
"저는 윤리문제로 접근해요. 보통 이 사회에서 윤리라는 게 여러 사람하고 하면 비윤리적이고 한 사람과의 지고지순한 사랑을 하면 윤리적이라고 생각하잖아요? 그런데 저는 그걸 깨뜨리려고 해요. 윤리라는 게 상대방을 보호하는 건데 콘돔을 안 쓰면 상대방을 보호하지 않는 거니까 '콘돔을 쓰는 게 윤리적이고 안 쓰는 게 비윤리적이다'라고 하죠. 저는 아름다운 차원으로 접근을 안 하고 있고 그런데 인식을 바꾼다는 자체가 어렵잖아요. 저는 콘돔을 쓰는 걸 에이즈 예방, 건강, 파트너 보호 그런 차원에서 이야기 하죠. 말씀하신 '콘돔을 쓰는 것이 아름답다'라는 접근은 생각해 본 적이 없고 지금도 선뜻 떠오르지 않네요. 그냥 '건강한 것이 아름답다' 라는 접근이 되겠죠. 윤리적인 아름다움이지 미학적인 아름다움은 아닌 것 같아요."(알파)

 즉 성 안전의 담론이 기능적이거나 당위적 또는 윤리적 차원으로 구성될 뿐 게이의 정체성과 긴밀하게 연결되어 만들어지지 못하고 있기 때문에 성 안전담론이 게이 각자의 성 행태를 규제하는 효과도 공고하지 못한 것으로 보인다. 즉, 성행위 전반을 아우른 확고한 가치기준이 제시되고 인식되지 못하기 때문에 게이 각자의 개인적 성향이나 성행위 양태에 따라서 콘돔이 수용될 수도 있고 아닐 수도 있게 된다. 과거에는 콘돔사용을 요구하다 거부당한 경험들이 많았지만 이제 콘돔을 사용하지 않아서 거부당한 경험들이 진술되고 있었다. 또 이성애자와 마찬가지로 나이가 많을수록 콘돔에 대한 신념은 희박해지는 것으로 보인다.

 ― "본인의 파트너가 (콘돔을) 싫어한 적은 없나요?"
 "지금 파트너 하고는 애널섹스는 안 해요. 서로 성향이 삽입 당하는 걸 싫어해요. 만약 다른 파트너가 싫다고 한다고 해도 그건 제 결정이고 제가 싫으면 안 하면 되죠."

 ― "그래서 거부당해 보신 적은?"
 "저는 없는 것 같아요. 그런데 다른 사람은 그런 이야기 하더라고요. 콘돔을 사용함으로 인해 거부당하는 경우가 꽤 있더라고요. 그래서 어쩔 수 없이 안 쓰게 되는 경우도 꽤 있어요. 탑인 경우에는 느낌이 없다거나 발기가 안 된다거나 발기 지속력이 떨어진다거나, 보텀인 경우엔 콘돔을 쓰면 아프다거나 그래서 그냥 체외 사정을 하기로 하고 콘돔을 안 쓰기로 한다든가 그런 경우가 있

죠. 또 항상 썼는데 술 취해서 못 쓰는 경우도 있고, 갑자기 필
받아서 안 쓰는 경우도 있고, 이 사람은 깨끗할 것 같은 느낌을
받아서 안 쓰는 경우도 있고. 그런데 하고 나서는 후회해요."

— "콘돔을 사용하는 게 남성답지 못하다, 이런 생각은 없나요?"
"그런 건 없어요. 남성성하고는 전혀 관련짓지 않는 것 같아요.
이런 건 있어요. 하나가 되는데 콘돔이 막을 형성하는 것 같다,
라고 정서적으로 느끼는 경우가 있어요. 서로를 차단하는 막 같이
느끼는 경우…."(알파)

"제가 탑 역할을 하거든요. 섹스하는 동안만큼은 거기에 몰입을 하
고 싶어요. 근데 콘돔을 끼면 몰입이 안 돼요. 근데 요즘 젊은 친
구들은 꼭 콘돔을 껴야한다고 하더라고요. 근데 나는 그게 싫어
요. 나이가 들었고 결혼한 사람들은 그런 거 별로 신경 안 쓰거든
요."(감마)

콘돔을 써야한다는 보편적인 인식이 있음에도 불구하고 감마의 경
우는 콘돔을 사용하지 않는다는 소신파이다. 그는 안전한 성에 대하
여 누구보다 정확하게 알고 있었다.

"콘돔 끼고, 세척하고, 또 충분히 관장하고 … 어느 선까지는 하지
말고 … 우리가 오럴할 때는 보통 콘돔을 안 끼자나요? 근데 오럴
할 때도 콘돔을 껴야 합니다. '안전한 섹스'라는 게 그런 거죠 …
파트너를 제한하는 것도 안전한 섹스라고 생각하죠."(감마)

그럼에도 불구하고 그는 콘돔이 자신의 성 행동에 장애가 된다는
인식을 갖고 있다. 콘돔을 사용하지 않는 대신 그는 에이즈를 감염
시키지 않을 "믿을만한 사람"을 찾는다. 그러나 이러한 '식성' 기준이
안전을 확실하게 담보하는 것은 아니기 때문에 그는 자신이 에이즈

에 걸릴지도 모른다고 걱정하고 있었다. 그러나 '안전할 것처럼 보이는 외양'은 다른 게이들에게는 그다지 사용되지 않는 것처럼 보였다. 콘돔이 안전을 담보한다고 생각하고 실천하게 되면 이와 같이 불확실한 기준은 선호되지 않는 것으로 생각된다. 반면 제타처럼 아예 위험성 높은 항문성교를 하지 않으면서 동시에 콘돔을 사용하지 않는 경우도 있다.

　　"저 같은 경우는 보통 섹스를 목적으로 만나니까 만나기 전에 요구합니다. 상대는 콘돔을 안 끼고 삼각팬티를 입어야 하고 … 그런 식으로 확실하게 나의 입맛에 맞는 조건을 제시하는 거죠 … 전 상대가 콘돔을 사용한다고 하면 거부하죠. 콘돔을 사용하지 않는 대신 안전을 추구하기 위해서 '믿을 만한 사람'을 찾는데 그게 기혼자여야 하고 나이가 어느 정도 있어야 되고 … 나름대로 기준을 그렇게 세우는 거죠."(감마)

　　"전 애널을 안 하니까, 아마 안심하겠죠. 그래서 콘돔을 하려고 하면 정말 100번에 한 번 정도 … 저는 솔직히 제가 싫은 거를 하면서까지 누군가를 만나고 싶지 않은 거예요. 저는 탑이 되는 것도 해봤고 바텀이 되는 것도 해봤는데 둘 다 싫어요. 20대 때에는 욕구를 위해서 섹스했다면 나이가 들면서는 섹스를 느끼는 것 … 좀 달라진 것 같아요. 옛날에는 욕구니까 빨리 사정하고 배출하고 그랬는데 지금은 조금 즐기고 싶다는 생각을 가지고 있어요."(제타)

　동성애자들은 처음 만난 상대방과 성관계를 맺는 경우가 흔하다. 이들이 상대적으로 성 개방적 태도를 지니고 있다고 해도 '분위기 조성'을 위한 최소한의 과정은 필요할 수 있다. 이때 흔히 이용되는 것이 음주인데 음주는 자칫 행동에 대한 통제력을 감소시켜 성 안전 조치의 이행을 어렵게 만들 수도 있다.

— "성관계 이전에 술을 좀 먹는 편이에요? 아니면 술 같은 거 마시지 않고도 충분히 성관계를 할 수 있어요?"

"애인 사이라면 집에서 그냥 있다가 할 수도 있겠죠. 근데 잘 모르는 사람과 성관계를 하게 된다면 바로 모텔로 갈 수는 없잖아요. 같이 밥도 먹고, 술도 먹고⋯ 거의 다 술먹고 하게 되죠."(세타)

성 안전을 위협하는 다른 요소는 성매매의 경우이다. 이성애자의 경우에도 그렇지만 성매매는 통상적인 상황에서는 해결되지 못한 성욕이 보다 전위적이거나 폭력적 방식으로 해소될 가능성이 높기 때문에 이 과정에서 안전하지 못한 성관계가 이루어질 가능성이 높다. 성을 판매한 경험이 있는 델타는 다음과 같이 진술하였다.

— "돈 주고 하는 사람들이 더 거친가요?"

"그런 사람들도 있긴 한데⋯ 거의 그렇죠. 10명 중에 8, 9명⋯ 그리고 콘돔을 쓰는 사람도 있고 아닌 사람도 있고 SM처럼 더티 플레이 하는 사람도 있고, 오줌받아 먹이고⋯ 가기 전에 섹스에 대한 플레이를 맞추고 가요. 돈은 그때 쇼부치죠. 그리고 좋으면 다음에 또 만나고⋯."(델타)

결국 담론의 규제효과가 약하기 때문에 성 안전의 실천은 상대방이 원하지 않더라도 이를 설득하여 사용하게 만드는 개인의 소통의 역량에 좌우된다. 다만 게이 개인이 얼마나 소통역량을 갖추고 있는지는 확실하지 않다. 성 정체성과 성 안전담론이 취약할 경우 감염자는 그것이 자신의 동성애 행위 때문에 비롯된 것으로 자책할 가능성이 크다. 이 점에 대하여 자신이 감염자인 베타는 감염된 동성애자들이 스스로를 낙인찍고 있다고 진단한다.

"그 사람들은 자기가 동성애자이기 때문에 에이즈에 걸렸다 라고 생각하는 거 같애. 나는 동성애자라서 에이즈에 걸린 게 아니라 단지 안전하지 않은, 예방하지 않은 성행위를 했을 뿐이다 라고 생각해. 그렇게 본인들이 낙인을 찍는다고 생각해. 심지어 쉼터에 있던 어떤 분은 이성애자들은 에이즈에 안 걸린다는 거야. 결혼해서 애도 있고, 그런데 저녁먹고 이런저런 얘기를 하는데 이상한 얘기를 하는 거야. 동성애자들이 에이즈에 잘 걸린다, 특히 바텀이 잘 걸린다…그 사람 부인은 남편이 에이즈에 걸린 걸 몰라.”(베타)

결국 성 안전은 그것을 실천할 수 있는 당사자들의 역량 배양(empowerment)이 필요한 문제인데 아직 이 부분이 많이 취약한 것으로 보인다. 콘돔 사용의 필요성은 이제 일반적 규범으로 존재하게 되었지만 그것을 실천할지의 문제는 일차적으로는 본인의 의지의 문제이고 이차적으로는 파트너에게 권유하고 거부할 경우 설득할 수 있는 역량이 있을 때 해결되는 문제이다. 이러한 역량이 전반적으로 취약하다는 것은 그만큼 성 위험이 존재하고 있음을 의미한다.

— “에이즈가 만들어낸 게이사회의 변화가 성적인 삶에 영향을 미친다고 생각하는지?”
“그런 홍보활동이 필요하다고 생각해요. 가끔 위험한 섹스를 하는 사람들이 간간히 보여요. 요즘은 많지는 않은데…찜방 같은 데를 봐도 콘돔을 사용하는 사람들의 비율이 훨씬 많거든요. 근데 아직까지 성감이 떨어지니까 안 쓰려고 하는 사람들이 있는데 그건 바텀들이 적극적으로 나 콘돔 안 하면 ‘안 하겠다’라고 얘기할 수 있어야 된다고 생각하는데, 그런 걸 알려주는 누군가가 있어야 된다고 생각해요.”

— “그렇게 알려만 준다면 바텀이 탑한테 그렇게 말을 할 수 있는 요건은 되나요?”
“그런 얘기를 못할 분위기는 아니에요. 어느 한쪽이 일방적으로 원해서 이루어지는 관계가 아니고 서로가 원해야 섹스가 가능한 것이기 때문에 그런 얘기는 충분히 할 수 있는 분위기라고 봐요."

— "게이 커뮤니티에서 이루어지는 성매매(호빠나 원조교제)에서도 가능할지?"
"가능할 거는 같은데 이 사람이 어떤 마인드를 가지고 있느냐가 중요할 것 같아요. 그 사람이 그런 인식이 확고하다면 얘기하고, 상대방이 싫다고 하면 돈 환불해주면 되는 거거든요 ⋯."(세타)

5. 에이즈와 감염

에이즈가 동성애 사회에 행태변화를 유발한 것은 분명해 보인다.
대부분의 게이들이 여기에 동의하였다. 그런데 게이들이 에이즈만을
위험요인으로 생각한다는 지적이 있었다. 에이즈는 성병의 일종이고
에이즈보다 더 고질적 문제가 되는 성병들이 있는데 이에 대한 인식
은 부족하다는 것이다.

— "에이즈가 게이 커뮤니티에 미친 영향은?"
"콘돔을 좀 많이 쓰게 된 정도 ··· 그게 에이즈 보다 더 무서운 게
매독인데 근데 매독의 중요성은 또 모르는 것 같고 ··· 만성질환보
다 곤지름, 매독 이런 게 솔직히 더 무서운데 ··· 그게 매독은 계속
재발한다고 하더라고요 쉽게 전염시키고 ··· ."(엡실론)

에이즈는 일반인들의 감염자에 대한 차별을 불러왔다. 차별을 피
해 감염자들이 수면 하에 숨게 되자 사회적으로 정작 감염된 사람은
눈에 띄지 않고 차별만이 존재하는 형국이 되었다. 그런데 감염인은
게이사회에서도 드러나지 않는 집단이 되고 있다. 자신의 감염사실
을 알리는 것이 차별을 초래할 수 있기 때문에 감염된 게이들은 감
염사실을 노출하지 않으려 한다.

"한국사회에서 동성애자들이 인정받으려면 동성애자들이 커밍아웃
해야 되거든요. 마찬가지로 감염인이 이해받기 위해서는 감염인이
보여져야 되는데 감염인이 안 보이죠. 그리고 실제적으로 자기 주
변 친구들이 감염인인 경우가 많아요. 그렇지만 자신은 모르는 거
거든요. 감염인이 커밍아웃하면 할수록 어느 정도 논란은 되겠지
만 폭언 같은 게 줄어들겠죠. 그렇다고 감염인에게 요구할 수도

없고, 그건 희생인데 … 그래서 어려운 것 같아요."(알파)

— "자신이 감염인이라는 것을 아는 사람에게 게이라는 것까지 밝
힐 때 어떤 것이 걱정되는지요?"
"사람들이 많이 오해를 할 수 있겠지 … 에이즈는 역시 동성애자들
의 병이야 … 거봐 저 사람도 동성애자잖아. 이렇게 생각하지 않을
까 … 나의 커밍아웃이 그들의 오해를 부추기게 만들지 않을까. 그
래서 처음에는 내가 밝히는 게 깊이 생각해 볼 문제다 … 그쪽에서
물어본다면 모를까 물어보지 않는다면 굳이 얘기할 필요는 없겠다
고 생각이 들지만 최근에는 동성애자라고 밝힌다 한들 뭐 어떤가
… 동성애자가 주범이 아니라는 증거는 얼마든지 얘기할 수 있는
거니까 굳이 숨길 필요는 없지 않나 … 내가 동성애자라는 걸 초기
에는 내가 왜 이럴까 변태아닌가 사전도 찾아보고 그렇게 규정을
지어왔다면 25살 때까지 그런 고민들을 하면서 게이 커뮤니티를
알고 나서 이게 내 진짜 모습이라면 내가 왜 부끄러워해야 하나
… 그런 생각이 들었어. 내가 잘못한 것도 아닌데 부끄러워할
필요가 뭐 있나 …."(베타)

물론 게이와 감염된 게이의 사회적 거리는 일반인과 감염자의 사
회적 거리보다는 가까울 것이다. 게이들이 상대적으로 에이즈에 대
하여 더 잘 알기 때문에 감염자에 대한 태도가 극단적으로 나타나지
는 않을 것이다. 그러나 감염자 본인은 주변에 사실을 노출하는 것
이 도움이 되지 않기 때문에 이를 감추게 되는 것으로 보인다.

— "감염인들이 아웃팅될까 봐 굉장히 두려워하는 것도 좀 과장된
건가요?"
"그렇진 않겠죠. 과장된 건 아니겠죠. 감염인이 술집에 나온다고
해서 '감염인이 왜 나와'라고 하지는 안겠죠. 속으로 수근거릴지는
몰라도 … 근데 문제는 파트너를 만난다거나 혹시라도 성욕 때문에

찜질방에 간다거나 그러니까 못하겠죠. 감염인이 사실을 밝히는 거는 파트너십에서나 굉장히 힘든 일이죠. 또 평판을 중요시 여기는데 그 평판에서도 동성애 커뮤니티에서는 감염된 것 자체가 욕이고 비난이니까 … 에이즈란 병이 사회적인 병이니까요."(알파)

미국의 게이 잡지에는 파트너를 구하는 광고에 자신이 감염자인지 여부를 밝힌다. 감염자가 많고, 감염으로 인한 차별수준이 낮으며, 감염자라도 이전의 생활을 계속 유지할 수 있는 여건이 되기 때문에 자신의 감염여부를 밝히는 데 어려움이 없는 것이다. 반면 한국에서는 감염으로 인한 차별이 심하기 때문에 감염자의 '커밍아웃'이 현실적으로 이루어지기 어렵다. 그렇지만 인터넷 같은 익명의 공간에서는 자신의 감염사실을 알리고 도움을 청하기도 하고 익명의 다수로부터 정서적 지지를 얻는 등 사회적 부조가 이루어지고 있는 것도 사실이다.

"과거에는 공포가 많았는데 요즘에는 에이즈에 대해 바르게 보는 친구들도 많이 생긴 것 같아 … 처음에 인터넷에서는 포비아적인 그런 게 많았는데 이제는 걔가 돌아다니든 말든 내가 예방하면 되는데 무슨 문제가 있냐 … 라고 얘기하는 애들도 있고, 예방만 잘 하면 그 사람이 감염인이건 아니건 무슨 문제냐 … 이렇게 얘기하는 애들도 있고 … 그 비율은 잘 모르겠는데 반반이라고 해야 하나. 넓게 봐서 반반이라고 생각해. 어쨌든 예방이 더 중요하다라는 인식이 더 많은 건 확실해. 그리고 심심찮게 이반 사이트를 통해서 나 감염인인데 힘들다, 이런 글이 올라오기도 하고. 그럼 격려해 주는 사람들이 많지."(베타)

그러나 우리나라에서는 감염자가 숨어 있기 때문에 동성애자들도 감염자를 보기 어렵다. 조사에 응한 표본그룹 중에서도 감염자를 보지 못한 사람이 본 적이 있는 사람보다 더 많았다. 결국 동성애 집단 내부에서 감염자와 비감염자가 접촉하면서 에이즈 감염에 대한 스스로의 낙인을 해소하고 상호 부조할 수 있는 기회가 만들어지지 못하기 때문에 감염에 대한 공포는 계속 지속되는 것으로 생각된다. 이오타의 경우는 에이즈에 대한 과학적 사실들을 공부한 이후에도 감염의 공포를 계속 갖고 있고 따라서 감염인에 대한 접촉을 꺼리는 모습을 잘 보여 준다.

> — "주위에서 혹시 감염된 게이를 본 적이 있거나 쟤 감염인이래 … 이런 소리를 들어본 적 있는지요?"
> "사우나에서 그런 얘기를 할 시간이 없어서 …."
>
> — "혹시 감염인과 좋은 관계로 만나서 섹스할 기회가 있다고 하면 어떨 것 같아요?"
> "안 할 것 같아요 …."
>
> — "에이즈 때문에 자기가 많이 자제하고 있는 게 있다면? 의식도 마찬가지고 … 공부하셨으니까 에이즈는 무서운 병이다 … 이런 것에서 벗어났다거나 …"
> "그래도 여전히 무섭다고 생각해요. 공부하면서 쉽게 전염되는 게 아니고, 약을 먹으면 오래 살 수 있고 … 그런데도 저는 안 걸렸으면 좋겠다는 … 그 생각 때문에 …." (이오타)

6. 소결

성 안전은 두 측면에서 생각할 수 있다. 하나는 개인적 접근으로 각자가 성 위험요인에 대하여 잘 알고 경각심을 가지면서 안전한 성 관계를 실천하는 것이고 다른 하나는 집단적 수준에서 성 정체성을 확고히 하면서 성 안전과 정체성을 일치시키고 성 안전의 실천을 규범화하는 것이다.

지금까지의 분석결과를 보면 동성애자들이 개인적 차원에서의 성 위험에 대한 대응은 어느 정도 이루어지고 있지만 집단적 수준에서의 성 안전은 상당히 미흡한 것으로 평가된다. 개인적 차원에서도 콘돔사용이 보편화되고 있기는 하지만 확실하게 실천하는 것으로 보기에는 미흡하다. 또한 콘돔 이외의 다른 안전조치에 대해서는 잘 모르는 경우들이 많았다. 동성애자들의 성 정체성 인식, 성 안전인식, 성 행태 등에서 안전이 확실하게 담보되기 어려운 측면들이 상당히 존재하며 이것이 성 위험을 구조화시키고 있는 것으로 생각된다. 동성애자의 성 각본과 이성애자의 성 각본이 안전과 위험인식이란 측면에서는 크게 다르지 않은 것처럼 보인다. 동성애자들이 에이즈 위험에 상대적으로 더 민감하고 따라서 더 많은 콘돔사용을 하는 것은 사실이지만 그것이 집단운동의 차원에서 새로운 정체성을 구상하고 실천한다든가 감염인에 대한 자조적 지원체계를 만든다든가 하는 것은 구체적으로 나타나고 있지 않다.

이주노동자의 성 행동과 위험인식 8장

한국사회도 1990년대 이후 점차로 국제화되면서 외국인의 거주가 증가하고 있다. 국내 거주 외국인은 2006년 현재 약 50만 명을 상회하며, 그중 이주노동자는 약 38만 명으로 추산된다. 그런데 이주노동자의 대다수가 인근 아시아 지역출신이고 아시아 지역은 최근 HIV 감염률이 높아지는 추세를 보인다는 점에 주목할 필요가 있다.

동남아 국가들은 아프리카만큼은 아니지만 HIV 감염률이 비교적 높은 국가들이 많다. 〈표 8-1〉을 보면 동남아 국가들의 성인 HIV 감염률은 0.1%~1.4% 정도로 0.1%에 훨씬 못 미치는 한국보다는 HIV 감염률이 높다. 몽골이나 필리핀처럼 HIV 감염률이 낮은 국가도 있지만 타일랜드나 베트남처럼 감염률이 높아 에이즈 관리가 국가의 주요 정책이 되는 국가들이 많다. 이주노동자가 많은 중국 역시 최근에 HIV 감염률이 급격하게 높아지는 국가 중의 하나이다.

그런데 한국에 거주하는 외국인들 중 2001년 이후 매년 50명 이상이 HIV에 새로 감염 보고되어 적지 않은 발생빈도를 보인다. 이주노동자의 경우 대부분 20, 30대의 젊은 사람들이어서 성 행동이 왕성할 시기임에도 안정된 가족관계나 남녀관계를 갖기 어렵고 따라서 성생활이 쉽지 않은 조건에 있기 때문에 HIV를 비롯한 성병에 노출

〈표 8-1〉 동남아 주요 국가의 HIV 감염 현황

HIV감염 현황	중국	필리핀	타일랜드	베트남	몽골	인도네시아
15~49세 HIV 감염률(%)	0.1	<0.1	1.4	0.5	<0.1	0.1
15~49세 감염자 수(명)	65만	12천	56만	25만	<500	17만

자료: UNAIDS. 2006. 2006 Report on the Global AIDS Epidemic

될 가능성이 상대적으로 높을 가능성이 있다. 그런데 이들이 에이즈 문제가 비교적 심각한 지역 출신이란 점이 오히려 에이즈 예방에 긍정적 효과를 미칠 수도 있다. 동남아 국가들은 우리나라보다 에이즈에 대한 홍보교육을 더 광범위하게 진행하고 있기 때문에 에이즈에 대한 낙인과 차별의식이 낮을 수 있고 또 성 안전에 대한 의식도 높을 수 있다.

한국은 에이즈와 관련하여 이주노동자에 대한 규제가 매우 엄격한 나라이다. 이주노동자들은 입국 시 에이즈 음성 확인서를 제출하든가 아니면 입국 이후 곧바로 검진을 받아야 하고 에이즈에 감염되지 않았음을 입증하지 못하면 즉시 출국조치된다. 내국인보다 에이즈 낙인 수준이 낮고 성 안전의식이 높다고 하더라도 이들의 삶 조건이 열악하기 때문에 성 안전 행동을 충실하게 이행하는 것이 어려울 수도 있다. 즉 이주노동자들의 성 안전의식이 어떠한지, 그리고 그들의 노동과 삶의 조건 및 한국사회의 여러 여건이 그들의 성 안전 실천에 어떤 영향을 미치는지를 밝히는 것이 이 장의 목적이다.

여기서 사용된 자료는 한국에이즈퇴치연맹(2006d)이 2006년 11월에 경기도 시흥 안산지역 이주노동자 549명을 대상으로 설문조사하여 얻은 것이다. 표본은 눈덩이 표집방식으로 이루어졌고, 면접설문조사와는 별도로 10명에 대하여 심층면접을 병행하였다. 심층면접은

이주노동자의 생활, 에이즈에 대한 이해, 성 행동 등에 대하여 반구
조화된 설문지침을 갖고 개인당 약 1시간 동안 진행되었다.[1]

　응답자의 특성을 살펴보면 성별은 남자 65.4%, 여자 34.6%였고,
연령은 20대 48.5%, 30대 39.8%, 40대 이상 11.7%로 20대와 30
대가 대부분을 차지하고 있었다. 교육수준은 고졸이 46.4%로 절반
가까이 되었고, 전문대 및 대학졸업이 35.7%로 외국인 근로자들의
학력은 비교적 높은 편이었다. 한국 거주기간은 1년 미만 22.9%, 3
년 미만 44.2%로 나타나 대부분의 응답자들이 3년 미만 거주자였
다. 즉 조사에 응한 외국인 응답자들은 젊고 고학력을 갖춘 남자들
이 주류를 이루었다. 미혼자가 많고 기혼자들의 경우에도 단신으로
한국에 체류하는 경우들이 많았다.

---

[1] 심층면접은 필자의 지도하에 미국대학에서 보건학 석사과정을 이수한
Kiyomi Tsuyuki에 의하여 영어로 진행되었다.

1. 에이즈 지식과 태도

1) 감염경로

에이즈 예방사업에서 HIV 감염경로에 대한 국민들의 지식수준은 핵심적인 관건이 된다. HIV 감염경로에 대한 오해가 감염인을 사회적으로 차별하는 근거가 되기 때문이다. 이주노동자들은 HIV 감염경로에 대하여 비교적 정확하게 알고 있었다. 키스, 변기, 물잔, 주사기, 모기 등에 의하여 감염이 될 수 있는지에 대하여 70%~80%로 비교적 정확하게 응답하였다. 조사대상자 중 일부는 한국에서 '동료교육'이란 형태로 에이즈에 관한 교육을 받았고 그 결과로 지식수준이 높았을 수 있다. 교육을 받지 않은 이주노동자만을 대상으로 할 경우 정답률은 약 10%씩 낮아진다. 그렇지만 이들도 한국인의 2005년 조사결과보다 정답률이 더 높다. 한국인들은 "주사기에 의한 감염"에서만 이주노동자들과 비슷한 수준을 보였다. 이주노동자들은 한국에 입국할 때 이미 한국인보다 상대적으로 높은 수준의 에이즈 지식을 갖고 있었음을 알 수 있다.

이주노동자 관계자들은 이 점에 대하여 자국에서는 에이즈 문제가 심각하기 때문에 대중매체를 통한 에이즈 홍보교육이 활성화되어 있고 주변에서 감염자를 흔히 볼 수 있기 때문에 에이즈에 대한 관심도가 높다고 말한다. 또한 한국에 온 이주노동자들은 비교적 교육수준이 높은 사람들이란 점도 에이즈 지식수준을 높이는 요인이 된다고 한다.

〈표 8-2〉 감염경로 지식 정답률

(%)

감염경로 지식	이주노동자	이주노동자2*	한국인
키스하면 감염될 수 있다	74.2	68.4	48.4
변기를 같이 사용하면 감염될 수 있다	78.2	72.8	61.7
물잔을 같이 사용하면 감염될 수 있다	78.1	72.8	59.5
주사기를 같이 사용하면 감염될 수 있다	89.8	84.6	94.6
모기에 물리면 감염될 수 있다	71.5	58.8	40.9

*이주노동자 표본 중에서 에이즈 교육 미이수자

"나는 태국에서 에이즈에 대하여 처음 알게 되었다. 태국은 에이즈 감염자가 매우 많다. 그래서 태국사람 누구나 어떻게 주의해야 하는지, 그리고 HIV 감염으로부터 자신을 어떻게 보호해야 하는지 알고 있다. 나는 태국에서 에이즈와 콘돔사용에 대하여 2년 과정의 교육을 받았다."(태국 여성).

그렇지만 이들이 갖고 있는 에이즈 지식이 반드시 100% 정확한 것은 아니었다. 다음 사례를 보자.

"중국 노동자들은 에이즈 교육을 받지 않았기 때문에 에이즈에 대하여 잘 모른다. 그들은 30, 40대로 나이가 좀 많고 에이즈 교육을 받은 적이 없어 에이즈가 위험하다는 것을 깨닫지 못하고 있다."(중국 남성)

"몽골인들은 가벼운 키스로는 HIV에 감염되지 않는다는 것을 알고 있다. 그러나 깊은 키스는 HIV를 감염시킬 수 있다고 생각한다.

사람들은 변기에 의한 감염은 잘 모른다. 그러나 변기에 감염자의
피가 묻어 있다면 감염될 수 있다고 생각할 것이다. 감염자와 물
잔을 같이 사용해도 감염되지 않는다는 것을 안다."(몽골 남성)

"중국인들은 매춘부와 콘돔 없이 성관계를 해도 단 한 번만 관계할
때는 성병에 걸릴지는 몰라도 에이즈에 걸리지는 않을 것이라고 생
각한다. 그러나 성관계를 많이 하면 에이즈에 걸릴 것이다."(중국
여성)

이주노동자들의 에이즈 감염경로 지식은 성별, 연령, 혼인상태, 월
수입, 한국체류기간 등 인구학적 변수에 따른 차이가 거의 없었다. 대
체로 이주노동자들의 에이즈에 관한 지식은 '보편적 상식'인 것으로 보
인다.

2) 에이즈의 특성

에이즈는 다른 질병과는 다른 여러 특성이 있다. 무증상 잠복기가
매우 길고, 이 기간 동안 보통 사람과 외모 상으로 다를 바 없으며,
치료제 개발로 면역저하를 억제할 수 있게 되었고, 콘돔사용 등 안
전 성 행동으로 예방이 가능하다. 이러한 에이즈의 특성에 대하여
이주노동자들은 비교적 높은 정답률을 보였다. "건강한 외모를 가진
사람도 에이즈에 감염될 수 있다"는 명제에 80.3%가 정답을 대답했
고, 콘돔 사용을 통한 에이즈 예방에 대해서도 87.6%가 정답을 말
하였다.
반면 치료를 통한 장기적 생존가능성에 대한 이해는 상대적으로
정답률이 낮았다(70.7%). 이것은 에이즈로 인하여 이미 많은 사람들
이 죽었고 현재에도 치료제가 고가이기 때문에 치료제의 원활한 보
급이 더딘 국가적 상황을 반영하는 것으로 추측된다.

〈표 8-3〉에이즈의 특성 이해도

(%)

에이즈의 특성	이주노동자	한국인
건강한 외모를 가진 사람도 HIV에 감염되었을 수 있다	80.3	90.4
에이즈도 잘 치료하면 장기생존이 가능하다	70.7	58.8
성관계 시 콘돔을 항시 사용하면 HIV 감염을 예방할 수 있다	87.6	62.6

"몽골 이주노동자들은 에이즈 치료에 대하여 잘 모른다. HIV에 감염된 사람은 곧 죽게 된다고 생각한다. 일부 사람들은 에이즈에 대한 완전한 치료법이 있다고 생각한다."(몽골 남성)

"우간다에서는 정부가 무상으로 치료약을 공급한다. 그러나 병원의 사들이 약을 가로챈다. 이런 부패 때문에 지역사회에서는 무상치료를 받기 어렵다. 약을 얻으려면 돈을 지불해야만 한다."(우간다 남성)

"일단 에이즈에 걸리면 곧 죽게 될 것이라 생각한다. 치료법이 있는 것은 알지만 완전한 치료법은 아니며 HIV를 죽이지도 못한다. 에이즈는 위험한 병이며 치료약을 발견하기도 어렵다."(베트남 남성)

3) 에이즈 낙인과 차별

에이즈 차별과 관련하여 이주노동자들은 가족 중에 HIV 감염자가 생길 때 그를 돌볼 수 있다는 응답이 86.8%였다. 동네 식품점 주인이 HIV 감염될 경우 이 가게에서 물건을 살 것인가라는 질문에 이주노동자들은 36.4%가 살 것이라고 응답하였다. 이 문항은 에이즈 감

〈표 8-4〉 에이즈 차별

(%)

에이즈 차별	이주노동자	한국인
가족 중 감염자가 생기면 집에서 함께 지내며 돌보아 줄 수 있다	86.8	49.9
식품점 주인이 감염되어도 나는 물건을 구입할 것이다	43.7	-
감염자와 함께 식사할 수 있다	54.3	32.9

염자가 많은 나라에서는 보편적으로 발생하는 문제이기 때문에 질문하였다. 그리고 HIV감염자와 함께 식사를 할 수 있는가하는 질문에 46.6%가 할 수 있다고 응답하였다. 외국인 노동자들에게도 감염된 가족 돌보기와는 달리 가족이 아닌 식품점 주인이나 다른 감염인과의 접촉을 꺼리는 차별적 태도가 상당히 강하게 존재함을 알 수 있다. 그렇지만 이러한 차별의식 수준도 한국인의 경우보다는 양호한 수준이었다. 이주노동자들이 전반적으로 에이즈에 관한 지식이 비교적 높음에도 불구하고 감염자와 같은 자리에 앉거나 하는 식의 친밀한 접촉은 꺼린다는 점이 심층면접 결과에서도 확인되었다. 한국인은 49.9%만이 가족 감염자를 돌볼 수 있다고 응답하였고 식사를 함께 할 수 있다는 응답도 32.9%에 불과하여 이주노동자보다 차별의식이 더 강함을 알 수 있다.

　감염인에 대한 차별의식은 감염이 당사자들의 성 행동의 잘못 때문인 것으로 인식하는 것과 관계가 깊다. 우리의 경우와 마찬가지로 이주 노동자들도 올바른 성 행동과 올바르지 못한 성 행동을 구분하는 경향이 있었고 올바르지 못한 성 행동의 결과로 에이즈에 걸렸으니 감염인들은 의당 자신의 감염에 책임이 있다고 인식하고 있었다.

"나는 에이즈에 걸린 사람들은 자신의 행동 때문에 걸렸다고 생각한다."(태국 여성)

"몽골사람들은 에이즈에 감염된 사람들은 자신의 성 행동이 나빴기 때문에 에이즈에 걸릴 만하다고 생각한다."(몽골 남성)

이러한 태도는 낙인과 차별로 연결되는 것으로 보인다. 그러나 감염문제가 개인의 잘못일지라도 이들을 차별하는 것이 옳지 않다는 인식도 있는 것 같다. 차별하는 사람은 교육을 제대로 받지 못했기 때문이라는 베트남 출신 이주노동자의 생각이 주목된다. 그런데 교육을 받고 감염인 옆에 있는 것이 문제될 것 없다는 합리적인 생각을 한다고 하더라도 이주노동자들은 심정적으로 가까이 하지 않으려 하는 것이 보다 일반적인 모습인 것으로 보인다.

"베트남에서는 (교육을 받지 않았다면) 그는 에이즈에 걸린 사람을 피하고 나쁜 감정을 표출했을 것이다. 그러나 교육을 받았기 때문에 이제는 피하지 않는다. 일상생활에서 전염되는 병이 아니라는 것을 알기 때문에 그들과 함께 살 수 있다는 것을 이해한다."(베트남 남성)

"에이즈 감염자에 대하여 친구나 모르는 타인들의 낙인이 좀 있다. 당신이 감염자라는 것을 그들이 알게 되면 가까이 하지 않으려 한다. 당신을 모르는 사람들이, 예를 들어 당신이 버스에 앉아 있고 어떤 증상이 보이는 것 같으면, 그들은 당신 옆에 오지 않으려 할 것이다. 그러나 당신에게 가까이 다가와 도우려는 사람들도 있다. 요즈음에는 그들도 당신과 함께 살지만 당신과 물건을 공유하지는 않는다. 당신이 나쁜 감정을 느끼지 않도록 당신을 따돌리지는 않는다. 그러나 칫솔이나 수저 같은 것은 따로 쓴다."(우간다 남성)

"중국이나 한국에서 에이즈에 감염된 사람을 알지 못하기 때문에 그들을 어떻게 대할지를 모른다. 중국에서는 에이즈에 감염된 사람이 있으면 대중들은 그가 나쁜 행동을 했을 것이라고 가정한다. 공공장소에서 감염자가 옆에 있다면 접촉을 피하고 무시하고 미워할 것이다."(중국 여성)

"사람들은 보통 에이즈에 걸린 사람과 교분을 나누려 하지 않는다."(태국 남성)

"태국에서는 아직도 에이즈에 걸리면 곧 죽을 것이라 생각하기 때문에 다른 사람에게 자신의 상태에 대하여 말하려 하지 않는다. 감염되었음이 알려지면 그는 사회에서 살기 어렵다. 감염자를 돌보는 기관이 있는데 감염자들은 가족 친구와 떨어져 이 특별 병원에서 머물러야 한다. 따라서 감염상태를 비밀로 해야 한다. 가족한테도 말하면 안 된다."(태국 남성)

  4) 감염인 인지여부

  에이즈에 대한 이해나 태도에 영향을 미치는 주요 변수 중의 하나가 감염인을 알고 있는가의 여부이다. 자신의 주변에서 가까운 사람이 감염되었음을 알게 되면 에이즈에 대한 관심이 상대적으로 많아지고 그 결과 지식수준이 높아지거나 차별적 태도는 감소하는 결과를 가져올 수 있다. 이번 조사결과 이주노동자들 중 감염인을 알고 있는 경우는 18.8%로 한국인의 1.8%에 비하여 매우 높은 수치이다. 에이즈 감염률이 높은 베트남 응답자들은 감염인 인지도가 39.8%에 달하였고 필리핀 응답자들도 23.7%의 비교적 높은 인지도를 갖고 있었다.
  감염인 인지 여부별로 감염경로와 에이즈 특성 문항을 비교해보면 일부 문항에서 예외가 있기는 하지만 전반적으로 인지집단이 비인지

<표 8-5> 민족별 감염인 인지도

(%)

감염인 인지도	조선족	중국	필리핀	태국	베트남	몽골	전체	한국인 (2005)
HIV 감염인을 알고 있다	11.9	25.0	23.7	14.0	39.8	1.0	18.8	1.8

<표 8-6> 감염인 인지별 에이즈 이해도 및 에이즈 차별의식

(%)

	감염인 알고 있음	감염인 알지 못함
키스하면 감염될 수 있다	77.7	74.2
변기를 같이 사용하면 감염될 수 있다	86.4	78.1
물잔을 같이 사용하면 감염될 수 있다	87.4	76.8
주사기를 같이 사용하면 감염될 수 있다	85.4	87.1
모기에 물리면 감염될 수 있다	75.7	75.1
건강한 외모를 가진 사람도 HIV에 감염되었을 수 있다	81.6	77.3
에이즈도 잘 치료하면 장기생존이 가능하다	73.8	67.4
성관계 시 콘돔을 항시 사용하면 HIV 감염을 예방할 수 있다	94.2	85.8
가족 중 감염자가 생기면 집에서 함께 지내며 돌보아 줄 수 있다	94.2	86.3
식품점 주인이 감염되어도 나는 물건을 구입할 것이다	75.7	25.8
감염자와 함께 식사할 수 있다	88.3	34.3

집단보다 지식수준이 높은 것을 알 수 있다. 그런데 감염인 차별과 관련해서는 두 집단 간에 큰 차이가 발견되었다. 감염인 인지집단은 감염된 식품점 주인으로부터 물건을 살 수 있다는 응답이 75.7%, 감염인과 함께 식사를 할 수 있다는 응답이 88.3%이지만 비인지 집단에서는 각각 25.8%, 34.3%의 응답을 보였다. 즉 감염인을 알면 사회적 타자화의 기재가 작동되지 않기 때문에 에이즈 낙인과 차별이 낮은 것으로 생각된다. 한국의 경우에도 2003년 전 국민 에이즈 인식조사 결과를 분석해 보면 감염인을 아는 사람들이 감염인을 모르는 사람보다 차별태도가 낮게 나왔다.

2. 성 행동

1) 파트너십

에이즈 예방과 관련된 위험 성 행동은 성관계 파트너가 고정적인
지, 성관계 시 콘돔착용과 같은 안전한 성행위를 하는지가 핵심적
사안이다. 이주노동자들에게 성관계 파트너의 유형을 질문한 결과
전체 응답자의 과반수(54.1%)가 고정 파트너가 있다고 응답하였다.
고정 파트너가 없는 경우가 30.9%, 성경험 자체가 없는 경우가
15.0%였다. 이주 노동자의 경우 성비가 불균형하고 한국사회의 소
수자로서 존재하기 때문에 성관계 파트너를 고정적으로 구하기가 쉽
지 않다. 이주노동자의 대부분이 20~30대의 젊은 층인데 절반 정도
의 응답자가 고정 파트너가 없거나 성경험이 없다는 점은 이주노동
자의 성문제가 잠재적으로 심각한 문제일 수 있음을 보여준다.

〈표 8-7〉 고정적 성관계 파트너

고정 성 파트너	빈 도	퍼센트
있다	296	54.1
없다	169	30.9
성경험 없다	82	15.0
계	547	100.0

2) 외 도

성경험자만을 대상으로 외도경험 여부를 질문하였다. 여기서 외도
란 복수의 파트너와 성관계를 한 경우를 말한다. 외도경험자는
36.1%였고 대개는 1~3명의 파트너와 성관계를 가진 것으로 나타났
지만 10명 이상의 파트너와 관계를 가진 경우도 9명 있었다.

〈표 8-8〉 최근 1년간 외도경험 횟수

외도경험	빈 도	퍼센트
없다	272	58.5
있다	168	36.1
무응답	25	5.3
1명	79	17.0
2명	44	9.5
3명	24	5.2
4명	3	0.6
5명	5	1.1
6명	2	0.4
7명	1	0.2
9명	1	0.2
10명 이상	9	1.9
계	465	100.0

3) 콘돔 사용

이주노동자들이 부부 또는 애인 사이에서 콘돔을 사용하는 것은
피임목적일 경우가 대부분이었다.

"한국인 남편과 결혼하여 13년간 살았다. 남편과 처음 성관계를 했
을 때에도 콘돔을 사용하지 않았다. 결혼하기 전에 남편은 (성적
인 면에서) 나에게만 충실했던 것 같지는 않다. 내 친구들이나 나
는 오직 남편하고만 성관계를 했다. 우리는 아이를 갖기를 원하지
않기 때문에 콘돔을 사용하는 것은 어렵지 않다. 한국남자들은 항
상 밖에 있기 때문에 나도 남편을 믿지는 않는다. 남편은 술을 많
이 마시고 아마도 다른 여자와 관계를 가졌을 것으로 생각한다.
그에게 콘돔을 쓰자고 요구하는 것은 어렵지 않다."(태국 여성)

"몽골에서 콘돔은 피임목적으로만 가끔 사용한다. 남자친구나 남편
과는 가끔 콘돔을 사용할 뿐이다. 여자가 생리할 때 더럽지 않으
려고 쓰기도 한다."(몽골 여성)

"한국에 있는 중국 교포사회에서 콘돔사용 캠페인에 참여한 적이
있다. 중국인들은 무료콘돔에 별 관심이 없다. 콘돔은 임신방지
목적으로 주로 사용되고, 또 나이 많은 중국인들은 (한 자녀 국가
정책 때문에) 이미 난관절제술을 받았기 때문에 콘돔사용 필요성
을 느끼지 못한다."(중국 여성)

"태국 남자들이 한국에서 여자 친구를 사귈 수 있다. 그녀를 잘 알
기 때문에 아마 콘돔을 잘 사용하지는 않을 것이다. 다른 사람과
관계가 있다면 그들은 콘돔을 사용할 것이다."(태국 남성)

반면 외도의 경우에는 위험을 인지하기 때문에 콘돔을 사용하지만

콘돔사용률이 높은 편은 아니었다. 외도 시 콘돔 '항시 사용'은 36.9%에 불과하였다. 외도 시 콘돔사용을 안한다는 응답도 22.6%나 되었다. 콘돔구입 장소는 약국이 절대적으로 많았고, 11.2%가 '무료 콘돔'을 사용하고 있었다. 콘돔구입과 관련해서 대부분은 별다른 어려움이 없었고, 언어 장애, 돈이 없음, 장소 모름 등을 호소하는 경우가 약 20% 정도되었다.

심층면접 결과에 의하면 이주노동자들에게 콘돔사용에 영향을 미치는 요소는 세 가지였다. 첫째, 자신이 평소에 알고 있던 사람인지의 여부이다. 알던 사람과 성관계할 때는 콘돔을 사용하지 않는다고 한다. 둘째, 콘돔에 대한 인식이다. 콘돔을 임신방지 수단으로 사용하는 것이 보통이고 이성 간에 콘돔을 사용하는 것은 성적으로 타락했다는 이미지를 주게 되어 거부감이 있다는 것이다. 그렇지만 성노동자의 경우처럼 잘 모르는 사람과 관계할 때는 콘돔을 쓰게 된다고 한다. 셋째, 한국의 이미지이다. 이주노동자들에게 한국은 선진국이고 위생적으로 잘 관리되며 에이즈 문제가 없는 나라라는 인식이 강하다고 한다. 그렇기 때문에 일부 이주노동자들은 콘돔사용의 필요성을 크게 느끼지 못하며 매춘 시에도 콘돔을 사용하지 않는다고 한다.

> "내 친구는 한국 (매춘)여성이 에이즈로부터 깨끗하다고 생각하기 때문에 콘돔을 사용하지 않는다. 그는 태국에서는 매춘부들로부터 에이즈 감염을 우려하여 콘돔을 사용했었다."(태국 남성)

> "한국에 있는 중국인들은 에이즈를 자신들의 문제라고 생각하지 않으며 에이즈에 걸릴 위험성도 낮다고 본다. 또 에이즈가 쉽게 걸리는 병이라고 보지도 않는다. 한국은 에이즈 감염률이 낮기 때문에 에이즈에 대해서 심각한 위험을 느끼지 못한다."(중국 남성)

"태국 노동자들은 한국에는 에이즈 문제가 없는 것으로 생각한다. 왜냐하면 한국에서는 에이즈 감염자에 대해 들어본 적이 없기 때문이다. 태국인들은 한국에 오기 전에 에이즈 검사를 받았고 그래서 에이즈로부터 자유롭다. 태국인들은 한국인이나 다른 태국인과 성관계를 해도 위험하지 않다고 생각한다. 한국은 에이즈가 없다고 생각했기 때문에 한국에서 에이즈에 대한 홍보물을 보게 되면 태국인들은 깜짝 놀란다."(태국 여성)

"필리핀 노동자들은 한국에서 에이즈에 감염될 위험이 있다는 것을 알고 있다. 콘돔을 사용하지 않고 성 노동자와 섹스하는 것은 위험하다는 것을 알지만 그들은 당장의 성적 만족을 원한다. 어떤 사람들은 콘돔이 HIV 전파를 예방하지 못한다고 말하기도 한다. 그들은 에이즈와 콘돔에 대하여 교육받지 못한 사람들이다."(필리핀 남성)

중국 노동자들은 에이즈가 아니라 성관계와 성병에 대해서 질문한다. 그들은 성병에 대하여 묻는 것을 부끄러워하며 어떻게 질문해야 할지를 모른다. 성병 증상이 나타나면 성병 감염을 생각하지만 에이즈를 떠올리지는 않는다. 성병이 치료된다는 것을 알기 때문에 심각한 문제로 보지 않는다. (중국 여성)

〈표 8-9〉 외도 시 콘돔사용 여부

외도 시 콘돔사용	빈도	퍼센트
항시 사용	62	36.9
자주 사용	20	11.9
가끔 사용	37	22.0
사용 안함	38	22.6
무응답	11	6.5
계	168	100.0

〈표 8-10〉 콘돔 구입장소

구입장소	빈 도	퍼센트
약 국	158	34.0
편의점/대형할인매장	37	8.0
인터넷 쇼핑	2	0.4
자동판매기	12	2.6
숙박업소	14	3.0
무료콘돔	52	11.2
콘돔구입한 적 없음	162	34.8
무응답	16	3.4
계	465	100.0

〈표 8-11〉 콘돔 구입 시 어려움

어려움	빈 도	퍼센트
장소 모름	24	5.2
돈이 없음	21	4.5
언어 장애	45	9.7
문제없음	195	41.9
기 타	31	6.7
무응답/비해당	149	32.0
계	465	100.0

4) 성매매와 동성애

성경험자 중 성매매 경험자는 28명(8.9%), 남성 동성애 경험자는 8명(2.5%)이었다. 그런데 무응답자가 많아서 이 문항은 통계학적으로 신뢰하기 어려웠다. 실제의 성매매 경험이 이보다 많은 것으로 추측된다. 이들이 한국에서 성매매를 하게 되는 것은 독신으로 살기 때문만이 아니라 성매매를 할 수 있는 경제력이 있기 때문이다. 이들은 본국에서는 성매매 경험이 없는 경우들이 많았다.

> "내 생각에 필리핀 남성의 절반은 부인에게 충실하고 절반은 본국에 있는 부인에게 거짓말을 한다. 필리핀에서는 노동자들의 행동은 정상적이다. 그들은 돈이 없이도 가족에게 만족하며 산다. 반면 한국에서는 돈을 많이 벌고 있고 그들이 원하는 것을 얻거나 성적 만족을 돈 주고 산다. 돈은 좋거나 나쁜 많은 것을 할 수 있게 해 준다."(필리핀 남성)

> "태국에서 남성들은 매춘을 하지 않는다. 그런데 한국에서는 매춘부들에게 쓸 돈을 갖고 있다. … 나는 성매매를 한 사람들을 알고 있다. 이런 일은 매우 흔하다고 생각한다."(태국 여성)

> "한국에 사는 태국 노동자들은 가끔씩 성매매를 하기도 하는데 이것은 본국에서와는 다른 모습이다. 한국에서는 누구나 돈을 벌고자 한다. 그러나 태국에서는 가족이 있고 가족을 돌보아야 한다."(태국 남성)

> "내가 이태원을 걷고 있을 때 매춘부가 다가와서 함께 가자고 말했다. 우간다 남자 중에는 이들과 함께 간 사람들이 분명 있을 것이다."(우간다 남성)

"나는 독신이고 여자 친구도 없다. 나는 태국과 한국에서 매춘부들과 성관계를 한 적이 있다."(태국 남성)

그러나 상반된 의견도 있었다. 중국인의 경우 가족과 동반하여 한국에 오는 경우가 많기 때문에, 그리고 필리핀인은 가톨릭 종교에 충실하기 때문에 한국에서 일탈적 성 행동을 하지 않는다고 진술하였다.

"중국인 노동자들은 남녀 비가 50 : 50이고 대개 30세 이상이며 결혼하였다. 나처럼 혼자 오는 경우에는 친구나 매춘녀와 성관계를 하기도 한다. 대부분의 경우에는 결혼하여 부부가 함께 한국에서 산다."(중국 남성)

"나는 섹스에 관심이 없다. 나는 오로지 나의 일과 미래와 건강에만 관심을 쓴다. 나는 한국에서 외로웠지만 교회활동에 심취했다. 교회는 나를 도와준다. 만일 당신이 '수족관'²⁾ 같은 곳에 가게 되면 누군가 당신이 한 짓을 교회에 말할 것이고 그들은 당신이 다시는 그런 짓을 하지 말도록 제재할 것이다. 만일 당신이 계속 그런 짓을 하게 되면 그들은 당신을 교회에서 쫓아낼 것이다."(필리핀 남성)

심층면접 결과에 의하면 동남아 출신 이주노동자들, 특히 20~30대의 젊은 남성들은 외롭기 때문에, 그리고 그들에게 외국인인 한국 성노동자들과의 섹스를 재미삼아 즐기려는 풍조가 있다고 한다.

○○ 등 지방도시에서의 성매매는 이들에게조차 그 비용이 비싸다고 인식되지 않을 정도라고 한다. 이들은 한국인과 마찬가지로 친

---

2) 집창촌에서 대형 유리창 안쪽에 매춘부들이 서 있는 모습을 흔히 볼 수 있는데 이주노동자들은 이 모습을 보고 '수족관'이라고 부른다.

구, 동료들과 회식하거나 노래방에서 음주한 후 2차로 성매매 업소에 가게 된다. 이들이 성매매하는 것은 외로움도 작용하지만 쉽게 매춘할 수 있는 한국식 음주문화의 영향이 큰 것으로 생각된다.

"내 생각에 한국에 있는 필리핀 남성의 70%는 매춘부와 관계를 했을 것이다. 매춘부들이 비싸지 않다. 그들에게 3만 원만 주면 된다. 우리 봉급이 한 달에 1백만 원이다. 매우 많은 돈이다. 필리핀 돈으로 5만 페소인데 보통 필리핀에서는 4천 페소를 받는다. 한국에서는 매춘부를 얻기가 쉽지만 필리핀에서는 많은 사람들이 직업이 없고 따라서 매춘부들은 매우 비싸다. 월급이 4천 페소인데 매춘부들은 5천 페소를 받는다. 사람들이 성매매 할 여력이 없다."(필리핀 남성)

"외국 여성을 느껴보는 것은 즐거움이라고 생각한다."(태국 남성)

"사람들이 함께 술을 먹으면 매춘부에게 간다. 매춘부가 술집에 있기 때문에 성매매를 하게 된다."(중국 남성)

"내 친구는 술 먹은 다음에 혼자서 매춘부에게 갔다."(베트남 남성)

"많은 중국인들이 불법체류하고 있다. 그래서 스트레스가 많다. 그들은 술집이나 가라오케 같은 곳에 가서 주인에게 매춘부를 불러달라고 요구한다. 나는 매춘부와의 성관계가 불법적인 행동이라고 생각하지 않는다."(중국 남성)

"○○역 앞에서 매춘부를 쉽게 발견할 수 있다. 모든 이주노동자들이 그 장소를 알고 있다. 그들은 매춘부들에게 5만 원을 준다. 매춘부에게 갔던 내 친구는 결혼했고 부인은 태국에 있다."(태국 남성)

성매매 시 대개의 경우는 콘돔을 사용하지만 일부는 콘돔사용을 안 하는 경우도 있다고 한다. 문제는 술을 마신 후에 성매매하는 경우가 많고 취한 상태에서 콘돔사용을 하지 않게 되는 경우들이 있다는 점이다.

"태국남자들이 매춘부와 관계할 때는 콘돔을 항시 사용한다고 생각한다. 그런데 한국 사람과 관계할 때에는 가끔씩 사용하는 것 같다."(태국 여성)

"모임이 있어 술을 먹게 되면 여자친구가 없다는 생각을 하게 된다. 그러면 매춘부를 찾게 된다. 그러나 제 정신이 돌아와서 공장에서 일할 때면 콘돔도 없이 매춘부와 성관계한 것이 매우 위험하다는 생각이 든다. 술 때문에 콘돔을 사용하지 못한다. 그러나 술이 없으면 콘돔을 사용한다."(태국 남성)

그리고 심층면접에 참여했던 응답자들은 동성애에 대해서는 들어보지 못했다고 응답하였다. 그러나 이번 조사결과 특정 인구집단에서 비교적 높은 동성애 경험자가 나타났기 때문에 이점에 대해서는 추가적 연구가 필요할 것으로 생각된다.

3. 에이즈 감염인

　이주 노동자들 중에도 에이즈 감염자가 있다. 이들은 한국인의 경우와 마찬가지로 주변에 사실을 숨기면서 살아가는 것이 보통이다. 감염사실이 알려지면 출국조치를 당할 수 있고 자신의 민족 공동체에서 소외될 수도 있기 때문이다. 각 민족공동체에서는 누가 에이즈에 감염되었는가를 밝혀내려는 경향이 있다. 혹시 성관계를 맺은 자신도 감염되지 않았을까 하는 우려가 작용하는 것으로 보인다.

　"5, 6월경에 몽골 대학생이 에이즈에 감염되었다. 그는 7명의 여자와 잠을 잤다고 했다. 그래서 사람들은 그 7명이 누군지 알고자 했다. 5명은 학교에서 왔지만 다른 2명은 누군지 몰랐다. 보통 사람들은 누가 감염되었고 그 섹스 파트너는 누구인지 알고 싶어 한다. 감염된 사람과 잠을 잤으면 자동으로 에이즈에 걸린다고 생각한다."(몽골 남성)

　"대부분의 중국 노동자들은 공동체에 누군가 HIV 양성임이 알려지면 경악을 한다. 그리고 그 사람과 관계한 사람들의 네트워크를 따져보면서 또 다른 감염자를 찾아내려 한다."(중국 여성)

　"작년에 나는 임신해서 병원에 갔는데 에이즈에 감염되었음을 알게 되었다. 나는 아이가 감염되기를 원치 않았기 때문에 낙태시키려고 약을 먹었다…남편과 10살짜리 남자아이는 감염되지 않았다. 나는 이 사실을 누구에게도 말하지 않을 것이다. 태국인 공동체에서는 사람들이 감염자의 성관계를 주시한다. 내가 양성이라고 말하면 친구도 잃을 것이다. 그들은 이해하지 못한다."(태국 여성)

　이주노동자 공동체는 규모가 작다. 그리고 그들 사이에는 성관계를 맺는 경우가 적지 않은 것 같다. 이런 상황에서 에이즈 감염자가 있다는 소문이 돌면 자신도 감염되지 않았을까 우려하게 되고 따라서 누가 감염자인지를 색출하려고 시도하게 되는 것으로 보인다. 따라서 에이즈 공포는 보다 현실적이고 구체적인 형태로 존재하게 된다. 그러다보니 감염자들은 주위로부터 정서적 도움을 얻기가 힘들어진다. 그들은 본국이 아닌 한국에 있기 때문에 애당초 가족이나 친구의 도움을 얻기가 어렵다. 이런 상황에서 주위의 감시에 노출되다보면 도움을 얻는 것은 매우 어려울 수밖에 없다. 이주 노동자를 도와주는 한국종교계 관계자들이 이들에게 도움을 주기도 한다.

> "한국에 있는 몽골사람들은 가족이나 친구가 없어서 HIV 양성일 때 다른 사람 도움을 얻기가 어렵다. 몽골에서 감염되었다면 그는 감염사실을 가족에게 알리지 않을 것이다. 가능한 한 숨기려 하는데 가족들이 집에 머물지 못하게 하기 때문이다. 그래서 두려워한다. 의사들만 감염사실을 알지만 그들은 별다른 도움을 주지 못한다. 가족들은 에이즈에 감염될까 두려워서가 아니라 수치스러워서 감염자를 내치려고 한다."(몽골 남성)

> "한국에 복음교회가 있는데 이들이 에이즈 교육도 시키고 정보교환도 하고 콘돔 배부도 한다. 에이즈 감염자가 있으면 그 비밀을 철저히 지켜준다. 그들은 비밀을 지키면서 태도, 예방, 행동에 대해서 말을 한다. 또 치료에 대해서도 알려주고 어디에서 에이즈 서비스를 받을 수 있는지도 알려준다."(태국 여성)

 지금까지의 분석결과를 종합하면 이주노동자들은 한국인보다는 에이즈 지식수준은 높고 차별의식은 낮았다. 그러나 이주 노동자들도 절대적 수준에서는 상당히 높은 차별의식을 갖고 있었다. 특히 이들이 좁은 민족공동체를 구성하고 있고 서로 성적으로 접촉하는 경우가 많은데 이런 상황에서 에이즈 감염자가 발생할 경우 자신의 감염을 우려하여 그가 누군지를 색출해내는 관행이 있다고 한다. 이것은 에이즈에 대한 공포와 감염인에 대한 차별이 적지 않게 존재함을 역설적으로 보여주는 것이다. 또한 이들 사이에 안전하지 못한 성관계가 상당히 진행되고 있음을 말해 준다.

이들의 위험 성 행동은 에이즈 지식이나 차별의식과의 관련성이 낮은 것으로 생각된다. 위험 성 행동은 다수의 이주노동자가 독신이라는 조건에서 우선적으로 비롯된다. 낯선 이국에서 불법체류의 스트레스와 험한 노동조건을 견뎌야하고 독신의 외로움까지 더해지면 성매매와 같은 위험 성 행동도 감수하는 것으로 보인다(Lee, 2007).

그런데 위험 성 행동에 이르게 되는 과정에는 한국의 음주문화가 큰 영향을 미치는 것으로 나타났다. 한국인들처럼 이들도 술을 먹은 후 2차로 성매매하는 관행이 만들어져 있음을 보인다. 또한 이들이 쉽게 성매매할 수 있는 여건이 존재하는 것도 중요한 유인조건이 된다. 이들이 본국에서는 사회적으로나 경제적으로 성매매하기는 쉽지 않은 것 같다. 그러나 이주노동자로서 한국에 살면서 성매매를 쉽게 접하게 된 것으로 보인다. 또한 동시에 한국을 선진국으로 생각하면서 에이즈의 위험을 낮게 평가하여 콘돔을 사용하지 않거나 또는 음주 후에 성매매를 하여 콘돔사용에 대한 자기 통제력을 발휘하지 못하게 되는 점도 성 위험을 높이는 것으로 보인다.

에이즈 인식과 대응의 변화 9장

  에이즈 정책의 기초는 에이즈라는 질병의 성격과 그에 대한 인식이라고 볼 수 있다. 서구사회에서도 에이즈 발생 초기에는 치명력이 높은 새로운 유행병이라는 점과 치료제가 개발되어 있지 않다는 점 때문에 공중보건학적 접근을 시도했고 에이즈에 대한 대중적 공포도 컸다. 그런데 에이즈가 만성질환처럼 그 성격이 변화했고, 치료제가 개발되면서 에이즈 정책도 만성질환관리에 준하여 이루어지게 되었다. 사전예방을 위한 홍보와 교육이 강조되었고, 장기적인 투약과 정신적 스트레스에 대한 상담 및 사회서비스 제공을 하게 되었다. 이러한 정책변화는 에이즈가 처음 발생된 이후 10년이 경과하면서 이루어졌다.

  그런데 한국의 경우에는 정책변화의 속도가 매우 느리다. 1985년에 첫 HIV 감염자가 발생하면서 시작된 에이즈 정책은 방역과 치료에 초점을 둔 전형적인 의학적·공중보건학적 모형에 근거를 둔 것이었고, 약간의 변화가 있었지만 지금까지 그 기본 틀이 유지되고 있다. 에이즈의 질병 특성이 변화했음에도 불구하고 한국에서는 왜 에이즈 정책의 근간은 바뀌지 않고 있는가?

  여기에는 두 가지 요인이 작용하는 것으로 보인다. 하나는 에이즈라는 질병에 대한 인식, 즉 에이즈 공포가 그다지 완화되지 않았다는 점이다. 둘째는 인식의 변화를 추동할 다른 요인들이 부재하다는 점이다. 당사자인 게이나 감염인들의 조직적 저항도 없었고, 장기요양의 필요성을 인식하고 이 문제에 접근한 정치가들이나 정책그룹도 없었다. 그 결과 한국에서의 에이즈는 암이나 당뇨와 같은 만성질환이 아닌 '3군 전염병'이란 모호한 위치를 갖게 되었고 전염병에 준한 정책관리는 지속되고 있다.

1. 질병 패러다임과 인권 패러다임

1) 정상 질병으로서의 에이즈

이제 세계 보건학계에서는 에이즈를 더 이상 바이러스의 문제로만 생각하지 않는다. 로젠스톡(Rosenstock, 2000) 등은 서구사회에서 에이즈가 초기의 괴질 이미지에서 벗어나 보통의 질병으로 '정상화'(*normalization*) 되고 있다고 주장한다. 에이즈는 칵테일 요법 같은 효과적인 치료법이 개발되면서 생존기간이 연장되었고, 질병 역학구조가 규명되면서 성 접촉을 하지 않는 한 타인을 감염시킬 우려가 없다는 것이 밝혀지면서 만성질환으로 그 성격이 변화하고 있기 때문에 이를 감염성 질환으로 간주하여 집중적인 감시와 관리를 해야 할 이유가 사라졌다는 것이다. 질병의 성격이 변화했음에도 불구하고 HIV 감염이 계속 증가하고 인류의 건강을 위협하는 가장 중대한 보건문제의 하나가 되는 것은 바이러스 때문이 아니라 사회환경 때문이라는 것이다. 여기에는 성이라는 사회문화적 조건과 빈곤과 같은 사회경제적 조건이 중요하게 작용한다.

에이즈는 여러 감염경로가 있지만 성 접촉에 의한 감염이 핵심적 요인이다. 문제는 성관계 파트너 사이의 사회적 관계의 구조에 따라 성행위의 구체적 양태가 달라질 수 있고 콘돔 거부와 같은 위험 성행동 감수여부도 달라질 수 있다는 점이다. 성 해방이 되었더라도 파트너 사이의 헌신성이 유지되면서 연쇄형 일부일처제의 형태로 성관계가 구조화된다면 외도율도 낮고 결과적으로 에이즈 감염의 기회도 높지 않을 수 있다. 반면 성 해방이 평생 반려자로 생활하는 일부일처제의 근간을 무너뜨리지 않으면서도 외도를 광범위하게 허용하는 형태로 발전할 경우에는 상대적으로 에이즈 감염의 위험은 높아질 수 있다. 일부일처의 개념 자체가 희박한 상태로 우연적 성관계가 만연하게 된다면 감염의 위험은 매우 높아질 것이다.

　파트너 관계의 기본 구조와 함께 파트너 사이에 권력관계가 얼마나 평등한가에 따라 성 위험의 정도도 달라질 것이다. 여성의 지위가 낮은 사회에서는 콘돔 사용과 같은 안전한 성행위를 수행하기가 어려운 것이 일반적 현상이다. 따라서 에이즈 정책이 감염위험을 개인들의 속성으로만 한정하고 사회관계적 요인을 고려하지 않을 때에는 효과가 낮을 수밖에 없게 된다.

　또한 에이즈 감염은 사회경제적 조건과 상관성이 높다. 아프리카 지역에 에이즈 감염률이 높은 이유 중 하나는 이주노동자가 많고 이들이 매춘에 쉽게 노출된다는 점이다. 또한 장거리 운행을 하는 트럭 운전기사들 사이에 감염률이 높은 것도 특징적인 현상이다. 아프리카 사회가 전반적으로 빈곤하고, 여성의 사회적 지위가 낮으며, 10대의 소녀들이 학교에 가는 대신 가족부양의 책임을 지고 매춘에 나서도록 사회적 압력이 가해지는 점도 에이즈 감염을 지속적으로 높이는 중요한 토대가 된다. 동남아에서도 태국과 베트남 등 저개발국에서 에이즈 감염률이 높은 점도 사회경제적 조건의 영향을 짐작하게 한다.

　이러한 점 때문에 세계 보건전문가들은 최근 에이즈 문제의 접근 방식을 재고하기 시작하였다. 유엔(UN)은 에이즈 확산이 사회적 요인에 의하여 이루어지는 것이기 때문에 의료정책보다는 사회정책으로 접근하도록 권고한다. 2001년 유엔은 에이즈 특별총회를 개최하고 에이즈 문제에 대응하기 위해 각 국가가 고려해야 될 새로운 권고문을 작성하였다(UN, 2001). 그 내용을 요약하면 다음과 같다.

　(1) 에이즈가 지속적으로 확산되는 것은 빈곤과 무지 및 남녀 불평등 때문이다. 따라서 에이즈 퇴치를 위해서는 빈곤퇴치, 교육기회 보장, 남녀평등 정책이 기존 의학적 접근법과 함께 실시되어야 한다.

(2) 에이즈에 대한 낙인과 차별 및 비밀보장의 부재가 예방과 치료를 어렵게 만들기 때문에 차별완화 및 비밀보호 정책이 강화되어야 한다.

(3) 의학적 치료는 물론 신체적, 정신적, 사회적, 영적인 차원의 서비스가 포괄적으로 제공되어야 한다.

(4) 감염위험이 높은 청소년과 여성에 대한 지위 향상, 불평등 개선, 교육기회 제공, (성)폭력으로부터의 보호, 기술교육 기회 제공 등이 이루어져야 한다.

(5) 노동력이 있는 감염인이 차별받지 않고 일할 수 있도록 만들어야 한다.

(6) 정치지도자의 리더십이 중요하고 지역사회 협력체계를 구축해야 한다.

(7) 각 국가는 2003년까지 에이즈 대응전략을 수립하고 예산계획을 작성해야 한다.

2002년 바르셀로나에서 개최되었던 14차 국제 에이즈 총회도 에이즈 정책 패러다임에서 중요한 전환점이었다. 이전까지 국제 에이즈 총회는 의학적 치료에 대한 논의가 주요 관심사였고 여타의 정책과제는 뒷전에 밀려 있었다. 그러나 바르셀로나 총회에서는 '과학과 행동'(*science and action*)을 주제로 하여 과학(의학)과 함께 문화, 행동, 정책의 과제를 전면에 부각시켰다. 즉 에이즈를 더 이상 바이러스에 한정시켜 바라보지 말고 사회문화적 요인들에 의하여 구성된 질병으로 바라볼 것을 권고하였다. 에이즈가 만일 바이러스만의 문제라면 그 바이러스의 전파경로를 대중들에게 교육하여 위험행위를 하지 않도록 하는 것만으로도 감염을 감소시키는 효과를 기대할 수 있을 것이지만 현실은 이러한 예방교육이나 성교육만으로는 에이즈 확산을 방지하기 어렵다는 것이 분명해졌다. 또한 강제력을 동원해서 검역과 검사를 실시한다 해도 에이즈를 통제하기 어려우며, 치료제나 백신을 개발한다고 하여도 이것이 곧바로 에이즈 역병의 종말을 가져오지는 않는다는 사실도 분명해졌다(Brandt, 1996).

에이즈는 사회문화적 영향 하에서 만들어진 인식과 행동에 의하여 감염이 발생한다는 점에서 사회적 성격이 두드러지게 나타나는 질병이기 때문에 에이즈 정책 또한 이 점을 충분히 고려하여 만들어질 필요가 있고 이 점을 제대로 고려하지 않은 채 공중보건 또는 의학적 접근만을 추구하면 에이즈 확산방지가 어렵다는 점을 국제적으로 천명한 것이다. 이러한 국제적 차원에서의 에이즈에 대한 새로운 인식은 결국 에이즈는 사회적 성격이 강하기 때문에 그에 대한 대응도 사회정책적 접근이 필요하다는 것이다.

2) 질병과 인권

그런데 에이즈의 사회적 성격은 이미 1980년대 후반부터 알려지기 시작하였다. 여기에는 조너선 만(Jonathan Mann)의 역할이 컸다. 만(Mann)은 미국에서 의대를 졸업하고 질병통제센터(CDC)에서 역학조사 업무를 수행하다가 1980년대 중반에 아프리카 자이레(Zaire)에 파견되어 에이즈 연구를 수행하였다. 당시는 에이즈가 미국과 서구 사회에 국한된 질병으로 생각하였고 또 아직 치료제도 개발되지 않았던 시절이었다. 그러나 그는 자신의 연구를 바탕으로 아프리카 지역이 에이즈 역병의 위기에 직면해 있으며, 또 이것이 단순한 질병이 아니라 빈곤과 억압, 도시 이주와 사회적 폭력에 의하여 확산되고 있음을 간파하였다. 그는 아프리카에서의 연구경험을 바탕으로 에이즈가 급속하게 확산될 위험성을 역설하면서 동시에 통제가능성도 주장하였다.

서구인들이 에이즈를 동성애자들의 질병으로 생각하며 확산가능성을 낮게 보던 시절에 그는 이성간 성 접촉을 통하여 에이즈가 빠르게 확산될 수 있는 위험이 있다고 주장하였다. 또한 에이즈는 사회적 성격을 갖는 질병이기 때문에 빈곤과 차별 등을 완화시키고 감염자들의 인권을 보호함으로써 확산을 억제할 수 있다고 주장하였다. 더불어 국가 간 이동이 많은 현실에서 에이즈 전파방지는 어느 한 국가의 문제만이 아니고 세계 각국이 협력하여 대처해야 한다고 주장하였다(Fee and Parry, 2008; Ligon-Borden, 2003; Gensheimer, 2003).

〈그림 9-1〉 아프리카 지역의 HIV 감염 추이

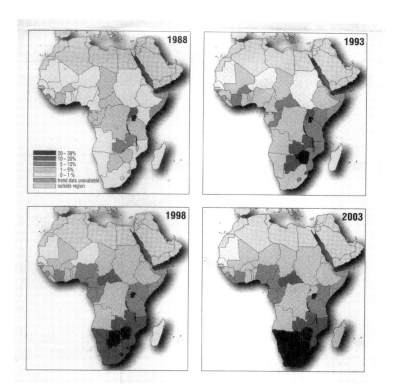

자료: UNAIDS. 2004 Report on the Global AIDS Epidemic.

만은 정열적이고 리더십이 강한 사람이었다. 그는 1986년에 당시 세계보건기구 사무총장이던 말러(H. Mahler)를 만나서 에이즈가 빈곤과 억압 및 폭력에 근거를 두고 확산되는 질병임을 설득하였다. 그에게 설득당한 밀러는 WHO 산하에 'Global AIDS Program'을 만들어서 만을 책임자로 임명하였다. 즉 국제적인 에이즈 대응기구가 만들어진 것이다. 만은 한편으로는 국제적인 자선단체와 기업을 상대로 성공적인 기금모금을 하였고, 다른 한편으로는 각국 정부 및 NGO 그룹들을 에이즈 예방에 합류하도록 만들었다. 동성애자, 성노동자, 여성과 어린이들의 인권을 보호하는 것이 에이즈 예방의 근간이고 NGO들이 이러한 활동에 적합할 것으로 생각하였다.

이러한 만(Mann)의 생각은 감염자들에 대한 감시와 규제를 당연시하던 당시 각국의 정치지도자들의 행태와는 완전히 대립적인 것이었다. 그래서 그는 150개국 보건부 장관들을 런던에 모아서 감시와 규제 중심의 에이즈 정책을 콘돔 착용과 인권보호를 강조하는 합리적 보건정책으로 전환하도록 촉구하였다.

이러한 활동이 부분적으로 성공하기도 하였지만 그에 대한 견제와 비판도 만만치 않았다. 그가 채택했던 방식들은 전통적인 보건정책과는 상당히 달랐다. 인권에 대한 강조나 NGO를 정책 파트너로 삼는 것은 대단한 파격이었고 보건관료들이 쉽게 수용하기 어려운 것이기도 했다.

말러의 뒤를 이어 WHO 사무총장에 취임한 히로시 나카지마(Hiroshi Nakajima)와의 대립은 이러한 갈등을 보여주는 상징적 사건이었다. 나카지마 역시 의사 출신이었는데 그는 '정통적인' 공중보건의 관점을 갖고 있었다. 그는 에이즈보다 결핵이나 말라리아가 더 중요한 보건문제라고 생각했고 에이즈에 많은 자원이 투입되는 것을 반대했다. 에이즈는 기하급수적으로 증가하는 질병이었고 말라리아는 그렇지 않았지만 나카지마는 보다 '유명한'(popular) 질병에 대한 투자를 선호했다. 이것은 동성애와 콘돔보급 사업에 대한 거부감을 갖고 있는 세계 가톨릭교회, 에이즈를 아프리카에서 기원한 것으로 호도하는 서구인들에 대한 아프리카 국가들의 반발, 시민사회단체를 정책 파트너로 삼는 것에 대한 일부 국가들의 반발 등을 정치적으로 고려한 결과이기도 하였다.

만(Mann)은 나카지마의 견제를 견디지 못하고 '글로벌 AIDS 프로그램'의 책임자 직을 사임하였다. 그러나 그는 이후 하버드 대학 교수로 부임하여 '질병과 인권' 프로그램을 개설하였고 이를 바탕으로 에이즈와 관련한 국제적 인권운동을 전개하였다. 그는 에이즈 취약성의 성격과 근본원인에 대한 이해를 촉구하였다. 에이즈는 여러 경로로 각국에 유입되지만 어떤 원인으로 유입되던 간에 하나의 공통적인 속성을 갖게 된다고 주장하였다. 즉, 에이즈는 그것이 발생하기 이전에 이미 주변화되고 낙인찍히고, 차별받던 사람들이 가장 큰 위험에 처하게 된다는 것이다. 따라서 성 파트너 수를 줄이는 것과 같은 예방책들은 에이즈를 확산시키는 사회구조적 맥락을 무시하고 개인의 행동만을 문제삼기 때문에 실패할 수밖에 없다고 주장하였다. 따라서 에이즈 예방에 인권의 요소를 부가시키는 것이 또 다른 어려움을 초래할 수도 있지만 에이즈 확산을 근본적으로 감소시킬 수 있는 방책임을 주장하였다(Mann, 1999). 만의 노력은 서서히 새로운 패러다임으로 정착되었고 이제 국제사회에서 에이즈와 관련한 언급을 할 때 인권보호에 대한 고려는 당연한 일이 되었다.

만이 제시한 에이즈 예방책은 전형적인 '아래에서 위로'(bottom-up approach)의 접근법이었다. 주변화되고 차별받던 당사자들을 각성시키고, 이들을 조직화하고 지지세력과 연대시키며, 이들의 일상생활에서의 대응역량을 강화하는 '권리 중심적'(right-based) 접근법이었다. 이것은 에이즈를 단순히 바이러스 감염에 의한 질병의 문제로 보지 않고 그것이 전파되게 만드는 사회문화적 구조의 개혁을 지향하는

358

것이었다. 따라서 만의 방법론은 선별검사나 방역 및 치료제 개발에
치중하던 전통적 공중보건 방법론과는 크게 대비되었다.

이후 세계적 수준에서 에이즈에 대한 대응은 이 두 가지 방법론이
서로 교차하면서 발전하여 왔다. 에이즈 검사 및 치료과정에서의 인
권보호의 원칙이 만들어졌고, 또한 국내적으로나 국가 간에 동성애
자와 성 노동자들의 연대조직이 만들어지면서 에이즈 예방활동에 중
요한 한 주체가 되었다. 치료제 접근권은 세계적 이슈이고 접근권
확보를 위한 활동가 그룹들은 전 세계적 연대를 구축하고 있다(Smith
and Siplon, 2006).

또한 성 노동자 연대의 경우에도 우리 사회에서는 매우 낯선 조직
이지만 전 세계 각 지역별로 연대가 구축되어 있다. 특히 '아시아 태
평양 성 노동자 연대'(APNSW: Asia Pacific Network of Sex Workers)는
2008년에 캐나다 에이즈법률 네트워크(Canadian HIV/AIDS Legal
Network)가 제정한 에이즈 인권상을 수상하였다. 1) 이 조직은 1994
년 이래 아시아 각국의 성 노동자들이 에이즈 예방 프로그램에 참여
하도록 돕고, 각종의 정책 및 교육포럼에 참여하며, 비정부기구와
정부 당국 및 에이즈 활동가들 간의 대화를 이끄는 활동을 전개하였
다. 이들은 성 노동을 불법화, 범죄화하는 시도에 저항하였으며, 젠
더에 기반한 폭력에 도전하고, 성 노동자를 위한 보건의료서비스 접
근권 확보에 주력하였다. 즉 성 노동자에 대한 낙인과 사회적 배제
및 법적인 주변화는 인권에 위배되는 것이며 동시에 HIV 감염의 위
험을 높이게 된다고 주장한다.

물론 아직도 많은 나라에서 동성애자나 성 노동자에 대한 차별이
존재하고 정부당국이 이들과 적극적으로 협력하는 체계를 만들지 않
고 있지만 이러한 연대조직들이 결성되어 활동할 수 있는 공간을 만

---

1) http://hrw. org/english/docs/2008/07/31/cambod19520_txt. htm

들어 주는 데 있어서 권리중심 접근법이 중요한 역할을 수행하였다.

미국의 시사주간지 *Newsweek*(2006)는 에이즈 발생 25주년을 회고하는 기사에서 에이즈는 미국 사회에 최악의 위험으로 다가왔고 2차대전부터 이라크 전쟁까지의 모든 전사자들보다 더 많은 사망자를 냈고, 집단 간 갈등을 빚기도 하였지만 결국에는 국가를 변화시켰고 "최선의 결과"를 냈다고 평가하였다.

에이즈와 에이즈 인권운동과 의식제고 활동들이 없었다면 오늘날 게이의 결혼이 사회적으로 논쟁거리가 되지도 못하였을 것이고, 게이 변호사가 주인공인 'Will & Grace'[2]가 방송 전파를 타지도 못했을 것이며, 두 명의 게이 남성들의 로맨스를 다룬 영화 'Brokeback Mountain'이 인기를 끌지도 못했을 것이며, 과학자들이 항바이러스 약품을 개발하지도 않았을 것이라고 주장하였다. 에이즈가 인권 문제를 촉발하였고 긴 갈등기를 거쳐 이를 극복한 이후에 미국사회는 사람들 사이의 차이에 대해 관용하고 이해할 수 있는 역량을 배양할 수 있었던 것이다. 그러나 이러한 갈등을 이슈화하고 극복할만한 역량이 없는 사회에서는 에이즈는 지속적으로 사회적 고통으로 남아 있게 된다.

3) 에이즈 검사 논쟁

지금까지의 논의를 요약하면 에이즈 예방에서 공중보건을 중시하는 질병 중심적 접근과 인권보호를 중시하는 권리중심적 접근이 각축을 벌이는 양상이라고 할 수 있다. 최근 에이즈 검사를 둘러싸고 양측 간에 지속적인 논쟁이 전개되고 있다. 1980년대에 세계 각국은

---

2) 미국 NBC 방송의 시트콤으로 1998년부터 2006년까지 방송되었고 에미상을 수상하였다. 게이 변호사인 Will Truman과 스트레이트 친구인 Grace Adler가 주인공으로 나왔다.

에이즈 검사를 통하여 감염자를 가려내는 것이 중요한 정책과제였다. 에이즈 확산에 대한 우려가 높았던 상황에서 감염의 확산방지, 즉 감염자를 가려내고 규제하기 위한 목적에서 강제검진(*mandatory testing*)이 광범위하게 실시되었다. 그런데 강제검진은 위험군을 중심으로 실시되면서 차별과 결부되었고 이에 대한 저항과 거부를 유발하였다. 또한 치료제가 없던 상황에서 검사받는다고 하여도 수검자가 얻을 수 있는 이득이 없었기 때문에 수검률 제고가 어려웠다.

'글로벌 AIDS 프로그램'을 중심으로 에이즈 인권의 개념이 정립되면서 세계보건기구는 1988년에 공식적으로 에이즈와 관련된 차별을 철폐하는 정책을 채택하였다. 이에 따라 국가 간 이동 시 감염을 이유로 차별하지 못하도록 규정하였고 에이즈 검사에서의 인권보호 개념도 도입되었다. 에이즈 검사는 자발적 참여와 상담에 근거한 검사(VCT: *voluntary counselling and testing*)로 전환되었다. 즉 에이즈 검사는 숙지된 동의(*informed consent*), 검사 이전 및 검사 이후 상담(*pre- and post-test counselling*) 및 비밀보호(*confidentiality*)의 3C를 만족시켜야 한다는 원칙이 정립된 것이다. 우리나라에서 실시하는 익명검사제도도 이러한 원칙에 근거하고 있다(Public Health Agency of Canada, 2006).

그런데 최근 여러 나라의 공중보건 당국은 이러한 원칙을 완화시키려는 시도를 하고 있다(Open Society Institute, 2007). 이들은 에이즈 감염에 대한 신속한 진단과 효과적인 치료법이 개발되었음에도 불구하고 저개발국 감염자의 대다수가 자신의 감염사실을 모르고 있고 결과적으로 감염이 계속 확산된다고 문제를 제기한다. 따라서 에이즈 검사를 확대하는 것이 시급한데 기존의 익명검사제도는 수검자의 자발적 참여에 의해서만 검사를 실시하기 때문에 에이즈 검사의 확대에 걸림돌이 된다는 것이다. 이들은 수검자의 동의나 사전상담이 필요 없는 일상검사제도를 도입해야 한다고 주장한다(De Cock,

2002). 예를 들어 산전 진찰을 받으러 오는 임산부나 성병 검진소의 환자들에게 에이즈 검사를 일상적 과정으로 부과하자는 것이다.

기존의 익명검사제도(VCT)는 수검자의 주도로 이루어지고 환자의 사전동의에 의해서만 검사가 시작되는(opt-in) 방식임에 비하여 일상 검사제도는 의사 등 공급자가 주도하는 방식이고 병원에 오는 환자들에게 검사를 권고하고 환자가 명시적으로 거부하지 않는 한 검사를 실시하는(opt-out) 방식이다. 기존의 VCT가 충분한 사전 상담교육에 의한 숙지된 동의를 원칙으로 하는 데 비하여 일상검사제도는 의사가 환자에게 검사의 필요성과 임상적 이득, 거부권 고지, 검사 이후에 제공될 (상담) 서비스에 대하여 알려주는 것으로 동의를 얻은 것으로 보는 것이다(UNAIDS, 2004b).

기존의 VCT는 인권보호에 치중하다가 오히려 공중보건과 사회정의의 역할을 축소시키고 있다는 것이 이들의 주장이다. 즉 산모가 자신의 감염사실을 몰라서 감염된 아이를 출산할 경우 검사를 통하여 감염사실을 알 경우보다 더 큰 개인적 가족적 사회적 손실을 가져올 수 있고 이것은 공중보건이나 사회정의에 위배될 수 있다는 것이다. 검사제도의 개선을 주장하는 목소리는 선진국과 저개발국에서 나오고 있다. 선진국에서는 에이즈에 대한 인식도 개선되었고 에이즈 자체가 '보통의 질병'으로 바뀌었기 때문에 에이즈 검사 역시 '보통의 검사'로 간주하여 실시하자는 주장이다. 후진국에서는 에이즈에 대한 낙인과 차별이 상존하지만 에이즈가 최대의 사인이 되고 이로 인한 사회경제적 피해가 막심한 상황에서 검사를 효과적으로 확대하는 것이 개인적으로나 사회적으로 피해를 줄이는 방법일 수 있다는 생각에서 검사제도의 변경을 검토하고 있다.

그런데 이러한 주장에 대하여 권리중심 접근을 지향하는 그룹에서는 과연 인권의 원칙이 침해되지 않는 방식의 일상검사가 가능할지에 대하여 의문을 제기하였다. 의사와 환자 사이에 힘의 불균형이 존재하는 상황에서 의사의 권유를 환자가 명시적으로 거부하기 어려우며, 에이즈 검사만이 명시적으로 제시되기보다는 여러 검사항목 중의 하나로 목록화되어 이를 거부하기 어려울 수 있으며, 흔히 병원에서 실시되는 집단상담의 형태로 사전상담이 이루어질 경우 개인상담과는 분명한 차이가 있고 환자가 의문을 제기하기 어려울 수 있으며, 사전상담 자체가 감소되고 환자가 숙지한 상태에서 동의할 수 있는 역량이 축소될 가능성이 크다는 것이다.

또한 에이즈 예방을 위한 자원이 충분하지 못한 지역에서는 수감자나 임산부 등 특정 집단에 대한 일상검사는 오히려 낙인을 강화시킬 수도 있고 강제성의 이미지를 증대시켜 과거의 강제검사와 유사해질 수도 있다(Canadian HIV/AIDS Legal Network, 2005; Strode et al., 2005). 이들은 검사의 결과를 고려하지 않은 채 단지 수검자의 수를 증가시키는 것이 무슨 의미가 있는가를 반문한다. 또 수검자의 자발성과 비밀보호가 빠진 에이즈 검사는 인권규약에 정면으로 위배되는 것이며 에이즈 검사의 부정적 이미지를 증대시킬 뿐이라고 비판한다. 이들은 VCT가 실패했다는 증거가 없으며, 에이즈 검사 수검률이 낮은 것은 VCT 때문이 아니라 VCT 활성화를 위한 적절한 투자를 하지 않은 것이 근본원인이라고 비판한다(Csete and Elliott, 2006).

이 논쟁은 과거 인권보호를 중시했던 만(Mann)과 질병관리를 우선시했던 나카지마(Nakajima)의 대립이 새로운 방식으로 진행됨을 보여준다. 이러한 논쟁이 반복된다는 것은 에이즈 예방이 그만큼 어렵다는 것을 반증하는 것으로 생각된다. 유명한 의학 학술지인 Lancet(2008)는 2007년과 2008년에 에이즈 예방과 관련된 일련의 분석논문들을 게재하면서 의학적 방법, 행동개선, 사회구조적 개혁, 프로그램 계획기술, 리더십 등 여러 측면에서 그 성과를 밝혔다. 각 분야에서 부분적인 성공은 있었지만 어떤 방식이 얼마나 더 효과가 있는지를 밝히기에는 아직 증거가 많이 부족하였다.

　지난 20년 동안 에이즈 예방을 위하여 수많은 이론이 활용되었고 새로운 방법들이 시도되었지만 HIV 감염은 지속적으로 증가하는 점이 에이즈 예방의 어려움을 보여준다. 즉 에이즈는 성, 마약, 빈곤, 폭력, 가부장제, 국가 간 경제격차와 인구이동, 정치적 리더십, 문화적 인식 등 여러 가지 복잡하고 구조적 문제들이 복합되면서 발생하고, 이러한 조건들의 차이에 따라 발생률이 크게 다르기 때문에 어떤 표준적 방식이나 절차를 적용하기 어렵게 만든다. 한국은 세계적으로 가장 낮은 수준의 에이즈 발생 국가이다. 그러나 이러한 점이 오히려 에이즈 문제의 복잡성을 인식하지 못하게 만드는 요인이 된다.

4) 에이즈 정책 패러다임의 변화 필요성

　한국은 에이즈 발생이 적은 국가이기 때문에 빈곤과 에이즈의 악순환 문제가 분명하게 드러나지는 않고 있다. 반면 에이즈 공포와 낙인 및 차별이 극심하고 그로 인한 감염인들의 인권침해 문제가 심각하게 나타난다. 에이즈의 사회적 성격 중에서 가장 중요한 요소는 에이즈에 가해진 고정관념과 낙인이다. 에이즈가 괴질이라는 소문과 함께 대중은 공포심을 갖게 되고(Goldstein, 2004) 정부도 감염인의 행동을 엄격하게 규제하는 정책을 펴게 된다. 대중의 공포심은 정부 규제를 불러올 뿐만 아니라 정부의 엄격한 규제는 다시 공포심을 증폭시킨다. 이 두 요소는 사회 전반에 감염인에 대한 낙인과 차별을 용인하도록 만든다. 이러한 상황에서 감염인은 가정생활이나 직장생활 등 정상적 사회생활을 할 수 없게 되고 자신의 신분을 감추고 숨어살게 된다. 이들은 감염과 동시에 경제활동을 차단당하기 때문에 빈곤층으로 전락하게 되고 국가는 공적 부조를 통하여 이들에게 의료서비스와 식량 등을 지원하여 생존을 유지하게 만든다. 이런 상황에서 감염우려가 높은 사람들은 감염인으로 판정받을 때의 불이익을 두려워하여 에이즈 검사를 기피하게 되고 이것은 다시 사회 전체적으로 감염기회를 높이는 방향으로 작용하게 된다. 이렇게 부당한 차별과 인권침해에 대항할 수 있는 시민사회의 역량이 형성되어 있지 못하기 때문에 감염인들은 개별적으로 숨어 살 수밖에 없게 되고, 그럴수록 대중의 고착화된 에이즈 인식은 계속 유지되며 결과적으로 에이즈 위기는 지속되는 것으로 볼 수 있다(〈그림 9-2〉 참조).

  우리나라의 에이즈 정책은 과거 에이즈를 괴질로 생각하던 시기에 만들어졌기 때문에 감염인 색출 및 감염인 행동규제를 통한 전파방지에 초점을 두어왔다. 최근의 상황변화와 함께 에이즈 정책도 일정하게 변화하고 있지만 아직 감염인 규제중심의 정책에서 근본적으로 벗어나지는 못한 실정이다.

  그렇다면 미래의 정책 패러다임은 어떤 방향이 되어야 할 것인가? 우선 에이즈를 통상적 의미의 전염병이 아니라 만성병 또는 사회적으로 구성되는 질병으로 바라보는 인식이 필요하다. 일반대중이 에이즈를 만성병으로 인식하게 된다면 감염인에 대한 차별도 완화될

〈그림 9-2〉 에이즈 인식, 대응 및 정책의 구조

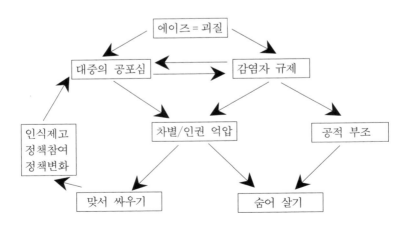

것이고 감염인들도 개별적으로 숨어살기보다는 집합적으로 행동개선을 통한 건강증진에 나설 수 있게 될 것이다. 정부 또한 에이즈를 사회적으로 구성되는 질병으로 간주하면 감염자 감시와 치료중심의 정책기조를 사회적 인식제고와 행태감시, 감염자의 자율적 건강증진 노력을 지원하며, 차별상황의 개선과 함께 공적 부조를 궁극적으로 자립지원 체제로 개선하는 것이 가능해질 것이다. 한마디로 에이즈를 괴질이 아닌 정상 질병으로 인식하고 그에 적합한 정상적 대응체계를 갖추는 것이 궁극적 정책목표가 되어야 할 것이다(〈그림 9-3〉 참조).

〈그림 9-3〉 미래의 에이즈 정책 구조

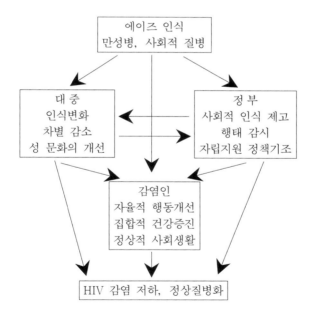

향후의 에이즈 정책은 낙인과 차별의 제거를 통한 인권신장과 지역사회 중심의 자율적 성 건강증진이란 양대 과제가 필요하다고 볼 수 있다. 홍보와 교육을 새롭게 구성하고 강화해야할 필요성이 크다. 그러나 정책 패러다임을 바꾸는 것은 쉽지 않은 과제이다. 정책 담당자들이 대체로 의학적 배경을 갖고 있다 보니 "질병이 사회문화적으로 구성된다"는 사실 자체를 이해하기가 쉽지 않으며, 그러다보니 의학적 대응과 사회문화적 대응이 별개로 진행되기 일쑤이며, 사회문화적 대응(예를 들어 대중캠페인)은 의학적 대응에 비하면 매우 적은 예산과 관심을 받게 된다. 또한 에이즈를 의학적 문제로 생각하기 때문에 정책결정자들의 정치적 또는 정책적 판단 자체가 늦게 이루어지거나 주요 의사결정 어젠다에 오르기가 어렵다. 과거에 한센병이나 고엽제 증후군, 또는 진폐증 등의 경우와 같이 극단적인 생존위기 상황으로 몰린 질병 감염자들이 자구책으로 강력한 집단행동을 벌여 큰 사회문제를 야기한 전례에서 볼 수 있듯이 에이즈의 경우도 새로운 정책적 판단이 계속 지체되면 크나큰 사회적 분란을 야기할 가능성도 예상된다. 따라서 대중 못지않게 정책결정자와 정책실무자들에 대한 인식제고 방안을 만드는 것이 필요할 것으로 생각된다.

2. 감염인 인권문제

에이즈 관리가 감염자에 대한 통제위주로 정책이 집행되면서 발생하는 중요한 문제점은 세 가지로 요약된다. 하나는 강제성에 대한 것이다. 강제검진은 폐지되었지만 일부 강제적 검진과 처분조항들이 에이즈 예방법에 남아 있었다. 둘째, 비밀보호 문제이다. 에이즈 낙인이 극심한 실정에서 감염사실의 노출은 감염인에게 치명적 결과를 가져올 수 있다. 그런데 법제도의 운영이나 여타의 사회관행에서 비밀보호가 준수되지 않는 경우들이 있다. 셋째, 감염을 이유로 일자리를 얻기 어렵거나 일자리에서 추방당하는 문제이다. 에이즈 관리의 문제는 결국 기존의 에이즈 예방법에 근거한 감시와 규제중심의 접근방법이 과연 에이즈 예방에 실효성이 있는지의 문제와 에이즈 예방을 위해 인권을 억제하는 것이 어느 수준까지 허용되어야 하는가의 문제로 귀착된다.

1) 전파차단의 실효성과 인권 제한의 정당성

에이즈 예방법의 주목적은 감염 전파차단에 있고 이를 위하여 감염자에 대한 엄격한 행동규제를 규정하고 있는데 그 실효성에 대해서 의문이 있을 수 있다.

첫째, 거의 대부분의 HIV 감염이 성 접촉을 통하여 이루어지는데 성행위와 같은 지극히 사적인 영역에 대하여 국가가 일일이 규제하고 감시하는 것은 불가능하다. 현실적으로 가능한 방법은 대중이나 감염자들에 대하여 홍보, 교육, 상담을 통하여 안전한 성을 실천하도록 동기화하는 것뿐이다.

둘째, HIV 감염이 발견된 이후 사후규제와 감시로는 HIV 감염의

〈표 9-1〉 한국의 연도별 HIV 신규 감염자 수

구분	계	1985 ~1995	1996	1997	1998	1999	2000	2001	2002	2003	2004	2005	2006	2007
계	5,323	517	105	124	129	186	219	327	398	534	610	680	750	744
남성	4,861	453	93	107	111	160	194	292	363	502	557	640	688	701
여성	462	64	12	17	18	26	25	35	35	32	53	40	62	43

자료: 질병관리본부 보도자료 2008.1.28

증가를 억제하는 데 효과가 낮다는 점이다. 최근 5년간 HIV 감염은 급격하게 증가하는데 이것은 사후규제 위주의 에이즈 예방법이 실효성이 낮다는 것을 보여 준다. 현 시점에서 보다 중요한 정책과제는 HIV 신규감염 증가를 억제하는 것으로 설정해야 하고 이것은 기존의 에이즈 예방법의 기조가 아닌 비감염자에 대한 교육, 홍보, 집단적 건강증진 등의 방식으로 접근해야 한다.

셋째, 에이즈의 성격이 만성질환으로 변화하여 치료제를 잘 사용하면 상당한 정도로 정상적 면역상태를 유지할 수 있게 되었기 때문에 감염의 전파차단이란 목적 자체가 과거보다 덜 중요하게 되었다.

넷째, 에이즈 예방법은 감염전파 차단을 위하여 여러 방식으로 감염자 개인의 인권을 제한하고 있다. 이러한 제한은 그로부터 얻을 수 있는 공익적 이익이 매우 클 때에만 정당화될 수 있다. 즉 개인의 자유와 인권을 제한함으로써 타인 또는 국민 대중이 성 건강에 있어서 안전을 담보할 수 있을 때에만 정당성을 얻을 수 있다. 그런데 앞서의 설명에서 본 것처럼 규제의 실효성이 낮기 때문에 감염자에 대한 인권의 규제와 제한으로 얻을 수 있는 실익이 불분명하다.

2) 에이즈 예방법 개정 논란

정부도 이러한 문제점을 인식하고 2006년에 에이즈 예방법 개정안을 만들었다. 그 주요 내용은 다음과 같다.

- 익명검사제도 법적 근거 명시
- 감염자에서 감염인으로 명칭 변경
- 비밀누설 금지 의무자를 구체화
- 감염인 지원시설에 자활 추가
- 감염인의 근로권 보장
- 지도대상 범위 축소, 지도방법의 민주적 이행권고 등

• 감염인 명부작성비치 시도는 폐지

이러한 내용들이 인권개선에 기여하는 것은 분명하지만 일부 인권
단체나 감염인 단체에서는 '인권보장에 크게 미흡하다'는 의견이다
(에이즈인권모임 나누리+, 2006). 이들의 주장은 다음과 같다.

• 에이즈 검사 이후 감염이 확인되어 정부에 신고할 때 실명으로
하기 때문에 익명검사제도만으로는 실질적인 익명이 담보되지 못
하기 때문에 '익명신고'가 가능해야 함
• 배우자 및 가족에 대한 강제검진 근거조항(8조 2항) 폐지
• 외국인을 차별대우하는 외국인에 대한 강제검진 조항 폐지
• 감염인은 대부분 스스로 치료받으려 하기 때문에 강제처분(치료
및 보호) 조항을 폐지해야 함
• 근로권의 보장을 보다 구체적으로 명시하고 다른 근로자와 균등
한 처우를 하도록 해야 함
• 전파매개행위 금지조항을 폐지해야 함. 전파매개 행위에 해당하
는 콘돔을 착용하지 않는 성행위나 헌혈은 법적 규제가 아닌 교
육과 상담을 통하여 이루어져야 함
• HIV에 대한 기업의 집단강제검진을 금지하는 조항의 신설 필요
• 감염인의 신분노출과 권리침해 시 구제받을 수 있는 절차조항의
신설이 필요함

정부와 인권단체의 의견 사이에는 큰 간극이 존재한다. 그것은 양
자가 HIV 감염을 바라보는 관점의 차이에 기인한다. 에이즈 예방법
에서는 기본적으로 감염인을 불신하는 것으로 보이고, 법에 의한 강
제로 최소한의 성 보건상의 안전을 확보하려고 한다. 더불어 국민들
의 에이즈에 대한 낮은 인식수준으로 상당한 공포감이 존재하는 현
실에서 감염인들을 엄격하게 관리하는 정책을 유지하는 것이 국민적
불안감을 덜어주는 방편이라는 현실론에 기초한다. 반면 인권단체는

정부의 지나친 감시와 규제 및 인권제한이 감염인들로 하여금 검사기피나 신고기피 또는 도피하게 만들어 오히려 감염관리를 어렵게 한다고 주장한다. 따라서 정부규제를 최소화하고 감염인에 대한 인권을 확실하게 보장하며 감염인에 대한 지원을 강화하는 것이 감염인들의 자발성을 부추겨 감염관리를 쉽게 할 것이라고 주장한다.

민주노동당은 이러한 인권강조 추세에 부응하여 에이즈 예방법을 전면 개정하여 감염인 인권보장에 초점을 맞춘 '후천성면역결핍증 예방 및 감염인 인권증진에 관한 법률안'을 2006년 11월에 국회에 제출하였다. 민노당의 대체입법안은 에이즈 정책을 감염인에 대한 감시와 규제정책을 폐기하고 오히려 감염인의 인권을 침해하는 것을 처벌하고 인권증진을 목표로 한다.

이 법안의 주요 요지는 다음과 같다.

- 기존의 에이즈 대책위원회를 에이즈 정책위원회로 개칭하고 에이즈에 관한 주요 정책을 심의하며, 특히 감염인의 참여를 의무화함
- 학교, 사업장, 의료인에 대한 에이즈 예방교육과 감염인 인권보호 교육 실시를 명시함
- 피검사자의 동의가 없는 에이즈 검사(집단검진 포함)를 금지하고 위반 시 관계자를 사법적으로 처벌
- 익명검사 제도를 구체적으로 규정하고 관계자에게 고지의무를 부과하며 위반 시 과태료를 부과
- 집단검진에서 검사결과를 사업주가 아닌 본인에게 통지
- 신고보고체계를 축소하고 신고 시에도 성명 등 신상정보를 제외
- 비밀누설금지 주체에 법인을 포함하고 누설 시에 처벌
- 사업주의 감염인 차별금지를 구체적으로 규정
- 의사 또는 의료기관의 감염인 진료거부 및 감염인 인식장치 사용을 금지
- 외국인 감염자의 강제출국을 금지

- 국가의 에이즈 치료제 공급의무를 규정
- 감염인 의료비 지원 근거규정을 분명히 함
- 감염인 단체의 인권증진 사업을 예산지원할 수 있도록 규정

이 논쟁을 주요 항목별로 구체적으로 살펴보도록 하자.

3) 에이즈 검사의 문제점

에이즈 예방법은 접객업소 여성종사자에 대하여 6개월 간격으로 연 2회 의무적 검진을 규정하고 이에 응하지 않는 경우 1년 이하의 징역 또는 300만 원 이하의 벌금에 처하도록 하였다. 또한 '감염자의 배우자 및 동거가족'도 검진할 수 있도록 되어 있다. 강제검진은 대상자의 잠적이나 저항 등 부작용이 크고 실효성이 없는 것으로 보고된다. 이미 국제적으로도 피검자가 동의하지 않는 강제검진은 개인의 신체자유를 위배하는 것으로 판정한다(UNAIDS, 2004b; UNDP, 2004). 그런데 개정된 에이즈 예방법에서도 이 조항은 계속 남게되었다. 아마도 이들이 감염위험이 상대적으로 높다는 점 때문에 정부 입장이 받아들여진 결과로 보인다.

과거 에이즈 검사에서 문제가 되었던 중요한 사안은 익명검사가 되지 않아 발생하는 신분의 노출문제였다. 그런데 현재 익명 검사소가 생기고 즉석검사법이 실시되어 바로 결과를 알 수 있기 때문에 검사과정에서의 익명성 문제는 해결되고 있다. 그러나 검사결과 양성판정이 나오면 곧바로 실명의 보고가 이루어지고 이후 계속 실명으로 관리되면서 무거운 제재와 의무를 부과받게 되기 때문에 익명검사가 무의미해 지는 문제가 있었다. 개정된 에이즈 예방법에서는 익명관리 원칙을 도입하여 이 문제를 해소하였다.

4) 신고, 보고 등 관리과정

현재 보건소 운영의 2원적 체계(보건복지부와 지방행정기관의 관리감독)로 인해 예방법상 감염인에 대한 보고가 반드시 시도를 거치도록 되어 있어 보고과정에서 신분노출의 위험이 존재하였다. 법령근거뿐 아니라 운영상에서 감염인과 실제적 접촉을 하게 되는 보건소담당자가 자주 교체되는 것, 검진통지서 등의 발급 시에 대상자 부재중일 경우 불시방문 등으로 감염사실이 알려지는 등 담당공무원의 업무수행에 있어 구체적 규칙 및 규제가 없는 것도 문제이다.

정부의 관리를 받는 감염인 중 다수는 자신이 에이즈에 감염된 사실보다 항상 정부의 감시 속에 있다는 느낌을 받는 사실이 더 견디기 힘들다고 한다(정현미, 1999). 이것은 에이즈 관리의 최일선에 있는 담당자만 실명을 알 수 있도록 하고 상부로의 보고는 모두 익명 또는 암호 처리하여 알 수 없도록 하면 해결이 가능한 문제이다. 상급기관에서는 감염자들의 인적 특성만 파악하면 되지 실명 또는 주민번호까지 알아야 될 필요는 없는 것이다.

또한 감염자들이 경제적으로 어려움을 겪을 경우 기초생활보장 수급권을 받을 수 있는데 이때 사회복지 전담공무원으로 하여금 자산조사 등 필요한 사항들을 조사하도록 한다. 보건소와 달리 이들은 보건부서의 통제권 밖에 있고, 이 과정에서 읍, 면, 동사무소의 직원과 사회복지 전담공무원에게 감염사실이 밝혀질 수밖에 없다. 이에 따라 발생하는 노출은 감염인들이 경제적 어려움에도 불구하고 기초생활수급자 신청을 기피하는 이유가 된다.

개정된 에이즈 예방법에서는 익명관리 원칙을 도입함으로써 이 문제를 해결하였다. 그리고 감염사실을 통보하는 과정에서 발생할 수 있는 노출을 최소화하기 위하여 반드시 본인을 찾아서 통보하도록 새로 명시하였다. 또한 비밀보호 의무 대상자에 감염인 지원업무 종

374

사자, 진료업무 종사자를 추가하여 보완하였다. 즉 보건소 직원뿐만 아니라 의료기관 종사자들도 검진 이후 양성으로 판명되었을 때 반드시 본인에게만 이 사실을 통지하도록 의무화하여 의료기관에서의 비밀노출을 차단하도록 하였다. 법적 의무를 규정하는 것도 중요하지만 실제 업무과정에서 어떤 경우에 비밀이 노출될 수 있는지에 대한 구체적인 예시와 비밀보호 지침을 만들어 관계자들이 숙지하도록 하는 후속조치가 필요할 것으로 보인다.

또한 큰 논란거리였던 감염인의 '위험한 성관계 금지' 조항도 삭제되고 자율적 실천의 영역으로 만들었지만 혈액과 체액을 통한 전파행위(예를 들어 헌혈)만은 금지조항으로 남겨 두었다. 에이즈 감염 전파를 범죄로 다스리는 문제에 대해서는 감염자를 더욱 음지에 숨게 만들 가능성이 크기 때문에 매우 신중해야 할 필요가 있다(WHO Europe, 2006).

5) 감염자 치료와 관리의 문제점

에이즈 예방법에는 공익상 필요할 경우(예를 들어 감염시킬 우려가 있을 경우) 감염자들을 강제로 치료하거나 보호처분할 수 있도록 규정한다. 그런데 자신의 병이 악화되는데도 불구하고 고의로 치료를 거부하는 경우는 상정하기 어렵다. 이것은 아마도 과거에 감염된 성노동자가 임의로 거주지역을 이전하면서 매춘행위를 했던 사건 등이 있었기 때문에 이런 극단적 사례에 대한 강제 처분권을 행사할 필요성이 제기되었던 것으로 추측된다. 인권단체는 이러한 강제처분제도의 폐지를 요구하였지만 개정된 에이즈 예방법에는 이 조항이 그대로 남게 되었다.

6) 외국인노동자에 대한 강제추방

현재 외국인으로서 에이즈 감염이 확인되면 출입국 관리규정상 곧장 강제추방을 당하게 된다. 한국에서 일하기를 희망하는 외국인 노동자는 에이즈 음성 확인서를 휴대하거나 아니면 입국 후 72시간 이내에 검진받도록 되어있다. 매독, B형간염, AIDS가 검사항목으로 지정되어 있으며 이상소견이 발견되면 강제출국 조치된다(외국인노동자 의료공제회, 2001; Lee and Sohn, 2006). 이는 합법적 입국자는 물론 비합법 체류자 모두에게 적용된다.

개정된 에이즈 예방법에서는 입국 외국인의 에이즈 음성 확인서 휴대의무를 그대로 존치시켰다. 에이즈를 이유로 출국조치시키는 국가가 전 세계적으로 매우 희귀하다는 점을 생각할 때 이러한 규제 자체가 머지않아 폐지돼야 할 사안이라고 생각한다. 에이즈 감염 외국인들을 무조건 추방하게 되면 이들이 오히려 지하로 숨을 가능성이 높다. 따라서 감염자 관리를 어렵게 하고 에이즈 전파의 우려를 높일 수 있다.

이주노동자에 대하여 에이즈 검사, 치료 및 출국지원 서비스가 2006년부터 실시되고 있지만 그 수혜자는 매우 제한된다. 적어도 합법체류자에 대해서는 내국인과 동일한 권리와 서비스를 받을 수 있도록 해야 하며, 불법체류자들도 기본적인 치료는 받고 본국으로 돌아가게 하는 것이 국제적인 인권규약에 부응하는 방식이다.

7) 취업 및 사회보장의 제한

에이즈 예방법은 감염자가 성병 정기검진을 받아야 하는 접객업소에 종사할 수 없도록 하였고 이를 어길 경우 감염자와 고용인 모두에 대한 처벌조항을 두고 있었다. HIV의 전염에 성 접촉이 큰 비중을 차지하고 있기에 이러한 취업제한조치는 일견 당연해 보인다. 그러나 보다 중요한 것은 이들이 정상적으로 삶을 영위할 수 있도록 취업기회를 보장해 주는 것이다. 개정 예방법에서도 이러한 점을 고려하여 사용자가 에이즈 감염을 이유로 차별하지 못하도록 명문화하였다. 그러나 이러한 규정만으로 기업들이 취업을 보장해주는 것은 아니기 때문에 이와 관련된 노무지도 지침 같은 것을 만들어 기업을 대상으로 실천하려는 노력이 필요하다.

취업과 관련하여 문제가 되었던 것은 회사의 건강진단 시 HIV 검사항목을 근로자의 동의 없이 포함시키는 것이다. 건강진단 항목에 HIV 검사가 들어갈 수는 있으나 어디까지나 개별 노동자들의 동의를 구한 후에 가능하게 해야 한다. 개정 예방법에서는 의사가 당사자 본인에게만 검사결과를 통보하도록 함으로써 검사결과가 사용주에게 통보되어 해고의 빌미를 제공하던 관행을 없애도록 만들었다.

8) 에이즈 예방법 개정의 평가

인권단체들이 지속적으로 문제를 제기하였던 부분은 감염인 차별이 구체적으로 나타나는 세 영역에서의 개선이었다. 그 내용을 요약하면 다음과 같다.

⑴ 사업장: 집단검진 실시와 사업주의 검사결과 악용으로 직장을 잃게 됨
⑵ 병원: 치료과정에서의 실명 노출, 차별적 대우, 진료거부 등
⑶ 보건소: 실명관리 제도, 담당자의 잦은 교체, 부주의에 의한 비밀노출 등

이번 개정에서 사업장에서의 차별문제는 에이즈 검진 자체를 금지하기보다는 검진결과를 의사가 본인에게만 통보하도록 하고, 사용주

는 감염을 이유로 차별하지 못하도록 규정함으로써 해결하였다. 병원에서의 차별문제는 특별히 해결된 것이 없다.

에이즈 감염자를 진료하기 위해서는 의료진 또한 감염위험이 있어 상당한 주의가 필요하기 때문에 이들이 감염자임을 나타내는 일정한 표식이나 장치가 필요할 수 있다. 따라서 법 조항으로 이런 구분조치를 금지시키는 것이 기술적으로 어려울 수 있다. 이 문제는 의료기관이 좀 더 세심하게 감염자 비밀보호를 염두에 두고 자율적으로 해결해 나가야 할 과제로 생각된다. 보건소에서의 비밀노출 문제는 익명관리가 가능하도록 함으로써 상당부분 해결되었다. 담당자의 교체나 실수 등의 문제는 직무지침과 감독을 강화하여 해결해야 할 과제로 생각된다. 따라서 이번 에이즈 예방법 개정은 핵심적 현안에서 일부 개선이 되었음은 분명하나, 민주노동당에서 제출했던 법안과 비교하면 학교와 직장 등에서의 에이즈 예방교육과 인권교육 실시나 감염인의 정책참여 등은 이루어지지 못했다. 또한 차별행위와 비밀누설에 대한 처벌도 완화된 형태로 반영되었다. 또 국가의 치료제 공급 의무나 치료비 지원규정도 포함되지 않았다. 국가가 감염인에게 치료지원을 실시하고 있지만 이것이 최선의 수준에서 이루어지지는 않을 수 있고 예산사정에 따라 감액될 가능성은 상존한다.

또한 에이즈 정책관리의 다른 측면인 홍보교육의 측면은 거의 고려되지 않았다. 중장기 예방 전략의 수립이나 적극적인 에이즈 낙인의 제거, 지역사회(주민 또는 감염인) 참여적 정책 수립과 집행 등 보다 전향적인 에이즈 정책에 대한 고려는 거의 이루어지지 못하였다. 이것은 현 시점에서의 에이즈 정치가 인권에 초점이 맞추어져 있기 때문이며, 에이즈 감염급증에 대한 우려나 대중적인 성 안전 실천 등은 사회적 이슈로 만들어지지 못하기 때문인 것으로 생각된다.

3. 예방홍보교육의 개선

1) 예방홍보교육의 실태

예방홍보사업은 보건복지부의 지원을 받아 민간단체가 주관하여 실시하고 있다. 현재 예방사업을 실시하는 기관은 한국에이즈퇴치연맹, 한국에이즈예방협회, 구세군 등이 있다. 예방홍보교육에 투입되는 재원은 2005년에 약 18억 원으로 비교적 작은 규모이지만 다양한 사업들이 전개되고 있다(한국에이즈퇴치연맹, 2005b).

(1) 일반인 홍보교육
텔레비전 공익광고: 1년에 약 40회 텔레비전에 에이즈 광고 송출
청소년 동료교육: 청소년 동료교육자 232명 양성, 37만 명에게 홍보교육 실시
일반인 상담: 전화와 인터넷으로 1만 2천 명에게 에이즈 상담 실시
대학생 에이즈 광고전: 553건의 광고전 응모 전시
청소년 집단교육: 6만 6천 명에게 실시
콘돔 무료배포: 동성애자, 성병검진 대상자, 군인, 외국인 근로자 등에게 800만 개의 콘돔 무료배포

(2) 동성애자 홍보교육
동성애자 동료교육: 5명의 동료교육 봉사자가 총 607명에게 동료교육 실시
동성애자 사이트 홍보물/동영상 게시: 동성애자 11,125명 관람
동성애자 인터넷 상담실시

이러한 실적은 적은 예산규모에 비하면 상당한 실적이라고 할 수도 있지만 국민 전체의 인식에 영향을 미치는 수준이 되기에는 매우 미흡하다고 생각된다. 예를 들어 텔레비전을 이용한 콘돔공익광고의

경우에 약 3억 원 정도의 송출료를 지출하고 국민의 33% 정도가 이를 인식한 것으로 조사되었다. 그러나 인지도 조사결과 응답자들이 광고의 이미지를 에이즈 예방이나 콘돔사용 권장보다는 '안전사고 예방'이나 '보험 가입권장' 등 전혀 다른 메시지로 이해하는 경우가 많았다(뷰리서치, 2005). 여기에는 '콘돔'이라는 광고대상에 대한 표현상의 제약과 함께 재원의 제약으로 광고시간이나 횟수(1개월)가 절대적으로 제약되었기 때문에 제대로 광고효과가 나지 않는 것으로 볼 수 있다. 같은 시기에 방영된 금연광고가 다른 공익광고보다 현저히 높은 노출빈도와 인지도를 획득하는 데 성공한 것과 대비된다(한국보건사회연구원, 2005).

공익광고도 수가 많아져 경쟁하는 시대이기 때문에 메시지의 내용구성에 있어서 개선이 필요하고 광고횟수를 늘리는 것은 물론 광고 이외에 다른 이벤트 홍보 등을 동시에 진행해야 국민들의 관심을 끌 수 있다. 일정한 수준 이상으로 홍보에 투자해야만 홍보효과를 기대할 수 있는 것인데 현재는 매우 제한된 물량만이 투입됨으로써 국민 일반의 인식제고 효과는 크지 않은 것으로 생각된다.

이것은 청소년 교육이나 동성애자 홍보에서도 마찬가지로 적용되는 사항이다. 청소년들의 경우에 성문제에 관한 한 공식교육보다도 동료교육이 더욱 효과가 있는 것으로 알려진다. 동료교육이란 청소년들이 성과 에이즈에 대해서 에이즈 퇴치연맹으로부터 일정한 교육을 받은 후에 학교에서 동료 학생들을 대상으로 에이즈에 대한 정보제공, 상담과 교육을 담당하는 방식을 말한다. 그런데 현재의 예산 규모에서 불과 232명의 청소년이 동료교육자로 훈련을 받았고 그들이 일 년간 활동하여 연인원 37만 명의 사람에게 홍보하였다. 이러한 청소년 동료교육이나 동성애자 동료교육의 혜택을 받은 사람의 수가 국민전체 중에서 1%에도 미달하는 수준이다. 또한 1회적 홍보를 통하여 인식이 개선될 것으로 기대하기 어렵기 때문에 더 많은

홍보 물량이 공급되지 않는 한 제대로 홍보효과를 얻기는 어려울 것
으로 보인다.

2) 홍보교육의 지향점

홍보교육의 규모 못지않게 중요한 요소는 홍보교육의 내용과 지향
점이다. 즉 에이즈 예방홍보는 결국 '안전한 성 행동 실천을 통한 에
이즈 예방'이 될 터인데 여기서 '안전한 성'의 기준을 무엇으로 삼을
것인가 하는 점이 논쟁거리가 될 수 있다. 미국에서는 두 가지 형태
의 성 안전 모형이 있다. 게이들은 감염차단에 초점을 두면서 콘돔사
용을 권장했고 다수의 파트너를 갖는 것 자체는 위험이 아니라고 생
각했다. 반면 미국 정부와 정치가들은 다수의 파트너를 갖는 성 행태
자체를 위험으로 인식하였고 금욕과 절제를 강조하는 청소년 성교육
을 지향하였다.

신디 패튼(Cindy Patton, 1996)은 이러한 미국 정부의 성 안전에 대
한 개념을 동성애 혐오와 인종주의에 기반하고 있다고 비판하였다.
에이즈가 동성애자들에게서 주로 발생했을 때에는 미 공중보건 당국
은 성 안전 홍보와 교육에 관심이 없었다. 그러다 이성애자들도 에
이즈에 감염되는 것이 밝혀지자 에이즈 확산을 막기 위한 방책에 골
몰하게 된다. 그러나 에이즈를 남성 게이의 문제로만 인식했기 때문
에 공중보건 당국은 이성애자들에게 자신이 에이즈에 걸릴 수 있는
위험한 행동을 하고 있는지 따져보고 위험을 감소시킬 수 있는 방책
을 찾도록 하지 않고 잘못된 안전의식을 심어주었다는 것이다.

즉 정치가들과 정책입안자들은 자기 아들이 다른 남자와 성관계를
하거나 마약복용을 위하여 혈관주사를 할지도 모른다는 점을 부정하
고 적극적인 대책을 세우지 않았다. 그들은 자기 자식들은 너무 순
진하여(innocent) 위험한 성 행동을 하지 않을 것이라고 생각했다. 따

라서 청소년들에게 금욕과 절제를 요구하는 성교육을 제시했을 뿐이다. 게이 청소년이나 유색 인종 청소년들은 교육을 시켜도 행동을 바꿀 것 같지 않다고 판단하여 별다른 대책을 세우지도 않았다.

미국 정부가 실시해온 청소년 성교육은 에이즈 예방에 별 효과가 없는 것으로 밝혀졌다. 더글러스 커비(Douglas Kirby, 2007)가 미국 전역에서 실시되는 48개의 포괄적 성교육과 7개의 금욕 위주 성교육의 효과에 대한 분석결과를 보면 포괄적 성교육은 최초 성교시점을 지연시키고, 성행위 횟수나 파트너의 수를 감소시키며, 콘돔사용을 증가시키는 효과를 가져왔지만 금욕 위주 성교육의 경우에는 이러한 효과들이 발견되지 않았다는 것이다. 미국 정부는 정부지원을 받는 각 학교에 대하여 엄격한 성교육 지침을 제시하고 준수할 것을 요구하였는데 그 기본은 결혼할 때까지 순결을 지키라는 것이었다.

또한 금욕이 사회적 심리적 이득과 건강의 이득을 얻을 수 있는 것이고, 금욕만이 원치 않는 임신과 성병을 예방할 수 있으며, 남녀의 일부일처 혼인만이 정당한 성욕 해소 수단이고, 혼외정사는 심리적 신체적 위험을 초래할 수 있고, 미혼 출산은 어린이, 부모, 사회에 모두 해로운 것이고, 청소년들에게 어떻게 성욕을 떨쳐버릴지를 가르쳐야 하고 음주와 마약복용이 성욕에 취약하게 만든다는 것을 가르쳐야 한다는 것이다(Santelli, 2006 재인용).

거의 청교도적 이념과도 다를 바 없는 성교육 지침이 만들어졌고 정부지원을 받는 모든 학교는 이를 준수해야 했다. 그런데 이러한 성교육은 현실과 괴리된 것이고 행동변화에 별다른 효과가 없다는 것이다.

산텔리(Santelli, 2000, 2006)는 미국 정부의 금욕위주 성교육은 보건교육이 아니라 도덕교육이라고 비판하였다. 성교육은 순결교육 그 이상의 것이 되지 못한 것이다(Irwin, 2006). 과학적 효과를 가진 사진과 그림, 표를 외설적인 것으로 규정하고 검열하여 오히려 보건교육의 목적을 훼손하며, 정확한 정보를 제공하지 않음으로써 결과적으로 위험에 빠뜨린다고 비판하였다. 금욕만 강조하다보니 실제 성행위를 하거나 임신하였을 경우 어떻게 대처할지에 대한 정보를 알지 못하여 추가적인 위험에 노출된다는 것이다. 즉 금욕 위주 성교육에서는 콘돔사용법이나 피임법을 가르치면 청소년들이 섹스하도록 부추기는 것이라는 잘못된 가정을 갖고 있다는 것이다.

그에 의하면 금욕(A: *abstinence*)이란 청소년기 짧은 기간 동안에만 유효할 뿐이며 인생의 나머지 기간 동안 어떻게 할 것인지에 대해서는 가르치려 하지 않으며, 일부일처에 대한 신념 제고(B: *be faithful*, *monogamy*) 또한 많은 기혼 여성들에게 그들의 남편이 위험인자임을 외면하고, 현재의 중첩적 성 네트워크의 현실에 대하여 아무런 고려가 없고, 콘돔(C: *condoms*)은 제대로 사용하면 효과적인데 제대로 가르치지 않고, 콘돔에 대한 거부감이 있는 관계나 문화에 대해서도 가르치지 않고 있다. 이러한 문제들 때문에 캘리포니아 같은 정치적으로 자유주의적인 입장을 취하는 주에서는 연방 정부의 성교육 기금지원을 거부하고 독자적으로 성교육 프로그램을 만들기도 하였다.

미국의 경우는 보수적 정치이념이 성, 혼인, 출산 문제에 대하여 엄격한 도덕적 기준을 유지하고 준수하려 하기 때문에 성교육에 대해서도 매우 구체적인 지침을 만들어 교육시킬 것을 요구하였다.

그런데 한국의 경우에는 에이즈가 성 문제보다는 질병문제로 이슈화되었기 때문에 에이즈 예방을 위한 성교육 강화 같은 과제는 사회적으로 이슈화되지 못하였다. 그러다보니 에이즈 홍보교육에서 성 안전의 개념을 어떻게 설정하고 어떤 내용으로 어떻게 홍보하고 가르쳐야 할지 분명한 기준이 제시되지 않았다. 이럴 경우 일선의 에이즈 운동가나 보건교육자들은 에이즈의 위험에 대해서는 분명하게 말할 수 있으나 에이즈 예방을 위한 성 안전에 대해서는 불분명한 상태로 교육할 수밖에 없게 된다. 성에 관한 여러 가지 복합적인 문제들, 예를 들어 성 가치관, 성 정체성, 혼인과 출산, 외도와 일탈 등에 복잡하게 연관되어 있는 성 문제에 대하여 뚜렷한 가치지향이나 근거제시가 없이 단순히 "에이즈 예방을 위하여 콘돔을 사용하자"는 식의 보건교육이 과연 행동변화에 효과가 있을지는 분명하지 않다. 이것은 암을 예방하기 위하여 금연하자고 광고하여도 흡연율이 여전히 높은 것에서도 알 수 있듯이 질병 공포를 강조하는 것만으로는 사람들의 행동이 안전지향적인 것으로 쉽게 바뀌는 것은 아니다.

3) 사회적 커뮤니케이션을 활용한 예방홍보정책 개발

새로운 정책기조는 새로운 정책내용과 결부될 때에 비로소 효과가 나게 된다. 에이즈가 사회적으로 구성되는 질병이란 인식에 동의한다면 정책적 대응 또한 사회적 방식이어야만 한다. 성 행동은 순전히 개인적인 것이기보다는 자신의 준거집단(reference group)과의 교감 속에서 만들어진 것이다. 세대 간의 인식차이나 행동방식의 차이가 있다고 할 때 동시에 세대 내에서는 상당한 동질성이 있다는 점도 사실이다. 우리는 우리가 인식과 행동의 기준으로 삼는 같은 세대의 구성원들의 기대를 의식하면서 행동하기 마련이다. 콘돔사용을 권고할 때 단순히 "콘돔이 질병을 예방할 수 있다"는 의학적 메시지를 제공하는 것으로는 사람들을 동기화시키기에 부족하다. 아무리 좋은 메시지라도 주변의 타인들이 그것을 받아들이고 사용하여 새로운 문화적 조류를 만들지 않는다면 콘돔을 받아들일 가능성은 낮다. 콘돔 사용률이 낮은 것은 콘돔의 효용성에 대하여 모르거나 콘돔에 대한 접근성 때문이 아니라 성과 콘돔에 대한 성인과 청소년들의 집단규범, 위험에 대한 인지도, 젠더 권력관계, 청소년 성의 경제적 맥락 등이 복합적으로 작용하기 때문이다(MacPhail and Campbell, 2001).

따라서 에이즈 대응을 위한 예방홍보정책은 기본적으로 개인들 간의 커뮤니케이션 원리를 응용한 정책이 되어야 한다. 이것은 특정 하위집단들, 예를 들어 청소년 집단, 동성애 집단이나 성 노동자 집단의 경우에는 더욱 필요한 전략이다. 이들은 자신들만의 네트워크를 구성하고 독특한 문화적 양식을 구성하기 때문에 이 네트워크와 문화양식을 이용한 교육과 홍보가 되지 않고서는 기대하는 효과를 얻기 어렵다(Eisenstadt and Gatter, 1999). 이러한 사회적 또는 커뮤니케이션 지향적인 에이즈 예방정책의 구체적 방법으로는 집단의 네트워크를 파악하고 동료교육을 활용하는 것이 대표적 사례이다.

동성애자들은 대개 대도시 지역에 집단으로 거주하며 자신들의 독특한 하위문화를 갖고 있으며 구성원들 간에 독자적인 인적 네트워크를 중심으로 생활한다. 따라서 이 네트워크의 구조를 심층적으로 이해하는 것이 에이즈 예방사업에 긴요하다(Eisenstadt and Gatter, 1999; Coxon, 1995: 215~234). 이 네트워크를 활용하여 건강증진 정보를 퍼뜨리고 동시에 그들 성원의 일부를 보건교육자로 훈련시켜 이들이 다른 성원들에게 동료교육을 하는 방식이 효과적이라는 것이다.

그 사례로 미국 샌프란시스코시의 동성애 커뮤니티에서 실행되었던 'Stop AIDS' 프로그램을 들 수 있다(Singhal and Rogers, 2003). 하위 집단의 경우에는 공식적 권위에 의한 정보제공보다는 동료들이 제공하는 정보가 더욱 신뢰성이 있고 행동변화를 유발시키는 효과가 크다는 것이 이 프로그램의 기본적 가정이다(Shepherd, Turner, and Weare, 1999). 다만 동성애자가 동료교육을 실시할 경우 게이들이 모이는 장소, 즉 게이바 같은 곳을 교육의 장소로 활용하는 경우가 많은데 이것이 비효과적이란 지적이 있기 때문에 장소에 대한 고려가 필요하다(Warwick et al., 2003).

이런 프로그램에는 지역사회 건강증진과 임파워먼트 개념이 도입되는 것이 보통이다. 만일 건강증진의 개념을 도입한다면 지금까지의 집단중심의 강제성(*compliance*)을 개인들의 자발적 수용(*adherence*)

에 기초한 행동실천으로 바꾸는 것이 필요하다. 그런데 자발성은 개인의 동기화와 결단으로 생성될 수도 있지만 그 과정은 매우 어려운 것이 보통이다. 금연이나 절주 또는 운동과 같은 것들이 혼자서 실행하기 어려운 것과 유사하다.

따라서 세계의 보건학계에서 권고하는 방안은 집합적으로 건강증진을 하도록 유도하는 것이다. 혼자 실행하기는 어려워도 같이 하면 쉬워질 수 있는 것이다. 이런 점에서 UN에서도 집단의 경험을 공유할 것을 권고한다. 고위험군이 유지하는 성 행동 양식은 문화적으로 구성된 것이기 때문에 개개인이 단독으로 새로운 건강지향적 성 행동 양식을 실천하기는 매우 어렵다. 따라서 이들의 행동변화는 이들의 생활개선을 도와주는 외부의 사회적 지지를 받거나 아니면 개개 행위자들 간의 역량강화(*interpersonal empowerment*)에 의하여 추진될 수 있다(Myrick, 1996).

즉 지금까지 고위험군에 속한 개인들은 단순히 사업대상으로 간주되어 일방적인 검진과 투약 또는 교육의 대상으로만 존재했는데 이럴 경우 예방홍보의 효과는 매우 제한될 수밖에 없기 때문에 고위험군 스스로 생활습관의 개선에 나서도록 하는 '자조적 건강증진'의 방법을 사용할 필요가 있다. 만일 이러한 집단자조관리의 단계로 나아가는 것이 현실적 여건상 어렵다면 자발성의 개념에 기초한 사례관리의 방식을 도입하는 것이 중간적 해결책일 수 있다(에이즈퇴치연맹, 2003c).

감염인의 개별적인 자기관리(*self-care*)나 집단적 상호관리(*mutual care*)가 쉽지는 않은 것이기 때문에 사회복지사 등 사례관리자들이 개입하여 감염인들이 과학적 관리지침을 얼마나 잘 따르는지를 평가하고 장애가 되는 요소가 무엇인지 파악하여 이를 극복하기 위한 다양한 전략들을 적절하게 선택, 조정, 통합하는 것이 사례관리자의 역할이 된다. 여기서 사례관리도 감염인의 자발성이 전제되지 않으면 하향식의 전문가주의와 다를 바 없다는 점을 주의해야 한다.

  자발성에 기초한 에이즈 정책이 되기 위해서는 감염인 집단이나 취약집단들의 역할이 향상되어야 한다. 한국의 시민사회 발전수준이 아직 서구사회에 미치지 못하기 때문에 감염인 집단이나 취약집단들의 역량이 부족하고 정부와 동반자 관계를 구성할만한 수준에 있지 못한 것은 사실이다. 그러나 부분적으로 동성애 단체들이 상담소 운영이나 교육에 참여하는 점은 과거에 비하여 진일보한 상황이라고 할 수 있다. 정부는 이들의 역할을 향상시키는 방향으로 장기적인 정책적 노력을 할 필요가 있을 것이다. 동성애자 동료교육도 이런 측면에서 계속 강화해 나갈 필요가 있는 정책이다.

결론: 질병관리에서 성과 인권으로 10장

한국에서 에이즈는 철저하게 질병으로 규정되고 관리되어 왔다. 다행히도 1990년대까지는 HIV 감염이 낮은 수준을 유지하였으나 2000년대 이후 감염이 빠른 속도로 증가하고 있다. 따라서 HIV 전파 차단과 감염예방에 초점을 두었던 에이즈 예방정책에 대한 재고가 필요한 시점이다. 한국에서 에이즈는 지속적으로 대중적 공포의 대상이 되어왔고 낙인과 차별에 관련된 크고작은 많은 사건들을 만들었지만 동시에 감염인들은 자신의 처지를 정치적으로 이슈화시키지 못하고 낙인을 감수하고 숨어살 수밖에 없었다.

만일 미국에서처럼 에이즈가 질병보다는 지배집단과 주변화된 집단 사이에 성 도덕과 성 정체성을 두고 갈등이 빚어졌다면 상당히 다른 상황이 전개되었을 수도 있다. 미국사회에서는 에이즈로 인하여 심각한 집단갈등이 조성되기는 하였지만 궁극적으로는 이를 극복하면서 사회적으로 고질화되어있던 낙인관계 자체가 변화되었다. 반면 한국에서는 성 행동이나 성 정체성을 둘러싼 표면화된 갈등이 없었고 질병의 공포만이 부풀려지면서 에이즈는 감염인들에게 새로운 낙인관계를 강제하였고 지금까지도 낙인의 효과는 지속된다. 즉, 미국과 한국은 에이즈의 사회적 구성이 전혀 다르게 진행된 것이다.

일상생활의 한 부분 또는 일탈적인 사회현상이 질병으로 규정되면서 치료대상이 되는 의료화 현상의 사례는 임신과 출산, 정신 장애, 흡연과 음주, 약물 복용 등 매우 많다. 의료화가 진행되면서 나타나는 중요한 결과 중의 하나는 정치적 사회적 논쟁이 종식되고 치료에 대한 순응이 기대된다는 점이다. 한국에서는 이 현상이 유독 두드러진다. 대마초 흡연에 대한 찬반 논쟁이 서구사회에서는 지속적으로 전개되지만 우리 사회에서는 거의 찾아보기 어렵다. 금연 정책이 자유권을 침해한다는 반대 주장도 드물었고, 비만의 경우에도 과도한 살빼기의 위험성을 지적하는 경우는 많지만 반대로 몸매의 다양성 측면에서 뚱뚱함 그 자체를 수용하자는 식의 주장은 거의 없었다. 이것은 미국에서 비만을 두고 논쟁이 전개된 것과 대비된다(Saguy and Riley, 2005).

즉 건강 담론에 의학적 관점만 존재하고 사회적 관점이 빈약함을 말해 준다. 수돗물 불소화를 둘러싼 논쟁만이 비교적 활발하게 전개되었는데 이것은 불소화를 추진하는 보건의료전문가 그룹에 대항하여 잘 조직화된 환경운동가들이 있었기 때문이다. 에이즈의 경우에도 다르지 않다. 에이즈 괴담은 많지만 에이즈 논쟁은 거의 없었다. 에이즈는 성 문제에서 비롯된 질병임에도 불구하고 성에 대하여 말하고 논쟁을 전개할 전문가 그룹도 없고 조직화된 지지세력도 없는 상황에서 에이즈는 단지 질병으로 규정되고 관리될 수밖에 없었다.

전 세계적으로 에이즈는 가장 치명적이고 또 파괴적인 질병이다. 현재 3,300만 명이 감염되어 있고 매년 300만 명이 새로 감염될 정도로 감염자의 수도 많을 뿐만 아니라 에이즈로 인하여 초래되는 개인, 가족, 지역사회, 기업, 학교와 병원, 국가에 미치는 사회경제적 부담도 매우 크다. 그러다보니 에이즈는 수많은 정책적, 이론적 논쟁을 야기한다. 에이즈 검사를 둘러싼 인권 대 검사 효율성 논쟁부터 동성애자와 성노동자 권리보호와 비범죄화 문제, 에이즈 고아에 대한 구제, 일상생활과 치료현장에서의 차별 문제, 출산권과 질병관리의 대립, 성교육 방법론, 치료제 접근권, 국제 원조의 공과 등 수많은 주제를 두고 에이즈 세계학회나 지역별 학회에서 논쟁이 진행된다. 그런데 우리나라의 경우에는 에이즈를 둘러싼 논쟁이 거의 없다. 인권에 대한 문제제기가 간간이 있었을 뿐이다. 에이즈 담론이나 논쟁이 부재한 것은 한편으로는 에이즈의 발생 빈도가 낮기 때문일 수도 있고, 다른 한편 질병 문제를 의학적으로만 접근함으로써 사회적 이슈화가 되지 않는 한국사회 특유의 상황조건 때문일 수도 있다.

그런데 여기서 우리가 심사숙고해 볼 과제는 지난 20여 년간 에이

〈표 10-1〉 전 세계 HIV 감염자 수, 유병률 및 사망자 수

지 역	감염추정치 (천 명)	성인유병률 (%)	여성 (15~24세) 유병률(%)	에이즈사망 (천 명)
전 세계	33,000	0.8	0.6	2,000
사하라 이남 아프리카	22,000	5.0	3.2	1,500
동아시아	740	0.1	<0.1	40
오세아니아	74	0.4	0.2	1
동남아시아	4,200	0.3	0.5	340
동유럽/중앙아시아	1,500	0.8	0.1	58
서유럽/중유럽	730	0.3	0.2	8
북아프리카/중동	380	0.3	0.3	27
북아메리카	1,200	0.6	0.7	23
카리브해 지역	230	1.1	0.4	14
라틴아메리카	1,700	0.5	0.2	63

자료: UNAIDS. 2008 Report on the Global AIDS Epidemic

즈가 폭발적으로 확산되었고 확산을 방지하고 감염을 예방하기 위하여 많은 노력을 했음에도 불구하고 에이즈의 위험이 낮아지지 않는 이유는 무엇일까 하는 점이다. 의학계에서는 에이즈에 대한 효과적인 통제가 가능해졌음에도 불구하고 의학적 진단과 치료에 대한 접근이 제한되었기 때문인 것으로 보는 경향이 강하다. 그래서 인권보호를 위한 절차를 완화시키더라도 에이즈 검사를 확대해야 한다고 주장한다. 검사를 받아 자신의 감염 여부를 알게 되면 (성) 행동을 조심하게 될 것이고 또 치료를 받음으로써 타인에게 바이러스를 감염시킬 확률이 낮아질 것이라고 가정한다.

이러한 생각은 비단 에이즈 문제에 처음으로 적용된 것은 아니다. 생의학(biomedicine)이 발전하면서 의학계는 '질병 박멸'의 날이 멀지 않았다는 생각을 하였다. 여기서 남는 문제는 발전된 의학적 치료를 받게 되면 생명을 유지할 수 있음에도 불구하고 왜 사람들은 제때에 의료서비스를 이용하지 않는가 하는 의문이었다. 서구 선진국들은 복지국가 체계를 확립하면서 의료서비스 이용 시 경제적 부담을 사실상 제거하였기 때문에 문제는 대중을 어떻게 각성시키고 동기화시켜 조기 검진을 받게 만들고 건강 지향적 행동을 하게 만들 것인가로 귀착되었다(조병희, 2006: 158~163).

이러한 의학적 인식에 대하여 사회학자들은 의학이 질병을 효과적으로 치료할 수는 있지만 질병이 만들어지는 사회경제적 조건이나 삶의 현장을 재구성하는 문제는 외면하고 있다고 비판한다. 즉, 의학은 질병이란 강물에 빠진 사람을 열심히 구조해 내지만 사람들을 강물에 빠뜨리는 사회구조적 원인에 대해서는 외면한다는 것이다. 에이즈 문제로 돌아가 생각해 보면 대부분의 에이즈가 성 접촉에 의하여 발생하는데 성 자체에 대한 고찰과 이해가 선행되지 않고는 제대로 된 예방대책을 만들기 어렵다는 것이다. 성에 대한 고려 없이 단순히 검사만을 활성화시키고자 하는 것은 강물에 빠지는 원인에

대한 고려 없이 구조에만 급급해 하는 것과 다르지 않다.[1]

여기서 우리는 성을 에이즈 문제 인식과 해결책 모색에 우선적으로 고려해야 할 필요가 있음을 이해해야 한다. 질병의 관점에서 바라보면 누군가와 성관계를 하는 것은 곧바로 HIV에 감염되는 행위이다. 하지만 그 당사자는 그 순간 감염을 걱정한 것이 아니라 사랑에 몰두했을 뿐이다(Boyce, 2007). 의학의 관점에서는 이러한 행위가 단순히 위험을 감수하는 무모한 행위이거나 위험을 알지 못하는 무지한 행위로 간주될 것이다. 이 행위 때문에 에이즈에 걸려 죽게 되었을 때 그는 에이즈라는 병에 걸려 죽은 것이겠지만 다른 관점에서 보면 그는 그렇게 행동할 수밖에 없었던 처지나 신념, 또는 사랑 때문에 죽은 것으로 생각할 수도 있다.

성은 매우 복잡한 사회심리 현상이다. 21세기 서구인들에게는 성이 친밀성의 표현, 주체적인 결정의 결과물일 것이다. 그러나 많은 비서구인들에게는 성이 생계의 수단일 수도 있고, 부부간의 의무이거나 잠자리를 얻기 위한 대가이거나 전쟁과 폭력의 수단이거나 아니면 그저 낯선 사람과 한때 즐기는 것일 수도 있다. 이렇게 다양한 상황에서 이루어지는 성관계에 대하여 단지 에이즈의 위험을 거론하면서 안전한 성을 동기화시키는 것은 어려울 수밖에 없다. 즉 의학적 관점에서는 질병 위험이란 요소로 성 전체를 환원시키려 하지만 이것은 거의 불가능한 작업이다.

친밀성의 표현으로서의 성이 보편화된 서구사회에서조차 파트너나

---

1) 물론 성 이전에 각국의 사회구조가 더 근본적 원인일 수 있다. Barnett과 Whiteside(2002)의 분석에 의하면 아프리카 지역 내에서도 에이즈 확산은 국가마다 구체적 추동 원인은 달랐다. 우간다와 콩고에서는 부패한 정부와 전쟁이 주요인이었고, 탄자니아에서는 경제적 사회적 변화가 위험환경을 야기하였다. 남아프리카 공화국에서는 인종차별이 근본원인이었다. 이러한 사회구조적 요인들이 성 행동에 제약조건으로 작용하고 그 결과 에이즈 확산에 매우 취약한 성 행태가 고착되었다는 것이다.

상황에 따라 성 안전을 위한 협상이 제대로 진행되지 않을 수 있다 (Lear, 1997). 미국의 경우에 2000년대에도 동성애자들에게서 에이즈 발생이 적지 않게 나타나고 있는데 일부에서는 이것이 치료약이 좋아져서 동성애자들이 에이즈를 두려워하지 않게 되었기 때문이라고 생각하지만 마틴(Martin, 2006)은 이러한 주장이 성의 특성을 이해하지 못한 데서 비롯되었다고 비판하였다. 동성애자나 게이들에게 성 관계를 통한 초월적 경험(transcendant experience) 또는 심령적 경험을 얻고자 하는 동기가 강한데 성 안전에 대한 강조는 여기에 물리적 장애요인이 될 수 있다는 것이다. 즉, 에이즈로 인한 게이들의 성 위험 직면과 안전한 성 담론 개발로 그 위기를 벗어나기도 했지만 그럼에도 불구하고 일부 게이들은 그러한 위험보다는 자신들의 초월적 경험을 더 중요시 한다는 것이다.

권력적 요소가 크게 작용하는 비서구적 성의 경우에는 성 안전 협상 자체가 애당초 어려울 수 있다. 에이즈 발생이 심각한 상황이기는 하지만 아프리카 지역을 제외하면 대체로 동성애자, 성노동자, 마약중독자, 청소년 등 사회적으로 취약한 집단에 상대적으로 집중되어 발생하고 있다. 이들 집단은 권력적 요소에 더 취약한 성을 가지고 있을 가능성이 크다. 집단의 규범이나 권력관계 또는 생계유지의 필요성이 에이즈 위험에 대한 인식을 압도할 수 있기 때문에 이들에게 질병예방만을 강조하면서 안전한 성을 주문하는 것은 효과가 높지 않을 것이다.

권력적 요소의 또 다른 측면은 성을 공개적이고 노골적으로 이야기하기 어렵게 규제한다는 것이다. 미국의 ABC 정책이 실패했던 것은 성의 적나라함을 에둘러 피해가면서 성에 대한 포괄적인 역량배양은 하지 않고 단지 금욕(A)과 헌신(B)만을 강조했기 때문이다. 심지어 마지막 수단으로 콘돔(C)을 사용하라고 하면서도 정작 콘돔을 언제 어떻게 사용해야 하는지에 대해서는 충실하게 가르치지 않았다. 성관계는 두 당사자가 개입되는 일이기 때문에 성 안전은 어떤 형태로든지 협상과정을 거치면서 실천되기 마련이다. 그런데 성이 권력적 요소의 영향을 받을 경우에는 성에 대하여 드러내어 이야기하기 어렵게 된다. 즉 두 당사자 사이의 관계가 사회적 지위의 차이가 크고 권력적 지배 복종의 관계로 구성되어 있을 경우에 상대방의 성 이력이나 성 안전에 대한 의지 또는 콘돔 사용여부에 대하여 이야기하고 협상하기 어렵게 된다는 것이다.

따라서 여성이나 소수자 집단의 지위향상이 성 안전 실천에 근본적으로 필요한 조건이 되지만 이것은 사회구조적 개혁이기 때문에 추진하기가 쉽지 않다. 현실적인 접근법은 이 당사자들 개개인의 역량을 배양하고 가능하면 이들 사이의 연대를 구성하여 집단적인 대처능력을 향상시키는 것이다. 호주의 동성애자나 성노동자에 대한 집단 건강증진 정책이 대표적인 사례라고 할 수 있다. 안전한 성을 실천하도록 하려면 성의 자율성과 협상과 합의에 기초한 성관계가 가능하도록 해야만 한다(Berer, 2004). 또 구조적 수준에서는 젠더 불평등이 극심할 경우일지라도 개인의 의식화나 주변의 도움을 얻을 경우에 성 안전을 추구하는 것이 불가능하지는 않다는 것도 사실이다(Mane and Aggleton, 2000).

의학적 관점은 흔히 질병위험과 관련하여 개인의 합리적 행위와 책임을 가정한다. 개인에게 어떤 성행위의 위험성을 알리면 그는 그러한 행위를 하지 않을 책임을 갖는다. 만일 이러한 책임을 다하지 못하면 공권력이 이를 규제해야 한다고 본다. 그런데 책임이란 그에게 감당할만한 역량과 기회가 주어졌을 때 가능한 것이다. 그렇지 못하면 그는 (위험을 알면서도) 다시 위험을 감수할 수밖에 없게 된다. 공중보건의 역사에서 유명한 'Typhoid Mary'의 경우가 그렇다.

20세기 초 가난한 아일랜드 이민자였던 메리 맬런(Mary Mallon)은 뉴욕에서 요리사로 일하다가 장티푸스에 감염된다. 그녀 자신은 질병증상이 나타나지 않았지만 주변 사람들을 감염시킨다. 3년간 병원에 수용되었다가 석방된 이후 그녀는 다른 이름을 사용하면서 여전히 요리사로 일하다가 다시 주변 사람들을 감염시켰다. 그녀는 다시 체포되어 격리병원에 수용되어 23년을 보내다가 거기서 죽었다. 메리(Mary)가 위생 접객업소가 아닌 다른 일을 할 수 있는 능력과 기회가 있었다면 이러한 비극은 재발되지 않았을 수도 있다. 보건당국은 메리(Mary)에게 그러한 역량을 키워주기보다는 개인에게 책임을 묻고 사회로부터 격리시켰을 뿐이다.

챈과 리드패스(Chan and Reidpath, 2003)는 'Typhoid Mary'가 과거에만 존재했던 것이 아니고 현재에도 유사하게 존재한다고 주장하면서 에이즈 감염자인 'HIV Jane'을 제시하였다. 장티푸스와 에이즈는 질병 특성과 역사적 시기는 다르지만 감염인에게 책임을 묻고 이들의 생활을 제한하는 방식의 질병예방 전략은 매우 흡사하였다는 것이다.

결국 감염인의 인권과 역량을 배양할 때 책임에 대한 인식도 현실화될 수 있는 것이지만 이를 위해서는 국가나 지역사회가 그러한 실천이 가능하도록 제도를 만들고 사회적 지원을 선행해야 할 '책임'이 있다. 인권보호와 사회적 지원은 지역사회 구성원들이 다함께 건강하려는 인식 위에서 만들어지는 것이고 주민 상호 간의 상당한 신뢰와 사회자본이 갖추어져야 가능한 일이다. 질병위험에 대한 지역사회 접근법은 지역사회에 내재된 권력적 위계를 벗어나 지역사회의 역량과 사회자본을 강화시켜 질병위험에 공동대응하자는 것인데 구성원 상호 간에 신뢰와 공존번영의 합의가 없이는 달성하기 어렵다. 반면 기존의 의학적 접근법은 문제된 개인에게 책임을 물어 공동체에서 제거하는 방식으로 현재화된 위험을 일시적으로 낮추어주는 효과가 있다. 그렇지만 지역사회에 내재된 에이즈 발생위험 가능성 자체를 개선하는 것은 아니기 때문에 에이즈는 토착화된 형태의 위험으로 계속 남아 있게 된다. 에이즈 낙인과 차별은 이러한 기존의 권력적 질서가 계속 유지 재생산되도록 만드는 좋은 자양분과 같은 역할을 한다. 우리 사회에서 에이즈 문제를 두고 지역사회 접근법의 시도가 부재하고 에이즈에 대한 공포와 낙인, 감염인에 대한 차별만이 가득하다는 것은 역으로 우리의 지역사회가 매우 권력적으로 위계화 되어 있고, 사회적 약자에 대한 배려가 취약하며, 이를 극복하기 위한 공동체의 신뢰와 사회자본이 빈약한 수준임을 나타내는 것이다. 이런 상황에서 현재 질병으로만 인식되는 에이즈가 권리와 인권과 성의 코드로 변화하려면 더 많은 시간이 필요할 것이고 에이즈 위험은 당분간 계속될 것으로 보인다.

저서 및 논문

권관우·이경무·변진옥(2002), "HIV/AIDS와 더불어 살아가는 사람들의 차별에 관한 연구", 〈보건과 사회과학〉 12, pp. 199~218

김정순(1985), "AIDS의 예방 및 관리원칙", 〈한국역학회지〉 7(2), pp. 177~182

박민선(1996), "90년대 한국 레즈비언 담론의 분석과 전망: '끼리끼리' 사례분석을 중심으로", 계명대학교 여성학대학원 석사학위 논문

변진옥(2003), "한국남성 HIV 감염자들의 경험에 대한 현상학적 고찰", 서울대 보건대학원 석사논문

서동진(1993), "근대 자본주의 사회에서 동성애 정체성의 사회적 구성에 관한 연구", 연세대학교 대학원 석사학위 논문

_____(1996), 《누가 성 정치학을 두려워하랴》, 문예마당

손애리·조병희(2003), "전국도시주민들의 콘돔사용실태 및 콘돔사용에 영향을 미치는 요인: 의사결정균형과 자기효능이론을 바탕으로", 〈한국보건통계학회지〉 28(2), pp. 76~94

양봉민(1997), "에이즈 검진사업의 경제성. 세계에이즈의 날 종합행사 특별강연", 1997. 12. 1

유원하(1985), "후천성 면역결핍증(AIDS)의 예방대책", 〈한국역학회지〉 7(2), pp. 183~168

이마이 구미오(1988), "한 에이즈 위험집단의 실태", 연세대학교 보건대학원 석사학위 논문

정현미(1999), "후천성면역결핍증과 형법"

조병희(2001), "러브호텔의 사회학", 〈사회비평〉 30, pp. 124~136

_____(2004), "SARS와 아시아의 타자화", 〈황해문화〉 43, pp. 196~219

_____(2006), 《질병과 의료의 사회학》, 집문당

조병희·손애리·권동석(2004), "도시주민의 인구사회적 특성별 성행태 실

태", 〈보건과 사회과학〉 15, pp. 165~193

조성배(2003), "게이남성의 소비공간과 몸의 정치학", 연세대 대학원 문화학 협동과정 석사학위 논문

지은희(1988), "팔팔올림픽과 에이즈", 〈샘이 깊은 물〉 1988(4월호), pp. 159~163

최선욱(1996), "한국게이운동의 담론분석: '친구사이' 사례를 중심으로", 서울대학교 대학원 석사학위 논문

한성현·박인선·백연옥(2000), "서울지역 일부 고등학생들의 성행태 및 관련요인분석", 〈보건교육 건강증진학회지〉 17(1), pp. 19~39

Aggleton, P., P. Davies and G. Hart, eds. (1997), *AIDS: Activism and Alliance*, London: Taylor and Francis

Allyn, D. (2000), "Make Love, Not War: The Sexual Revolution", *An Unfettered History*, Boston: Little Brown

Altman, D. (1982), *The Homosexualization of America*, *The Americanization of Homosexuality*, New York: St. Martin's Press

Andriote, J. (1999), *Victory Deferred: How AIDS Changed Gay Life in America*, Chicago: The University of Chicago Press

Bajos, N. and J. Marquet(2000), "Research on HIV Sexual Risk: Social Relations-based Approach in a Cross-cultural Perspective", *Social Science & Medicine* 50, pp. 1533~1546

Balin, J. (1999), *A Neighborhood Divided: Community Resistance to an AIDS Care Facility*, Ithaca: Cornell University Press

Barnett, T and A. Whiteside(2002), *AIDS in the 21st Century: Disease and Globalization*, New York: Macmillan

Berer, M. (2004), "Sexuality, Rights and Social Justice", *Reproductive Health Matters* 12(23), pp. 6~11

Berridge, V. and P. Strong(1992), "AIDS Policies in the United Kingdom: A Preliminary Analysis", Fee and Fox eds., 1992: pp. 299~325

Blachford, G. (1981), "Male Dominance and Gay World", Plumer eds., 2002: pp. 295~320

Boyce, P. et al. (2007), "Putting Sexuality (back) into HIV/AIDS: Issues,

Theory and Practice", *Global Public Health* 2(1), pp. 1~34

Brandt, A. M. (1996), "AIDS in Historical Perspective: Four Lessons from the History of Sexually Transmitted Diseases", *American Journal of Public Health* 78(4), pp. 367~371

Brown, M. P. (1997), *Replacing Citizenship: AIDS Activism and Radical Democracy*, New York: the Guilford Press

Bunton, R., S. Nettleton and R. Burrows, eds. (1995), *The Sociology of Health Promotion: Critical Analysis of Consumption, Lifestyle, and Risk*, London: Routledge

Campenhoudt, L. V., M. Cohen, G. Guizzardi and D. Hausser, eds. (1997), *Sexual Interactions and HIV Risk: New Conceptual Perspectives in European Countries*, London: Taylor and Francis

Canadian HIV/AIDS Legal Network (2005), "Briefing Paper: Outcomes of the Symposium on HIV Testing and Human Rights"

Chan, K. Y. and D. D. Reidpath (2003), "Typhoid Mary and HIV Jane: Responsibility, Agency and Disease Prevention", *Reproductive Health Matters* 11(22), pp. 40~50

Chesney, M. and A. W. Smith (1999), "Critical Delays in HIV Testing and Care", *The American Behavioral Scientist* 42(7), pp. 1162~1174

Cohen, P. F. (1998), *Love and Anger: Essays on AIDS, Activism and Politics*, New York: Harrington Park Press

Cook, T. E. (1999), "The Empirical Study of Lesbian, Gay, and Bisexual Politics: Assessing the First Wave of Research", *American Political Science Review* 93(3), pp. 679~692

Cossta, P. T. and G. R. VandenBos, eds. (1990), *Psychological Aspects of Serious Illness*, Washington, DC: American Psychological Association

Coulter, I. D. and C. A. Maida (2005), "Destigmatization of HIV: Progress or Regress?", *International Journal of Self Help and Self Care* 3(3), pp. 213~260

Coxon, A. P. M. (1995), "Networks and Sex: The Use of Social Networks as Methods and Substance in Researching Gay Men's Response to HIV/AIDS", Parker and Gagnon eds., 1995, pp. 215~234

Crandall, C. S. and R. Coleman (1992), "Aids Related Stigmatization and the Disruption of Social Relationships", *Journal of Social and Personal Relationships* 9, pp. 163~177

Crimp, D. (1988), *AIDS: Cultural Analysis Cultural Activism*, Cambridge, MA: The MIT Press

Csete, J. and R. Elliott (2006), "Scaling up HIV Testing: Human Rights and Hidden Costs", *HIV/AIDS Policy & Law Review* 11 (1), pp. 4~10

Davis, W. (2004), "History and the Laboratory of Sexuality", Paper Presented at the Symposium on Foucault at Berkeley-twenty Years Later at Townsend Center for the Humanities Institute for European Studies, UC Berkeley, October 16, 2004

De Cock, K. M., D. MBori-Ngacha, and E. Marum (2002), "Shadow on the Continent: Public Health and HIV/AIDS in Africa in the 21st Century", *Lancet* 360 (July 6), pp. 67~72

Dean, J. J. 2006. "Straight men", Seidman eds., 2006, pp. 135~142

Dearing, J. W. (1992), "Foreign Blood and Domestic Politics: The Issue of AIDS in Japan", Fee and Fox eds., 1992, pp. 326~345

DeLamater, J. D. and J. S. Hyde. (1998), "Essentialism vs Social Constructionism in the Study of Human Sexuality", *The Journal of Sex Research* 35 (1), pp. 10~18

Douglas, M. (1966), *Purity and Danger*, London: Routledge & Kegan Paul

_____ (1985), *Risk Acceptability According to the Social Sciences*, New York: Russel Sage Foundation

_____ (1992), *Risk and Blame: Essays in Cultural Theory*, London: Routledge

Douglas, M. and A. Wildavsky (1982), *Risk and Culture: An Essay on the Selection of Technological and Environmental Dangers*, Berkeley: University of California Press

Doyal, L. (1995), *What Makes Women Sick: Gender and the Political Economy of Health*, New Brunswick, NJ: Rutgers University Press

Echols, A. (2002), *Shaky Ground: The Sixties and Its Aftershocks*, New York: Columbia University Press

Edgardh, K. (2002), "Sexual Behaviour and Early Coitarche in a National

Sample of 17-year-old Swedish boys", *Acta Paediatr* 91, pp. 985~991

Edwards, M. (1997), "AIDS Policy Communities in Australia", Aggleton eds., 1997, pp. 41~57

Eisenstadt, K. and P. Gatter (1999), "Coming Together: Social Networks of Gay Men and HIV Prevention", Aggleton eds., Hart and Davis, 1999: pp. 99~120

Epstein, S. (1996), *Impure Science: AIDS, Activism, and the Politics of Knowledge*, Berkeley: University of California Press

Epstein, S. 2003. "Sexualizing Governance and Medicalizing Identities: The Emergence of State-centered LGBT Health Politics in the United States", *Sexualities* 6(2), pp. 131~171

Escoffier, J. (1998), *American Homo: Perversity and Community*, Berkeley: University of California Press

_____(1999), "The Invention of Safer Sex: Vernacular Knowledge, Gay Politics and HIV Prevention", *Berkeley Journal of Sociology* 43(Spring), pp. 1~28

_____(2003b), "Fabulous Politics: Queer, Lesbian and Gay Movements, 1969~1999", Gosse and Moser eds., 2003, pp. 191~218

_____(2004), "The Sexual Revolution, 1960~1980", http://www.glbtq.com/social-sciences/sexual_revolution.html

Escoffier, J. ed. (2003a), *Sexual Revolution*, New York: Thunder's Mouth Press

Fee, E. and D. M. Fox, eds. (1992), *AIDS: The Making of a Chronic Disease*, Berkeley: University of California Press

Fee, E. and M. Parry (2008), "Jonathan Mann, HIV/AIDS, and Human Rights", *Journal of Public Health Policy* 29, pp. 54~71

Fischer, N. L. (2006), "Purity and Pollution: Sex as a Moral Discourse", Seidman eds., 2006, pp. 51~58

Foucault, M. (Translated by Robert Hurley) (1988), *The History of Sexuality, vol.3, The Care of the Self*, New York: Pantheon

Fox, D. M. (1992), "The Politics of HIV Infection: 1989~1990 as Years of Change", Fee and Fox eds., 1992, pp. 125~143

Gagnon, J. and W. Simon (1973), *Sexual Conduct: The Social Sources of*

Human Sexuality, Chicago: Aldine

Gensheimer, K. F. (2003), "Remembering Jonathan M. Mann in a World Jar", *Emerging Infectious Disease* 9(9), pp. 1181~1182

Giddens, A. (1990), *The Consequences of Modernity*, Cambridge: Polity Press

_____(1992), *The Transformation of Intimacy: Sexuality, Love & Eroticism in Modern Societies*, Stanford: Stanford University Press

Gillies, P., K. Tolley, and J. Wolstenholme(1996), "Is AIDS a Disease of Poverty?", *AIDS Care* 8(3), pp. 351~363

Goffman, E. (1963), *Stigma: Notes on the Management of Spoiled Identity*, NY: Simon & Schuster

Goldstein, D. E. (2004), *Once upon a Virus: AIDS Legends and Vernacular Risk Perception*, Logan: Utah State University Press

Gosse, V. and D. Moser, eds. (2003), *The World the Sixties Made: Politics and Culture in Recent America*, Philadelphia: Temple University Press

Green, K. and J. Serovich. (1996), "Appropriateness of Disclosure of HIV Testing Information", *Journal of Applied Communication Research* 24(1), pp. 50~65

Hallet, M. A. (1997), *Activism and Marginalization in the AIDS Crisis*, New York: Harworth Press

Hardy, S. (2000), "Feminist Iconoclasm and the Problem of Eroticism", *Sexualities* 3(1), pp. 77~96

Hays, R. B. et al. (1993), "Disclosing HIV Seropositive to Significant Others", *AIDS* 7, pp. 425~431

Heidenery, J. (1997), *What Wild Ecstasy: The Rise and Fall of the Sexual Revolution*, New York: Simon & Schuster

Heijnders, M and S. V. D. Meij. (2006), "The Fight Against Stigma: an Overview of Stigma-reduction Strategy and Interventions", *Psychology, Health and Medicine* 11(3), pp. 353~363

Herek, G. (1990), "Illness, Stigma, and AIDS", Cossta and VandenBos eds., 1990, pp. 103~150

_____(1999), "AIDS and Stigma", *American Behavioral Scientist* 42(7), pp. 1106~1116

Horrocks, R. (1997), *An Introduction to the Study of Sexuality*, New York: St. Martin Press

Hubert, M., N. Bajos, and T. Sandfort, Eds. (1998), *Sexual Behavior and HIV/AIDS in Europe*, London: UCL Press

Hyde, J. S. and J. D. Delamater (2006), *Understanding Human Sexuality*, 9th ed, New York: McGrow Hill

Irwin, C. E. Jr. (2006), "Beyond Abstinence: What We Need to Do to Decrease the Risks of Sexual Behavior during Adolescence", *Journal of Adolescent Health* 38(2), pp. 165~168

Järvelaid, M. (2004), "Adolescent Tobacco Smoking and Associated Psychosocial Health Risk Factors", *Scandinavian Journal of Primary Health Care* 22(1), pp. 50~53

Joffe, H. (박종연·박해광 공역) (2002), 《위험사회와 타자의 논리》, 한울

Johnny, L and C. Mitchell (2006), "'Live and Let Live': An Analysis of HIV/AIDS-related Stigma and Discrimination in International Campaign Posters", *Journal of Health Communication* 11, pp. 755~767

Kendall, C. (1995), "The Construction of Risk in AIDS Control Program: Theoretical Bases and Popular Responses", Parker and Gagnon eds., 1995, pp. 249~258

Kinsey Institute (1996), "Alfred Kinsey's 1948 and 1953 Studies", http://www.kinseyinstitute.org/research/ak-data.html

Kirby, D. (2007), *Emerging Answers 2007: Research Findings on Programs to Reduce Teen Pregnancy and Sexually Transmitted Diseases*, The National Campaign to Prevent Teen and Unplanned Pregnancy

Klizman, R. (1997), *Being Positive: The Lives of Men and Women with HIV*, Chicago: Uan R. Dee

Kramer, L. (1994), *Reports from the Holocaust: the Story of an AIDS Activist*, New York: St. Martin

Kruger, S. E. (1996), *AIDS Narratives: Gender and Sexuality, Finction and Science*, New York: Garlander Publishing

Lancet (2008), "HIV Prevention" (온라인 게재논문을 모은 특집호)

Laumann, E. E. and J. H. Gagnon (1995), "A Sociological Perspective on

404

Sexual Action", Parker and Gagnon eds., 1995, pp. 183~213

Laumann, E. E., J. H. Gagnon, R. T. Michael, and S. Michaels (2000), *The Social Organization of Sexuality: Sexual Practices in the United States*, Chicago: University of Chicago Press

Le Goff, J. and J. C. Sournia, eds. (장석훈 역) (2000), 《고통 받는 몸의 역사》, 지호

Lear, D. (1997), *Sex and Sexuality: Risk and Relationship in the Age of AIDS*, London: Sage

Lee, J. A. (1979), "The Gay Connection", Plumer eds., 2002, p. 157

Lee, J. W. (2007), "Migrant Workers and HIV Vulnerability in Korea", *International Migration* 46(3), pp. 217~233

Lee, J. W. and A. Sohn (2006), "Korea HIV/AIDS Policy on International Migrants-comparing with OECD Countries", 〈보건교육건강증진학회지〉 23(5), pp. 47~73

Lee, R., A. Kochman, and K. Sikkema (2002), "Internalized Stigma among People Living with HIV/AIDS", *AIDS and Behavior* 6(4), pp. 309~319

Lemelle, A. Jr., C. Harrington, and A. J. Leblanc, eds. (2000), *Readings in the Sociology of AIDS*, Upper Saddle River, NJ: Prentice Hall

Lemert, E. (1951), *Social Pathology*, New York: McGraw-Hill

Levine, M. P. (1979), "Gay ghetto", Plumer eds., 2002, pp. 166~182

Liebowitch, J. (1985), *A Strange Virus of Unknown Origin: AIDS*, London: Random House

Ligon-Borden, B. Lee (2003), "Dr. Jonathan Mann: Champion for Human Rights in the Fight against AIDS", *Seminars in Pediatric Infectious Diseases* 14(4), pp. 314~322

Lupton, D. (1999), *Risk*, London: Routledge

MacPhail, C. and C. Campbell (2001), "'I Think Condoms are Good but, Aai, I Hate Those Things': Condom Use among Adolescents and Young People in Southern African Township", *Social Science & Medicine* 52, pp. 1613~1627

Mane, P. and P. Aggleton (2000), "Crossnational Perspectives on Gender and Power", Parker eds., 2000, pp. 104~117

Mann, J. (1999), "Human Rights and AIDS: The Future of the Pandemic", In Mann, J., S. Gruskin, M. A. Grodin, G. J. Annas, eds., *Health and Human Rights*, pp. 216~226, New York: Routledge

Mann, J., D. Tarantolo, J. O'Malley, and the Global AIDS Policy Coalition (2000), "Toward a New Health Strategy to Control the HIV/AIDS Pandemic", Lemelle eds., 2000, pp. 302~310

Marston, C. and E. King. (2006), "Factors that Shape Young People's Sexual Behavior: A Systematic Review", *Lancet* 368, pp. 1582~1586

Martin, J. I. (2006), "Transcendence among Gay Men. Implication for HIV Prevention", *Sexualities* 9(2), pp. 214~235

Masters, W. and V. Johnson. (1966), *Human Sexual Response*, Boston, Little, Brown

McFarlane, R. (2002), "Lessons for Psychiatry from the AIDS Activist Movement", *Journal of Gay & Lesbian Psychotherapy* 6(4), pp. 9~22

Miller, H. (1947), "Remember to Remember", Escoffier eds., 2003, pp. 321~334

Murphy, M. (2006), "Gender and Sexual Politics of Gay and Lesbian Right", Seidman eds., 2006, pp. 454~458

Myrick, R. (1996), *AIDS, Communication, and Empowerment: Gay Male Identity and the Politics of Public Health Messages*, New York: Harrington Park Press

Navon, L. (1996), "Beyond Constructionism and Pessimism: Theoretical Implications of Leprosy Destigmatization Campaigns in Thailand", *Sociology of Health and Illness* 18, pp. 258~276

_____ (1998), "Beggars, Metaphors, and Stigma: A Missing Link in the Social History of Leprosy", *Social History of Medicine* 11(1), pp. 89~105

Newsweek (2006. 5. 15), "How AIDS Changed America"

O'Donnell, L. C., R. O'Donnel and A. Stueve (2001), "Early Sexual Initiation and Subsequent Sex-related Risks among Urban Minority Youth: The Reach for Health Study", *Family Planning Perspectives* 33(6), pp. 268~275

Oetomo, D. (2000), "Masculinity in Indonesia", Parker eds., 2000, pp. 46

~59

Ogletree, R. J., M. K. Dinger, and S. Vesely (2001), "Associations between Number of Lifetime Partners and Other Health Behaviors", *American Journal of Health Behavior* 25 (6), pp. 537~544

Open Society Institute (2007), "Increasing Access to HIV Testing and Counselling while Respecting Human Rights: Background Paper"

Parker, R. and P. Aggleton (2003), "HIV and AIDS-related Stigma and Discrimination: A Conceptual Framework and Implications for Action", *Social Science & Medicine* 57, pp. 13~24

Parker, R. and P. Aggleton (2007), *Culture, Society, and Sexuality: a Reader*, 2nd ed., London: Routledge

Parker, R. G. and J. H. Gagnon, eds. (1995), *Conceiving Sexuality: Approaches to Sexual Research in a Postmodern World*, London: Routledge

Parker, R., R. M. Barbosa and P. Aggleton, eds. (2000), *Framing the Sexual Subject: The Politics of Gender, Sexuality, and Power*, Berkeley: University of California Press

Parsons, T. (1951), *The Social System*, New York: The Free Press

Patton, C. (1990), *Inventing AIDS*, London: Routledge

_____ (1996), *Fatal Advice: How Safe Sex Education Went Wrong*, Durham, N. C.: Duke University Press

Plumer, K. (1984), "Sexual Diversity: A Sociological Perspective", Plumer eds., 2002, pp. 43~75

_____ ed. (2002), *Sexualities: Critical Concepts in Sociology. Vol. III Difference and the Diversity of Sexualities*, London: Routledge

Public Health Agency of Canada (2006), "HIV Testing and Counselling: Policies in Transition? Research Paper Prepared for the International Public Health Dialogue on HIV Testing and Counselling", Toronto, August 17, 2006

Reiss, I. L. (2006), *An Insider's View of Sexual Science since Kinsey*, New York: Rowman & Littlefield Publishers, Inc

Rhodes, T., M. Singer, P. Bourgois, S. R. Friedman, S. A. Strathdee (2005), "The Social Structural Production of HIV Risk among

Injecting Drug Users", *Social Science and Medicine* 61(5), pp. 1026~1044

Robinson, Paul A. (1969), *The Freudian Left: Wilhelm Reich, Geza Roheim, Herbert Marcuse*, New York: Harper & Row

_____(1989), *The Modernization of Sex: Havelock Ellis, Alfred Kinsey, William Masters and Virginia Johnson*, New York: Harper & Row

Rosenstock, R. et al. (2000), "The Normalization of AIDS in Western European Countries", *Social Science & Medicine* 50, pp. 1607~1629

Ross, J. W. (1988), "Ethics and the Language of AIDS", C. Pierce and D. VanDeVeer, eds., *AIDS: Ethics and Public Policy*, pp. 39~48, Belmont: Wadworth Publishing Company

Rubin, G. S. (1998), "Elegy for the Valley of Kings: AIDS and the Leather Community in San Francisco", Plumer eds., 2002, pp. 183~225

Saguy, A. C. and K. W. Riley. (2005), "Weighting Both Sides: Morality, Mortality, and Framing Contests over Obesity", *Journal of Health Politics, Policy and Law* 30(5), pp. 869~921

Santelli, J. S. et al. (2000), "Adolescent Sexual Behavior: Estimates and Trends from Four National Surveys", *Family Planning Perspectives* 32, pp. 156~165

_____(2006), "Abstinence and Abstinence-only Education: A Review of U.S. Policies and Programs", *Journal of Adolescent Health* 38, pp. 72~82

Scambler, G. (1989), *Epilepsy*, London: Routledge

_____(2004), "Reframing Stigma: Felt and Enacted Stigma and Challenges to the Sociology of Chronic and Disabling Conditions", *Social Theory and Health* 2(1), pp. 29~46

_____(2006), "Sociology, Social Structure and Health Related Stigma", *Psychology, Health and Medicine* 11(3), pp. 288~293

Seidman, S., N. Fischer and C. Meeks, eds. (2006), *Handbook of the New Sexuality Studies*, London: Routledge

Sendziuk, P. (2003), *Learning to Trust: Australian Responses to AIDS*, Sydney: University of New South Wales Press

Sharland, E. (2006), "Young People, Risk Taking and Risk Making: Some Thoughts for Social Work", *British Journal of Social Work* 36, pp. 247~265

Shepherd, J., G. Turner, and K. Weare (1999), "A New Method of Peer-led HIV Prevention with Gay and Bisexual Men", Aggleton eds., Hart and Davis, 1999, pp. 163~184

Shilts, R. (1987), *And the Band Played On: Politics, People, and the AIDS Epidemic*, New York: Penguin

Singhal, A. and E. M. Rogers (2003), *Combating AIDS: Communication Strategies in Action*, London: Sage Publications

Siplon, P. D. (2002), *AIDS and the Policy Struggle in the United States*, Washington D. C.: Georgetown University Press

Slovic, P. (1987), "Perception of Risk", *Science* 236, pp. 280~285

_____ (2000), *The Perception of Risk*, London: Earthscan Publication LTD

Smith, R. A. and P. D. Siplon (2006), *Drugs into Bodies: Global AIDS Treatment Activism*, Westpoint, Conn.: Praeger

Sontag, S. (1977) (이재원 역, 2002), 《은유로서의 질병》, 이후

_____ (1988) (이재원 역, 2002), 《에이즈와 그 은유 (은유로서의 질병 PartII)》, 이후

Stengers, J. and A. Van Neck (Translated by Kathryn Hoffmann) (2001), *Masturbation: The History of the Great Terror*, New York: Palgrave

Stockdill, B. C. (2003), *Activism against AIDS at the Intersections of Sexuality, Race, Gender and Class*, London: Boulder

Strode, A., H. van Rooyen, M. Heywood, and Q. A. Karim (2005), "Scaling up HIV Testing in Resource-constrained Settings: Debates on the Role of VCT and Routine Opt-in or Opt-out HIV Testing", *The South African Journal of HIV Medicine* 2005 (September), pp. 45~49

Stueve A. and L. N. O'Donnell (2005), "Early Alcohol Initiation and Subsequent Sexual and Alcohol Risk Behaviors among Urban Youths", *American Journal of Public Health* 95 (5), pp. 887~893

Tan, M. L. (1995), "From Balka to Gay: Shifting Gender Identities and Sexual Behaviors in Philippine", Parker and Gagnon eds., 1995, pp. 85~96

Treichler, P. A. (1988), "AIDS, Homophobia, and Biomedical Discourse: An Epidemic of Signification", Crimps eds., 1988, pp. 31~70

Turner, W. (1978), "San Francisco Mayor is Slain; City Supervisor Also Killed; Ex-Official Gives Up to Police", *The New York Times*, November 28, 1978

UNAIDS(2004a), *2004 Report on the Global AIDS Epidemic*

_____ (2000), *Guideline for Studies of the Social and Economic Impact of HIV/AIDS*

_____ (2004b), *UNAIDS/WHO Policy Statement on HIV Testing*

_____ (2006), *2006 Report on the Global AIDS Epidemic*

UNDP(1999), *HIV Impact Assessment Tool: The Concept and its Application*

_____ (2004), *HIV/AIDS in Central and Eastern Europe and the CIS*

United Nations(2001), *Draft Resolution Submitted by the President of the General Assembly: Declaration of Commitment on HIV/AIDS*

_____ (2004), *The Impact of AIDS*

Warwick, I. et al. (2003), "Context Matters: The Educational Potential of Gay Bars Revisited", *AIDS Education and Prevention* 15(4), pp. 320~333

Weeks, J. (1981), "Discourse, Desire and Deviance", Parker and Aggleton eds., 2007, pp. 125~149

_____ (1986), *Sexuality*, New York: Routledge

_____ (1995), "History, Desire, and Identity", Parker and Gagnon eds., 1995, pp. 33~50

White, K. (2000), *Sexual Liberation or Sexual License?: The American Revolt Against Victorianism*, Chicago: Ivan R. Dee

White, R. and A. M. Cunningham(1992), *Ryan White: My Own Story*, New York: Signet

WHO Europe(2006), "WHO Technical Consultation in Collaboration with the European AIDS Treatment Group and AIDS Action Europe on the Criminalization of HIV and Other Sexually Transmitted Infections", Copenhagen, 16 October, 2006

Wilson, P. A. and H. Yoshikawa(2004), "Experiences of and Responses

to Social Discrimination among Asican and Pacific Islander Gay
Men: Their Relationship to HIV Risk", *AIDS Education and Prevention* 16(1), pp. 68~83
Wilton, T. (1997), *Engendering AIDS: Deconstructing Sex, Text and Epidemic*, London: Sage Publications

연구보고서

국가인권위원회(2005), "HIV 감염인/AIDS 환자들의 인권실태조사"
대한에이즈예방협회 서울특별시회(2003), "서울시 HIV 감염 생존자 실태분석"
보건복지부(1994), "보건의료인력과 에이즈"
뷰리서치(2005), "에이즈 예방캠페인 광고효과 조사연구 보고서"
에이즈추방을 위한 비상공동대책위원회(1988), "AIDS 무엇이 문제인가"
여성부(2003), "외국여성 성매매 실태조사"
외국인노동자 의료공제회(2001), "외국인 노동자 의료백서"
이덕형(1994), "정부의 에이즈 관리대책", 보건사회부 편, 《보건의료인과 에이즈》, pp. 89~105
이순영(1995), "한국의 에이즈 관리 및 감시체계의 효율적 운영방안", 한국보건사회연구원
질병관리본부(2004), "HIV/AIDS 관리지침"
_____(2005), "에이즈에 대한 지식, 태도, 신념, 행태조사"
한국갤럽조사연구소(2007), "에이즈예방 공익광고 효과 조사보고서"
한국보건사회연구원(2005), "금연홍보캠페인의 지원 및 평가"
한국에이즈퇴치연맹(1997), "상담결과분석", 내부자료
_____(2002), "2002년 전 국민 성행태 및 에이즈 의식연구"
_____(2003a), "2003년 전 국민 성행태 및 에이즈 의식연구"
_____(2003b), "고위험군 성행태 및 에이즈 의식조사"
_____(2003c), "에이즈 대응정책 개선을 위한 연구"
_____(2005a), "동성애자 콘돔보급사업 평가설문 조사 결과"
_____(2005b), "2005년 에이즈예방 홍보교육사업 실적보고서"
_____(2006a), "동성애자 홍보사업 평가와 향후 활동을 위한 인터넷 설문조사 결과"

_____ (2006b), "에이즈검사수검자 대상 설문조사 결과"
_____ (2006c), "동성애자 에이즈 상담검사소 성과평가"
_____ (2006d), "이주노동자 에이즈인식 및 성행동 조사보고서"

인터넷 자료

http://en. wikisource. org/wiki/Ryan_White's_Testimony_before_the_
        President's_Commission_on_AIDS
http://en. wikipedia. org/wiki/Ryan_White_Care_Act
http://www. soulcity. org. za
http://www. afraidtoask. com/masturbate/History. htm

성명서 및 보도자료

에이즈인권모임 나누리+(2006. 4.), "에이즈 예방법 개정안에 대한 의견서"
질병관리본부(2004. 2. 2.) "2003년 신규 HIV 감염자 535명 확인"
_____ (2005. 1. 13.) "2004년 12월말 현재 에이즈 현황"
_____ (2006. 2. 13.) "2005년도 에이즈 감염인 발견현황"
_____ (2007. 1. 17.) "2006년 내국인에이즈신규감염 751명"
_____ (2008. 1. 28.) "HIV 감염인 전년대비 증가율 사상처음 감소"

언론보도

BUDDY(2001), "한국동성애자의 다섯 가지 딜레마", 2001(봄, 19호), pp. 1
      4~22
_____ (2002), "한국동성애 커뮤니티 10년간의 연대기", 2002(봄, 20호),
      pp. 16~29
〈강원일보〉(2002. 9. 18.), "에이즈수형자 수용반대 집회"
〈경향신문〉(1991. 12. 9.), "에이즈감염 의혹 29명 잠적/보건당국/의사회 통
      해 병원에 수배공문"
_____ (2003. 5. 12.), "구멍 뚫린 에이즈 환자 관리"
〈국민일보〉(1994. 9. 6.), "접대부 쇼크 후…당국불신·악성루머 확산, 에이

즈 공포 신드롬"

〈동아일보〉(2002. 4. 9.), "성관계 후 에이즈 농담, 살인 불러"

_____ (2004. 1. 26.), "나도 모르는 에이즈 검사 많다…동의 없이 건강검진 포함"

〈서울신문〉(1991. 12. 8.), "에이즈 여우, 복수 행각설, 굳어지는 조작극".

_____ (1993. 3. 25.), "보사부 방역과장 신동균씨"

〈세계일보〉(1990. 6. 15.), "에이즈 처녀 분풀이 행각, 괴소문 시끌"

_____ (1990. 3. 14.), "콘돔으로 에이즈 예방/지하철에 포스터 등장"

_____ (1990. 7. 14.), "에이즈 치료센터 지을 곳이 없다"

_____ (1991. 12. 16.), "AIDS 감염 안됐을까 걱정 17%"

_____ (1992. 7. 23.), "현대의학의 한계…에이즈 수혈감염"

_____ (1995. 4. 9.), "살인사건 계기로 본 국내동성연애 실태"

_____ (2002. 12. 22.), "에이즈 무지 지나치다"

_____ (2003. 10. 28.), "에이즈 걸렸다, 성폭행 모면"

〈연합뉴스〉(2002. 9. 17.), "에이즈수형자 통합수용 반대 원주시민 결의대회"

〈조선일보〉(1987. 2. 13.), "죽음의 병, 우리도 적색지대"

_____ (1987. 11. 5.), "에이즈 예방 시민운동 차원서"

_____ (1987. 11. 29.), "보사부, 독촉전화만"

_____ (1988. 2. 4.), "에이즈예방대책: 올림픽 계기로 선진국 되야"

_____ (1988. 3. 2.), "에이즈 대책 겁주기 뿐인가"

_____ (1988. 4. 29.), "에이즈 입국자 검역 필요하다"

_____ (1988. 5. 7.), "입국자 에이즈 검역 주장에 이의 있다"

_____ (1988. 11. 3.), "AIDS 급속확산"

_____ (1989. 12. 23.), "병원 혈액원 발뺌, 누가 책임지나"

_____ (1994. 7. 24.), "에이즈 접대부 충격, 전남북 술집 전전 8년간 윤락행위"

〈중앙일보〉(1995. 8. 10.), "쉬쉬 관리로 에이즈 확산, 특수직종만 검사"

_____ (1995. 9. 1.), "에이즈 검진 감염 발견율 일반인, 접대부보다 높아"

〈한겨레21〉(2000. 12. 6.), "10대도 섹스할 권리가 있다?"

_____ (2001. 12. 5.), "묘한 살 떨림 '섹슈얼 게임'"

_____ (2003. 7. 24.), "애인, 또 하나의 가족"

〈한겨레신문〉(1990. 3. 9.), "주한미군 AIDS감염 모두 33명/보사부 국회 보고"

_____(1990. 7. 3.), "동성연애자 에이즈 무방비"

_____(2003. 12. 1.), "에이즈보다 더 무서운 차별"

_____(2003. 12. 12.), "맹장염 걸린 에이즈감염자 병원 수술기피 18시간 대기"

〈한국일보〉(1991. 12. 1.), "에이-더러운 새끼"

_____(1992. 12. 2.), "국내 에이즈 감염 2천 명/정부집계 10배…1990년대 말 5만 예상"

_____(1994. 9. 4.), "주현미, 에이즈 감염 웃기는 얘기, 일축"

용어

ㄱ

감염인 색출　364

감염인 행동규제　364

게이 인권법　80, 97

게이에 대한 공포(*homophobia*)

22, 25, 265

게이해방전선

(*Gay Liberation Front*)　78, 94

게토화　81, 82, 262

격리보호제도　159

근본주의(*essentialism*)　62, 63, 96

Global AIDS Program　211, 356,

357, 360

ㄴ · ㄷ · ㅁ

낙인　112, 149, 160, 168,

171, 211, 213, 214,

216, 218, 219, 221, 223,

225, 248, 362, 363, 387

동료교육　111, 112, 117,

326, 379, 384, 386

마녀사냥　25, 214

마초(*macho*)　83, 84, 269, 273

ㅂ

반낙인 운동　222, 223

반시(*banci*)　71

발카(*balka*)　71, 72

보건증　151, 152, 154, 157, 252

빅토리아 성 규범　35

ㅅ

사포　263

사회구성주의

(*social constructionism*)　63, 176

사회적 사망　159

사회적 성　37

생식보건　18

성 각본(*sexual script*)　16, 186,

210, 321

성 민주주의　94

성 시민권(*sexual citizenship*)　264

성 안전 협상　392

성 억압　34, 45, 46, 70

성 에너지(*libido*)　45

성 위험　16, 19

416

성 정체성 15

성 정치학(*sexual politics*) 61

성 치료(*sexual therapy*) 36, 53

성 침탈 141

성 해방 33, 34, 36, 37,
43, 45, 46, 47, 50,
55, 61, 65, 67, 71,
125, 175, 184, 209, 351

성 혁명 33, 37, 54

성매매방지법 188

성욕구화(*resexualization*) 47

성의 근대화(*modernization of sex*)
37

성의 발명(*invention of sexuality*)
37

성의 자유 15, 41, 62, 65, 78, 94

성의 정치학 19

성적 일탈 15, 16, 26, 32,
34, 166, 167, 168

손상된 자아 220, 221

Stop AIDS 384

스톤월 항쟁 78, 82

썩은 사과 이론 89

3C 360

3S 140

ㅇ

아시아 태평양 성노동자 연대
(APNSW) 358

안전한 성(*safe sex*) 5, 16,
19, 30, 31,
103, 105, 106,

110, 111, 146,
156, 164, 261

ACT UP(AIDS *Coalition to Unleash
Power*) 113

ABC 정책 392

에이즈 공포 28, 104, 139,
146, 148, 158,
159, 161, 164,
168, 170, 171, 217,
265, 346, 349, 363

에이즈 대응운동(AIDS *activism*) 25

에이즈 예방법 28, 136,
137, 146, 157,
170, 367, 369,
370~375, 377

에이즈 인식조사 32, 188, 334

에이즈 지원법(AIDS CARE ACT)
118

여성주의(*feminism*) 18

연쇄형 일부일처제(*serial
monogamy*) 295, 351

워리어(*waria*) 71

위험사회(*risk society*) 24. 174

의료전문주의 171

의식화된 동성애자 70, 156

익명검사제도 160, 360, 361

일상검사제도(*routine testing*)
360, 361

ㅈ

자조적 건강증진 385

전국게이특별위원회(*National Gay*

Task Force) 96
정상화(normalization) 351
정체성 정치(identity politics) 85
제3의 성 67, 92, 275
죄 없는 희생자(innocent victim)
　119, 166, 167
주변화 141, 357, 358, 387
죽음의 병 144, 146, 157, 260
GMHC(Gay Men's Health Crisis)
　99, 100, 113, 114
즉석검사법 142, 372

ㅊ · ㅋ · ㅌ

책임이 있는 감염자(deserving
　victim) 166
초동회 263
카사노바 39
칵테일 요법 121, 164, 255, 351
캐나다 에이즈법률 네트워크 358

커밍아웃(coming-out) 81, 82,
　　　　　278, 317
쿠루(kuru) 258
클리토리스(critoris) 오르가즘 54
타자화 165, 173, 211, 217, 218
탈게이화 116, 118, 119, 120, 122
탈낙인 222
탈성욕구화(desexualization) 47

ㅍ

4H 104

ㅎ

한국에이즈예방협회 168, 378
한국에이즈퇴치연맹 32, 156,
　　　　　168, 324, 378
합류적 사랑(confluent love) 38,
　　　　　39, 40
후천성 면역결핍증 98
희생자 탓하기(victim blaming) 16

인 명

ㄱ·ㄴ·ㄷ·ㄹ

골드스타인 163
고프먼 213, 214, 221, 248
나카지마 356, 362
네이번 222, 223
더글러스 89
라이스 35, 41, 52
라이히 45, 46, 47, 55
로빈슨 54

ㅁ

마광수 26
마르쿠제 46, 47, 55
만 211, 354
말러 356
매스터스 48, 53, 54, 55
밀크 94

ㅂ·ㅅ·ㅇ·ㅈ

베일린 226
브라운 41, 42

블래치퍼드 83
산텔리 381
스타이넘 62
실츠 128
위크스 87, 88
장정일 26
존슨 48, 53, 54, 55

ㅋ·ㅍ·ㅎ

커비 381
크래머 99, 113
킨제이 41, 42, 48, 49, 50,
    53, 55, 58, 69, 75, 76, 87
패튼 380
푸코 68, 70
프로이트 45, 46, 54, 57,
    61, 69, 88, 90
프리단 61
허드슨 127, 129, 132
화이트 118